LA CHRONIQUE

DU BON DUC

LOYS DE BOURBON

IMPRIMERIE GOUVERNEUR, G. DAUPELEY

A NOGENT-LE-ROTROU.

LA CHRONIQUE

DU BON DUC

LOYS DE BOURBON

PUBLIÉE

POUR LA SOCIÉTÉ DE L'HISTOIRE DE FRANCE

PAR A.-M. CHAZAUD,

ARCHIVISTE DE L'ALLIER.

A PARIS
LIBRAIRIE RENOUARD
HENRI LOONES, SUCCESSEUR
LIBRAIRE DE LA SOCIÉTÉ DE L'HISTOIRE DE FRANCE
RUE DE TOURNON, N° 6

—

MDCCCLXXVI.

EXTRAIT DU RÈGLEMENT.

Art. 14. — Le Conseil désigne les ouvrages à publier, et choisit les personnes les plus capables d'en préparer et d'en suivre la publication.

Il nomme, pour chaque ouvrage à publier, un Commissaire responsable, chargé d'en surveiller l'exécution.

Le nom de l'éditeur sera placé à la tête de chaque volume.

Aucun volume ne pourra paraitre sous le nom de la Société sans l'autorisation du Conseil, et s'il n'est accompagné d'une déclaration du Commissaire responsable, portant que le travail lui a paru mériter d'être publié.

Le Commissaire responsable soussigné déclare que l'édition de LA CHRONIQUE DU BON DUC LOYS, *préparée par* M. A.-M. CHAZAUD, *lui a paru digne d'être publiée par la* SOCIÉTÉ DE L'HISTOIRE DE FRANCE.

Fait à Paris, le 1er avril 1876.

Signé H. BORDIER.

Certifié,

Le Secrétaire de la Société de l'Histoire de France,

J. DESNOYERS.

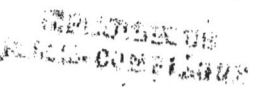

INTRODUCTION.

I.

La Chronique du bon duc Loys. — Description de l'édition de 1612, et des manuscrits de Saint-Pétersbourg, Bruxelles et Paris.

La chronique du bon duc Loys de Bourbon, par Jehan Cabaret d'Orville, est loin d'être inconnue : la première et seule édition, publiée en 1612, par Jean Masson, archidiacre de Bayeux, d'après un ms. de la bibliothèque de son frère, Papire Masson, forésien, assez connu par divers ouvrages relatifs à l'histoire et à la géographie de la France, est devenue fort rare, et atteint assez souvent dans les ventes un prix assez élevé. C'est un volume in-8°, achevé d'imprimer le 25 janvier 1612, par et pour François Huby. Il se compose de 409 pages, de 29 lignes chaque, plus dix feuillets préliminaires non chiffrés.

Titre : « *Histoire de la vie faicts héroïques et voyages*
« *de très chevalereux prince Louys, III[1] duc de Bour-*
« *bon, arrière-petit fils de Robert comte de Clermont*
« *en Beauvoisis, baron de Bourbon, fils de Sainct-Louis,*
« en laquelle est comprins le discours dés guerres des Fran-
« çois contre les Anglois, Flamands, Affricains et autres na-
« cions sous la conduicte dudict duc pendant les regnes de
« Jean, Charles V et Charles VI roys de France; imprimée

---

1. Tiers.

« sur le mss. trouvé en la bibliothèque de feu M. Papirius
« Masson Forésien, advocat en la court de Parlement.

« Au très chrestien roy de France et de Navarre,
« Loys XIII, à Paris, de l'imprimerie de Francois Huby
« rue St Jacques au Soufflet vert, devant le collége de
« Marmoutiers, et en sa boutique au Palais, en la galerie
« des prisonniers. MDCXII, avec privilége du roy. »

Les dix feuillets préliminaires non chiffrés contiennent :
le 1er r° le titre ; le 2e et le 3e r° : « Au roy, par l'éditeur Jean
« Masson, archidiacre de Bayeux, frère de feu Papire » ; le 3^e
v° et 4e r° : « Avis du même au lecteur » ; il l'informe qu'il a
ajouté, à la fin, la dédicace de la traduction du *de Senectute*,
par Laurent Preunar (c'est-à-dire Laurent de Premier fait) ;
le 4e v°, deux pièces de vers adressées l'une à J. Masson,
l'autre au lecteur, par P. Descayeul, conseiller du roy ; la
table des 97 chapitres occupe les fol. 5 à 8 r° et v°. Au
9e r°, se trouve le privilége du roy pour six ans, signé
Combault, le 18 décembre 1611, cédé par J. Masson à
François Huby, avec cette mention : achevé d'imprimer le
25 janvier 1612. Le v° du fol. 9 et le 10e r° et v° sont occupés par le prologue.

Cette édition a été, en 1841, reproduite mot pour mot dans
la collection des Chroniques françaises de M. Buchon (Panthéon littéraire). Malheureusement, le texte donné par l'archidiacre de Bayeux est très-loin d'être satisfaisant ; nonseulement il offre bien des lacunes que n'ont pas signalées
les éditeurs, peut-être parce qu'ils n'en soupçonnaient pas
l'existence, mais de plus les noms de lieux et de personnes y
sont tellement défigurés, qu'il est parfois sinon impossible,
du moins très-difficile de les corriger à première vue.

Nous ne connaissons de la chronique de Cabaret que
trois mss., que nous avons tous les trois collationnés pour

cette édition, savoir : un à la bibliothèque de Saint-Pétersbourg, n° 46 des mss. français, que nous désignerons par la lettre A; un autre, à la bibliothèque de Bruxelles, n° 10239 (B); enfin un troisième (C) à la Bibliothèque nationale, n° 5064 du fonds français (anciennement n° 9684).

Le ms. A, aujourd'hui à la bibliothèque de Saint-Pétersbourg, est ainsi décrit dans le catalogue des mss. français de l'Ermitage, sous le n° 5. [2] ([46]) :

« CHRONIQUES DE LOYS DE BOURBON, par Jehan d'Oron-
« ville, son secrétaire, dit Cabaret, in-4° de 176 fol. vélin
« (0m,271 de haut sur 0m,192 de large), 14 miniatures
« avec entourage orné de devises, initiales en couleurs.

« Très beau ms. exécuté pour Anne de Bourbon, dame
« de Beaujeu, régente de France, dont les armes et la devise
« ESPÉRANCE sont reproduites dans les encadremens des mi-
« niatures; ces miniatures, représentant surtout des faits de
« guerre, offrent beaucoup d'intérêt pour l'histoire de l'é-
« poque : les vues de villes sont d'une délicatesse d'exécution
« et d'un pittoresque fort remarquable. »

« Reliure en velours rouge. »

« Nota. Ce mss. porte un ancien n° 2193 qui manque
« dans le catalogue de la collection Colbert. MONTFAUCON,
« *tome II*, p. 955. »

Le volume comptait originairement 179 feuillets de parchemin, y compris la table : il n'en reste plus que 176, les folios cotés I, LI et LIX ayant été arrachés. Le folio primitivement coté XXVII, maintenant 6, a été, par erreur, mis à la place du fol. 1 en *deficit* après la table. Des dix-sept miniatures qui ornaient primitivement ce ms., il n'en reste plus que quatorze. Les trois feuillets en *deficit* devaient être ornés chacun d'une miniature, comme on peut en juger par ce qui reste du folio LIX. Le volume est couvert de velours rouge, avec une feuille de drap d'or sur le plat intérieur, le tout en parfait état de conservation. De l'avis d'un juge excellent en ces matières, M. J. Quicherat, le savant directeur de l'École des chartes, ces miniatures peuvent être attribuées à un artiste de l'école de Tours, illustrée par Jean Fouquet, et ne manquent pas de mérite : les costumes, ceux de la dernière miniature surtout (f° 171 v°, *Le duc sur son lit de mort*), et aussi un peu ceux de la seconde (f° v r°, *Le duc jetant au feu le livre peloux*), semblent tout-à-fait dénoter les premières années du règne de Charles VIII. Il en résulte que notre manuscrit aurait été écrit sur la fin de la vie du duc Jean II, mort le 1er avril 1488, prince lettré et protecteur des écrivains et des artistes. Quant au n° 2193, vainement cherché dans le catalogue de la collection Colbert par le rédacteur du livret de l'Ermitage, c'est celui que portait notre ms. à la bibliothèque de Saint-Germain des Prés, dans le catalogue de laquelle[1], écrit par D. Poirier, nous trouvons, sous ce n° 2193, une « *Vie de Robert, comte de Clermont, arrière petit fils de Saint Louis.* » Le savant bénédictin s'en est sans doute rapporté trop aisément, et sans vérifier sur le volume même, au catalogue de la Bibliothèque de Mgr de Coislin, imprimé dans Montfaucon, où notre volume est intitulé (Tome II, col. 1071, A) : *Histoire de la vie et des faits héroïques de Robert, comte de Clermont, baron de Bourbon, arrière petit fils de Saint Louis.* On sait par Montfaucon lui-même que le catalogue de la *Bibliotheca Coisliniana* n'est pas des mieux rédigés; peut-être ne faut-il voir là qu'une altération maladroite du titre primitif, dont l'édition de 1612 nous aurait conservé la rédaction originale dans toute son intégrité.

---

1. N° 292 des Catalogues mss. de la Bibl. nat., fol. 108 r°.

Une chose bien certaine, en tout cas, c'est que ce précieux volume n'a pu être exécuté, vers la fin du xve siècle, que pour la maison de Bourbon, dont on retrouve les armes et les emblèmes pour ainsi dire à chaque feuillet, dans la guirlande qui en encadre les marges. Il est plus que probable, par conséquent, que c'est bien lui qui est indiqué en ces termes dans l'*inventaire des livres estans en la librairie du chasteau de Molins*, dressé et signé par maîtres P. Anthoine et Espinette, le 19 septembre 1523[1].

Au haut du dit pulpitre (le IIIIe du costé du jardin) : *Les croniques du bon duc Loys de Bourbon.*

Peut-être n'est-il pas sans intérêt de rechercher comment ce ms., si éminemment français à tous égards, est arrivé à la Bibliothèque de l'Ermitage, d'où il a passé dans celle de Saint-Pétersbourg, collection Dubrowski. Un autre volume de la même collection, décrit dans le livret de l'Ermitage, sous le n° 5, 2, 42 des manuscrits français, contient, je crois, de quoi nous aider à trouver la solution de ce petit problème. C'est un ms. des premières années du xvie siècle, que j'intitulerai faute de mieux : « *Les enseignemens de la duchesse de Bourbon Anne de France, à sa fille Susanne.* » Sans plus nous arrêter à la description de ce volume unique[2], dont la valeur est encore augmentée par les portraits des deux princesses qui en occupent le premier feuillet, attachons-nous à examiner deux inscriptions anonymes placées l'une et l'autre sur la feuille de garde à la fin du volume.

Elles ont été, toutes les deux, raturées avec soin dans

---

1. Bibliothèque nationale, fonds Dupuy, vol. 488, fol. 214 r°.
2. Nous espérons le publier avec un *fac-simile* des miniatures dans le cours de cette année.

l'intention bien évidente de n'en pas laisser connaître le contenu. Peut-être aussi l'écrivain a-t-il eu honte lui-même des lignes rimées qui composent la première, et qu'on ne peut appeler des vers qu'avec beaucoup de bonne volonté, malgré la rime. Heureusement pour les curieux, nous n'avons là qu'un exemple de plus de la précaution inutile : l'encre ancienne se détache en noir sous les ratures, et rien n'est plus facile que de lire les deux inscriptions en présentant le feuillet sur lequel elles sont inscrites à la lumière du jour ou à celle d'une bougie. En voici le texte :

1° Au haut du feuillet : « Ce dernier jour du moys et an « 1632, j'ai reçu ce présent « livre que Monsieur Baillet, « hoste de Sainte-Barbe, m'a faict « tenir en toute franchise. »

2° Et au-dessous : « Dans Paris, rue du Chantre : « Ce dernier jour du mois et an « mil six cents trente deux, j'ay receu « le présent livre que M. B. de S^{te} « Barbe [à Dreux][1] m'a faict tenir icy « en toute franchise. Loué soit Dieu ! »

Le problème, ce semble, commence à s'éclaircir : ce ms. provient évidemment des dépouilles du Connétable, comme celui des Croniques du bon duc Loys de Bourbon, bien qu'il ne soit pas inscrit comme lui au catalogue de la librairie du château de Moulins qui paraît avoir été, dès le principe, transportée en bloc à Fontainebleau. Plus tard, ces deux volumes ont pu être offerts par le Roi à Diane de Poitiers, et passer ainsi dans la bibliothèque du fameux château

---

1. Ajouté en interligne : on lit de plus en marge : Ste Barbe à Dreux, le tout raturé comme le reste.

d'Anet, où les a dû trouver ce M. Baillet de Dreux, qui en a successivement gratifié son correspondant de la rue du Chantre, pour ses étrennes. Des mains de ce dernier, nos deux mss. seraient passés dans celles du chancelier Séguier, si amateur de beaux livres, à moins toutefois qu'on ne se hasarde à reconnaître le chancelier lui-même dans le Bibliophile de la rue du Chantre, à qui M. Baillet, l'hoste de Sainte-Barbe à Dreux, faisait de si beaux cadeaux. C'est là du reste, hâtons-nous de l'avouer, une pure hypothèse, que nous soumettons pleinement à l'appréciation du lecteur, sans y tenir plus que de raison.

M. L. Delisle, dans le savant ouvrage qu'il a consacré au cabinet des manuscrits de la Bibliothèque nationale, nous apprend comment de la bibliothèque du chancelier Séguier, nos deux mss., après avoir appartenu à Mgr de Coislin, archevêque de Rouen, sont enfin entrés à Saint-Germain des Prés, d'où un vol les ayant fait sortir en 1791, ils ont fini par arriver jusqu'à Saint-Pétersbourg, avec la collection de P. Dubrowski (probablement le Browiski de la note de Leprince). Voy. Delisle, *ubi supra*, p. 48, n. 8.

II. Le ms. B, conservé aujourd'hui à la bibliothèque publique de Bruxelles, est décrit sous le n° 10239, de la manière suivante, dans le *Catalogue des mss. de la bibliothèque des ducs de Bourgogne*, publié par M. le baron de Reiffenberg (Bruxelles, in-f°), 1840-1842, t. II, p. 319. DORVILLE, *dit* CABARET. (TITRE) : *La cronique du duc Loys de Bourbon*. FIN : *Explicit la cronique du duc Loys de Bourbon et d'Auvergne, comte de Forêt et seigneur de Beaujeu*. INCIPIT. *Très noble seigneur Charles*, ms. français, in-folio du 1er tiers du XVe siècle.

On lit sur la feuille de garde : « *Ce volume, enlevé de la « bibliothèque royale de Bourgogne après la prise de*

« *Bruxelles en* 1746, *et qui depuis a été placé dans la*
« *bibliothèque du roi à Paris, a été restitué par la*
« *France, et replacé à Bruxelles dans la bibliothèque*
« *de Bourgogne, le* 7 *juin* 1770. » C'est un volume de
201 feuillets (papier, 0^m,294 de haut sur 0^m,193 de large),
avec une reliure en maroquin rouge, aux chiffre et armes
de Louis XV, en tout semblable à celle de bien des mss. de
la Bibliothèque nationale : cette reliure est aujourd'hui recouverte de grosse toile verte. L'écriture est bien du xve siècle,
mais rien n'indique absolument qu'on doive l'attribuer précisément au premier tiers : c'est la minuscule courante que
l'on retrouve dans tous les mss. jusqu'au commencement du
xvie siècle.

III. Reste enfin le ms. de la Bibliothèque nationale de
Paris (C). C'est un volume de 138 fol. (papier, 0,285 de
haut sur 0,195 de large), écriture de la fin du xve siècle ou
des premières années du xvie, et qui a dû appartenir à l'un
des juges du présidial de Moulins, peut-être André Feydeau,
longtemps châtelain de cette ville avant la création du présidial (1551), que C. Dumoulin, dans une note sur l'art. 105
de la Coutume du Bourbonnais (édition in-8° de Lyon, chez
Vincent, 1572, page 32), appelle « *doctissimus et æquissimus Molinensium praetor Andreas Foedœus castellanus vocatus.* » En tout cas, il n'y a pas à douter que
notre ms. n'ait appartenu vers la moitié du xvie siècle à un
juge de Moulins, comme en fait foi la note suivante : *La
paroisse ce appelle Plène Jugon, et en l'an* V^c L, *au
moys de Jung ay jugé ung procès de Jacques Le Moyne,
escuyer, dudict lieu de Bretaigne, contre dame Suzanne de Vitry, femme du seigneur de Mortillon*
(chap. XV, fol. 14 r°, page 42 de cette édition). On lit encore au fol. 20 r° (chap. XXI, p. 57, lig. 29-30 de cette

édition) : *pietas domini ducis Ludovici erga templa deor*. Ces deux notes paraissent de la même écriture, et c'est très-vraisemblablement le même personnage qui, après avoir mis un n° à tous les chapitres, l'a ensuite changé pour chacun d'eux. Dans ce ms., le prologue porte le n° I, et les chapitres I à IV, les n°ˢ II à V. Ce n'est qu'au chapitre VI (notre chapitre V), que le numérotage commence à être double. Dans l'original, dont le ms. C n'est qu'une copie relativement récente, le chapitre Ier suivait sans doute le prologue, qui était sans n° d'ordre, et qui n'a été plus tard compris dans la série des chapitres et pourvu d'un n° que par inadvertance. C'est le texte de ce ms. C, ou du moins une copie de ce texte, arrivée nous ne savons trop comment entre les mains de Papire Masson, qui a dû servir pour l'édition de 1612. On remarque, en effet, dans l'imprimé, les mêmes lacunes, les mêmes variantes de rédaction que dans le ms. C; seulement l'imprimé a de plus des manières de défigurer les noms de personnes et de lieux qu'on ne retrouve pas dans le ms.; et, en maint endroit, il rajeunit les mots du xv° siècle tombés sans doute en désuétude au xvII°, de sorte qu'on peut se croire en droit de conclure avec quelque apparence de raison, que l'éditeur de 1612 a dû prendre pour base sinon notre ms. C, du moins une copie peu correcte d'un texte à peu près semblable.

Les trois manuscrits de la chronique de Cabaret, tout en gardant chacun son caractère propre, son individualité à part, ne nous offrent cependant qu'un seul et même texte : les variantes, qui sont assez nombreuses, peuvent s'expliquer toutes de la même façon par le désir qu'ont eu successivement les copistes de rendre la chronique du bon duc plus facile à lire : ils ont cherché, comme Cabaret lui-même, « *pour que la lecture plût davantage aux liseurs et escouteurs, à mettre l'histoire en assez commun parler.* » C'est-à-dire que chacun d'eux cédant, peut-être sans le vouloir, au goût du jour et à l'habitude, a substitué çà et là au mot vieilli du xıv^e siècle, tombé en désuétude, l'expression à la mode, et comprise de tous. Cette tendance est visible surtout dans le ms. A, où l'on trouve par exemple *demeurer* au lieu de *remanoir*, *entreprise* au lieu de *reise*, et où cette phrase : *un qui avoit bonne mémoire*, est devenue *un qui avoit bonne renommée*. Le ms. de Bruxelles est à peu près identique à celui de Paris, sauf les lacunes dont il ne présente qu'une seule, celle du chapitre XCVI, page 311 de cette édition. C'est le texte fourni par les deux mss. de Paris et de Bruxelles que nous avons préféré, en le complétant et le corrigeant par une comparaison perpétuelle avec celui du ms. de Saint-Pétersbourg. On trouvera au bas des pages l'indication des lacunes du ms. C et de l'édition de 1612.

II.

Les auteurs de la chronique du duc Louis II : Jehan Cabaret, d'Orville, et Jehan de Châteaumorand.

Le rédacteur de notre chronique se fait connaître dans son prologue (page 2), comme étant « *Jehan d'Orreville, picard, nommé Cabaret, pouvre pélerin.* » Il avoue de plus que, chargé de « *compiler et descripre les œuvres d'armes et chevaleries, vertus, bonnes meurs, belle vie et bonne fin* » d'un si grand prince, il n'a pu, au moment d'aborder une tâche si ardue, lui qui se répute de petit savoir, se défendre de certaines appréhensions, à cause « *de l'insuffisance de son petit engin et de son rude lan-*

gage. » Heureusement, on est venu à son aide : un vénérable chevalier, ancien compagnon du duc Louis, s'est chargé de raconter au futur historien la vie de son héros, de sorte que, ses notes prises et sa minute faite, Cabaret n'a plus eu qu'à décrire et grosser par chapitres les louables faits du bon duc, en prenant soin de mettre l'histoire en assez commun parler, pour que la lecture en plaise aux liseurs et escouteurs. Ce travail de rédaction commencé le 29 mars 1429, après Pâques, était déjà bien avancé le 4 mai [1], et a dû être terminé peu de jours après, en deux mois au plus.

Voilà tout ce que nous savons de Cabaret et de son œuvre. Originaire d'Orreville, qu'on écrit plus communément aujourd'hui Orville, village et commune du Pas-de-Calais, canton de Pas, arrondissement d'Arras, il est néanmoins fondé à se dire picard, car Orville était du bailliage d'Amiens. Notre auteur était-il parent, et à quel degré, d'un autre Jehan Cabaret, dit Poussart, tué antérieurement à 1359, à Norrem (chef-lieu de canton de l'arrondissement de Béthune (Pas-de-Calais), par un certain Jacques li Parmentier [2] : c'est ce qu'il n'est guère possible de déterminer avec certitude. A-t-il été secrétaire du comte de Clermont, plus tard duc de Bourbon sous le nom de Charles Ier, par l'ordre duquel a été rédigée la chronique de Louis II ? Jean Masson l'affirme dans le titre de l'édition de 1612, mais sans apporter aucune preuve à l'appui : on a depuis répété de confiance cette assertion toute gratuite ; pour nous, nous n'avons rien trouvé dans les archives du Bourbonnais ni pour ni contre, et nous serions tout disposé à ne pas attribuer à notre auteur un titre qui ne lui est donné dans aucun de nos trois manus-

---

1. Voy. chap. LXXXV, pag. 266, lig. 18-19.
2. Reg. JJ. 116, n° 240, aux Archives nationales.

crits, et dont il nous semble qu'il n'eût pas manqué de se parer lui-même, s'il s'y fût reconnu le moindre droit.

Quant à son collaborateur, les renseignements nous font un peu moins défaut, quoiqu'ils ne soient pas fort nombreux. Jehan de Châteaumorand était le second fils d'Hugues de Châtelus, seigneur de Châteaumorand, auquel notre chronique rend ce témoignage « *que oncques en sa vie ne fit voyaige se non à ses despens, ne aussi n'ot cure de demorer en cour de seigneur* » (page 231).

Avec lui disparut ce nom de Châtelus porté pendant près de deux siècles par une puissante famille féodale, vassale à la fois et des comtes de Forez et des sires, plus tard des ducs de Bourbon. Hugues de Châtelus avait épousé une des héritières de la famille de la Porte, et fut en conséquence seigneur de la moitié des terres de Sanceaux, Raimond et Lugny pour lesquelles il fit aveu au duc Louis II en 1366, au nom de sa femme Marguerite de la Porte, et de leurs trois enfants Guichard, Béatrix et Jean. Ce fut ce dernier qui recueillit plus tard la succession de son père : Guichard, après avoir, ainsi que son père et son frère, longtemps servi le duc Louis II, mourut à Gênes, au retour de l'expédition en Barbarie (1390), et Jehan se trouva seul héritier du nom et des fiefs tant paternels que maternels.

Nous le voyons en effet prendre successivement le titre de seigneur de Poligni en 1397, et de seigneur de Châtelus et de Châteaumorand en 1407 et 1412. Il avait épousé, nous n'avons pu découvrir à quelle date, Marie de Frolois, dont il n'eut qu'une fille, nommée Agnès, qu'il donna en mariage, suivant contrat du 14 janvier 1423 (*Invent. des titres de la maison de Bourbon,* n° 5187), au second fils de Philippe de Lévis, comte de Villars, Brémond, qui porta tour à tour les surnoms d'Anduse, de la Voute, et enfin de Poligni et de Châteaumorand. Comme c'est dans un acte du 5 février 1440 que ce dernier titre lui est donné, l'on peut croire qu'il l'a pris comme héritier de son beau-père récemment décédé, supposition qui prolongerait la vie de Jehan de Châteaumorand jusqu'en 1439 à peu près, ce qui n'a rien que de très-vraisemblable. Je vois en effet dans un ancien inventaire des titres de Poligni (aujourd'hui Lévi, commune de Lurci-Lévi, Allier), que, le 13 mai 1438, le duc de Bourbon, Charles Ier, accorda à noble homme Jehan de Châteaumorand la permission de faire fortifier et entourer de fossés son lieu, place du Breuil-es-Chaps[1], sis en la châtellenie d'Ainai, qu'il tenait en fief de l'abbaye de Saint-Sulpice de Bourges, comme seigneur de Bannegon et de Poligni.

Châteaumorand est, de tous les chevaliers du duc Louis, celui qui tient, à beaucoup près, le plus de place dans notre chronique, et cela se conçoit : le bon chevalier, en racontant les hauts faits d'un maître aimé, n'a garde d'oublier de se faire honneur, lui aussi, de la part qu'il y a prise, en y mettant du reste toute la discrétion et la réserve imaginables. Partout où les hasards de sa vie militaire ont conduit le bon duc, Châteaumorand l'a suivi[2], d'abord comme écuyer portant le pennon ducal ; puis, à partir du siège de Nantes, comme chevalier commandant une compagnie de gens d'armes. Au banquet solennel qui fut donné le jour du sacre de Charles VI (4 novembre 1380), Châteaumorand fut l'écuyer au giron duquel le roi tint ses pieds (pag. 119-120), et doit avoir été compris par conséquent au nombre de ceux

---

1. Commune de Bannegon, à 18 kilomètres environ de Saint-Amand (Cher). Ce nom de lieu a été bien défiguré. L'inventaire de Poligni l'écrit : *Bonnelly aux camps*, CASSINI : *Le bruit au chat*, et la carte de l'état-major : *Brot au chat*.

2. Voir surtout pag. 33, 57, 95, 101, 148-151, 169-171 et 199.

des défenseurs de Nantes qui furent alors armés chevaliers *pour le honneur du sacre,* ce qui (par parenthèse) permettrait de placer sa naissance vers 1355. Le nouveau chevalier avait fait ses premières armes vers 1371, à la détrousse de Michelet La Guide, l'aventureux partisan anglais (p. 24).

Châteaumorand ne se contenta pas de suivre partout son maître, et de le servir avec autant de fidélité que de bravoure et de dévouement : lui aussi il avait pour devise de « *querir honneur par armes* », et pour ambition de « *bouter avant l'hostel dont il estoit sailli* ». On le trouve mêlé avec son maître à la plupart des grands événements de son siècle ; et si quelquefois il s'éloigna du duc Louis, ce ne fut guère que pour prendre part, de son aveu, à de glorieuses expéditions entreprises le plus souvent par des princes ou des généraux français. C'est ainsi que nous le voyons successivement dans notre chronique au siége de Châteauneuf-de-Randon, où mourut Duguesclin, le 13 juillet 1380 (pag. 116-118), et à celui de Nantes, où il commanda, avec son cousin le Barrois, les gens du duc de Bourbon (pag. 120-127); à Vannes, où eut lieu le duel des cinq Français contre cinq Anglais (p. 132-135); devant Courbies les Granges et Montvalent, où il achève la délivrance du Poitou commencée par le duc Louis (p. 153-156); enfin à Gênes, avec Boucicaut (pag. 305-309).

Châteaumorand s'est donné une large place dans la vie de son maître; mais, en ne s'oubliant pas lui-même, il a eu soin d'y mettre plus que de la réserve et du bon goût, il y a mis de la modestie : il n'a pas chanté ses propres louanges; et, parlant de lui-même, il a su s'arrêter à temps, et n'en pas dire trop long. Si l'on s'en veut rapporter à Froissart et à la chronique de Boucicaut, Châteaumorand aurait joué un rôle qui a son importance dans ce qu'on pourrait déjà nommer au xv° siècle *la question d'Orient*. Ce fut lui que Charles VI chargea d'accompagner Jacques de Helly, pour négocier avec Bajazet la libération définitive des prisonniers de Nicopolis[1]. C'est à lui enfin qu'en partant pour conduire en France l'empereur Manuel Paléologue, Boucicaut confia la défense de Constantinople[2] contre Bajazet.

Froissart, dont le récit n'est pas absolument conforme à celui de la chronique de Boucicaut, quant à ce qui concerne la négociation, fait un grand éloge du négociateur, qu'il nous représente comme un « *chevalier pourveu de sens et de langage, froid et attrempé en toutes manières.* » Le duc Louis, son maître, eut aussi grande confiance en ses lumières, et on le vit un des trois chevaliers choisis par le sire de Norris, quand il fut question de régler définitivement les comptes du duc de Bourbon, lorsqu'il abandonna définitivement la Cour pour se retirer dans ses domaines. Châteaumorand montra au service de son maître non-seulement la bravoure et les qualités militaires de sa race et de sa condition, mais aussi les aptitudes et le mérite politique d'un véritable homme d'état : c'est lui que le duc de Bourbon chargea le plus habituellement des négociations qu'il eut à poursuivre avec diverses puissances; c'est lui qu'il envoya, à deux reprises différentes, en Achaïe et en Morée, puis enfin en Aragon, pour prendre, avec les ministres du roi Louis, les derniers arrangements relatifs au départ du duc pour Naples d'abord, et puis pour Chypre et Jérusalem.

Si nous nous sommes arrêté, peut-être un peu longuement, sur la vie de notre chevalier, c'est qu'en réalité c'est lui que

---

1. Froissart, édition Buchon, liv. IV, chap. LIII, pag. 273 et suivantes. Chroniq. de Boucicaut, chap. XXVII.
2. Chroniq. de Boucicaut, chap. XXXIII et XXXIV.

nous considérons comme l'auteur réel de la chronique du duc Louis.

Cabaret n'est, à vrai dire, que l'éditeur, le scribe chargé de rédiger et mettre au net les récits du vieux compagnon du bon duc. De là, l'explication toute naturelle des nombreuses erreurs reprochées de tout temps à notre chronique. Châteaumorand, armé chevalier en 1380, a dû naître vers 1355, et avoir par conséquent en 1429 bien près de 75 ans. Faut-il donc tant s'étonner qu'à cet âge, tous les détails des faits accomplis dans sa première jeunesse, et auxquels par suite il n'a pas dû prendre personnellement une part très-importante, se soient trouvés quelque peu obscurcis, embrouillés et confus dans sa mémoire après ce long espace de plus de cinquante années? Pour tout le règne de Charles V, c'est-à-dire pour toute la première partie de la chronique du bon duc, Châteaumorand n'a dû bien souvent parler que par ouï-dire, n'ayant pas été témoin oculaire des faits, ou ne les ayant connus, quoique présent, que d'une manière très-imparfaite, à cause de son jeune âge, et de la situation très-inférieure où cet âge le réduisait. L'assertion si précise du prologue, qu'il parlait « *plus de voir que d'oïr,* » ne doit pas être en tout et partout prise au pied de la lettre. Or, ne l'oublions pas : c'est uniquement à cette première période de la vie du bon duc antérieure à 1380, que s'appliquent tous les reproches adressés à notre chronique. Est-on bien en droit de les faire remonter à Cabaret? Peut-on reprocher à un chroniqueur du xv° siècle de n'avoir pas compulsé soigneusement les archives, et consulté toutes les sources? Poser la question, à mon avis, c'est la résoudre.

D'après dom Turpin [1], on conservait encore à Moulins en

---

1. Collection MOREAU à la Bibl. nationale, vol. 340, fol. 107 ss.

1768, aux archives de la Voûte, relativement à l'histoire de Louis II, les comptes de ses menues dépenses depuis 1363, celui de sa rançon lorsqu'il fut prisonnier en Angleterre (1368), celui des dépenses du château de Moulins (1375), celui des contributions pour le voyage que Mgr le duc a fait en Barbarie (1390); enfin tous les titres de l'établissement des Célestins à Vichi (1374-1408).

Notre ambition eût été de reprendre, au XIXe siècle, la tâche délaissée au XVe par le pauvre pèlerin picard. Nous avons espéré un instant qu'il nous serait possible de retrouver et d'utiliser pour nos études ces documents étudiés, analysés, et peut-être copiés, par D. Turpin au XVIIIe siècle, décrits et inventoriés dans un catalogue en trois volumes in-folio, dont il a existé plusieurs copies, par un sieur Fontaine, longtemps commis à l'administration des affaires de S. A. S. Mgr le prince de Condé, en Bourbonnais. Chargé en 1744, par le conseil du prince, de dresser l'inventaire général de tous les titres de la Voûte qui étaient dans la dernière confusion, il y travailla cinq années, et envoya son travail en double exemplaire, l'un au conseil du prince, l'autre au Roi. Un troisième, resté à Moulins, ne s'est pas retrouvé aux archives de l'Allier, qui n'ont conservé de celles de la Voûte que les terriers des châtellenies non engagées, et encore à partir seulement du XVe siècle.

Toutes nos recherches étant restées sans résultat, il ne nous reste plus qu'à promettre au lecteur, si par hasard une découverte inattendue nous mettait en face, soit des copies de D. Turpin, soit de l'inventaire Fontaine, de faire tout ce qu'il dépendra de nous pour que les documents retrouvés reçoivent le plus tôt possible toute la publicité qu'ils méritent.

Un travail de même nature, mais beaucoup plus vaste,

puisqu'il embrassait à la fois toute la série des sires d'abord, et puis des ducs de Bourbon, a bien été rédigé, et peut-être même publié dans le premier tiers du xviie siècle; c'est un livre introuvable, et sur lequel, malgré tous nos efforts, il ne nous a pas été possible de mettre la main. L'auteur, natif d'Aigueperse, nommé le 23 février 1603 conseiller au présidial de Moulins, eut pour successeur, le 27 septembre 1631, son fils Jean. Son ouvrage a pour titre : « ÉPHÉMÉRIDES BOURBONNAISES, *ou histoire journalière des princes, ducs, comtes et autres seigneurs de la royale maison de Bourbon; ou extrait des chartes, titres, contrats et autres papiers qui sont ès chambres des comptes de Paris et de Moulins, et des journaux de la chambre aux deniers des ducs de Bourbonnois, par Noël Cousin, conseiller pour le roi en la sénéchaussée et siège présidial de Bourbonnois à Moulins.* »

Ce volume est mentionné par Lenglet-Dufresnoy, dans son *Catalogue des Historiens,* et Duchesne (pag. 258 de la seconde édition de sa *Bibliothèque des Historiens de la France*) assure qu'il devait être bientôt mis en lumière à Paris, mais, ajoute le P. Lelong, à qui nous empruntons ces détails, il n'a pas paru (Bibl. hist. de la France, t. II, n° 24969). Févret de Fontette, au contraire, dans son supplément à la Bibliothèque du P. Lelong, le cite sous le n° 37484* (tom. IV, pag. 400, col. 2e), comme étant de format in-18, par conséquent imprimé.

En tout cas, une chose bien certaine, c'est que nous n'avons pu même constater l'existence d'un seul exemplaire. Peut-être ont-ils été tous rigoureusement supprimés, soit par l'auteur lui-même, soit par d'autres. Un écrivain moulinois du xviie siècle, J. Mégret, nous fournit à cet égard, dans un de ses recueils intitulé *Illustres viri Borbonii aut nostra, aut patrum memoria* (Bibl. nat., fonds latin n° 17616, fol. 23 v°), des détails qui ont leur intérêt. Noël Cousin, nous dit-il, plein de passion pour la justice et l'équité, finit par affaiblir la bonne opinion qu'il avait d'abord fait concevoir de ses lumières, en voulant se montrer trop sévère et trop difficile dans ses *Recherches sur les Éphémérides des Archembaud,* c'est-à-dire de la famille des anciens sires de Bourbon, avant l'époque de son alliance avec la famille royale. Son travail n'a servi ni à lui-même, ni à d'autres[1]. Comment interpréter cette dernière phrase? Mégret a-t-il voulu dire que le livre était trop mauvais pour être utile, ou trop rebutant et trop difficile à lire pour obtenir un succès de bon aloi et une popularité réelle? C'est là une question que l'examen seul de l'ouvrage pourrait aider à résoudre. Qu'il nous soit permis d'espérer qu'un jour un hasard favorable nous permettra de mieux connaître et d'apprécier avec connaissance de cause l'œuvre si fortement critiquée du vieil érudit qui essaya le premier d'écrire, d'après les sources authentiques, les annales de la maison de Bourbon.

III.

Valeur de la Chronique au point de vue historique et littéraire.

La chronique du bon duc Loys a été sinon composée et écrite, du moins compilée et grossée par chapitres en 1429,

---

1. Natalis Cousinus..... justi æquique vindex, quam de se concitaverat opinionem imminuit, dum se Ephemeridarum Erkembaldicæ familiæ, sive antiquorum dynastarum Borbonensium, priusquam regiæ jungeretur, indagatorem scrutatoremque nimium exhibere vult. Quod opus nec profuit auctori nec ulli.

sur les souvenirs et les indications de Jehan de Châteaumorand, qui devait avoir alors 75 ans environ. Commencée le 29 avril après Pâques (pag. 2), elle était parvenue le 4 mai suivant (pag. 266) à son quatre-vingt-cinquième chapitre sur quatre-vingt-dix-huit, d'où l'on peut inférer sans invraisemblance qu'elle a dû être achevée avant la fin de mai; Cabaret n'aurait donc employé que deux mois au plus à la rédiger, après avoir, il est vrai, consacré d'abord plus ou moins de temps à écouter et mettre par écrit les récits intéressants, mais peut-être un peu confus du bon chevalier *« qui parloit plus de voir que d'oïr. »* A-t-il puisé à d'autres sources d'information que les mémoires qu'il nous apprend avoir eus du vénérable compagnon d'armes du bon duc? Rien n'autorise à le supposer; le seul chroniqueur antérieur à lui, qu'il nomme dans son ouvrage, c'est Froissart, dont il cite le récit de la bataille de Rosebecque (pag. 171), uniquement pour y renvoyer ceux qui désireraient de plus amples détails sur la part prise à l'action par d'autres que le duc de Bourbon et les siens. Il affirme de plus fort nettement en cet endroit n'avoir en vue dans sa chronique que le duc de Bourbon seul, comme il l'a déjà dit dans son prologue; et, s'il mentionne dans un dernier chapitre (pag. 322), avec « *la sépulture honorable du bon duc, les escripts qui pour mémoire de lui sont fais,* » rien dans tout son texte ne paraît indiquer suffisamment qu'il ait jamais eu l'idée de s'en aider pour son travail. Il n'a songé ni à rectifier les dates, ni à contrôler l'exactitude des souvenirs dont il s'inspirait : son unique envie étant de faire un livre d'une lecture agréable à la mode de son temps; il n'a choisi pour modèles ni l'amusant et ingénieux Froissart, ni la savante Christine de Pisan, mais plutôt les auteurs anonymes des chroniques de Duguesclin et de Boucicaut. Comme ceux-ci, il a négligé et la chronologie, et les faits généraux qui n'avaient pas un rapport immédiat et direct à la personne et aux actions du prince dont il s'était chargé de raconter les hauts faits. Ce qu'il s'est proposé de faire, ce n'est ni une véritable chronique, les dates ne lui importent guère, et sont rarement exactes pour toute la première période de la vie de Louis II ; ni une histoire, le moyen-âge n'ayant pour ainsi dire pas connu ce genre de composition ; ce serait plutôt un essai de panégyrique officiel, une sorte de cyropédie française du xve siècle, dont l'auteur se montre aussi peu soucieux que son devancier athénien de tout ce qui n'est pas absolument personnel à son héros, et aussi empressé que lui à célébrer dans son prince l'exemple et le modèle de tous les talents et de toutes les vertus[1].

La chronique de Louis II a été écrite sur l'ordre du comte de Clermont et pour lui, entre la fin de mars après Pâques, et la fin de mai 1429 ; le comte de Clermont était alors en Bourbonnais, et deux actes analysés dans l'*inventaire des titres de la maison de Bourbon* nous attestent sa présence le 20 avril 1429 à Riom, et le 19 mai suivant à Gannat. Jehan de Châteaumorand étant seigneur de Poligni, aujourd'hui Lévi, dans la commune de Lurci, à 40 kilomètres O. de Moulins, c'est donc en cette ville, selon toute apparence, qu'il a dû raconter à son auditeur enthousiasmé la vie du bon duc.

Quoi qu'il en soit, nous avons là une chronique officielle, la légende peut-être un peu flattée, mais sincère après tout, d'un prince auquel la postérité a cru devoir maintenir le

---

1. Voir notamment pages 11, 38-39, 82, 85-86, 99-100, 157-174, 267 et 317-322.

surnom de bon. Cabaret, tout nous porte à le croire, a fidèlement reproduit, sinon les termes mêmes, à coup sûr le sens et certainement l'esprit des récits du vieux chevalier. Il nous fait connaître, en gros, l'opinion dominante parmi les contemporains de Charles VI (la noblesse du moins, et l'entourage des princes), sur les événements mémorables, en bien comme en mal, advenus sous ce règne, ainsi que sur la conduite des grands personnages qui s'y sont trouvés mêlés. On sait par lui que le duc de Bourbon, si peu de part qu'il ait voulu prendre aux entreprises des autres princes des fleurs de lys, n'en partageait pas moins leurs préventions contre Montaigu et les autres chefs des Marmousets (V. pag. 262 et 292).

Cabaret, comme Froissart, se montre grand ami de la noblesse, au milieu de laquelle il a dû passer sa vie à la Cour du duc de Bourbon : la noblesse, surtout la chevalerie, sont tout pour lui ; c'est en elles que se trouve la vraie force et l'honneur du pays (voy. pag. 11 à 15), le reste n'est que communes et villenaille, assez inutile à la guerre (voy. p. 80), que le prince se doit à lui-même de remettre à leur place quand ils sont assez osés pour en sortir (pag. 11), sauf à leur pardonner après avoir rudement châtié leurs écarts (p. 302), et à les protéger et faire instruire quand ils paraissent dignes des secours dont ils ont besoin (pag. 17). Du reste, au nombre des vertus dont la pratique est recommandée au bon chevalier, et prêchée d'exemple par le bon duc, il ne faut pas trop compter l'humanité envers les vaincus, et le respect de la vie humaine. Si Louis II fait grâce aux gentilshommes du duc de Savoie pris à Ambérieu, et à leur chef Amé de Viry, livré par son maître (pag. 299 à 302), s'il s'oppose à la mort de Perrot de Lignaige, anglo-gascon, vaincu en duel par le bâtard de Glarains (pag. 99), on le voit en revanche, à

Brives-la-Gaillarde, faire couper la tête aux traîtres qui avaient accueilli les Anglais (pag. 57), à Sainte-Sévère tuer Anglais à desroi (pag. 34), de manière à n'en laisser que cinq en vie : encore un des cinq, le capitaine Foudrigay, est-il presque aussitôt mis à mort par un des amis du bon duc, le maréchal de Sancerre, « *pour aucuns desplaisirs qu'il lui avoit fais à la tour de Vesvres.* » Il serait trop long, et d'ailleurs ce n'est pas ici le lieu, de relever tous les traits de ce genre que l'on rencontre dans notre Chronique. *L'acteur* a reproduit, sans y rien changer, les récits qui l'ont charmé dans la bouche du vieux chevalier son collaborateur ; comme lui, il aime et admire, et voudrait faire aimer et admirer au lecteur le bon duc aïeul de son maître, et il est sincère et véridique dans son admiration, autant que Châteaumorand dans ses récits. Ils nous ont à eux deux conservé et transmis le récit des faits, l'un comme il les avait vus, comme il se rappelait les avoir appris quand il n'en avait pas été témoin oculaire ; l'autre, comme ils lui ont été contés. De là, les erreurs de dates, de noms de lieux et de personnes ; enfin, les inexactitudes de toute nature que l'on a depuis longtemps remarquées dans la chronique du bon duc. C'est une imperfection que nous n'avons jamais songé à dissimuler, et à laquelle nous aurions voulu parer de notre mieux, en donnant à la fin de cette introduction un tableau chronologique de la vie de Louis II, telle qu'elle nous est racontée par son chroniqueur. Nous avions eu d'abord le projet de refaire à nouveau la vie du bon duc, mais nous avons reculé devant l'étendue que menaçait de prendre notre travail, et surtout devant l'inconvénient de présenter deux fois au lecteur un récit qui, en fin de compte, n'aurait pas été au fond très-différent de celui de Cabaret, et qui n'eût pas gardé le charme particulier, la saveur archaïque de cette langue du xv⁰ siècle, si saine et si franche avant qu'elle n'eût été remaniée et gâtée comme à plaisir par les beaux esprits peut-être un peu pédants de la Renaissance.

Car nous croyons bien, n'en déplaise à ces délicats « *qui ont le goût trop difficile,* » que notre pèlerin picard, « *qui tant aima gentillesse,* » n'est pas absolument dépourvu de tout mérite littéraire, quoiqu'il ait cru devoir, dans son *humble préface,* parler de petit savoir de rude langage et de l'insuffisance de son petit engin (pag. 1 et 2). Il n'a sans doute pas désiré qu'on le prenne au mot ; et, du reste, ce ne serait pas tout-à-fait conforme à la justice dont il ne faut pas violer la règle *cuique suum,* à chacun son dû.

Or, sans faire de notre *pouvre pèlerin* ni un Joinville, ni un Commines, on peut, je crois, demander pour lui une petite place dans la série des Chroniqueurs français, au-dessous de ceux-là et au-dessus des auteurs anonymes des Chroniques de Duguesclin et de Boucicaut, au-dessus même de la docte et parfois un peu pesante Christine de Pisan.

Il a rencontré dans certaines occasions ce qu'on trouve si rarement dans les panégyriques officiels et faits sur commande : je veux dire la note juste et l'émotion vraie. Qu'on relise la réponse de Duguesclin aux deux ducs et sa justification contre les injustes soupçons du roi (pag. 113-115), le récit de la mort du jeune Loys, et de la visite du duc de Berri à celui de Bourbon (pag. 273-275), et enfin la vivante peinture (pag. 316-317) des élans spontanés de deuil et d'amour, avec lesquels les populations bourbonnaises accueillirent partout sur son passage le cortége funèbre conduisant à Souvigni le corps du bon duc, et je me trompe fort, ou l'on se laissera toucher à l'éloquence naïve et sans apprêt de sentiments élevés et sympathiques. L'on ne pourra s'empêcher, je crois, de partager une émotion qui n'est si communicative, après tout, que parce qu'on la sent à la fois profonde et sincère.

C'est au moment même de l'apparition de Jeanne d'Arc que notre auteur écrivit : la date est significative, et l'œuvre porte la marque des émotions du jour. Le chapitre LXXXV, qui est daté du 4 mai 1429, le jour même de l'arrivée à Orléans du convoi venu de Blois, contient (pag. 267), sur les malheurs de la France « *navrée de plaie cruelle* » et les dissensions des princes, des réflexions et des conseils que Cabaret, pour plus de sûreté, met dans la bouche de son héros, mais auxquels peut-être il se fût bien donné garde, en d'autres circonstances, de laisser un libre cours. Dans son dernier chapitre, enfin, après avoir en son nom personnel payé au bon duc de Bourbon un dernier tribut d'éloges et de regrets, il termine en le félicitant d'être mort assez tôt pour ne pas voir les horribles maux advenus en France après lui, maux qu'il eût peut-être été possible d'éviter « *si France eust eu encore beaucoup de tels deffendeurs.* » Souvent le salut de tous n'a été que l'œuvre d'un seul. Or, le plus ancien de nos trois manuscrits, celui de Bruxelles, qui est peut-être contemporain de l'auteur, rapproche dans son *explicit,* non sans intention peut-être, du nom du pauvre pèlerin picard celui de Jehanne la bonne Lorraine.

SOMMAIRE CHRONOLOGIQUE.

Naissance du duc Louis II (4 août 1337). — Il succède à son père Pierre Ier, tué à Poitiers (19 sept. 1356). — Son départ pour l'Angleterre comme otage pour le roi Jean (1er août 1360), *chapitre* I, *page* 4.

Son retour et sa libération définitive (octobre 1366), *ch.* II, *pag.* 6.

Reprise des châteaux forts occupés en Bourbonnais par les Anglo-Gascons (1367-1368), *ch.* V-VI, *pag.* 15-21.

Louis de Sancerre nommé maréchal de France (Noël 1368), *ch.* XV, *pag.* 41.

Projet de descente en Angleterre; campagne en Normandie du duc Louis sous les ordres du duc de Bourgogne (juin 1369), *ch.* XXVI, *pag.* 72-73.

Captivité d'Isabeau de Valois, duchesse de Bourbon, mère du duc Louis, prise à Belleperche par des Anglo-Gascons (fin août 1369), *ch.* XXVII, *pag.* 74-77.

Reprise de Belleperche par Louis II (hiver de 1369-1370), *ch.* XXVIII-XXIX, *pag.* 77-86.

Duguesclin connétable de France (2 octobre 1370); défaites des Anglais à Pontvalain, Bressuire et Saint-Maur-sur-Loire (octobre-novembre 1370), *ch.* IX-X, *pag.* 24-29.

Mariage de Louis II avec Anne Dauphine, héritière du Forez (août 1371), *ch.* VII, *pag.* 22.

Campagne des ducs de Berry et de Bourbon en Guyenne, sous les ordres de Duguesclin (avril-octobre 1372), *ch.* XXX-XXXI, *pag.* 86-93.

Délivrance d'Isabeau de Valois à la tour de Brou par le duc Louis II, son fils, et Duguesclin, *ch.* XXXI, *pag.* 92-93.

Bataille de Chizé (21 mars 1373), campagne de Bretagne, siége de Brest, *ch.* XIV-XVI, *pag.* 37-48.

SOMMAIRE CHRONOLOGIQUE.

Grande chevauchée de Lancastre ; la Barrière amoureuse, combats à Troyes, Sens, etc. (1374), *ch.* XVIII-XXII, *pag.* 50-59.

Pierre de Norris, lieutenant-général du duc Louis II (1374), *ch.* LIII-LIV, *pag.* 160-165.

Campagne de Louis II en Auvergne ; prise de la Roche-Senadoire, Ambur, Tracros, etc. (1375), *ch.* XXXII-XXXV, *pag.* 93-104.

Première expédition d'Espagne (1376), *ch.* XXXVI-XXXVIII, *pag.* 105-102.

Prise et sac de La Rye (28 juin 1377), *ch.* XXV, *pag.* 69-74.

Expédition de Normandie ; prise des châteaux de Charles-le-Mauvais (avril-juillet 1378), *ch.* XXIV, *pag.* 66-69.

Disgrâce de Duguesclin ; Louis II à Angers (1379), *ch.* XXVIII, *pag.* 112-115.

Mort de Duguesclin devant Châteauneuf de Randon (13 juillet 1380). Mort de Charles V (16 septembre 1380), *ch.* XXXIX, *pag.* 115-119.

Couronnement et sacre de Charles VI (4 novembre 1380). Siége de Nantes (hiver de 1380 à 1381), *ch.* XLIII-XLV, *pag.* 119-127.

Joutes à Vannes (1381), *ch.* XLIII-XLV, *pag.* 127-136.

Campagne de Flandres ; — Rosebecque, etc. (novembre 1382), *ch.* LV-LVI, *pag.* 165-175.

Retour à Paris (janvier 1383) ; — prise d'Ypres (automne 1383), *ch.* LVII-LVIII, *pag.* 175-179.

Expédition en Guyenne (1385). — Siéges de Montléun, Taillebourg, Le Faon, Verteuil, etc. (15 septembre), *ch.* XLVI-LI, *pag.* 136-157.

Secours donnés à l'évêque de Metz, Pierre de Luxembourg (mars-juillet 1386), *ch.* LXXXIX, *pag.* 280-284.

Expédition en Valais (1386), *ch.* XC, *pag.* 284-289.

Seconde expédition d'Espagne, conduite par Gautier de Passac et Guillaume de Neullac (1386) ; — le duc Louis II, allant les rejoindre, passe à Montpellier le 19 juin 1387, et revient ensuite par Orthez et Toulouse (5 octobre 1387).

Guerre contre les ducs de Gueldres et de Juliers (1388), *ch.* LXVI-LXVII, *pag.* 202-207.

Voyage de Charles VI en Languedoc, à Lyon, en octobre, et à Montpellier, le 15 novembre 1389, *ch.* LXXI, *pag.* 215-218.

Expédition d'Auffricque (1390), *ch.* LXXII-LXXXII, *pag.* 218-257.

Expédition contre la Bretagne; — folie de Charles VI (1392), *ch.* LXXXIII, *pag.* 263-266.

Pèlerinage de Charles VI au Puy; il passe par Gannat (1395), *ch.* LXXI, *pag.* 218.

Mariage de Jean de Bourbon avec Marie de Berry (15 janvier 1400), *ch.* LXXI, *pag.* 218.

Mort de Louis, second fils du duc Louis II (12 septembre 1404), *ch.* LXXXVI, *pag.* 270.

Assassinat du duc d'Orléans (23 novembre 1407), *ch.* LXXXVI, *pag.* 271.

Invasion d'Amé de Viry en Bresse (printemps de 1409), *ch.* XCII-XCIII, *pag.* 294-302.

Secours envoyés à Boucicaut à Gênes (1409), *ch.* XCIV-XCV, *pag.* 302-309.

Mort de Louis II (19 août 1410), *ch.* XCVII, *pag.* 313-317.

PROLOGUE.

Très-noble seigneur Charles, conte de Clermont, ainsné fils de puissant prince Jehan, duc de Bourbon et d'Auvergne, conte de Forez et seigneur de Beaujeu, qui avez la garde gouvernement et administration de ses seigneuries en son absence, et estes lieutenant du roi de France en ses guerres, pour ce que vous entendez droitement à bien user de vostre dignité, vous recordez des proesses et vaillances de vos prédécesseurs, et, pour le grant désir que avez leurs voies ensuivir, vous a pleu commander à compiler et descripre ung livre de leurs fais, et par spécial les œuvres d'armes et chevaleries, vertus, bonnes meurs, belle vie, et bonne fin de hault et excellent prince très renommé, le duc Loys de Bourbon, vostre ayeul. Et comme à moi, qui me reppute de petit savoir, ayez daigné me ordonner ceste descripcion, et que ce seroit l'ung des singuliers plaisirs que je peusse à vous et a vostre hostel faire, j'ai voulentiers obéï à vostre commandement, combien que ce me ait esté chose greveuse de si haults fais entreprendre, pour l'insuffisance de mon petit engin, et aussi de mon rude langaige. Mais, pour ce que la lecture plaise aux liseurs et escouteurs, j'ai mis l'histoire en assez commun parler, par le décret et mémoire de honnoré chevalier, messire Jehan de Chastelmorand, qui, à mon advis et selon vérité, parloit plus de voir que d'oïr; et singulier délit prenoie en escoutant par sa parole la honnorable vie du duc Loys, pour les très grans biens que le chevalier me disoit avoir de lui receus, et aussi l'honneur que avoit eu en sa compaignie. Si eusse bien pou prouffité en cest volume, si le vaillant chevalier ne m'eust aidié en celle besongne, qui les fais de bataille avoit fréquentés. Pour tant plus asseuréement, je Jehan d'Orreville, picard, nommé Cabaret, pouvre pélerin, après les mémoires de lui eues, et la minute par moi faicte, emprins à descripre et grosser par chappitres, les louables fais d'icelui duc et très-noble baron, le mardi XXIXe de mars, l'an mil IIII^c XXIX, après Pasques, et voulentiers commençai et ensuivi du livre la matière qui est telle.

LA CHRONIQUE

DU BON DUC

LOYS DE BOURBON.

I. *Comment le duc Loys de Bourbon alla en hostaige, pour le roi Jehan, en Angleterre.*

C'est l'histoire de très excellent puissant et très noble prince, le duc Loys de Bourbon, conte de Clermont, grant chamberier et pair de France, duquel je considère l'excellence et la noblesse, pour ce que selon la droite ligne de génération, ou degré de consanguinité, il est descendu par généalogie de très glorieux Saint Loys, jadis roi du temporel royaume de France, comme vous orrez. Icelui seigneur roi Saint Loys ot de la roine sa femme plusieurs fils, dont l'un nommé Robert, fut conte de Clermont, lequel espousa la baronnesse de Bourbon ; et de Robert issit Loys premier duc en Bourbonnois. Car Sainct Loys celle baronnie esleva en duchié[1], après son retour de Damiette. Et

---

1. Erreur : le retour de saint Louis étant de 1254, le mariage de Robert de 1276, et l'érection du Bourbonnais en duché de décembre 1327.

prist à femme icelui Loys dame Marie de Hainault, seur au conte Guillaume. Desquels Loys et Marie descendit le duc Pierre, qui espousa la seur au roi de France nommé Philippe. Et de Pierre et Isabel, sa femme, fut fils Loys de Bourbon [1], le tiers duc, dont cestui livre est fait. Lequel duc fut requis pour aller en Angleterre, après la prise du roi Jehan, qui fut prins devant Poictiers, en bataille, laquelle obtint le prince de Galles contre lui, l'an mil III^c LVI. Si obéït le duc Loys de Bourbon, et y alla [2], et si firent maints autres princes de ce royaume de France, du sang royal, comme les ducs d'Anjou, de Berri, et autres, et montoit la plégerie du duc pour quoi il estoit en ostaige, la somme de cent mille frans d'or, et la roine d'Angleterre qui lors vivoit, femme du roi Edouard, de l'hostel de Hainault, estoit sa parente, à cause de la mère au duc, aussi estant du lignage de Hainault; et, pour la vaillance et belle jeunesse que la roine remira au duc de Bourbon, son parent, qui estoit ung moult bel chevalier et gracieulx, et qui aimoit l'honneur sur toute rien ; regardant aussi les bonnes meurs dont il estoit plain, et le sien lignaige, et qu'il estoit ung chevalier fort amoureux, premièrement envers Dieu, après envers toutes dames et damoiselles, plein de gracieuses paroles, et ne pouvoit estre en lieu ou il oïst dire mal de dames ne de damoiselles, et ce a usé tout son temps, comme à plain est escript en aucuns livres, qui sont fais de lui : dont ses vertus furent tant agréables à la roine d'Angleterre, et aux dames du

---

1. Né le 4 août 1337.
2. Le 31 octobre 1360.

pays, et à tous autres chevaliers et escuyers de honneur, que le duc Loys alloit par tout le royaume, à son plaisir, et venoit souventes fois devers la roine, à la court, ou s'esbatoit aucunes fois au jeu des dés, ou la roine passoit temps voulentiers. Et celle grâce d'aller et venir par toutes festes et esbanois, avoit le duc Loys par sa gracieuseté, joieuse parole, et bel vivre, ce que nul, tenant les hostaiges, n'avoit, et tant, que par le royaume d'Angleterre les dames et damoiselles, les chevaliers et escuyers l'appelloient le Roi de honneur et de léesse. Et demoura le duc Loys de Bourbon en cellui hostaige, à ses propres cousts frais et despens, pour son souverain seigneur, l'espace de sept ans complis, montant la despense la somme de quarante mille frans passés, sans le principal, qui montoit cent mille frans d'or; lesquels cent mille frans ses pays de Bourbonnois et Beauvoisin payèrent comptant, avec toute sa despense ; car en ce temps-là le roi Charles de France, qui vivoit, fils du roi Jehan, qui mort estoit en Angleterre, avoit tant à faire en son royaume, tant pour les esmotions d'aucunes ses communes, appellés Jacques et Maillets, comme pour le roi de Navarre, et d'autres grandes compaignies, qui lui estoient contraires, que le roi n'avoit peu aidier au duc, non obstant que le roi de France ot espousée sa seur aisnée à femme, et le roi Pietre d'Espaigne l'autre ; et l'autre de ses seurs ot par mariaige le conte Vert de Savoye, ung grant seigneur et vaillant. La quarte espousa le conte de Harcourt, la cinquiesme, le seigneur de Labreth, et la sixiesme fut priouresse de Poissy; et ot la tante du duc Loys por mari le Roi de Behaigne.

II. *Comment le duc Loys de Bourbon repaira d'Angleterre en son duchié de Bourbonnois, et qu'il dit à ses chevaliers.*

Le duc Loys de Bourbon, après la mort du roi Jehan, paya toute sa finance dont il estoit pleige, et eut plaine quictance du roi d'Angleterre. Puis passa la mer, et s'en revint en France, et l'en amenna ung grant chevalier d'Angleterre, appellé messire Hue de Caverlay à Clermont en Beauvoisin, et là demoura le duc l'espace de deux mois, pour payer aucuns restas, qu'il devoit encores en Angleterre. Et venirent Bichat de Nade[1] et Lorin de Pierrepont, qui tous temps avoient bien et deuement servi le duc Loys en Angleterre, et despuis en de grans fais; lesquels portèrent la finance que le duc devoit en Angleterre, et aussi l'argent pour s'en venir en Bourbonnois. Et de Clermont partit le duc Loys, et s'en vint en son duchié de Bourbonnois à Souvigni, ou il arriva deux jours devant Noël, l'an de grâce mil III^{c}LXIIJ[2], et de son eage l'an XXVIIJ. Car il avoit grant dévocion à deux corps saints, Mayol et Odille, gisans illec honnourablement ou prioré, et y séjourna voulentiers, pour ce que c'estoit l'une des bonnes villes de son pays. Et là venirent par devers lui ses chevaliers et escuyers, qui bien sceurent sa venue, au jour de la feste, moult lies et joyeulx du repairement de leur

---

1. Philippe de Chauvigny ou de Chouvigny, dit Bichat, seigneur de Nades et de Saint-Geran de Vaux. (Arch. Nat., P. 456, c. 184; P. 459, c. 211, et P. 1374, c. 2383.)

2. Cette date, que donnent les trois mss., est inexacte; pour la faire cadrer avec l'âge donné au duc Louis il faut lire M CCC LXV, cf. p. 1, note 1.

seigneur. Et vint là messire Griffon de Montaigu, et messire Guy son frère, messire Guichart Daulphin, le sire de Chastelmorand, et le sire de La Palice, le sire de Chaseuil, messire Guillaume de Vichy sire de Busset, le sire de Chastel de Montaigne, messire Lordin de Saligny, messire Regnault de Baserne seigneur de Champroux, et maints autres chevaliers et escuyers du pays de Bourbonnois, et n'estoit point de bonne heure né qui n'y venoit. Et à la ville de Souvigni, le jour de Noël, l'en de main, et l'autre, fut menée la plus grant vie que l'en peust faire, et le quart jour des festes dit aux chevaliers le duc en riant, [qui fort estoit joyeulx et plaisant de la belle noblesse qu'il véoit à sa compaignie illec venus de si grant affection et vouloir, pompeusement, et en grant estat de richesse][1] : « je ne
« vous vueil point mercier des biens que vous m'avez
« fais, car se maintenant je vous en mercioie, vous
« vous en vouldriez aller, et ce me seroit une des
« grans desplaisances que je peusse avoir, car des-
« puis sept ans je ne fus aussi lie comme je me treuve
« entre vous, car je suis en la compaignie où je vueil
« vivre et morir. Et vous prie à tous que vous vueillez
« estre en ma compaignie le jour de l'an, en ma ville
« de Molins, et là je vous vueil estrener de mon cueur
« et de ma bonne voulenté que je vueil avoir avec
« vous, et vueil aussi que vous m'estrenez de vostre
« bonne voulenté, et ce seront unes riches estrenes
« au plaisir de Dieu. Car j'ai espérance de me gouver-
« ner par vous, et par vostre bon conseil, ès choses

---

1. Le passage entre crochets, qui manque dans les mss. C. et B., ainsi que dans l'imprimé, est restitué d'après le ms. A.

« qui toucheront mes pays et le bien de ce royaume,
« esquelles je me vueil employer à mon povoir, à
« vostre bonne aide, en vous priant, si acertes comme
« plus puis, que vous me vueillez aidier à recouvrer le
« temps que j'ai perdu, et bouter avant l'hostel dont
« je suis sailli. Car j'ai le cueur et le vouloir de non
« estre oiseux. Et de ceci je vous prie avec les autres
« biens que vous m'avez faits que vous me vueillez
« aidier, car je vueil vivre et mourir o vous, et je pense
« que aussi faites vous avec moi. Et pour le bon espoir
« que j'ai en vous, après Dieu, d'ores en avant je pour-
« terai pour devise une seincture ou il aura escript
« ung joyeulx mot : ESPÉRANCE. » A celle heure les
belles paroles du duc finées, la baronie qui là estoit,
chevaliers et escuyers, ploroient de joie en disant :
« benoist soit Dieu ! car nous avons seigneur et
« maistre. »

III. *Comment le duc de Bourbon donna à plusieurs chevaliers son ordre de l'Escu d'or, le jour de l'an; et comment Huguenin Chauveau, ou le duc estoit lougié, lui présenta le livre peloux qu'il avoit faict contre les nobles, et que le duc en fit.*

L'an qui couroit Mil III^c LXIII, comme dict est, advint que la veille du jour de l'an fut le duc Loys en sa ville de Molins, et sa chevalerie après lui ; et se lougea en la dicte ville en l'hostel d'ung de ses bourgois appellé Huguenin Chauveau, qui estoit grant procureur de Bourbonnois. Et le jour de l'an, bien matin, se leva le gentil duc, pour recueillir ses chevaliers et gentils hommes, pour aller à l'esglise Nostre Dame de Molins.

Et avant que le duc partist de sa chambre, les voulut estrener d'une belle ordre qu'il avoit faite, qui s'appeloit l'escu d'or. Et en celui escu d'or estoit une bande de perles ou il avoit escript : ALLEN. Et premier de celle ordre fut estrené le sire de la Tour, messire Henry de Montaigu, fils de messire Gille Aicelin. Le second fut messire Guichard Daulphin ; le tiers messire Griffon de Montagu ; messire Hugues de Chastellus sire de Chastelmorand ; le sire de Chastel de Montaigne[1] ; le sire de la Palice[2] ; messire Guillaume de Vichi, sire de Busset ; messire Phelippes des Serpens[3] ; messire Lordin de Saligni ; le sire de Chantemerle[4] ; messire Regnault de Baserne, sire de Champroux, le sire de Veaulce ; le sire de Blot[5] ; messire Guillaume de la Mothe ; messire Pierre de Fontenai, du pays de Berri, et plusieurs autres chevaliers, qui receurent l'ordre de l'escu d'or, et s'en tenoit chascun à moult honnouré de le recevoir, et non sans cause. Et en baillant la dicte ordre, commença à dire le duc de Bourbonnois à ung chascun : « Messeigneurs, ceste
« ordre de l'escu d'or que j'ai faite signifie maincte
« chose honnourable pour tous chevaliers et autres,
« lesquelles je vous dirai après le service divin, et
« que nous aurons disné, afin que nous les jurons et
« promettons tous ensemble. » De laquelle chose le

---

1. Guillaume de Chatel-Montagne. (Arch. Nat., P. 457, c. 35 et 36.)
2. Imbert de La Palice, sire de Lubié. (Arch. Nat., P. 456, c. 125.)
3. Ou d'Isserpent. (Arch. Nat., P. 456, c. 106, et P. 469, c. 93.)
4. Pierre de Chantemerle. (Arch. Nat., P. 455, c. 75 et 235.)
5. Jean de Chouvigny. (Arch. Nat., P. 456, c. 70 et 180, et P. 457 *bis*, c. 13.)

mercièrent moult humblement, et pour la responce de tous les chevaliers, parla messire Guillaume Dames[1], sire de Vichy en partie : « Très hault et puissant « prince, et nostre très redoubté seigneur, véez-ci « vos chevaliers qui vous mercient très humblement « de la belle ordre et grans dons que vous leur avez « donnés. Lesquels ne vous savent que donner à ce « jour, fors qu'ils vous offrent leurs corps et leurs « biens, et ce que Dieu leur a donné; qu'il vous plaise « les recevoir de bonne estrène à cestui premier jour « de l'an, nonobstant qu'ils y sont obligés à le faire; « mais leur cueur est ferme, et leur voulenté pareille. » Le duc Loys, oïes les paroles du chevalier, les mercia bien chièrement de leur très bonne voulenté, et leur dit plainement : « J'ai aujourd'hui receu les plus belles « estrènes que seigneur peust recevoir, quant j'ai « receu les cueurs de si nobles chevaliers, car « je tien que vous estes pour venir à l'entencion « que je désire. » Et sur ce se partirent, et alla le duc oïr messe, ou estoient en sa compagnie huit barons, et bien jusques à quarante gentils hommes de nom. La messe célébrée, tint court le duc avecques ses barons, et lui revenu en la sale ou il avoit bon feu alumé, se présenta Huguenin Chauveau, et apporta ung livre de demi-pié de hault, qu'il avoit fait secrètement contre tous les nobles de Bourbonnois, chevaliers et escuyers. Lequel Chauveau vint devant le duc disant : « mon très-redoubté seigneur, vous estant en « Angleterre, où vous avez demouré longue saison, je « me sui prins garde de vostre justice et des fais de

---

1. Dit aussi Dalmas. (Arch. Nat., P. 457 *bis*, c. 32 et 35.)

« vostre païs, et ai mis par escript tous les forfais et
« désobéïssances que les chevaliers escuyers et nobles
« d'arrière-fiefs ont fais, qui sont si grans qu'ils ont
« confisqué tous leurs biens, et aucuns en y a, les
« corps. Et pour ce, à ce jour de l'an, je le vous
« donne, et vous fai la plus belle offre que vous fut
« faite despuis que vous partistes d'Angleterre. Et ai
« mis sept ans à le faire, et s'appelle mon livre : le
« Pelloux. Si vous prie, mon très redoubté seigneur,
« que vous le faites exécuter, et ce sera ung trésor à
« vous. » Le duc Loys de Bourbon, qui ot escouté
son hoste Chauveau et considérant sa malice, tant
sagement et attrempéement lui fit responce en telle
manière : « Hoste, vous avez mis longue estude et
« grant poine, en sept ans que j'ai demouré en Angle-
« terre, à deffaire ma chevalerie et la noblesse de mon
« pays, dont vous avez fait comme œuvre de mauvais
« villain, et bien ressemblez la nature dont vous estes
« issu. Car quant seigneur vous prent en son service,
« veu l'estat dont vous estes, vous vous descongnois-
« sez, et ne regardez point à la fin de vostre commen-
« cement, qui n'estes riens, se non par le prince esleu
« en celui office ou il vous met. Et quant est de ce,
« Chauveau, que vous me dictes, que vostre livre
« Pelloux soit exécuté, en brief il sera fait devant vous.
« Certes, il me semble que vous n'avez mie descript
« en vostre livre les biens que m'ont fais mes barons,
« qui m'ont getté hors de prison, mais pour me cui-
« der esmouvoir [1], y avez mis les grans haines que

---

1. Ces quatre mots, empruntés au ms. A., manquent dans les deux autres et dans les imprimés.

« vous avez à eulx, comme telles gens de vostre estat
« ont. » Finie la parole du duc, il prinst le livre Pelloux
de la main de Chauveau entre ses mains, appela ses
barons et leur dit : « Mes amis, tirez vous près, venez
« et véez ce que je ferai de ce livre que cestui hoste
« m'a présenté. » Lesquelz y venirent, et adonc le duc
rua le livre au feu, ou il fut ars devant Chauveau, qui
cuidoit obtenir audience contre les nobles pour les
faire destruire, dont les chevaliers et escuyers mercie-
rent humblement le duc de la grande franchise qu'ils
virent en lui, et fit ceci si franchement que la renommée en dura tant qu'il vesquit, et en durera cent ans
après sa mort. Et grant léesse fut à tous ses barons,
car plusieurs en y avoit qui se doubtoient en estre
chargés.

IV. *Comment le duc de Bourbon exposa la signifiance
de l'escu d'or aux chevaliers, et comment messire
Phelipes des Serpens parla pour tous, et quelles
paroles le duc lui répliqua.*

Pour la solempnité du jour de l'an, après la messe
solempnelle, se assist le duc à table, et fut grant le
disner et plain de joie de la noble chevalerie et escuierie, qui là estoit. Et après disner, graces dites à Dieu,
prononça le duc Loys de Bourbon à ses barons et
chevaliers l'ordre de l'escu d'or, lequel avoit ung bel
chappel vert en sa teste et dit : « Mes seigneurs, je
« vous remercie trestous de mon ordre que avez prinse,
« après ma venue d'Angleterre. Si vous vueil dire que
« l'ordre signifie et porte : La dite ordre signifie que

« tous nobles qui l'ont et qui la portent doivent estre
« tous comme frères, et vivre et morir l'ung avec l'autre
« en tous leurs besoings. C'est assavoir en toutes
« bonnes œuvres que chevaliers de honneur et nobles
« hommes doivent mener. Et oultre qu'ils ne soient en
« lieu à oïr blasphémer Dieu, qu'ils le puissent eschi-
« ver. Et prie à tous ceulx de l'ordre, qu'ils vueillent
« honnorer dames et damoiselles, et ne sueffrir en oïr
« mal dire. Car ceulx qui mal en dient font petit de
« leur honneur : ils dient d'une femme, qui ne se puet
« revengier, ce qu'ils ne oseroient dire d'ung homme,
« dont plus en acroît leur honte; et des femmes,
« après Dieu, vient une partie de l'honneur de ce
« monde. Le second article de ceste ordre si est, que
« ceulx qui le portent ne soient janglères ne mesdi-
« sans l'ung de l'autre, qui est une laide chose à tout
« gentil homme, mais porter foy l'ung à l'autre, comme
« il appartient à tout honneur et chevalerie. Et mes
« amis, » dit le duc, « au travers de mon escu d'or
« est une bande ou il a escript : « ALLEN ». *Allen*
« est à dire : allons tous ensemble au service de Dieu,
« et soyons tous ung en la deffense de nos pays, et
« là ou nous porrons trover et conquester honneur
« par fait de chevalerie. Et pour ce, mes frères, je vous
« ai dit que signifie l'ordre de l'escu d'or, laquelle
« ung chascun à qui je l'ai baillée le doit jurer et
« promettre de le tenir, et moi le premier. » Lors se
agenouillèrent les chevaliers tous devant lui, et lui
dirent que c'estoit la plus belle ordre dont ils oïssent
mais parler, et le mercièrent moult humblement de
ce qu'il lui avoit pleu les mettre en cellui nombre de
son ordre, et lui firent tous le serement en sa main.

Et les seremens faits parla ung chevalier de Bourbonnois, nommé messire Phelippes des Serpens, ung des meilleurs chevaliers du royaume, qui dit au duc : « Très-hault et puissant prince, et nostre très redouté
« seigneur, véez-ci vostre chevalerie qui est tant lie
« et joyeuse, que ou monde porroit estre, de la grâce
« que Dieu leur a faite, qui les a ostés des ténèbres ou
« ils avoient demouré quinze ans ; et regracient Dieu
« qui leur a donné la voie de honneur et de clarté. »
Et sur ce respondit le duc Loys : « Messire Phelippe
« des Serpens, je remercie à mes bons loyaulx servi-
« teurs les choses qu'ils me dient, mais non obstant la
« douleur et courroux qu'ils ont eu de ma demeure se
« sont montrés bons et féaulx subgets. Car j'avoie en mon
« pays plus de douze places qui destruyoient mes hom-
« mes, lesquelles vous avez deslivrées de mes ennemis,
« dont je vous sai bon gré, et sont cestes : Verrières[1],
« Bleth[2], Veros[3], le Bourg des Barres[4], Sainct Amand
« l'aillier[5], Montrond[6], Sainct Geran-le-Pui[7], Puifol[8],

---

1. Château, commune et canton de Nérondes, arrondissement de Saint-Amand (Cher).
2. Commune du canton de Nérondes, arrondissement de Saint-Amand (Cher).
3. Aujourd'hui Veraux, commune du canton de Sancoins, arrondissement de Saint-Amand (Cher).
4. Cours-les-Barres (?), commune du canton de la Guerche, arrondissement de Saint-Amand (Cher).
5. Chef-lieu d'arrondissement (Cher).
6. Château ruiné près Saint-Amand (Cher).
7. Commune du canton de Varennes, arrondissement de La Palice (Allier).
8. Château, commune de Cindré, canton de Jaligny, arrondissement de La Palice (Allier).

« Les Borbes[1], Bor-le-comte[2], Baignols[3], et Chante-
« merle[4]. Ausquelles places vous tous, mes loyaulx
« serviteurs et subgets vous estes tellement employés
« en mon absence, que la plus grant part d'icelles
« ont esté deslivrées, moi estant prisonnier. A laquelle
« deslivrance vous, beau cousin, messire Guichard
« Dauphin, et messire Griffon de Montagu, le sire de
« Chastelmorand, messire Erard de L'Espinace, mes-
« sire Lordin de Saligni, Dames de l'Espinace, le sire
« de Griffé, le sire de Blot, et messire Guillaume de
« la Mote, avez puissament aidié; lesquels vous autres
« ici nommés aviez tous jours gens en vos maisons
« pour vostre garde et deffense du pays, et les autres
« chevaliers et escuyers bien à vostre commandement,
« qui vous suivoient pour la vaillance de vous, et avez
« tant fait dont je suis tenu à vous. » De celle parole
se hontoyèrent les chevaliers et dirent qu'il comman-
dast, car ils estoient prests de obéïr.

V. *Comment le duc de Bourbon manda ses gens, et se
arma premièrement pour prendre certaines places en
son pays que les Anglois tenoient; et comment, pour*

---

1. La Bourbe, ancien château, commune de Lenax, canton du Donjon, arrondissement de La Palice (Allier).
2. Autrefois du Bourbonnais, châtellenie des Basses-Marches, aujourd'hui commune du canton de Marcigni, arr. de Charolles (Saône-et-Loire).
3. Bagneux, commune de l'arrondissement et canton ouest de Moulins (Allier).
4. Ancien château et fief, communes de Monétai-sur-Loire et de Saligny, canton de Dompierre, arrondissement de Moulins (Allier).

l'honneur de Dieu, il avoit de coustume de faire ung enfant roi, et comment il mit ordonnance en son hostel.

Le duc qui vit et congneut la bonne voulenté de ses nobles hommes, leur dit encores : « Mes amis, je n'ai « trouvé en mon pays que trois places qui me sont « bien encores sur le cueur : c'est assavoir la Roche-« sur-Allier[1] qui fait tant de maulx comme vous savez, « car elle occupe la rivière d'un lé à l'autre. » L'autre des places estoit Beauvoir[2], ou les Anglois orent compassé une fosse nommée *enfer;* et là ils gectoient les gens qui ne se povoient ou ne voloient raençonner. Et la tierce si estoit Montescoth[3], ou il n'y avoit que lieue et demie de l'une à l'autre, et des Anglois qui tenoient les places, en estoient capitaines Le Bourg, Camus et Guillaume Pot, qui là estoient demourés, dès l'heure que le prince de Galles passa par France. « Si vous « requier, » fit le duc, « mes très vrais bons servi-« teurs et subgets que le quinziesme jour après la feste « des Rois vous vueilliez estre ensemble, à toute la « puissance de Bourbonnois, chevaliers et escuyers et « autres gens de guerre, pour aller en aucun lieu ou « je me vueil employer à ma venue en vostre bonne

---

1. Ancien château au milieu de la rivière d'Allier, vis-à-vis Villeneuve, dont les ruines ont conservé jusqu'à présent le nom significatif de *Malemotte,* défiguré sur la carte de Cassini en celui de *La Marmotte,* et sur celle de l'État-major, en celui de *La Molinotte.*

2. Beauregard (?), château commune de Montilli, arr. et canton ouest de Moulins (Allier).

3. Peut-être Montesche (?), commune de Neuilli-le-Réal, chef-lieu de canton de l'arrondissement de Moulins (Allier).

« compaignie, et je vous despartirai de tels biens que
« Dieu m'a donnés. » Adonc les chevaliers le remer-
cièrent humblement, et lui dirent qu'ils estoient appareillés de acomplir son bon vouloir, et de vivre et
morir à son bon commandement, et qu'ils avoient
assez de biens à despendre à son service ; si les commanda le duc à Dieu, et eulx, prins congié de lui, se
partirent, et s'en allèrent amasser leur assemblée. Et
demeura le duc Loys à Molins, qui fit faire habillemens
secrets, et amasser gens à grant foison, et vaisseaulx,
pour aller assiéger la dite Roche, qui estoit au milieu
de la rivière d'Allier, et aussi eschielles, et ordonna
trois vaisseaulx en chastelets. Les gens partis de court,
vint le jour des Rois ou le duc de Bourbon fit grant
feste et lie chière, et fit son roi d'ung enfant en l'eaige
de huit ans, le plus povre que l'en trovast en toute
la ville, et le faisoit vestir en habit royal en lui baillant
tous ses officiers pour le gouverner, et faisant bonne
chière à cellui roi en reverence de Dieu. Et l'endemain
disnoit cellui roi à la table de honneur ; après venoit
son maistre d'hostel, qui faisoit la queste pour le povre
roi, dont le duc Loys de Bourbon donnoit communément quarante livres pour le tenir a l'escole, et tous
les chevaliers de la court chascun ung franc, et les
escuyers ung chascun demi-franc. Si montoit la somme
aucunes fois près de cent frans, que l'en bailloit au
père et à la mère, pour les enfans qui estoient rois à
leur tour, à enseigner à l'escole sans autre œuvre,
dont maints d'iceulx en venirent à grant honneur, et
ceste belle coustume tint le vaillant duc Loys de Bourbon tant comme il vesquit. L'endemain des rois fit le
duc Loys de Bourbon l'ordonnance des officiers qu'il

voloit avoir en son hostel. Et premièrement de son corps. Et entre les autres print messire Jehan de Demoret, qui estoit un saige chevalier et vieil; si le retint son mestre d'hostel, et messire Goussaut de Thoury pour son conseillier; et voult que Barberié, qui l'avoit servi en Angleterre, fust son escuyer tranchant, et qu'il portast son pennon, et le sire de Champropin escuyer d'escuierie, et son pannetier ung escuyer appelé Jehan de Confès. Et fit de ses offices ung chascun double, et haulsa son estat bel et grant, non mie comme on le fait au jour d'hui, mais par bel arroi et bonne mesure. Et retint ung chevalier qu'il amoit moult, pour les belles condicions dont il estoit plain, et pour les grans biens que le duc en avoit ouï dire, l'envoya querre, et le fit son mareschal; et l'appelloit-on messire Jehan de l'Aye, qui le servit moult longuement et honnourablement, et ne fit mie grant retenue de gens pour celle fois.

VI. *Comment la Roche d'Allier fut prinse par le duc, et par ses capitaines, Beauvoir ou estoit enfer, et Montescoth, et l'ordonnance que fit le duc.*

Ou temps de quinze jours, que le duc de Bourbon eust ordonné à ses gens de venir par devers lui, ils n'y faillirent mie, mais à cellui jour furent tous montés et armés moult gentement : si alla une partie à Molins, l'autre à la Villeneufve-ès-Breschars[1], et l'autre entre

---

1. Commune de l'arrondissement et canton ouest de Moulins (Allier).

Belleperche[1] et Baignols. Le second jour après fit mectre le duc de Bourbon son mareschal, messire Jehan de l'Aye, et messire Lordin de Saligni, Dames de l'Espinace, Gomin Buret, pour les mander devant, ès vaisseaulx en chastellets, et au cousté en terre, messire Griffon de Montagu, le sire de Chastelmorand, messire Guillaume de la Mote, le sire de Blot, et messire Erard de l'Espinace. Et de l'autre cousté deça Baignols estoit le duc Loys en sa bannière, et grant foison de chevalerie, qui avoient navie pour aller à la place quant ils vouloient, et ne demeura le duc en sa compaignie que trois jours devant la Roche d'Allier, qu'elle ne fust prinse par force, et mors et prins tous les Anglois qui estoient dedans, et la dicte place rasée, dont la muraille y pert encore. Et au despartir de là, se retrahirent tous ensemble à la Villeneufve-ès-Breschars, et eulx tous assemblés estoient moult lies et joieulx de ce que avoient exploicté, et dirent au duc leur seigneur, qu'il leur avoit fait une belle deslivrance. Et leur respondit alors le duc : « Mes seigneurs, nous
« n'avons riens fait, se nous ne faisons encores mieulx.
« Nous avons encores ici deux autres places, l'une
« appelée Beauvoir, et l'autre Montescoth que tient le
« Bourg Camus, et ont fait une fosse à Beauvoir, que
« quant ils ont prins aucuns prisonniers, qui ne se
« veulent ou peuvent raençonner, ils disent : menez-
« les en enfer! » et là estoient gectés en celle fosse plaine de feu, de quoi le monde estoit si espoventé, que quant aucun estoit prisonnier, il bailloit ce que

---

1. Château ruiné près Bagneux, commune de l'arrondissement et canton ouest de Moulins (Allier).

avoit vaillant, pour peur d'estre gecté en enfer. Et pour ce requist le duc Loys à celle compaignie, que tous tirassent celle part, qui lui respondirent : « Nostre « très-redoubté seigneur, nous sommes prests d'aller « ou il vous plaira, et ne désirons aultre chose. Mais « nous vous prions humblement, qu'il vous plaise que « vostre personne n'y aille point ; car ce seroit trop « de honneur à eulx, à telles gens que ce sont, que « ung tel prince que vous estes y deust aller. Car ils « sont excommeniés de sentence de pape, et sont gens « de compaignie, et sans adveu ; mais, se vous plaist, « vous ordonnerez d'entre nous que aillons là. » Adonc le duc leur accorda, et à grant peine, comme celui qui tous jours vouloit estre avecques eulx. Si fut ordonné que messire Lordin de Saligni qui avoit tous jours gens, le sire de Chastelmorand, messire Erard de l'Espinace, et mains autres iroient là, et que le duc se retrairoit à Molins, ensemble messire Guichard Dauphin, messire Henri de Montagu, et messire Griffon son frère, messire Guillaume de Vichi, messire Guillaume Dames, messire Phelippe des Serpens et autres chevaliers de son hostel, pour avoir avis et conseil sur tous les grans affaires que avoit le duc après sa venue en son pays ; et les autres dessus nommés iroient devant les places, et ainsi fut ordonné pour non perdre temps. Et s'en alla le duc à Molins, et les capitaines avec leurs gens devant les places, lesquelles asségièrent, et furent prinses par force en unze jours, et mors tous ceulx qui estoient à Beauvoir, excepté le capitaine nommé le Bourg Camus qu'ils menèrent à Molins, et les autres furent gectés en leur enfer. Et venirent les nouvelles au duc, dont il fut moult esjoui, et tout le pays, par manière qu'il sembloit que Dieu y fust. Après la prinse des places allèrent les capitaines à Molins, devers le duc, qui les receut liement, et en leur présence fit de belles ordonnances. Tout premièrement, il retint quatre chevaliers pour l'ordonnance de ses affaires et de son pays, qui furent esleuz, premier messire Jehan le bastart de Bourbon, sire de Rochefort, messire Phelibert de l'Espinace, messire Pepin Chailleu; et lors fit le duc le mariage[1] de messire Jehan le Bastart et de la fille messire Pepin, qui depuis a esté appellée dame de Rochefort. Le quart chevalier on nomma messire Goussaut, sire de Thoury, et estoient iceulx chevaliers moult vieulx, et ne suivoient plus les armes. Et retint messire Lordin de Saligni qui estoit ung appert et vaillant chevalier, pour son compaignon d'armes, et tous les autres chevaliers retint pour soi, quelque part qu'il allast en armes, qui depuis ne faillirent d'estre en sa compagnie, en tous ses fais, qui ont esté grans.

VII. *Comment le duc de Bourbon alla à Paris, vers le roi Charles, et la duchesse sa femme.*

Le roi Charles de France, fils du roi Jehan, quant il eut sceu comment le duc Loys de Bourbon, duquel il avoit la seur à femme, avoit, après sa venue d'Angleterre, recouvrées ses places par fait d'armes, et tenoit moult belle compaignie de chevaliers et de escuyers,

---

1. Le contrat est du 26 septembre 1361. Arch. Nat. P. 1378[2], c. 3086.

fut moult joieux de ces nouvelles, comme celui qui en avoit bien besoing, et lui manda le roi ung sien escuyer d'escuyerie, nommé Philippot de Santueil par lequel il lui mandoit que sur tous les plaisirs que le duc de Bourbon lui povoit faire, qu'il fust par devers lui à la feste de la chandeleur. Si se excusa le duc, car il ne povoit nullement, pour ce qu'il avoit fiancée[1], comme le roi savoit, la fille au conte Dauphin qui, de droit, devoit estre contesse de Forez, non obstant ce que messire Regnaud de Forez eût vendu la conté au duc d'Anjou, mais pour tant ne laissa pas le duc Loys de Bourbon à tenir sa promesse de mariage, et recouvra le duc, despuis, la conté de Forez, par les beaulx services qu'il fit au roi et au duc d'Anjou son frère. Et prestement se partit le duc Loys de Bourbon pour aller espouser la duchesse sa femme, et furent les espousailles et nopces ou Dauphiné d'Auvergne, en la ville d'Ardes[2], et se hastoit fort le duc d'aller au roi. Mais après le tiers jour de ses espousailles revint ung chevalier, de par le roi, lui apportant lectres de créance, et le duc, oïe la créance du chevalier, et les lectres vehues, comme le roi lui prioit et requeroit qu'il se hastast à venir en court devers lui, et qu'il fist venir la duchesse sa femme, pour accompaigner et demeurer avecques la roine, et ainsi le fit comme le roi lui manda, qui en fut moult lies quant il les vit en son hostel, et demeura la duchesse longuement avec

---

1. Le 19 août 1371 à Vodable, commune des canton et arrondissement d'Issoire (Puy-de-Dôme). Arch. Nat. P. 1370², c. 1925.

2. Chef-lieu de canton, arrondissement d'Issoire (Puy-de-Dôme).

la roine, nonobstant ce que le duc allast tousjours en armes pour le bien du royaume.

VIII. *Comment messire Loys de Sancerre dit au duc de Bourbon qu'il parlast au roi de aller devant Saincte Sévère.*

Demeurant le duc de Bourbon à Paris devers le roi son souverain seigneur, advint que messire Loys de Sancerre et messire Jehan de Villemur, qui sentoient le duc Loys moult chevalereux, lui requirent qu'il pleust au roi de le mander à Saincte Sévère[1] qui destruisoit Poictou, Berri et Bourbonnois, et eulx avecques lui. Mais le roi ne le voult, en respondant qu'il actendoit son conestable de France, qui estoit en Espaigne, lequel il avoit envoyé querre, et gecté de prison. Mais à eulx dit le roi qu'il lui sembloit bon que l'en mist garnison sur les pays pour réparer au mal que faisoient les Anglois estans à Saincte Sévère. Si fut ordonné par le roi que le duc de Bourbon bailleroit à messire Loys de Sancerre cent hommes d'armes, chevaliers et escuyers, pour aller fournir les frontières de Berry, et ainsi fut fait. Si se partit messire Loys de Sancerre de Paris, et alla garnir les frontières, et mit quarante hommes d'armes des gens au duc de Bourbon à Bomiers[2] et à Orsan[3] qui est ung prioré, et en mit

---

1. Chef-lieu de canton, arrondissement de La Châtre (Indre).
2. Commune du canton et arrondissement d'Issoudun (Indre).
3. Éc. commune de Maisonnais, arrondissement de Saint-Amand (Cher).

autres quarante à Berthenous[1], et dix à Pruniers[2]; et messire Loys de Sancerre mit de ses gens en establie à Puy agu[3], des meilleurs qu'il eust, dont ceulx de Saincte Sévère n'osèrent despuis chevaucher es pays dessus nommés, sinon ung Anglois grant aventurier, qui s'appelloit Michelet la Guide, qui vint chevaucher de bois en bois, lui septiesme, jusques à Souvigni[4], près des portes. Et ung bien matin, comme à heure de tierce, Michelet rencontra au dehors ung gentilhomme de Bourbonnois, frère du prieur de Souvigni, monté sur ung bel courssier, avec ung autre pareillement monté, et nommoit-on l'escuyer Lancellot de Chenillat, père de la Regnaulde, qui tous deux furent prins; mais en s'en retournant Michelet avec sa prinse il fut rencontré des gens du duc de Bourbon, qui alloient d'une garnison à autre, et pouvoient estre huit, messire Guichard de Chastelmorand, Jehan son frère, escuyer, Perrin d'Ussel, Odin de Rollat, et autres quatre gentils hommes qui destroussèrent Michelet la Guide, et de fait le prist Jehan de Chastelmorand.

IX. *Comment il eut ung pou de rumeur entre le conestable et messire Loys de Sancerre pour la prinse du mareschal d'Angleterre.*

En cellui termine courut le bruit en Berri comment

---

1. La Brethenoue, commune de Saint-Christophle, canton de Château-Meillant, arrondissement de Saint-Amand (Cher).
2. Canton et arrondissement d'Issoudun (Indre).
3. Château détruit, jadis fief de la famille Pot, non loin d'Orsan, en Berri.
4. Chef-lieu de canton, arrondissement de Moulins (Allier).

le bon conestable de France, nommé messire Bertrand du Guesclin (alias Claquin), venoit d'Espagne devers le roi en France, et serroit gens en grant amassement, pour amener avec lui, en s'en revenant pour combatre les Anglois qui orent esté devant Paris, et estoit leur capitaine messire Robert Canolle. Et lors messire Loys de Sancerre, qui sceut le conestable devoir combatre contre les Anglois, desfit toutes ses frontières, et les mena après lui, ensemble les gens du duc de Bourbon et tous autres, et ne fina de tirer jusques il vint à Vendosme[1], et là ou il se disnoit lui vindrent nouvelles que les Anglois n'avoient osé attendre le bon conestable à Pont-Valain[2], mais s'en fouyoient, une partie c'est assavoir messire Robert Canolle à Derval[3], le mareschal d'Angleterre appellé messire Fitz Watier qui se cuidoit retraire, à l'abbaye de Sainct Maur-sur-Loire[4]. Mais il rencontra messire Loys de Sancerre avec les gens au duc de Bourbon et les siens près de l'abbaye de Vas[5], et se bouta le mareschal dedans, pour se cuider saulver, ou furent faites de belles armes à le prendre. Si furent tous les Anglois mors ou prins, bien le nombre de trois cens combatans, et le mareschal d'Angleterre prisonnier, qui fut prins par messire Jehan d'Azay, séneschal de Thoulouse. Et environ

---

1. Chef-lieu d'arrondissement (Loir-et-Cher).
2. Chef-lieu de canton, arrondissement de la Flèche (Sarthe).
3. Chef-lieu de canton, arrondissement de Châteaubriant (Loire-Inférieure).
4. Auj. village de la comm. de Saint-Georges-le-Thoureil, cant. de Gennes, arrond. de Saumur (Maine-et-Loire).
5. Aujourd'hui Vaas, commune du canton du Mayet, arrondissement de La Flèche (Sarthe).

trois heures, sur le vespre, survint le conestable de France, en bataille ordonnée, qui les chassoit, et vit la desconfiture des Anglois, dont il fut moult courroucié, qu'il n'y avoit esté, et demanda qu'estoit devenu le mareschal d'Angleterre. L'en lui dit qu'il estoit prisonnier, entre les mains messire Loys de Sancerre. Si manda le conestable à messire Loys, par le seigneur de Mailly, qu'il lui envoyast le mareschal d'Angleterre, car il lui appartenoit de l'avoir, comme il disoit, à cause de son office. A laquelle parole respondit messire Loys de Sancerre que le mareschal estoit prisonnier d'ung très gentil chevalier, et qu'il ne lui feroit point de tort. Le sire de Mailly parla orgueilleusement disant que le conestable auroit le prisonnier et courrouceroit cellui qui l'avoit prins. Si reprint la parole messire Loys à Mailly que ce n'estoit mie guerdon à payer tels gens, comme le chevalier estoit, et prestement dit à messire Jehan d'Azay, présent le sire de Mailly, qu'il en menast son prisonnier. Pourquoi meut ung pou de riote entre le conestable, à sa venue, et messire Loys de Sancerre, et ne parlèrent point ensemble d'une pièce.

X. *Comment Anglois furent desconfis devant Bressuire en Poictou par messire Loys de Sancerre, et comment le conestable prist la bastie de Sainct Maur sur Loire.*

Ung chevalier nommé messire Jehan de Troux, qui avoit herdoié les Anglois, et savoit ou ils se estoient retrais, par advis, s'en vint à messire Loys de Sancerre, et lui dit : « Monseigneur, fait il, se vos gens ne fussent las et gastés, je vous enseignasse la plus belle adventure que vous eussiez, passé a long temps. Car j'ai veu bien trois cens combatans, qui sont eschappés de Pont-Valain pour la paour du conestable, et se sont boutés en une meschante ville nommée Coursillon[1], et n'y a d'ici que quatre lieues petites. » Adonc lui demanda messire Loys s'il le guideroit bien. « Certes, monseigneur, oui! » dit le chevalier. Lors manda messire Loys de Sancerre aux capitaines de sa compaignie, que tous montassent à cheval secrètement, et venissent en une place qu'il leur monstra, ou ils trouveroient lui et son estendart. Si obéïrent à son commandement. Puis il se mit à chemin toute la nuit, et se trouva après minuit à Coursillon, ou le chevalier les mena, et ne trouva point les Anglois, car il n'y avoit mie deux heures qu'ils s'estoient de là partis, et s'en fuyoient comme gens qui savoient bien qu'on les chassoit. Et furent en Poictou, en une ville que l'en disoit Bressuire[2], à laquelle ville venirent les Anglois pour cuider entrer ens. Et barguignoient fort à ceulx de Bressuire, qu'ils les recueillissent. Et à cellui barguignement vint messire Loys de Sancerre, o sa gent, à la Croix dessus Bressuire, qui est loing de trois traits d'arc. Et quant les Anglois virent les François d'eulx approucher, requirent fort à ceulx de la ville, qu'ils les missent dedans, lesquels n'en vouldrent rien faire. Et ce voyant les Anglois se retrahirent ensemble en ung parquet qui

---

1. Coursillon, village et château ruiné non loin du confluent et dans l'angle formé par la jonction des deux rivières de Gravot et Lon, commune de Dissay-sous-Coursillon, canton de Château-du-Loir, arrondissement de Saint-Calais (Sarthe).
2. Chef-lieu d'arrondissement (Deux-Sèvres).

estoit devant la porte. Lors messire Loys de Sancerre, avec les gens de Bourbonnois et les siens, venirent mettre pié en terre, entour le parquet, et le combattirent fort, et là y ot fait de belles armes, car les Anglois se deffendirent fort, et y furent fort assaillis. Mais les Français emprirent la besongne si acertes qu'ils gaignèrent le parquet ou ils entrèrent par force, et se combattoient les ungs aux autres main à main. Mais en ce poigneïs furent tous mors les Anglois sans en eschapper nul plus hault de quatre. Et après celle desconfiture, ne tarda pas trois heures que le conestable de France survint, à tout grant gent en la place, dont messire Loys de Sancerre s'estoit parti, (c'est assavoir à la Croix devant Bressuire,) qui fut doulent et courroucié de ce qu'il n'avoit esté à celle destrousse, et tourna tout court lui et ses gens, pour aller prendre la bastie de Saint Maur sur Loire, que tenoient les Anglois, qui povoient estre quatre cens combattans, et destruisoient le pays. Le conestable estant devant la bastie, vouldrent faire les Anglois traictié à lui d'eulx en aller et laisser le lieu, mais il ne leur voult accorder pour le courroux qu'il avoit de ce que jà deux fois ne les avoit trovés. Si fit assaillir le fort de toutes pars, et lui le premier estoit au front devant, et tant s'efforça à l'aide de ses gens qu'il gaigna la bastie de Saint-Maur à force d'armes et de assaillir, et fut deslivré le pays de celle gent, qui là douloureusement fut desconfite. Messire Loys de Sancerre, qui ne vouloit mie estre oiseux, avec les gens de Bourbonnois et autres, s'en alla tirant à la Ferté Sainte Fosse[1], entre Berry et Orlé-

---

1. Aujourd'hui La Ferté-Saint-Cyr, ou Saint-Aignan, ou Beau-

nois, ou estoient aussi Anglois qui faisoient moult de maux, et povoient bien estre deux cens combattans. Et si aigrement combattit messire Loys, à l'aide des siens, celle place, que à force elle fut prinse; et là messire Loys fit faire de belles charbonnées, car il en estoit bon maistre.

XI. *Comment le roi de France fit de belles ordonnances sur le fait de ses guerres, et de ses pays; et comment le duc de Bourbon et le conestable s'entre-amoient.*

Le roi Charles, qui bien savoit les belles armes que son conestable de France et messire Loys de Sancerre avec leurs gens faisoient chascun jour, en augmentant son honneur, et qu'ils avoient prinses plusieurs places sur les Anglois, et les orent mors et desconfis, les manda pour faire et ordonner aucunes belles ordonnances et bonnes sur le fait de ses guerres et de son pays, qui despuis durèrent bien longuement. Et fut le vouloir du roi bailler à chascun les charges selon qu'il devoit avoir. Premièrement bailla au conestable de France, quant il fut venu, mil et cinq cens hommes d'armes, de quoi il avoit en ce nombre l'ung des mareschaulx et le maistre des arbalestiers. Et fut ordonné le duc Loys de Bourbon à huit cens hommes d'armes et deux cens arbalestiers, qui estoit le nombre de mille combattans; et avec le duc estoit le conte de la Marche. Messire Loys de Sancerre ot en charge cinq

---

harnais, commune du canton de Neung-sur-Beuvron, arrondissement de Romorantin (Loir-et-Cher).

cens hommes d'armes. Ordonna aussi le roi cinq cens hommes d'armes sur la frontière de Calais, que ot en conduicte le sire de Sempy. Et encores fit le roi une ordonnance que le duc Loys de Bourbon et le conestable ensemble auroient la charge de la duchié de Guyenne. De rechief ordonna le roi que, au jour de Noël venant, tous les seigneurs capitaines et officiers se trairoient devers lui à celle feste, pour estre grandement acompaigné de chevalerie, et aussi pour bailler les ordonnances, que chascun devoit faire pour l'année. Et commanda le roi que toutes gens fussent sus à l'issue de mars, et ordonna les trésoriers des guerres, à chascun selon qu'il estoit, pour paier de mois en mois. Si fut baillé pour trésorier au duc de Bourbon et au conestable le Flament, et ès autres grans capitaines certains trésoriers, et fut conclud que l'en paieroit les gens d'armes de mois en mois jusques à cinq mois, que l'hiver viendroit que l'en asserroit les frontières, et que la grant puissance se retrairoit.

Les ordonnances complies, le duc Loys de Bourbon regardoit amiablement messire Bertrand de Claiquin conestable de France, et l'amoit moult, pour ce que le dit conestable estoit repairié d'Espaigne, ou il avoit vengié la mort de la roine d'Espaigne, seur au duc Loys, que le roi Piètre, son mari, ot fait morir, laquelle estoit une très dévote et sainte dame. Et l'amoit le duc aussi pour la bonne chevalerie dont plain estoit le conestable, et pareillement le conestable amoit le duc, et ainsi s'entramoient de bonne[1] amour.

---

1. De fine amour, ms. A. Sent, ms. C.

Car le duc de Bourbon amoit honneur et tous vaillans chevaliers.

XII. *Comment par le duc de Bourbon et le conestable messire Bertrand, et messire Loys de Sancerre fut gaignée et prinse Sainte Sevère en Limosin.*

En l'an de grâce mil trois cens soixante et douze, tint le roi Charles, à Paris, la feste de Noël grande et solemnelle. Car les capitaines de guerre et officiers vindrent par devers le roi, ainsi comme ordonné estoit, et à cellui jour servit le conestable de France le roi à table, la verge en la main et le chaperon hors de la teste, et aussi firent les mareschaulx, le maistre des arbalestiers, et chascun selon son endroit; et fut l'ordonnance tenue de servir en court jusques après le jour de l'an. Et le jour de l'an passé, furent prononcées les ordonnances devant dites, et que chascun capitaine deust aller ou il estoit assigné. Et pleut au roi que le duc de Bourbon, le conestable messire Bertrand, messire Loys de Sancerre, et toute la puissance iroit en Guyenne, devant la cité de Poictiers, chief de Poictou, laquelle tenoient les Anglois. Ce entendu, le duc Loys de Bourbon respondit, oyant le roi, à ceulx qui prononçoient, que, à son advis, il lui sembloit que le premier voyaige qu'ils devoient faire, estoit devant Saincte Sévère, et puis à Poictiers. Et les raisons pour quoi disoit le duc. Car nuls capitaines ne doivent rien laisser derrière eulx qu'ils ne mènent tout par ordre, et Sainte Sévère siet deçà Poictiers dix-huit lieues. Si feroit bon de y aller premièrement, pour despechier le chemin, et non perdre temps. Après le duc de Bourbon parla le conestable de France, qui dit : « A dieu le veu, monseigneur de Bourbon dit « vrai. Car tous vaillans capitaines ne doivent rien laisser « chose de conqueste arrière-dos, et en allant à Poictiers « nous verrons que les gars de Saincte Sevère vouldront « dire. » Lors prindrent concluement de chevaulcher devant Saincte Sévère, et puis à Poictiers, et s'en alla chascun capitaine faire son assemblée. Et au jour nommé se vindrent trouver tous les seigneurs et capitaines, sur les marches de Berry et de Montluçon, et eulx assemblés, s'en allerent devant Saincte Sévère, jusques au nombre de trois mille hommes d'armes et de huit cens arbalestiers génois. Et eulx venus devant Saincte Sévère, à heure de prime, fit parler le conestable de France aux Anglois estans dedans, qu'ils se rendissent, lesquels ne vouldrent rien respondre. Adonc le duc de Bourbon, le conestable, et messire Loys de Sancerre, orent advis sur ce que en estoit de faire : Si dit le conestable : « A Dieu le veu, monsei-« gneur de Bourbon, puisque ces gars ne nous sonnent « mot, je loue que vous et vos gens alliez vous tenir en « une partie de la ville près des murs, et mon frère de « Sancerre soit aussi, avec ses gens, en ung autre lé, « et moi, avec mes Bretons et autres gens que j'ai, en « l'autre ; et soient les gars assaillis. » La parole finée et le conseil déterminé, alla le duc de Bourbon en son cousté, le conestable au sien, et messire Loys de Sancerre au sien, et, comme à ung cri s'entendissent, commença l'assault grant et fort. Ores les Anglois tenant Saincte Sévère, véans les François estre assiégés devant eulx, et que jà se approuchoient des murs, pour l'assault commencer, se fièrent en leur force, et pour plus estre asseurés de leur povoir, jurèrent les dis Anglois en la main de leur capitaine, ung serement tel, qu'ils se deffendroient vigoureusement, et que, de leur place ou ils seroient establis, ils ne se mouveroient, ains y mourroit chascun, avant qu'il la perdist. Si fut l'assault des François moult grant et bien ordonné, et du cousté du duc de Bourbon vint son pennon auprès du mur, lequel portoit Jehan de Chastelmorand, et prestement, ensemble le pennon, fut ung bastard appelé Bois vert[1], et Ploton de Chastellus, bel escuyer, et messire Guillaume de Vichi, et le remenant du foussé fut plain de gens d'armes du duc de Bourbon, et firent quatre hommes d'armes la mine et parfons pertuis ou mur, ou bien peussent entrer trois hommes d'armes, mais nul n'estoit si osé de y entrer, pour le repousléis des lances que les Anglois leur faisoient ; et de là jusques au coing de la ville estoit l'assault du conestable, qui estoit belle chose à veoir, car on y combatoit en six lieux en eschielles, et y avoit autres six mines, mais toutesfois par le cousté du duc de Bourbon furent ses gens qui dedans la ville entrèrent premiers, et par les autres mines du conestable et de messire Loys de Sancerre entrèrent moult de gens d'armes, pour ce que, par les eschielles, n'y povoit entrer nul, pour le aspre et fort defendéis et belles armes que faisoient ceulx de dedans. L'assault longuement et grandement duré de toutes les trois parties, sembloit à chascun des seigneurs en leur assault que

---

1. Ou plutôt Boisvair, *de Bosco vario*. Cf. Arch. Nat. P. 493, c. 27, 75, 86, etc.

leurs gens deussent les premiers entrer, et là peust-on veoir fortement assaillir et fièrement deffendre, et ne se prenoient garde de leurs gens qui sur les murs estoient rampés, jusques à tant qu'ils virent les gens au duc de Bourbon, qui estoient ens entrés, jusques à deux cens, qui tirèrent envers la mote ou est le chastel, ou l'une des parties des Anglois se retrahirent, et pesle-mesle entrèrent ens, ensemble le pennon et les gens au duc de Bourbon, en tuant Anglois à desroi, et ainsi fut gaigné le chastel et occis tout ce qui y fut attaint. Et à l'heure les gens du conestable qui combatoient en leur lé, et aussi ceulx de messire Loys de Sancerre, quant ils virent le pennon dudit duc de Bourbon sur le chastel, accoururent à monter sur les murs de la ville, ou les Anglois estoient trestous chascun en sa garde, sans eulx movoir comme ils l'avoient voué, et est merveilleuse chose à compter : car les François estans dedans se combatirent main à main aux Anglois, qui pour mourir ne se voloient partir de leur estre, mais là faisoient de belles armes en eulx deffendant fièrement, et dura ce mesléïs plus d'une heure, mais Anglois ne peurent plus résister, ainçois morurent vaillamment, chascun en sa garde. Et est vérité que, de toute l'establie des Anglois tenant Saincte Sévère, n'en eschappa que cinq seulement, le capitaine, appelé Hennequin Foudrigay, autres trois, et Robin de Nieuton que Chastelmorand prist, lequel Robin se advoha pour le duc de Bourbon, affermant qu'il l'avoit servi en Angleterre, quant il estoit en hostaige, de ses provisions. Si le présenta Jehan de Chastelmorand au duc son seigneur, qui lui fit bonne chière, en lui sauvant la vie. Et messire Loys de Sancerre fit morir Foudrigay, pour aucuns desplaisirs qu'il lui avoit fais à la tour de la Vesvre. Et saichent tous que l'ung des beaulx assaults que l'en veïst pièça en ce royaume, ne guières ailleurs, fut la prinse de Saincte Sévère, mieulx assailli, ne mieulx deffendu.

XIII. *Comment plusieurs places furent prinses en Poictou, par le duc de Bourbon, et comment le duc de Berri vint au pays.*

Estre Saincte Sévère prinse, l'endemain bien matin deslougièrent les seigneurs pour tirer leur chemin devant Poictiers ; mais ils oïrent dire qu'il y avoit une place près leur chemin de Poictiers appelé Bellabre[1] que tenoit Poqueron, et estoit moult forte, et quant l'en fut devant, on leur demanda ouverture : ils se tindrent ung peu, mais leur advis fut par délibération qu'ils deslivrèrent les clefs de leur fort aux seigneurs, et rendirent la place. De là chevauchèrent les seigneurs, avec leurs gens, devant Angle[2] qui ne se osa tenir, mais firent obéïssance. Et ce fait tirèrent les seigneurs à Chauveigny[3], qui est ung tel chastel que chascun puet savoir, où ils demourèrent cinq jours, car le duc de Berry leur escripst unes lettres qu'ils l'attendissent ; et ainsi le firent, et vint le duc de Berry à eulx au terme, à notable compaignie ; et pendant ce, ils beson-

---

1. Chef-lieu de canton, arrondissement du Blanc (Indre).

2. Commune du canton de Saint-Savin, arrondissement de Montmorillon (Vienne), sur la rive droite de l'Anglin.

3. Chef-lieu de canton de l'arrondissement de Montmorillon (Vienne).

gnèrent tellement que Chauveigny se rendit, où ils l'eussent prins d'assault, et le trouva le duc de Berry rendu quant il arriva. Les ducs de Berry et de Bourbon, le conestable, messire Loys de Sancerre et leurs gens se deslougièrent de Chauveigny, et allèrent auprès de Poictiers, et sembloit au duc de Berry que ceulx de Poictiers lui obéïroient. Si n'en firent riens, et demoura l'en ung jour et demi devant eulx, bien le nombre de iiii^m hommes d'armes, et sur ce eurent advis les seigneurs qu'estoit de faire. Si déterminèrent qu'ils iroient devant une grant ville nommée Vivonne[1] pour eulx là louger. Si le firent, et l'endemain allèrent à ung bel chastel clamé Mortemar[2]. Si fut assailli et pris d'assault; et le premier qui dedans entra fut ung escuyer du duc de Bourbon, que l'on nommoit Huguenin de la Terrasse; et prist cellui Huguenin le nepveu de messire Aimery de Rochechouart, qui estoit seigneur dudict chastel et de Vivonne. Et après la prinse du chastel fut ordonné d'aller devant Niort pour le cuider prendre qui pourroit. Si se deslougea l'en bien matin pour s'en aller lougier à Fontenai-l'abbatu[3], qui est au plus près, lequel on prit par assault. Mais ung chevalier capitaine d'Anglois nommé messire Vaultier Spurton, qui bien avait trois mille combatans, s'estoit mis dedans Niort, lequel savoit la venue des seigneurs François, et leur vint cellui messire Vaultier avec ses Anglois, entre marès, en lieu fort, présenter la

---

1. Chef-lieu de canton de l'arrondissement de Poitiers (Vienne).

2. Commune de Lhommaizé, canton de Lussac, arrondissement de Montmorillon (Vienne).

3. Aujourd'hui Frontenai, ou Rohan-Rohan, chef-lieu de cant., arrondissement de Niort (Deux-Sèvres).

bataille. Si allèrent tous les seigneurs et gens d'armes là pour combatre : mais ne peust estre remède qu'il n'y eust eu grande perte, car les Anglois estoient en très forte place, et ne pouvoient François à leur aise joindre à eulx : et demourèrent ung jour et une nuit François et Anglois les ungs devant les autres. Et les seigneurs estans en telle adventure qu'ils ne pouvoient assembler aux Anglois, pour les fors marescaiges ou ils s'estoient fortiffiés, leur vinrent nouvelles que le duc de Bretaigne, à grant povoir, se venoit joindre avec les Anglois pour les combatre. Si eurent advis les seigneurs, par meure desliberation, que delà se partiroient pour lui aller au devant ; car ils avoient plus chier le rencontrer que les Anglois. Et se allerent lougier les seigneurs devant Fontenai-le-conte[1], ung des beaulx chasteaulx de Poictou et des fors, et eulx estans devant, il leur fut denuncié que une partie de la garnison de Fontenai estoit issue pour aller gaigner sur François. Pour ce chevauchèrent les seigneurs hastivement pour trouver la place despourveue, et ainsi le firent, car il fut prins d'assault, et moult y ot gaigné dedans de richesses.

XIV. *Comment la duchesse de Bretaigne fut prinse, et le duc de Bourbon la deslivra ; et comment aucuns barons bretons s'allièrent au roi ; et comment le conestable desconfit les Anglois devant Chisech.*

Quant les seigneurs orent pris Fontenai-le-conte,

---

1. Chef-lieu d'arrondiss. du département de Vendée.

celle nuit mesme, se deslougièrent pour tirer jour et nuit à rencontrer le duc de Bretaigne, qui estoit lougé à Breschesac ou est le bel estang. Mais quant il sentit la venue des seigneurs François, il se deslougea à grant haste, et le faillirent les seigneurs à trouver, et despartit le duc des Bretons ses gens par les places; et les François, qui toujours en avoient nouvelles, partirent des marches de Poictou, et tirèrent jour et nuit en Bretaigne, par devant Rennes, la cité au duc; et quant les seigneurs y parvinrent, ils trouvèrent que la duchesse de Bretaigne estoit partie, ung pou devant qu'ils venissent, pour s'en aller à Vennes. Si mandèrent le duc de Bourbon et le conestable bien cinq cens hommes d'armes après, et la prirent à quatre lieues de là. Et fut prinse la duchesse par les gens de l'hostel au duc de Bourbon, qui estoient bien montés, et son carriaige aussi. Et la menèrent vers le duc de Bourbon et le conestable. Laquelle s'esjouit assez quant elle vit le duc de Bourbon, et dit la dame au duc : « Ha, beau cousin, suis-je prisonnière? » Si lui respondit le duc de Bourbon : « Nenni, ma dame, car
« nous n'avons point de guerre aux dames, mais nous
« avons bien guerre au duc de Bretaigne, vostre
« mari, qui se gouverne estrangement envers le roi,
« son droit seigneur, et fait folle emprinse, qu'il ne
« pourra mettre à fin. » Et lors fit le duc de Bourbon crier en l'ost, et pareillement le conestable de France, que, tout homme qui auroit rien prins de la duchesse, fust tout apporté en la place, sur peine de la hart. Si obéit chascun à leur commandement, et prestement fut rendu à la dame, duchesse de Bretaigne, tout ce qu'elle povoit avoir perdu, fors aucunes lettres d'al-

liance des Anglois et du duc de Bretaigne, qui lui furent trouvées, qui depuis servirent bien pour le roi de France, et mal pour le duc de Bretaigne[1], car la mauvaistié fut monstrée par les lettres à aucuns barons de Bretaigne, qui despuis ne le voulurent servir. Et après le duc de Bourbon donna congié à la duchesse de Bretaigne, lui et le conestable, et lui baillèrent gens à la conduire pour aller seurement elle et ses biens à cinq lieues de là à ung sien chastel appelé Loheach[2]. La quelle mercia moult humblement le duc de Bourbon de l'honneur que fait lui avoit, et que Dieu lui avoit faite belle grâce, quant elle estoit encheue ès mains d'un tel chevalier comme il estoit. Ainsi s'en alla la duchesse son chemin, et l'endemain deslougièrent le duc de Bourbon et le conestable ensemble messire Loys de Sancerre, et s'en allèrent devant Redon[3], qui estoit au seigneur de Rieux, ung baron vaillant, chevalier preudhomme de Bretaigne, lequel vint parler aux seigneurs à seureté devant sa place, et incontinant ils lui monstrèrent les lettres des alliances que le duc de Bretaigne avoit au roi Anglois dont il fut moult esbahi ; et dit plainement le sire de Rieux que jamais ne serviroit le duc de Bretaigne son seigneur, tant qu'il tiendroit cellui chemin contre le roi. Et après ung peu envoyèrent le duc de Bourbon le conestable et messire Loys de Sancerre au conte de Penthièvre la

---

1. Tout ce passage entre les deux répétitions du mot Bretagne manque dans le ms. C et dans l'imprimé, sans doute par suite d'un bourdon.
2. Commune du canton de Pipriac, arrondissement de Redon (Ille-et-Vilaine).
3. Chef-lieu d'arrondissement (Ille-et-Vilaine).

copie des lectres, de quoi le conte s'esbahit moult fourment de les voir, et renvoya le conte de Penthièvre devers les seigneurs ung des beaulx chevaliers du duchié de Bretaigne, appellé le Roux de Piédreuch, pour leur certiffier que tant comme le conte de Penthièvre vivroit, ne serviroit le duc de Bretaigne à tenir la voie qu'il tenoit ; et ainsi fit ung baron, le sire de la Hunaudoie. Et pendant ceci apporta l'en nouvelles au duc de Bourbon, et au conestable, de par le roi, pour ce que jà bien estoit avant en la saison que le duc se traïst vers le roi, et que le conestable allast establir les places qu'ils orent prinses avec une partie des gens au duc de Bourbon. Si fut fait ainsi, et mena le duc de Bourbon en sa compaignie au roi à Paris, le seigneur de Rieux, qui depuis fut mareschal de France, et y mena aussi Le Roux de Piédreuch, de par le conte de Penthièvre, et le seigneur de la Hunaudoie, tous à seurté ; et fist le roy grant feste et chière au duc de Bourbon, quant il le vit, pour les belles besongnes qu'il avoit faites, et tenoit jà le roi que la duchié de Bretaigne fust demi conquise. Le conestable s'en alla en Poictou mettre ses frontières, et trouva une place appellé Chisech[1] qui moult de maulx faisoit au païs, et y mit le conestable le siège en personne, et y fut près d'un mois, et à la fin d'icellui mois s'assemblèrent les Anglois de leurs garnisons voisines, et vindrent présenter la bataille au conestable de France qui s'estoit clos en son siège. Mais quant le conestable les regarda estre devant lui rengiez pour combatre, il commanda

---

1. Aujourd'hui Chizé, commune du canton de Brioux, arrond. de Melle (Deux-Sèvres).

à ses gens ruer par terre leur cloisure[1], et saillir en belle bataille, et ainsi le firent : et alla le conestable et ses gens, en bon arroi, les requerre loing de sa place plus d'une arbalestée, et ot la victoire de la bataille, et furent que mors que prins devant Chisech bien huit cens anglois de la garnison de Niort, et fut le païs de Poictou fort allegié d'ennemis. Et assit le conestable ses frontières, et s'en alla à Paris, pour ce que en celle saison estoit près de Noël, ou il y eut moult grant chière, et fut bien venu, et liement festié du roi et des autres seigneurs : car il estoit commune parole en court que lui et le duc de Bourbon avoient fort entamé et bouté les ennemis hors des païs de Bretaigne et de Guienne, et par espécial du conté de Poictou.

XV. *Comment messire Loys de Sancerre fut fait mareschal de France; et comment le duc de Bourbon et le conestable allèrent en Bretaigne guerroyer par le commandement du Roi, et quelles places ils prindrent.*

Le roi de France, comme il ot de coustume, tint les festes de Noël solempnelles; et après les festes, ordonna ce qu'estoit de faire pour la saison advenir : laquelle ordonnance fut que le duc de Bourbon et le conestable iroient par conqueste en la duchié de Bretaigne, que le roi avoit moult à cueur. Et à celle feste de Noël fut mareschal de France, messire Loys de Sancerre, après la mort du mareschal d'Audenehan, lequel Sancerre mareschal, fut ordonné qu'il allast en

---

[1]. Le ms. C. porte, ainsi que l'imprimé : *crier par terre, leur courre...*

Poictou, sur les frontières, la guerre entretenir pour celle saison. Et les autres seigneurs partirent au mois de mars pour aller parachever la conqueste de Bretaigne. Et fut leur assemblée à Angiers et au pont de de Séz[1], de deux mille chevaliers et escuyers, et de huit cens hommes de traict. Et à Angiers dit le conestable de France au duc Loys de Bourbon : « A dieu le
« veu fai! il y a ung chastel, l'ung des beaulx et des
« fors qui soit en la duchié de Bretaigne, qui est au
« duc et l'appelle-on Jugon[2], et s'il puet estre prins, le
« duc aura fait une grande perte, car on dit en pro-
« verbe parmi Bretaigne que

« Qui a Bretaigne sans Jugon
« Il a chape sans chaperon. »

« et je me suis pensé, fait le conestable, que le duc
« qui est effroyé n'aura advis de y pourveoir, si aurons
« bon loisir de l'avoir. » Adonc se partirent, et allèrent devant Jugon, ou ils ne trouvèrent fors les gens de la ville, et le capitaine appellé Robert de Guitry, qui avoit ung fils le plus bel luicteur que on peust trouver. Auquel Robert on monstra les lettres devant pourparlées. Si firent tant les seigneurs qu'il leur rendit Jugon, et se bien l'eust voulu deffendre, si ne l'eust il peu à force tenir, car il n'avoit nulles gens de deffense. De Jugon partirent les seigneurs, et allèrent devant la tour de Broon[3], qui tost fut rendue au duc de Bourbon et au conestable, et d'icelle tour allèrent poser les

---

1. Aujourd'hui les Ponts-de-Cé, chef-lieu de canton, arrond. d'Angers (Maine-et-Loire).
2. Chef-lieu de canton, arrond. de Dinan (Côtes-du-Nord).
3. Chef-lieu de canton, arrond. de Dinan (Côtes-du-Nord).

seigneurs le siège devant Tinténiac[1], une bonne petite ville, qui estoit à messire Olivier de Mauny, lequel estoit dedans, et disoit l'en que c'estoit ung des vaillans chevaliers de Bretaigne ; et par le compromis qu'ils orent ensemble, messire Olivier rendit sa place, et fit obéïssance au roi, et se mit avec le duc de Bourbon lui et sa puissance. De Tinteniac allèrent les seigneurs à Fougières-la-Rons[2] ou l'en fait les draps, et, venus les premiers coureurs de l'ost, ceulx de la ville issirent, dont mal leur prinst, car d'iceulx y eust bien mors six vingts, et entrèrent les gens de l'ost avecques eulx en leur ville. Ainsi fut Fougières prinse, et de tire chevauchèrent les seigneurs devant Dinan, qui est l'entrée de Bretaigne bretonnant, ou dedans estoit messire Morice de Terriguedis, le plus vaillant chevalier de Bretaigne, car il fut l'ung des chiefs de la bataille des trente, et avec lui estoit son nepveu le sire de Prustallet. Et requirent les seigneurs à messire Morice l'ouverture de Dinan, et lui monstrèrent les lettres dessus dictes. Et sur ceci messire Morice de Terriguedis, qui avoit grant part en la ville, lui et les Prustallés rendirent la ville de Dinan, au nom du roi de France, au duc Loys de Bourbon, qui retint messire Morice, et son nepveu de Prustallet, lesquels l'ont despuis honnorablement et bien servi toute leur vie, en tous les lieux ou fut le duc de Bourbon ; et estoit messire Morice de Terriguedis à pension du duc de Bourbon, dont le duc se tenoit bien honnoré. Dinan être rendu se partirent

---

1. Commune des canton et arrondissement de Saint-Malo (Ille-et-Vilaine).
2. Chef-lieu d'arrondissement (Ille-et-Vilaine).

les seigneurs, et allèrent à Saint Mathieu de Fine-terre[1], une grant ville sur la marine regardant Angleterre. Et eulx venus devant, la virent ung peu mal emparée, si l'assaillirent prestement, et fust prinse, ou furent les compaignons bien raffreschis et l'endemain partirent de Saint Mathieu, et allèrent devant ung bel chastel appellé Cons[2] dont estoit capitaine ung escuyer anglois nommé Jennequin Pel qui ne voult, pour riens, rendre la place. Si fut asprement assaillie, et y ot faict un bel assault, et combatit Himbert de Couture, escuyer du duc de Bourbon, en l'eschielle au dit Jennequin Pel, et firent de belles armes les assaillans et les deffendans; mais, nonobstant leur deffence, fut la place prinse par force d'armes, et Jennequin Pel prisonnier. Puis se partirent les seigneurs, et tirèrent devant ung bel chastel et demi-ville nommé Quipernay[3], qui aux seigneurs fut tost rendu, et delà se transportèrent devant Quimpercorentin[4] assez près de Brest : Les seigneurs leur requirent ouverture, mais ils ne vouldrent, pour ce que le duc de Bretaigne, leur seigneur, estoit à Brest, près d'eulx, dont ils se tenoient orgueilleux. Quant les seigneurs virent ce, ils firent la place assaillir, qui fut prinse d'assault, et y moururent des gens de la ville une grant partie.

---

1. Tous les mss., ainsi que l'imprimé, portent *Fine-posterne*. La correction est bien certaine toutefois, et c'est là une des méprises habituelles reprochées à bon droit à notre chroniqueur; il a voulu désigner ici Saint-Mahé ou Saint-Mathieu de Fine-Terre, près le Conquet, à l'extrémité du cap Finistère.

2. Aujourd'hui le Conquet, commune du canton de Saint-Renan, arrondissement de Brest (Finistère).

3. Quimperlé, chef-lieu d'arrondissement (Finistère).

4. Chef-lieu du Finistère.

XVI. *Comment le duc de Bourbon, le conestable, et le mareschal prinrent les isles de Jarsée, et de Grenésie devant Bretaigne, et comment ils assiégèrent Brest, et quels mots mandoit messire Robert Canolle au conestable, et comment on partit de Brest.*

Le duc de Bretaigne qui savoit comment moult de ses places avoit perdues, et véoit que les seigneurs le suivoient si de près, se partit hastivement de Brest, lui et la duchesse sa femme, seur du roi Edouard, et s'en passa en Angleterre, et laissa dedans Brest messire Robert Canolle. Les seigneurs, cuidans qu'il fust encores dedans, partirent de Quimper Corentin pour aller devant Brest, à vouloir donner la bataille au duc, et quant ils furent là venus, trouvèrent qu'il fut parti. Si assaillirent gens d'armes le hâvre, et gaignèrent quatre vaisseaulx, puis s'en retournèrent à Quimper Corentin qui estoit une place dont on voyoit [1] les isles de Jarsée et de Grenesie qui confrontent entre Angleterre et Bretaigne, et faisoit grant mal aux seigneurs François qu'ils ne y povoient passer. Et sur ce eurent les seigneurs advis de faire armer les quatre vaisseaux qu'ils avoient gaignés au havre de Brest, et aultres qu'ils tenoient à Saint Mathieu, pour passer oultre es isles de Grenesie et de Jarsée, et les vaisseaux appareillés vouldrent les seigneurs mander de leurs gens ès isles. Mais le duc de Bourbon dit au conestable,

---

1. Encore une erreur du rédacteur de notre chronique. Il y a ici probablement confusion de noms et de souvenirs.

au mareschal et autres, que point n'estoit chose honnorable, se eulx-mesmes n'y alloient, à quoi le conestable respondit : « A Dieu le veu, fait il, monseigneur, vous avez raison. » Ce dit, entrèrent les seigneurs es vaisseaulx à tout deux mille hommes d'armes, et six cens hommes de trait, en grand péril, car ces vaisseaulx ne valoient guières. Et arrivèrent en l'isle de Jarsée, ou il a deux chasteaulx, devant lesquels se mirent le duc de Bourbon et ses gens devant l'ung, et le conestable et le mareschal avec leurs gens devant l'autre. Et l'endemain par matin les assaillirent, et prinst le duc de Bourbon le sien ou il séoit par l'effort de ses gens, et le premier qui entra dedans fut Barberié. La place estre prise se partit le duc, et alla devers le conestable et le mareschal, qui encores n'avoient mie prinse leur place; mais ceulx de dedans quant virent venir le duc de Bourbon avec sa puissance, se rendirent au conestable. Et de l'isle de Jarsée passèrent les seigneurs en l'isle de Grenesie, ou il a ung chastel qui ne s'osa tenir, quant ceulx qui le gardoient virent les autres prins; et si estoit le plus fort; et promirent les gens des isles de Jarsée et de Grenesie d'estre bons et loyaulx au roi de France, comme ils furent, tant que le bon admiral de Vienne vesquit. Et furent mis pour garde des isles de Jarsée et Grenesie, à les rendre au roi ou à son admiral, messire Jehan de Hangest et Thiébault son frère. Et de là repassèrent les seigneurs à Quimper Corentin, et à Hennebont[1], ou ils avoient laissé leurs chevaulx et leur carriaige, et là prirent les seigneurs advis ensemble avecques aucuns

---

1. Chef-lieu de canton, arrondissement de Lorient (Morbihan).

des barons de Bretaigne, qu'il seroit belle chose d'aller mettre le siège devant Brest. Car comme ils affermoient, messire Jehan de Montfort, duc de Bretaigne, n'avoit guières plus riens en son pays sur la marine fors Brest, et s'en estoit allé en Angleterre. Et sur cela, furent d'accord les seigneurs, et assiégèrent Brest, ou estoit messire Robert Canolle à peu de gens demeuré en garnison. Et n'estoit pas la dicte place moult bien advitaillée, ainsi que l'on disoit, et pour prindrent les seigneurs l'environ de Brest par la terre, car ils n'avoient mie navie pour l'assiéger par mer; et demeurèrent le duc de Bourbon, le conestable de France messire Bertrand, et le mareschal messire Loys de Sancerre, quarante jours devant Brest; et en cellui temps pleut continuellement si fort que oncques on ne vit cheoir tant de pluie, et au pays de Bretaigne bretonnant n'avoit nuls vivres pour chevaulx, dont les seigneurs orent grant perte, et mesmes messire Robert Canolhe n'avoit que manger dedans Brest, mais mangeoit ses chevaulx, et manda au conestable de France comment il se tenoit mal content, qu'il ne pouvoit lever le siège que le duc de Bourbon, lui, et le mareschal tenoient devant Bresth, ou l'avoient assiégé, mais pou y comptoit[1], pour ce qu'il savoit que moult estoient affaiblis les chevaulx de l'ost pour la pluie; et en ce se reconfortoit que aussi pou avoient les seigneurs à manger comme lui, et que point ne s'effréoit[2] de leur assault. Et manda encores au conestable : « Vous « m'avez faict manger mes chevaulx en ce chastel de

---

1. Pou lui en chaloit. Ms. A.
2. S'esbayssoit. Ms. A.

« Brest, comme je fis à vous les vostres, au siège de
« Rennes ; ainsi, » dit-il, « va le changement de for-
« tune et de guerre. » Les seigneurs durant le siège
virent venir d'Angleterre six vaisseaux garnis de
vivres, que le duc de Bretaigne mandoit à Brest son
chastel, ou il n'avoit riens laissé, et advisèrent entre
eulx que le chastel ne pouvoient ils prendre par force,
et par famine ne l'auroient point, pour les vivres qui
dedans leur venoient, et aussi que l'ost n'avoit guières
que manger. Si se conseillèrent les seigneurs, le duc
de Bourbon, le conestable, et le mareschal avecques
les barons de Bretaigne, et furent d'accord que tous
se tirassent devers le roi, car il n'y avoit plus en celles
marches de Bretaigne que Brest, qui ne povoit porter
dommaige. Et là dirent aucuns des barons que jà
pieça avoient oui dire au duc que, s'il povoit passer en
Angleterre, toute la puissance du royaume il amène-
roit une fois en France avecques la sienne, et s'il le
dit, ainsi le fit l'année après.

XVII. *Comment le duc de Bourbon partit de Brest, et
mena o soi aucuns barons bretons à Paris, lesquels
il retint de son hostel, et firent serement au roi.*

Puis que orent ce dit les barons de Bretaigne, de
devant Brest se despartirent le duc de Bourbon, le
conestable, et le mareschal, pour aller devers le roi
lesquels avoient fait une belle saison grant et honnorable, et amena le duc de Bourbon avec lui à Paris en
les retenant de son hostel le sire de Rieux, le sire de
Loheach, le sire de Piédreuch, le sire de Carssélio,

messire Hervé de Mauny, car messire Olivier s'en voulut aller avec le duc d'Anjou en Gascongne, o le bon congié du duc de Bourbon. Et ensemble les barons dessus nommés amena le duc messire Morice de Terreguedis, le sire de Prustallet et le sire de la Suze, lesquels il avoit retenus de son hostel pour le bien d'eulx. Et estant le duc de Bourbon à Paris, le conestable et le mareschal, Dieu scet quelle chière leur fut faite; et n'estoit de bonne heure né qui ne venoit les voir, pour ce que l'orgueil de Bretaigne par eulx estoit tombé. Et furent les barons de Bretaigne grandement receus et festoïés du roi, et leur fut donné de grans dons, et firent le serement au roi, et l'ont tenu toute leur vie. En iceulx jours rapporta on nouvelle au roi de France que le duc de Bretaigne Jehan de Montfort estoit allé en Angleterre faire une grant armée pour passer en France, l'année advenir, laquelle fut vraie. Et endementiers que les seigneurs estoient à Paris devers le roy, se pourparla le mariaige du duc Phelippe de Bourgongne, frère du roi de France, et de la fille au conte de Flandres, lequel mariaige se accomplit, qui estoit une chose moult désirée, car l'on tenoit que par celle alliance on conquesteroit Angleterre, et en advint beaucoup de choses qui s'ensuivent ci-après. Le noël passé, environ la chandeleur, vindrent nouvelles au roi que les Anglois faisoient grant armée, et le duc de Bretaigne, pour passer en France, et que l'armée debvoit estre preste à passer entour la Saint Jehan, la plus grosse que l'on vist oncques venir en France. Si ot le roi de France conseil à ses barons, qu'il envoyast querre le duc d'Anjou, son frère, à tout la puissance qu'il pourroit trouver, et aussi les ducs de Berry et de

4

Bourgongne, ses autres frères, et tous autres chevaliers, mareschaulx, et conestable, et que tous fussent la sepmaine de Saint-Jehan à Troye en Champaigne, ou le roi seroit pour estre au devant de l'armée. Et fut ordonné par meur conseil de tous les capitaines que l'en ne combatroit point les Anglois, pour les perils qui en pouvoient advenir. Et oultre disoit le duc de Bourbon, qu'il suffisoit les herdoyer et costoyer, par maniere que par ou ils passeroient ne trouvassent nuls vivres, et que c'estoit la plus seure voie par quoi plus tost se partiroient. Ce conseil fut loué de tous, et toutes fois fut l'assemblée du roi à Troye venue à jour nommé, comme mandé estoit, et séjournèrent illec par aucuns jours.

XVIII. *Comment le duc de Bourbon envoya de ses gens à Plancy, et qu'ils firent contre les Anglois à la barrière amoureuse.*

Jehan de Montfort, duc de Bretaigne, qui trop avoit à cueur la perte que ot faite de ses terres, pour les recouvrer et résister au pouvoir des François, lui qui estoit passé en Angleterre, requist tant et si souvent le roi Edouart, duquel le duc avoit la seur espousée, qu'il lui octroya secours; et en son aide esleut le roi Edouart son oncle le duc de Lancastre, pour passer en France en l'ayde au duc de Bretaigne, et tantost après partit l'armée d'Angleterre, qui passa à Calais, et povoient estre, tant d'Anglois, de Hennuyers, comme d'Allemans et Bretons, le nombre de seize mil combatans, et prinrent leur chemin droit vers Troye en Champaigne, où estoit le roi de France les seigneurs de son sang et sa puissance. Et deux journées avant que les Anglois venissent devant Troye, manda audit duc de Bourbon ung gentilhomme, nommé Jehan de Nedonchel, capitaine de Plancy[1], disant : « Se vous, mon « redoubté seigneur, me voulez mander le nombre de « cinquante hommes d'armes gentils hommes, je vous « ferai avoir une belle advanture, car il faut que les « Anglois passent par cette ville pour la rivière. » Et ce ouï, le duc de Bourbon tantost fit monter à cheval ceulx de son hostel qu'il amoit le mieux pour y aller. C'est assavoir Jehan de Chastelmorand, qui portoit son estendart, son frère le sire de l'Espinasse, le Borgne de Veaulce, le sire de Montaigut, le sire de Chaugy son chambellan, Humbert de Couture, Bertrandon Ernaud, Baulseurre, et plusieurs autres des gens de son hostel, et allèrent à Plancy où ils demourèrent deux jours avant que les Anglois venissent, et firent les gens du duc de Bourbon devant la porte, la plus belle barrière que l'en vist pièça, et la nommèrent *La Barrière amoureuse*, et convenoit que les Anglois passassent au plus près. Si advint que, passés deux jours, les Anglois vindrent passer devant Plancy, et tous les compaignons estoient armés dehors leur barrière, et les Anglois les regardans mirent pied à terre pour les venir combatre, et ce voyant ceulx de la garnison de Plancy, pour ce que trop estoient Anglois contre eulx, se retrahirent dedans leur barrière où ils estoient bien porvus de trait, et incontinent les Anglois se advan-

---

[1]. Commune du canton de Méry-sur-Seine, arrondissement d'Arcis-sur-Aube (Aube).

cèrent pour cuider gaigner la barrière, et ceulx de Plancy, et du duc de Bourbon à eulx vigoureusement deffendre de leur trait et de lances, et là ot fait de moult belles armes, qui durèrent près de deux heures; car quant ceulx d'entre la barrière voioient leur advantaige, ilz yssoient à cop, et se plongoient parmi les Anglois, et leur poindre achevé à leur honneur, se retrahoient ens, et à ces issues que faisoient ceulx de la barrière, occirent des Anglois sept hommes d'armes, et pour le trait y ot d'autres bleciés grant foison, et en soustenant ce tolléïs, morurent à celle barrière des gens au duc de Bourbon Himbert de Couture, et aussi Baulseurre et Jehan Foucault; et Bertrandon Ernaud fut féru d'une flesche soulz la mamelle, dont il perdit les yeulx, et vesquit depuis longuement. Et pour ce que jà estoit nuit, les Anglois se retrahirent d'un cousté, et les gens du duc à Plancy, et entour trois heures de nuit se partirent les gens du duc de Bourbon de Plancy pour aller devers lui; et eux en allant rencontrèrent des Anglois qui faisoient escoutes entre l'ost de Troye et le leur. Si férirent les gens au duc parmi eulx, et les mirent en fuye, et là morurent quinze Anglois, et sept en y ot prins, qu'ils menèrent dedans Troye à leur maistre, et furent les plus certaines nouvelles que les seigneurs de France eussent que par les gens au duc de Bourbon; car les Anglois n'avoient eu destourbier despuis Calais jusques là.

XIX. *Comment le duc de Lancastre présenta sa bataille devant Troye.*

La grâce de l'an qui pour lors couroit, l'en comp-

LE SIÉGE DE TROYE LEVÉ PAR LES ANGLAIS. 53

toit mil trois cens soixante treze[1], et estoit le mois de Jung que le roi Charles de France estoit en sa cité de Troye, et les ducs ses frères, et autres de son rang. En icelle saison le duc de Lancastre conduiseur de la gent Angloise à l'esmotion du duc de Bretaigne qui o lui estoit, accompaigné de moult de Bretons, se ordonna en belle bataille, et se presenta devant Troye. Si vouldrent le roi de France et les seigneurs, que nul ne saillist de Troye, se non aucunes gens, qui à ce estoient ordonnés, c'est à dire cinquante des gens au duc de Bourbon et cinquante du sire de Clisson, qui sailliroient pour faire l'escarmouche, et ainsi fut ordonné. Et quant le duc de Lancastre, qui toute jour s'estoit tenu en bataille, regarda que les seigneurs françois qui estoient à Troye, à bien IIII^m hommes d'armes, ne yssoient point, il fit advancier ses gens qui se férirent sur les fossés des faulxbourgs de Troye qui point n'estoient clos, et quant ils apperceurent que nul ne issoit contre eulx à deffendre les fossés, ils s'en entrèrent ès faulxbourgs qui mieulx mieulx, et lors, tout à ung cop, par le congié du roi et des seigneurs, de Troye, saillirent bien II^m hommes d'armes sur eulx illec; et là les François repoulsèrent vaillamment les Anglois par les fossés, tant qu'ils en occirent bien VI^{xx} largement, et IIII^{xx} en y ot de pris, et demoura prisonnier ung capitaine Anglois appellé messire Jehan Bulle et trois Bretons qui eurent les testes copées. Et celle nuit se retrahirent les Anglois, et se logèrent à demie lieue de Troye, et lendemain deslogerent bien matin, pour tirer devers Sens en Bourgongne, et dedans

---

1. Ms. A. XII, B. XVII.

Troye fit le roi, présens les seigneurs, une ordonnance que chascun des ducs, Anjou, Berry, Bourgongne et Bourbon, envoyeroit cent hommes d'armes pour chevaulcher tous les jours à garder les Anglois de avitailler, et dirent les vaillans chevaliers que l'en ne les povoit plus bel desconfire. Si fut ordonné que les grans capitaines, comme le conestable et les mareschaulx, iroient à cousté une journée d'eulx pour garder que on ne les recuillist sur les marches de Limosin et de Poictou, et que riens ne s'y perdist.

XX. *Comment le seigneur de Clisson destroussa partie des Anglois, es faulx bourgs de Sens, et comment Anglois chevaulchèrent par Bourbonnois.*

Tant allèrent Anglois qu'ils se logèrent es faulxbourgs de Sens, et eulx estre logiés fit une emprise le sire de Clisson avec une partie des gens du duc de Bourbon et d'autres des seigneurs, et allèrent mectre une grosse embusche à deux lieues de Sens de mille hommes d'armes, et près de Sens, à une lieue, de deux cens hommes d'armes, et manda le sire de Clisson ses coureurs, à ceux de la première embusche, qu'ils fissent semblant de fuir jusques en la grosse première embusche, et ainsi fut fait. Si advint que les Anglois chassèrent les coureurs jusques en la première embusche, et ceulx de la première embusche les voyans venir commancèrent à fuir; ce regardant les Anglois se desboutèrent et suivirent la trace des fuyans, cuidans que plus n'y eust embusche, et celle première embusche de deux cens combatans se vint retraire à coite d'esperons en l'embusche du sire de Clisson, ou ils estoient bien douze cens combatans. Adonc se descouvrit le sire de Clisson de son agait, o sa compaignie, et courut férir sur les Anglois, qui venoient à desroi et follement. Iceulx rebouta le sire de Clisson par force d'armes jusques en leur logeis, ou lui et ses gens se férirent bien avant, et en ce lieu occirent des Anglois jusques au nombre de six cens, et y eurent de bons prisonniers, et fut la plus grosse destrousse que les Anglois eussent en cellui voyaige. Car oncques, puis celle destrousse, les Anglois ne chassièrent, pour nulles gens qui venissent devant eulx, et orent moult de pertes de leurs gens en chemin, par parties, non mie tous ensemble. Et quant le duc de Lancastre et le duc de Bretaigne virent chascun jour leurs gens descroistre, chevauchèrent par leurs journées jusques à Brive-la-Gaillarde en Limosin, ou ils furent receus par ceux de la ville, qui furent traitres au roi de France. Et là estimèrent les Anglois le nombre qu'ils povoient estre illec despuis leur descendue de Calais, ou ils estoient en nombre xvi^m combatans, et à Brive ne se trouvèrent se non huit mille, dont la moitié estoit à pied, car les autres avoient esté tous mors ou pris en chemin. Et lors les gens aux seigneurs de France regardans la trahison de Brive, se partirent du pont, pour ce qu'il approchoit Noël, et s'en tirèrent chascun vers leur maistre, c'est assavoir ceux du mareschal, du duc de Bourgongne, du duc de Berry, du duc de Bourbon qui poursuivoient tous jours les Anglois; iceulx chevaliers, portèrent, chascun à son maistre la trahison des gens de Brive, qui avoient receus les Anglois.

XXI. *Comment le duc de Bourbon, o ses gens et les Angevins print Brive la Gaillarde et autres places.*

Le duc Loys d'Anjou, frère du roi de France, qui entendit le recetement que ceulx de Brive avoient fait aux Anglois, fut mal content, et pour le plus tost recouvrer, ne tarda pas gramment qu'il envoya ung sien chevalier, nommé messire Jehan de Bueilh au duc de Bourbon lui priant et requérant, sur affinité de lignaige, qu'il lui pleust d'estre au mois de mars ensuivant par devers lui, à viii^c ou mil hommes d'armes, car les pays d'Anjou et du Maine se devoient joindre soubs messire Jehan de Bueilh avec le duc de Bourbon, lesqueulx s'assemblèrent à la mi-mars tous à Busençai[1], sans le duc d'Anjou qui ung pou se sentoit deshaitié, et de là allèrent le duc de Bourbon et les Angevins, l'an mil iii^c LXXIII, en Limosin devant Brive-la-Gaillarde, dont les Anglois estoient partis ung mois avant. Et s'en estoit allé le duc de Lancastre à Bourdeaulx, à ce peu de gens qui lui estoit demouré, et le duc de Bretaigne à Derval, en ses marches, et ne laissèrent dedans Brive que cinquante combatans, vingt cinq hommes d'armes, et vingt-cinq archiers. Le duc Loys de Bourbon qui s'en apperceust, fit assiéger Brive, et lui mesmes establit les gens en leur endroict, et s'alla lougier es Cordeliers devant la porte, et fit dire le duc à ceux de Brive qu'ils rendissent la ville, et

---

1. Chef-lieu de canton, arrondissement de Châteauroux (Indre).

baillassent le traitre qui l'avoit rendue aux Anglois, les queulx ne vouldrent obéïr au duc. Et en ce parlamenteis du traictié, les Anglois tirèrent des flesches et blecièrent des gens du duc; et sur ce commanda l'assault qui fut commancié fort et aspre du cousté du duc de Bourbon, et de l'autre cousté des Angevins. Lequel assault fut fort et grant, et dura trois heures, et y fut moult vaillant homme le sire de Chalencon, et bien le firent les Angevins, pareillement les Bourbonnois, et fièrement se défendoient ceulx de Brive, mais au fort l'en rompit le pont; si vint l'en dessoubs la porte ou il l faict de belles armes, et fit le duc dressier ung estaudis, que de la tour on ne povoit blessier ceulx qui assailloient la porte. Et tandis que à force on rompoit la porte, monta Jehan de Chastelmorand, qui portoit le pennon du duc de Bourbon, sur une faulse braye, ou il n'avoit pas à monter sur les murs plus de cinq pieds, et là un faulconnier du duc apporta ungs degrés, que on mit sur la faulse braye, à monter au mur, par ou entra le pennon au duc de Bourbon, et cellui qui le portoit, et maints autres après lui. Ce voyant les Anglois se mirent en deffense, mais bien virent que pou estoient pour eulx tenir, et furent si oppressés que plus ne se peurent deffendre : lors, pour garentir leurs vies, s'en fuirent en l'esglise. Adonc de tous lés entrèrent gens d'armes à force. Si fut prinse Brive-la-Gaillarde, et mis à l'espée tous les Anglois que on y trouva; et ouvrit on la porte de Brive, ou entra le duc de Bourbon, qui fit crier que nul ne pillast les esglises, et que les traitres lui fussent amenés, auxquels il fit coper les testes. Lendemain se partit le duc de Bourbon et sa compaignie, pour tirer

à Martel[1], et avoit laissié une partie de ses gens à
Brive, que on ne la pillast, et s'en alloit avecques ses
chevaliers devant, à trois cens hommes d'armes, pour
repaistre à une lieue de Brive en attendant ses gens.
Et en s'en allant il rencontra les Anglois-gascons, qui
chevauchoient pour cuider entrer en Brive-la-Gaillarde, et férit le duc et les siens parmi les Anglois à
desroi ; et le duc de Bourbon, qui estoit monté d'avan-
taige sur un bel coursier, le premier se plongea parmi
eulx, et porta par terre deux hommes d'armes en la
chasse, desqueulx le sire de Prustallet prist la foi pour
le duc de Bourbon. De quoi messire Morice de Terre-
guidis, messire le Barrois, messire Guy le Baveulx,
messire Gauchier de Passac, et messire Jehan de
Bueilh, qui suivoient le duc à desroi en celle chasse,
quant ils le orent attainct, le blasmèrent bien fort,
disant que ce n'estoit point fait d'un tel seigneur
comme il estoit, de tout seul si chassier et eschaussier
ses ennemis à desroi, et se ung povre capitaine le faisoit, il lui seroit tourné à blasme. Et cestes paroles
disoient ces bons chevaliers au duc voulentiers pour
la conséquence, mais ils savoient bien en leur cueur
que c'estoit œuvre de grant hardiesse à tout chevalier. De là s'en allèrent droit à Martel, qui fut rendu
par composicion, et voult le duc de Bourbon qu'il
fust mis ès mains du duc d'Anjou. Si le bailla ès mains
de messire Jean de Bueilh en garde, qui pour lui là
estoit. Et rendu Martel, tirèrent lougier à Chastel-
Cervis[2], et là vint messire Arnoul de Marle au duc de

---

1. Chef-lieu de canton de l'arrondissement de Gourdon (Lot).
2. Aujourd'hui Château-Chervis, commune du canton de Saint-

Bourbon, de par le duc d'Anjou, lui mercier sa venue et la belle compagnie qu'il amenoit, et les belles œuvres qu'il avoit fait en chemin en Limosin, en lui priant qu'il se voulsist traire devant Aguilhon[1] à ung jour que on nomma, ou là trouveroit le duc d'Anjou. Si se hasta le duc de Bourbon, et tira celle part, et y parvint deux jours avant que le duc d'Anjou fust venu, et se approucha le duc de Bourbon si près de la place que ceulx d'Aguilhon lui baillèrent les clés avant que le duc d'Anjou vinst, et quant il fut venu le duc de Bourbon lui fit grant feste et grant chière à sa venue ; et estoit belle chose de voir leur compaignie : car quant ils estoient ensemble, on les povoit bien estimer à III^m chevaliers et escuyers et mille hommes de trait.

XXII. *Comment le duc de Bourbon aida au duc d'Anjou de sa guerre en Guyenne, et les places qu'ils prindrent, et les dons que fit le duc d'Anjou au duc de Bourbon.*

Avoir esté Aguilhon rendu, se partirent les ducs d'Anjou et de Bourbon, et s'en allèrent au Port sainte Marie, et firent par leurs gens assaillir ung faulxbourg qu'ils avoient fortiffié, lequel fut prins, et y morut ung des enfans de Nades, et sur ce la ville se

---

Germain-les-Belles-Filles, arrondissement de Saint-Yrieix (Haute-Vienne).

1. Commune du canton de Ste-Marie-du-Port, arrondissement d'Agen (Lot-et-Garonne).

rendit, et y mit garnison le duc d'Anjou. Du Port sainte Marie partirent les ducs et chevauchèrent devant la Réolle, à sept lieues de Bourdeaux, qui fut assiégée. et si estoit l'une des fortes places du pays. Et devant la Réolle avoit fait mener le duc d'Anjou l'une des grandes bombardes que l'on sceust nulle part, et furent au siége les ducs neuf jours. Et estoit le duc de Bourbon o les gens de son pays logié vers les Cordeliers sur les vignes, ou il avoit une porte, et le duc d'Anjou sur la grève, vers la rivière, ou estoient ses truyes et bombardes. Et, ung jour, de la Réolle saillirent les Anglois par leur male advanture sur le gait du duc de Bourbon, qui furent reboutés si lourdement, que pesle-mesle on entra avec eulx aux Cordeliers, dedans la ville ; et par celle prinse furent perdus les vivres qu'ils ne pouvoient raffreschir le chastel. Et ne se tint le chastel que trois jours, que ne se rendist au duc d'Anjou, qui fut une des grans joies que le duc peust avoir : car c'estoit la place qu'il désiroit le plus. Et pour non faire long conte print ceste année le duc d'Anjou, le duc de Bourbon estant avec lui, Penne d'Agenois [1] et Penne d'Albigeois [2], et Saint Mackaire [3], Langon [4], la cité de Condom [5], Florence [6], Jenne [7], tous

---

1. Chef-lieu de canton de l'arrondissement de Villeneuve (Lot-et-Garonne).
2. Commune du canton de Vaour, arrond. de Gaillac (Tarn).
3. Chef-lieu de canton de l'arrondiss. de La Réole (Gironde).
4. Chef-lieu de canton de l'arrondissement de Bazas (Gironde).
5. Chef-lieu d'arrondissement du Gers.
6. Commune du canton de Poujols, arrondissement de Libourne (Gironde).
7. Aujourd'hui Genas, éc. de Pellegrue, chef-lieu de canton de l'arrondissement de La Réole (Gironde).

en Gascongne, et puis allèrent les ducs, ensemble leur compaignie, en Bigorre devant le chastel de Lourde. Et tant assaillit-on par souventes fois la ville, qu'elle fut prinse, et le chastel rendu au duc d'Anjou, par promesse qu'il ot entre eulx. Et par ainsi se passa la saison, pour l'hiver qui commençoit, et licencia le duc d'Anjou ses gens, et s'en vint à Thoulouse pour hiverner ; et là, le duc de Bourbon lui demanda congié pour s'en retourner, nonobstant ce que le duc d'Anjou le vouloit bien retenir, qui le mercia du service que faict lui avoit, et avec ce fit le duc d'Anjou au duc de Bourbon moult de beaulx dons, en lui donnant trente mille frans d'or sur ce que l'en debvoit au duc d'Anjou pour la conté de Forez, laquelle jadis il avoit achaptée : lequel droict il donna au duc de Bourbon pour les beaulx, bons, et agréables services qu'il lui avoit fais es guerres ou il avoit esté continuellement, es parties de Guienne et de Gascongne, pour le roi et le duc d'Anjou. Oultre paya ses gens pour ung mois, et donna le duc d'Anjou de beaulx dons aux chevaliers qui estoient avec le duc de Bourbon, de vaisselle d'argent et draps de soie, et donna au seigneur de Beaujeu, qui estoit avec le duc de Bourbon, ung coursier et deux mille escus d'or. Ainsi se partirent le duc de Bourbon, le seigneur de Beaujeu, et leur compaignie, du duc d'Anjou, et s'en allèrent à Montpeslier, ou le seigneur de Beaujeu prinst le mal de cours de ventre, de quoi il morut ; dont le duc de Bourbon fut moult courroucié et doulent, et fut ung grand dommaige, car il estoit ung des beaulx chevaliers de ce royaume.

XXIII. *Comment le duc de Bourbon alla en Savoie visiter sa sœur la contesse, et comment aucuns des siens allèrent en Prusse.*

Après les obsèques fais et l'enterrement du seigneur de Beaujeu, se partit le duc de Bourbon de Montpeslier, et s'en alla en Savoie visiter sa seur la contesse, et donna congié aux gens d'armes, et ne retint fors ceulx de son hostel, dont il avoit toujours grant compaignie et passa par Nissy[1] du conté de Genève, ou il trouva le cardinal de Genève, qui puis fut pape, et belle compaignie de dames et de damoiselles ; et le tint le cardinal quatre jours, ou il le festoya liement, et donna le cardinal au duc de Bourbon, l'ung des beaulx destriers d'adoncques. Et de Nissy alla le duc de Bourbon à Chambéry en Savoie, à sa sœur qui l'attendoit à la feste de Tous saints, ou le duc demoura six jours avec le comte Verd de Savoie, mari de sa seur, ou fut menée feste grant et joyeuse, et en tant que le duc de Bourbon séjournoit en Savoie, le roi de France s'esbahissoit qu'il ne venoit vers lui, car il savoit sa despartie du duc d'Anjou ; pour ce, lui manda plusieurs messaiges qu'il se hastast de venir, et fust à lui à Noël ou avant. Si obéit le duc de Bourbon, et au despartir qu'il faisoit de Savoie, aucuns de ses gentilshommes lui requirent qu'il lui pleust leur donner licence de aler dehors pour cellui hiver, c'est assavoir en Prusse, ou, pour celle reise accomplir et

---

1. Aujourd'hui Annecy, chef-lieu du département de la Haute-Savoie.

suivir, alloient maints chevaliers de plusieurs pays. Et fut le duc de Bourbon moult lie de la bonne voulenté qu'ils avoient, et leur demanda en riant : « Avez-vous argent ? » — « Oui, » dirent-ils, « assez, car nous avons bien faites nos besongnes ès voyages dont vous venez, et monseigneur le duc d'Anjou nous a donné de son or et de la vaisselle. » Ces paroles escoutées le conte Vert dit au duc de Bourbon : « Beau frere, vous avez bonnes gens, car ils ne celent point les biens qu'ils ont, mais les veulent employer honnorablement. » Ceulx de l'hostel au duc de Bourbon qui lui requirent congié furent Jehan de Chastelmorand, messire Aymard de Marcilly, messire Odin de Rollat, messire Ouldray de la Forest, messire Jehan de Saint-Priest, messire Pierre de la Bussière, Saint Porgue, Perrin d'Ussel, Guyon Gouffier, et Jehan Goudelin, breton. Ainsi prindrent les compaignons congié du duc leur maistre, qui leur enchargea, sur tant qu'ils le cremoient à courroucier, qu'ils fussent vers lui assez tost après Pasques. Et à leur partir, la contesse de Savoie, seur au duc de Bourbon, donna à chascun des compaignons allant en Prusse, ung dyamant dont ils furent moult joyeulx du don des dames, et de Savoie se partirent les compaignons, passèrent par Lorraine et Allemaigne, et tirèrent en Boesme à Prague, ou ils trouvèrent la roine tante au duc de Bourbon, qui les vit voulentiers et de bon cueur en leur donnant de ses dons ; et en celle cité estoient plusieurs chevaliers de l'hostel du roi de France, qui s'entrefirent grand joie pour ce qu'ils tenoient le chemin de Prusse. Le premier messire Hutin de Vermeilles, le Borgne de la Heuse, le bastard d'Aussy et autres, et cheminèrent tant par leurs jour-

nées qu'ils entrèrent es glaces gelées des palus de
Prusse, et tant se trainèrent par les glaçons, comme
il est delà la coustume, qu'ils vindrent à Mariembourg,
le grant hostel de la religion des chevaliers de Prusse,
ou le hault maistre d'icelle ordre les receut voulentiers. Et là les gens du duc de Bourbon trouvèrent
messire Jehan de Roye, messire Patroulhart de Renty,
messire Robert de Chalus, messire Jean Le Maingre
dit Boucicaut, qui, par sa chevalerie, fut despuis
mareschal de France, et, par son bon sens, gouverneur de la cité de Gennes ; messire Jehan de Bonnebault, messire Gaultier de Passat, messire l'Hermite
de la Faye, et moult d'autres des nations que je ne sai
nommer, qui estoient venus si bien à point que merveilles. Car le roi de Letho[1], sarrasin, avoit fort emprins
de grever et conquester l'ordre de Prusse, et, pour
estre plus fort, s'estoit adjoint au roi de Norgalles[2],
qui par devers la marine guerrioit le maistre de Niffelant[3], deffenseur de sa religion, et protecteur de Prusse,
qui est tout ung. Et pour ce que au propos de ceste
histoire du duc de Bourbon ne affiert mesler autres, le
hault maistre de Prusse, par le secours des chevaliers
et autres nobles hommes de plusieurs nations qu'il
avoit en sa compaignie, se porta si vaillamment qu'il
conquist le chastel d'Endrach sur eulx, et les chassièrent ès grans fourests de Prusse, qui durent plus de
huit journées, esquelles sont les bestes hermines,
létisses, gris et martres sebellines, dont les riches

---

1. Lithuanie ou Esthonie.
2. Nordland (?) en Suède.
3. Livonie, *Liefland*, en allemand.

fourreures sont apportées par les provinces du monde. Et tant firent chrestiens que les sarrasins furent tous liés d'eulx en realler en leur pays, parmi l'ordonnance faite que, de certain temps, les Sarrasins de Letho ne de Norgalles ne pilleroient nulles esglises des chrestiens ne les brusleroient, ne aussi les chrétiens, chevaliers de la religion, tant de Prusse, comme de Niffelant, en leur pays de Letho ou es marches, n'arderoient les saints bois (que ainsi ils appellent) des pins, ou ils consumoient les corps de leurs morts par feu, et en faisoient sacrifice. Si fut octroyé d'une part et d'autre, et par ainsi fut la paix criée par les provinces; et le hault maistre de Prusse qui vit que celle reise[1] s'estoit si bien portée à l'honneur de soi, ung jour de la feste Nostre dame Chandeleur, festoya la chevalerie qui o lui estoit moult haultement, et pour l'honneur du jour, le service divin accompli, en son chastel de Mariembourg[2] fit couvrir la table d'honneur, et voult que à celle table fussent assis douze chevaliers de plusieurs royaumes; et du royaume de France y séïrent ou hault dois messire Hutin de Vermeilles, et messire Tristan de Magneliers, que toutes gens clamoient le bon chevalier, et des autres païs deux jusques à XII, par l'ordonnance du maistre, qui furent servis, pour la haultesse du jour, ainsi qu'il leur appartenoit. Et grâces dictes à Dieu, à iceulx douze devisa l'en l'ordre de la table, et comme elle fut establie. Et puis, ung des chevaliers frères de la religion à ung chascun bailla ung mot par escript en lettres d'or sur leurs

---

1. Chevauchée, *reise* en allemand.
2. Ville murée, à 12 kil. sud-est de Dantzick.

espaules « Honneur vainc tout ! » Et l'en demain les chevaliers prindrent congié du hault maistre de Prusse, et s'en retourna ung chascun en sa contrée.

XXIV. *Comment le roi Charles ordonna le duc de Bourgoigne et le duc de Bourbon aller guerroyer en Normandie contre le roi de Navarre.*

Tandis que ces gens de l'hostel de Bourbon alloient en Prusse, le duc se partit de Savoie et alla devers le roi qui le hastoit fort, et avoit grant désir de le veoir, pour les grans biens que le duc ot fait celle année, et quant le roi le vit, le bienveigna et lui dit : « Beau
« cousin, je suis moult lie et joyeulx de votre venue,
« car nous sommes informés comment le roi de
« Navarre veult mettre les Anglois dedans ses places
« qu'il a en Normandie, comme vous savez quelles elles
« sont, et ce seroit la destruction de nostre royaume.
« Et pour ce est nostre intention, tantost la chande-
« leur passée, que beau frère de Bourgoigne et vous
« le conestable et l'admiral aillez en armes devant ces
« places ; car c'est l'ung des grans affaires que nous
« ayons, en quoi nous voulons mettre toute nostre
« puissance, et ce que pourrons finer pour en venir à
« chef, et le désirons plus que des Anglois propre. »
Adonc respondit le duc de Bourbon au roi qu'il estoit prest d'aller à l'ordonnance qu'il lui avoit baillée, et ainsi le fit. Et le mois de mars ensuivant partirent les ducs de Bourgongne, de Bourbon, le conestable, et leur compaignie pour chevaucher en Normandie, ou conté d'Evreux terre du roi de Navarre, devant Mor-

taigne fort chastel et belle ville, et dedans treize jours après qu'ils l'orent assiégée, prindrent la ville d'assaut et aussi le chastel, ou ils gaignèrent moult de biens. De là se partirent les seigneurs, et allèrent devant la cité d'Evreux, ou estoit ung capitaine pour le roi de Navarre, appellé Ferrandon, qui ne se osa fier à demourer à Évreux, quand il vit les seigneurs approucher à tout leur ost, pour assiéger la cité. Il laissa tout, et s'enfuit à Gavré[1] hastivement, le chastel ou estoit le trésor du roi de Navarre son maistre. Et ceulx de la cité, qui virent leur capitaine s'en partir d'eulx, firent obéïssance, et rendirent la cité aux seigneurs pour le roi de France. Et de la ville d'Evreux se partit le duc de Bourgongne, qui s'en alla, pour cause de l'armée qu'il devoit faire en Angleterre. Et le duc de Bourbon, le conestable et l'admiral allèrent o leurs gens devant Gavré, le plus bel chastel de Normandie, et y mirent leur siége, et eulx estant devant, Ferrandon, qui estoit parti d'Evreux, se tenoit dedans cellui chastel; advint qu'ung jour il faisoit revisiter la pouldre des canons et l'artillerie dedans une tour, si survint qu'en la revisitant, une chandelle allumée cheut sur la pouldre qui brusla à Ferrandon tout le visage, dont il morut, et deux autres avec lui. Pourquoi ceux de léans furent tous esperdus, et durant cellui espouventement à ceulx du chastel le duc de Bourbon fit tant que ses gens prindrent unes faulses brayes par devers une porte au dessoubs du chastel, ou il lougea cent hommes d'armes; le conestable et le mareschal estoient lougiez de l'autre part de la mon-

---

1. Auj. Gavray, ch.-l. de cant., arr. de Coutances (Manche).

taigne, qui les tenoient moult court, et tous les jours les gens du duc de Bourbon parlementoient avecques eulx, qu'ils se rendissent, lesqueulx pour riens ne le vouloient faire, se le trésor du roi de Navarre, qui estoit dedans, ne lui fust porté et rendu, ou il avoit trois moult riches couronnes d'or et de pierreries, qui avoient esté des rois de France, et oultre soixante mille francs d'or, ainsi le recongneurent ceulx de léans. Et tantost le duc de Bourbon et le conestable mandèrent au roi, à Paris, la sceue de ce trésor, dont, au bout de trois jours, par devers les seigneurs, vint le sire de la Rivière, hastivement, pour la convoitise dudit trésor porter. Lequel de la Rivière hastoit fort le traictié affin qu'il emportast l'argent, mais le duc de Bourbon, le conestable et le mareschal ne le vouldrent advancier, tant qu'ils eussent la place pour le bien du roi. Et tant firent les seigneurs, que par assaillir et forte guerre, dedans trois jours après, se rendirent ceux du chastel au duc de Bourbon et au conestable, et baillèrent au sire de la Rivière le trésor qu'il désiroit fort. Puis rasèrent le chastel, comme ils orent fait à Mortaigne, ainsi comme le roi ot commandé aux seigneurs, s'ils le prenoient de force. Et prins Gavré, allèrent le duc de Bourbon le conestable et le mareschal à Reineville [1], qui estoit bien avant en Normandie, qui se rendit quant ils seurent que les autres places estoient prinses et rasées. Et orent les habitants leur vie saulve, mais ils s'en allèrent tous ailleurs habiter, et firent les seigneurs raser la ville comme les autres.

---

1. Auj. Regnéville, comm. du cant. de Montmartin-sur-Mer, arr. de Coutances (Manche).

XXV. *Comment l'admiral de Vienne print Pontheau de mer par l'aide des gens au duc de Bourbon, la Rye[1] en Angleterre, et le prieur de Léaux.*

Le duc de Bourbon, le conestable et le mareschal se partirent de Normandie pour aucuns affaires que le roi de France ot adoncques ; mais affin que place entière ne remansist au roi de Navarre, qui s'estoit allié aux Anglois, voult le duc de Bourbon que se parachevast ce qui en estoit à conquester ; et pour ce faire, lui et le conestable envoyèrent messire Jehan de Vienne, admiral de France, à Pontheau-de-mer, qui pour le roi de Navarre se tenoit, qui estoit belle ville et gros chastel, et bailla le duc de Bourbon la plus part de ses gens à l'admiral, et pareillement le conestable, et mena l'admiral grosse gent pour ce que c'estoit à aller sur la frontière de la mer de Angleterre. Et manda on à messire Renier de Grimaud chevalier[2], de Gennes, lequel estoit à Rouen, ou il faisoit faire gallées pour le roi, qu'il amenast quatre gallées à vau Saine[3], pour contre assiéger Pontheau-de-mer, qu'il ne leur venist secours d'Angleterre, et ainsi le fit, et fut assiégé Pontheau-de-mer par mer et par terre, et dura le siége six sepmaines, ou il ot fait de beaulx fais d'armes, tant par les assaillants, comme par les def-

---

1. Ville du comté de Sussex, une des *cinq-ports*.
2. De l'illustre famille des Grimaldi de Gênes, qui avait déjà en 1304 fourni à la France un amiral du même nom, Rainier Grimaldi, célèbre par la défaite et la prise du comte Gui de Flandres, sur les côtes de la Zélande.
3. *A val Seine, en descendant la Seine.* L'imprimé porte *Balsames*. Les mss. donnent : A. *vau sayne*, B. *Bausaine*, et C. *vaulsame*.

fendans : car les gens du duc de Bourbon et ceulx du conestable avoient désir que leurs seigneurs, qui mie n'estoient là, oïssent d'eulx bonne nouvelle, et aussi l'admiral de Vienne les admonestoit fort, qui vaillaument lui et ses gens se mainctenoient. Pareillement messire Renier de Grimaud en ses gallées avec ses arbalestiers Gennois qui si espois tiroient quarriaulx, que ceux du fort ne se osoient monstrer. Et tant s'efforcèrent de continuellement combatre et assaillir, que à la longue fut pris le dit Pontheau-de-mer par mines, et le chastel eschellé combatu et prins par force, ou tous morurent ceulx du dedans. Après la prinse du Pontheau-de-mer parla messire Renier de Grimaud, qui estoit un vaillant homme de mer, à l'admiral de France en disant : « Sire, vous voyez d'ici en
« Angleterre, ou il n'a guières de voie par mer, une
« ville non close, et qui est très-grosse, et dient les
« gens de cette ville que on la appelle par son nom la
« Rye, et afferment ceulx d'ici qu'il ne semble point
« à ceulx de la Rye que l'en osast descendre de là
« vers eulx. Pour quoi, sire, » dit messire Renier de Grimaud, « s'il vous semble bon, je tramectroie une
« gallée à Rouen, pour amener cinq huissiers[1] qui là
« sont au cay[2], à porter deux cens chevaulx, aussi
« ferai venir d'autres vaisseaulx à rèmes pour passer
« beaucop de vos gens de pié. » De ces paroles le mercia moult l'admiral, en lui priant que ainsi le fist, et tot à l'heure se partit messire Renier, à sa gallée,

---

1. Vaisseau de transport au moyen-âge, ainsi nommé de la porte (*huis*) percée sur le côté, au-dessus de la flottaison.
2. Ancrés. ms. A.

à aller amener la navie, laquelle hastivement il amena, et en l'attendant l'admiral fit abattre le chastel de Pontheau-de-mer. Estre venu messire Renier de Grimaud, touchant les choses qu'il avoit promises, devers l'admiral, mirent leur armée sus à passer oultre à nombre de cccc chevaulx et deux mille combatans, que gens d'armes que de traict, et allèrent arriver en Angleterre, ou les Anglois de celle frontière cuidèrent deffendre la descendue ; mais riens ne leur valut, car l'admiral et sa compaignie descendirent, et les chassièrent bien une lieue et plus jusques en la Rie, et en celle chasse y ot mors moult d'Anglois. Et adonc fut prinse et courue la Rye, et arse cellui jour, ou il ot grant occision de gens, et assez mené ès vaisseaulx de prisonniers, et gaigné foison de draps et autres richesses de mainte sorte. Et ung riche prieur d'Angleterre, nommé le prieur de Léaux[1] qui ot sceu l'effroi par les fuyans de la Rye en son monastère, qui séoit près de là, ot amassé grant gent pour deschasser les François, s'il povoit. Et pour ce, au soir, vint cellui prieur à bien cinq cens combatans, des meilleurs gens qu'il eust ; mais l'admiral, qui estoit sage, et bien se doubtoit d'aucune venue, ot mis une grant embusche de trois cens chevaulx des plus esleus. Si les virent venir de loing, et laissèrent Anglois approucher, puis saillirent de l'aguet, si férirent parmi, les desconfirent et prindrent leur chef, qui estoit armé d'unes plates[2], couvertes de veloux vermeil ; et fut le prieur de Léaux

---

1. Lewes, ville d'Angleterre, comté de Sussex, près La Rye.
2. Cuirasse en fer, sur laquelle on portait d'ordinaire un juste-au-corps armoyé. Voy. Ducange, éd. Henschel, t. III, p. 69, col. 3.

prisonnier de l'admiral, pour sa part du butin, qui despuis le garda ung an, et en ot icellui admiral vii^m nobles. De la Rye en Angleterre se retraïst l'admiral en son navie honnorablement sans perte, et ala à Paris devers le roi. Et fut ung grant bruit de lui et des gens au duc de Bourbon et du conestable, de l'emprise qu'avoient faite en Angleterre, car oncques mais François n'avoient fait dommaige en Angleterre, qui fust de souvenance.

XXVI. *Comment le duc de Bourgoigne fut esleu pour passer en Angleterre, et pourquoi l'armée ne se tint.*

Charles, roi de France s'esjoï moult, qui voyoit ses ennemis assez au bas, tant en Guyenne comme en Normandie, subjugués par l'effort du duc de Bourbon, de son conestable, et d'autres ses bons serviteurs; et pour monstrer sa puissance, ordonna en son conseil que le duc Philippe de Bourgongne, son frère, o le navie de Flandres et les galées du roi, iroit en Angleterre, par conqueste, l'année ensuivant, et le pouvoir de France; et se feroit l'armée à Rouen. Et le duc de Bourgoigne, qui ot pris congé de son frère le roi, s'en tira à Rouen, à grant nombre de bonnes gens, jusques à trois mille hommes d'armes, et le duc de Bourbon alla o lui, qui en mena huit cens. Et l'admiral de France, messire Jehan de Vienne, et l'un des mareschaulx appellé le Bauldrain de la Heuse, les suivirent à tout sept cens, et messire Renier de Grimaud avoit huit cens bons arbalestiers gennois pour fournir ses galées; et oultre y estoit le maistre des arbalestiers qui avoit belle compaignie de Picardie, et le conte de Flandres debvoit faire aller de sept à huit mille flamens par la mer d'aultre part. Et furent les monstres des seigneurs au Pont-de-l'Arche, jouxte Rouen, et là les receut le Bauldrain de la Heuse, et furent paiés tous les gens d'armes pour deux mois. Et tandis que l'armée de France espéroit à passer oultre, vindrent nouvelles au roi de France, que l'armée des Anglois estoit en grant nombre descendue à Calais, pour venir tirer à Saint-Omer, et en Picardie, et d'icelle armée estoit capitaine messire Jehan Jouel, et estoit ceste armée faite pour rompre celle des seigneurs françois. Et ce oui, le roi manda aux seigneurs et gens d'armes qu'ils tirassent vers Calais pour obvier aux Anglois, et deffendre le pays : si le firent, et ainsi fut le passage d'Angleterre, qui moult avoit cousté à mettre sus, rompu, et chevaulchèrent les seigneurs vers Saint-Omer. Si trouvèrent que les Anglois estoient jà entre Liques[1] et Ardres[2], et les seigneurs de France estoient à tous leurs gens au dessus de Liques en une petite montaigne, laquelle on nommoit Tournehen, et les Anglois se tenoient bas ès marès, pour ce qu'ils n'estoient mie assez fors pour combatre, dont ils se tenoient plus voulentiers en place forte. Et demourèrent François et Anglois les ungs devant les autres trois sepmaines, ou il ot de belles escarmouches tous les jours. Et envoya le conte de Flandres au duc de Bourgongne son fils à dix mille communes; et quant les

---

1. Comm. du cant. de Guines, arr. de Saint-Omer (Pas-de-Calais).
2. Ch.-l. de cant. de l'arr. de Saint-Omer (Pas-de-Calais).

Anglois apperceurent tant de gens, ils estoient assez près de la mer, et en leur marche, la conté de Guines[1] : ils s'en repairèrent arrière en leur païs, et aussi les seigneurs de France se retrahirent.

XXVII. *Comment le duc de Bourbon sceut nouvelles de la prinse de Belleperche par les Anglois, ou la duchesse sa mère fut prinse.*

Messire Robert Canolle[2], anglois, qui par moult de fois avoit traversé le royaume de France, quant il fut hors de Brest, qui estoit au duc de Bretaigne, loua Dieu que les François ne l'avoient illec attrapé, veu la disette ou il estoit. Si s'en passa en Angleterre, et torna par mer en Bourdelois, et reconquist aucunes places que les seigneurs de France avoient conquises en Guienne, lesquelles il trouva despourvues de garde. Si se mit ens, et les tint ; esquelles il mit ses capitaines et soudoyers à les garder pour le roi Anglois. Et par espécial voult que la ville de Niort en Guienne, qui encores ne s'estoit rendue aux François, fust chambre et recept des Anglois, qui passeroient mer, et aussi des pactis. Si avoit laissé messire Robert Canolle à Niort, pour capitaine, messire Thomas de Hanthonne à belle compaignie de gens d'armes et d'archiers. Et durant le temps que le duc de Bourbon estoit en la compagnie du duc de Bourgongne en France, ou il guerroyoit contre les Anglois, deux hom-

---

1. Ch.-l. de cant. de l'arr. de Boulogne-sur-Mer (P. -de-Calais).
2. En anglais Knowles.

mes d'armes de Gascongne, l'un appellé Ciquot de la Saigne, et l'autre Ortingo d'Ortenie qui bien avoient six vingts combatans, et deux cens archiers, eulx voyans que jà la guerre s'anientoit en celle part, requirent à leur capitaine de Niort, messire Thomas de Hanthonne, comment il les laissast aller o leur compaignie à leur adventure, et ne se doubtast, car ils pensoient faire chose que lui vienroit à plaisir, et qui feroit honneur au roi d'Angleterre et prouffit à eulx. Si leur octroya voulentiers. Adonc de Niort se partirent Ciquot de la Saigne et son compaignon Ortingo d'Ortenie o leurs gens garnis de bons escheleurs ; et tant par nuit comme par jour chevauchèrent jusques ils furent en Bourbonnois, ou par espies advisèrent le chastel de Belleperche qui estoit au duc de Bourbon, ou demouroit la duchesse sa mère, et y tenoit son tinnel[1]. Si y vindrent si à point, que la place prinrent par la porte, en guise de villains, et y entrèrent leurs gens d'armes, et destinrent la dame prisonnière, sans lui faire nulle laidenge. Mais, pour ce que le fort estoit bien garni de vivres, tant pour hommes comme pour chevaulx, s'en firent maistres, et le tinrent ; dont bien tost ces nouvelles vindrent au duc Loys de Bourbon, comment la duchesse sa mère estoit prinse des Anglois, ensemble Belleperche, et oultre avoient prins La Bruyère l'Aubespin. De ce fut moult doulent courroucié et marri le duc de Bourbon, et de la prinse madame sa mère, tant que c'estoit grant merveille, et

---

1. C'est-à-dire sa cour. Voy. Ducange vv. *tinnulus* et *Tinellus* : aula magna vulgariter dicta *lo Tinel*. — et alla au palais tenir son *tinel* (de *tuna*, cour). Être du *tinel* d'un prince, c'est avoir chez lui bouche à cour.

s'en alla le duc tirant jour et nuit à Paris devers le roi qui lui aidast, ou il trouva pou d'aide, car le roi estoit moult troublé de son armée qui estoit rompue. Et le duc de Bourbon voyant qu'il n'avoit nul secours du roi, pour ce qu'il avoit moult la besongne à cueur, fit partir ses gens pour tirer en son pays à le garder jusques à sa venue, c'est assavoir messire Guichard Daulphin, messire Griffon de Montagu, messire Guillaume de Vichy, et les gens de Bourbonnois et de Forez, jusques à quatre cens, qui s'en tirèrent jusques à Saint-Pierre-le-Moustier, à trois lieues de Belleperche. Et la nuit les dis capitaines et gens d'armes de Bourbonnois allèrent mectre une embusche auprès de Belleperche, et là trouvèrent jusques à deux cens Anglois qui venoient de la Bruyère à Belleperche. Si férirent parmi, les mirent en fuite et en prindrent aucuns qu'ils destindrent. Et le jour d'avant avoit esté prins des Anglois messire Robert de Chaslus, et le commandeur de la Marche[1] à trente hommes d'armes, à Monteillis près de Molins. Si demourèrent les gens de Bourbonnois près d'un mois sur le pays, en attendant leur seigneur, et pendant ce vint le conte de Sancerre le mareschal sur la frontière, et orent advis ensemble les gens de Bourbonnois qu'il estoit de faire. Si fut accordé d'aller assiéger la Bruyère, affin que, quant le duc leur seigneur seroit venu, il n'eust à faire que ung siège. Et par ainsi fut la Bruyère assiégée, ou le commun de Bourbonnois alla au siége, qui bien estoient deux mille ; et rompit l'en les foussés, et l'eaue s'en

---

1. Ancienne commanderie, auj. écart de la comm. de Charroux, cant. de Chantelle, arr. de Gannat (Allier).

courut, et firent les bonnes gens tant de fagos qu'ils comblèrent les foussés ; et fit on un chat pour aller au pié du mur qui fut miné, et après on gecta feu dedans, qui ardoit tout : par quoi furent prins tous les plus grans capitaines de léans, messire Richard Mauverdin, et Jacques Sadellier ; et tout le remanant des Anglois qui estoient dedans on livra aux communes, qui en firent de grosses charbonnées.

XXVIII. *Comment le duc de Bourbon assiégea Belleperche, et comment le conte de Boucquinquam le contr' assiégea.*

L'an mil III^c LXIX[1], le duc Loys de Bourbon, qui fort estoit troublé de la prinse de la duchesse, sa dame de mère, se hasta de chevaulcher à venir en son pays, pour remédier aux besongnes qu'il avoit à faire. Mais comme il s'en venoit lui fut denuncié comme par ses gens, que devant il ot mandés, o le fort de ses communes, et le pouvoir du conte de Sancerre, estoit la Bruyère reprinse et gaignée sur les Anglois, les capitaines prisonniers, la ville arse, et les Anglois occis ; dont un pou s'esjoït le duc, et ne fina tant qu'il se trouva en son pays, et promptement, avec les gens qu'il trouva, et ceux qu'il ot amenés, mit le siége devant Belleperche, au temps de l'hiver, à huit cens hommes d'armes et deux cens arbalestiers, pour ce qu'il savoit que les capitaines Ciquot de la Saigne et Ortingo de Ortenye estoient léans, à bien six vingts

---

1. Les mss. donnent cette date d'une manière différente : A. et B. M. III^c LXXVIII, et C. M. III^c IIII^{xx} III. Buchon donne mil trois cens septante trois : la date exacte est 1369.

combatans et plus, qui tenoient la duchesse en dangier. Pour ce fit incontinent le duc de Bourbon six engins qui tiroient jour et nuit léans : mais la duchesse, sa dame de mère, estoit moult espouventée quant on tiroit ens; laquelle manda au duc son fils qu'il ne fist plus tirer. Si en ot pitié, et plus ne fit batre le lieu d'engins. Et dura le siége que le duc de Bourbon tenoit trois mois entiers par le plus froid de l'hiver, ou moult souvent estoient faites par ceulx de l'ost d'aigres escarmouches, d'aspres assaulx, et aussi d'apertes saillies par ceulx de deens. Si avoit vouhé le duc de Bourbon que jà mais du siége ne se moveroit, se n'auroit rescous sa dame de mère, ou prins la ville à force ; dont le conte de Sancerre le mareschal messire Loys, les chevaliers, escuyers et gens d'armes de ses pays de Bourbonnois, Forez et Beaujolois, avec la chevalerie qui de moult de lieux estoit là embatue à deslivrer la dame, s'esjoïrent grandement, veu que le plus fort de l'hiver, à leur semblant, avoient passé, si que le remanant du temps peussent mieulx et plus liement besongner. Et quant ils oïrent celles paroles dire au duc, ils s'en contentèrent moult. Adonc le duc ordonna ung basti autour de soi, ou enclouit son host, le fossoyant ung pou, et y mit bonnes gardes aux entrées, si que ceulx de Belleperche ne l'offendissent, ne aussi se aucuns en povoir venoient contre lui, ne le trouvassent despourveu, et qu'il ne laissast le siége honteusement. Ciquot de la Saigne, qui tous les jours perdoit de ses gens, voyant qu'il estoit assiégé, et que, pour quel temps qu'il fist, le duc de Bourbon ne se leveroit, mais plus s'enforçoit de gens et de vivres, manda ung messaige en Guienne, aux

Anglois qui là estoient, que pour Dieu le vinssent secourir, car le duc de Bourbon avoit jà sis devant lui bien trois mois. Ne tarda guières que la puissance d'Angleterre, qui estoit en Guienne, vint devant le duc de Bourbon : c'est assavoir le conte de Boucquinquam qui avoit bien VII^m combatans, et contre assiégèrent le duc de Bourbon, que bien le cuidoient avoir dommaigié : car sa bastie n'estoit close que de menus pauls du gros d'ung bras, et le hault d'ung homme, et ung petit foussé, que ung homme povoit saillir. A la venue du conte de Boucquiquam, vint devers le duc de Bourbon, messire Mathieu de Gournay[1], cellui chevalier qui l'ot amené en France d'Angleterre, et volt parler à lui à seurté ; si en fut content le duc de Bourbon, car il l'amoit moult. Et quant le chevalier Gournay vint au duc, il lui fit bonne chère, et dit cellui chevalier au duc de Bourbon que, pour Dieu, il se ostast de cellui péril ou il estoit. « Car, monseigneur, « vous voyez bien que vostre place est mal em point « pour tenir, et ne vault rien. » Finie la parole du chevalier anglois, lui respondit le duc de Bourbon : « Messire Mathieu, dictes à vostre maistre que je suis « en mon pays et en ma terre, et pour le bien de « madame ma mère. Et puis lui direz que je suis « prest et appareillé de actendre toute sa puissance, « et tout ce qu'il pourroit faire, et que je mourrai et « vivrai avec ceste chevalerie, » ou ils estoient bien deux cens chevaliers entour le duc ; messire Mathieu de Gournay, qui voyoit le couraige du duc, sur ce se partit, et alla vers son maistre, auquel relata les

---

[1]. Appelé Hue de Caverlay, au chapitre II. Voy. plus haut, p. 6.

paroles du duc de Bourbon, telles comme il les lui avoit dictes.

XXIX. *Comment le duc Loys de Bourbon recouvra Belleperche, et comment le conte de Boucquinquam s'en partit, et puis retourna; et comment le grant David fut mort.*

Le conte de Boucquinquam anglois qui, à grant nombre de gens, avoit contre assiégé devant Belleperche le duc de Bourbon, savoit comme le duc y séoit pour espérance de reconquester son chastel et deslivrer la duchesse, sa mère, qui ens estoit; et le conte y refaisoit son povoir de lever le duc du siége, et secourir ses gens qui la forteresse tenoient. Quant il entendit son chevalier, messire Mathieu de Gournay, qui lui référoit les paroles du duc de Bourbon, que « pour rien de là ne partiroit », tantost le conte de Boucquinquam, cellui soir, commanda à ses Anglois à faire fagos et grant attraict de merrien pour l'endemain assaillir, et le duc de Bourbon grant ordonnance pour soi bien deffendre. Et avant que le conte de Boucquinquam venist, avoit le duc de Bourbon licencié le plus des gens inutiles et des communes, et n'ot retenu fors gens d'eslite en nombre, et pour ce, quant il se vit contre assiégé, ordonna que chascun homme d'armes aroit sa brasse à garder à la bastie ou il n'avoit que huict cens brasses, et aroit entre deux hommes d'armes ung arbalestier gennois; et par ainsi le duc de Bourbon vouloit que ses gens se peussent deffendre de leurs ennemis, en leur commandant que, pour rien, nul ne se partist de sa deffence. Et oultre fit le duc de Bourbon mettre avant les grosses arbalestes de Chantelle¹, au devant de la bataille des Anglois, lesquelles estoient moult belles, et firent moult de biens, comme vous orrez. Et encores le duc de Bourbon fit semer, bien tard, autour de son palis, quatre tonneaulx de chauldes trappes, à deux lances entour près de son parc. Et l'endemain, par matin, de ses tentes vint le conte de Boucquinquam, et ses Anglois en bataille rangiée, en ung grant champ devant la bastie du duc de Bourbon. Et lui estant en bataille, Thomas le Gennois et Dommiges firent traire la grosse arbaleste de Chantelle droit en la bataille du conte, qui tua deux hommes, dont furent esbahis les Anglois, car oncques n'avoient veu si gros traict. Et après de la bastie laissèrent aller, par traict, six arbalestes d'ung tenant, qui firent si grant dommaige en la bataille que c'estoit merveilles, et pareillement les canons. Et adoncques la bataille se retrahit le gect de deux piarres, pour une pièce, et après une espace, le conte de Boucquinquam fit crier que tout homme allast à l'assault, et qu'ils s'efforceassent de gaigner, et prendre celle chetive cloison, et que chascun portast ung fagot, et ainsi le firent ; mais ils ne peurent approcher le palis de la longueur de trois lances, qu'ils ne se férissent ès chauldes trappes, ou ils tumboient comme pluie ; et, d'autre part, le traict des Gennois qui au palis estoient, fut si grant et si espois, que oncques gens ne furent si bien servis, ne bleciés tant de gens, comme il ot des Anglois, lesquels se retrahirent honteusement. Et à leur retraicte, le duc de Bourbon fit saillir de sa bastie

---

1. La réputation des grosses arbalètes de Chantelle était encore populaire au temps de Rabelais, cf. *Pantagruel*, liv. II, chap. V.

l'estendart à l'escu d'or, à cinquante hommes d'armes et cinquante arbalestiers, et férir parmi les derniers retrayans, en une navière qui là estoit, où il morut des Anglois bien trente deux personnes. Le conte de Boucquinquam, lui estant retrait dedans la forest en son lougis, envoya un hérault devers le duc de Bourbon, lui mandant que il vuidast la place, ou il emmeneroit sa mère, et par force raseroit son chastel devant lui et son palis. Adonc le duc de Bourbon par cellui hérault lui remanda que sa mère en povoit il bien mener, qui estoit sa parente, et le chasteau raser, mais quant de la bastie, certes, il n'en auroit point, se par l'espée non, « et quant à ce, Conte, que vous
« me mandez à venir demain, à l'avoir par force,
« venez quant il vous plaira, et vous trouverez qui
« vous recevra. » Et celle nuit propre se deslougea le conte de Boucquinquam, à heure de minuit, et manda querir la duchesse mère au duc de Bourbon, au chastel, pour l'amener à son lougis, et puis y boutèrent le feu. Et quant le duc de Bourbon et ses gens virent le feu pris au chastel, ils seurent que les Anglois debvoient deslouger; à l'heure print le duc de Bourbon vingt six varlets et treize eschielles, et les fit aller devers le jardin, pour entrer au chastel, s'ils povoient, et que le premier qui léans entreroit, auroit cent francs. Si se hastèrent moult les varlets pour gaigner, et trouvèrent que les Anglois s'en partoient, et entrèrent ens par eschielles, qui fut une saige entreprinse, et reffermèrent les varlets la poterne du chastel, par ou les Anglois estoient saillis; si estaindirent le feu, que ne fist mie grant dommaige, et vindrent crier que l'en envoyast des gens, car ils avoien bien tout; dont grant léesse fut au

duc et à ceulx de la bastie. Et tantost envoya le duc de Bourbon cinquante hommes d'armes au chastel, et ung de ses estandars. Et l'endemain, quant le jour apparut, regardèrent les Anglois qui se deslougoient l'estandart du duc de Bourbon sur la tour du chastel de Belleperche, et les creneaulx plains de bacinets, dont ils cuidarent esrager, et dirent qu'ils estoient les plus deshonnorés gens du monde. Mais eulx ce disant prindrent leur chemin pour aller en Guienne eulx lougier à six lieues de là à Limoise[1] et Pouzy[2], et là ot grant débat entre eulx, car ils disoient au conte de Boucquinquam qu'il estoit le plus deshonnoré chevalier que l'en seust, et eulx tous avec lui : car le duc de Bourbon avoit recouvert son chastel et leur avoit fait un grant dommaige, et ilz ne lui en avoient point fait, de quoi le conte de Boucquinquam se tint pour deshonnoré. Et adonc lui et ses gens retournèrent arrière, à Belleperche; et en eulx venant se chargèrent d'huis et portes de granges, et n'en laissèrent nul que tous n'apportassent pour assaillir, et en firent ung grant moncel devant la bastie, car ils se tenoient tous à vergondés, de ce que si peu de gens estoient les Bourbonnois en leur palis, et disoient : « Sainct George, millort de Boucquinquam, « bien nous esbahissons, et grant honte est à nous, « que avons sis devant ceste triste bastie par tant de « jours, et riens n'y avons faict, ne un pal par force « de leur palis peu esracher ; ains ont assez de nos « hommes occiz et plaiez du fort traict qu'ils ont. »
« Mais puisque ainsi il va, » dirent les Anglois à leur

---

1 et 2. Communes du cant. de Lurci-Lévi, arr. de Moulins (Allier).

maistre le conte, « que cy sommes retournés, faisons
« par manière qu'il appère que nous y ayons esté. » Le
conte de Boucquinquam qui entendit ses gens, leur en
seut bon gré, et ordonna à tous habillemens pour à
l'endemain fièrement assaillir. Et le duc Loys de
Bourbon qui, pour la reconqueste de son chastel, de
son lougis ne s'estoit meu, quant il vit les Anglois
retourner, il alla tout autour de son palis par les def-
fences, ainsi comme il les avoit ordonnées, et admo-
nesta chascun de soi bien deffendre, et se tenir ferme-
ment en son lieu, et leur dit le duc encores, en les
nommant par leurs noms, « Mes amis, gardez que ce
« travail ne vous vaincque : en cestui poinct est le
« grant besoing. Les Anglois sont moult doulens du
« chastel que nous avons reprins sur eux, et qui pis
« leur est, c'est qu'ils ne nous ont, la Dieu merci ! peu
« grever ; faites par manière que nous n'y ayons dom-
« maige. Je suis cellui qui ai mon espoir par dieu et
« par vous traire ma dame de mère de leurs mains :
« Se maintenant la tiennent, autre fois la lairont. Je sai
« moult bien que de vous deffendre vous ferez vos
« debvoirs. » Lors chascun des chevaliers dirent au
duc que pour mourir ne lui fauldroient ; si gardèrent
leurs deffenses gaillardement, et estoient appareillés
d'eulx deffendre, qui les eut assaillis. Et les Anglois qui
à l'endemain orent proposé les François assaillir et
faire leur pouvoir de eulx gecter de leur bastie, celle
nuit mesme advint qu'il chéist une si terrible neige que
l'espesseur en estoit de deux piez et plus ; de quoy les
Anglois au jour se deslougèrent, et allèrent bien dix
lieues eulx lougier, pour tirer vers Montluçon. Et lors
fut ordonné que les gentils hommes de Bourbonnois

et Fourez monteroient à cheval avec le mareschal de Sancerre, et iroient après les Anglois, et le duc se retrahiroit à Molins, et ainsi le firent ; et pour la forte neige que adonc faisoit, on trouvoit les Anglois esparpillés par le païs, desquels on en tuoit tant que on en actaignoit. Et tirèrent les Anglois à Montluçon, qui pour lors estoit près de Guyenne : et en un villaige près de Montluçon estoit lougié ung de leurs capitaines appellé le grant David Olegrève, qui estoit l'ung des grans hommes que on peust veoir et des orgueilleux, et portoit deux espées, une seinte, et l'autre à l'arçon de la selle. Si allèrent férir, à une aulbe de jour, le mareschal de Sancerre et les gens du duc de Bourbon à son lougis, et fut le lougis destroussé, et mors quant qu'il y ot d'Anglois, qui bien estoient trois cens hommes d'armes ; et là mesme fut mort ce capitaine, le grant David, par la main du mareschal de Sancerre[1], et y ot une des belles destrousses que l'en oïst parler en ce temps-là, et plus dommaigeable au païs de Guyenne. Et de sept mille combatans que estoient les Anglois avec le conte de Boucquinquam, ils en perdirent bien trois mille à venir à Belleperche, selon que ont despuis rapporté Pocqueron et le Borgne Foulcault, qui lors estoient Anglois, et despuis ont esté François. Et lors fut grant bruit, par le royaume de France, à Paris et autres pars, et par la duché de Guyenne, plus grant que l'en eust ouï dire passé longtemps, que le duc Loys de Bourbon avoit attendu sept mille combatans,

---

1. C'est à ce fait que Barailon, dans ses Recherches sur Néris, pag. 180 et suivantes, n°s 116-118, rattaché la burlesque institution du chevau fug, à Montluçon.

qui n'en avoit que huit cens, et fut le duc contrassiégé, et ot siége sur siége devant Belleperche, ce que l'en ne veïst oncques en ce royaume, et recouvra le duc de Bourbon son chastel, présens les Anglois, et y en ot de mors ou païs du duc de Bourbon, bien viie hommes d'armes, tant devant Belleperche, comme de la destrousse du grant David.

XXX. *Comment le roi bailla la charge au duc de Bourbon de la conqueste de Poictou ; et comment le sire de Clisson fut secouru ; et comment Montcontour fut prins.*

Après bien pou de terme que le duc de Bourbon eut demouré en son hostel, et visité ses païs, ne tarda guières que le roi de France ne l'envoyast quérir, en lui priant et requérant que, sur tous les plaisirs qu'il lui vouloit faire, venist parler à lui. Si n'y alla point le duc à celle fois, et se fit mander trois ou quatre fois, avant qu'il y voulsist aller, dont le roi fut mal content; mais moult le désiroit pour la grant renommée qu'il voyoit en lui. Au fort, la chevalerie du duc de Bourbon, dont il avoit de belle, lui conseilla, comment que fust, qu'il y allast, et que à ce ne se debvoit poinct reffuser, nonobstant la petite aide que le roi lui ot faite. Si y alla le duc; et lui estant devers le roi, lui dit le roi de belles paroles, et loua moult les grans choses qu'il avoit faites, et s'excusa le roi vers lui de sa petite aide, pour les grans affaires qui lui survenoient tous les jours. A laquelle chose respondit le duc de Bourbon humblement : « Mon très-redoubté Seigneur, dit le duc,

« vous m'avez assez fait, et je suis content de vous,
« et le doi estre; mais il y a bien tel en votre service
« dont je ne suis content, et dieu lui rende! si ne lui
« meffis-je oncques rien; par ma foi, j'ai bonne vou-
« lenté en vos besongnes. » Le roi entendit assez ou
le duc vouloit aller, et lui dit : « Beau cousin, je vous
« prie, n'ayez nulle desplaisance en rien, car, par ma
« foi, j'ai bonne voulenté en voz besongnes, et le doi
« bien avoir; et vous ai à faire une requeste, que je
« vous prie que me vueillez octroyer, avecques les
« autres plaisirs que vous m'avez fais. C'est assavoir
« que vous vueillez entreprendre estre en chef à aller
« à Poictiers, vous et le conestable en votre compai-
« gnie, et aucuns officiers. » A laquelle chose respondit au roi le duc de Bourbon : « Sire, je vous voul-
« droie obéïr toujours, mais ceste chose me vient
« très-mal en point, que moi et les pouvres gentils
« hommes de mon païs, qui m'ont servi en mes grans
« besoings, sommes en petit point de vous bien servir :
« car ils ont despendu le leur en mon service, et
« aussi ai-je le mien, qui n'ai point heu d'aide. »
— « Ha! a! beau frère de Bourbon, dit le roi, je
« vous prie, ne parlez point de cela : car je vous cer-
« tiffie que je les reffreschirai bien, et vous et eulx, et
« que riens ne vous fauldra. » De laquelle offre le duc
de Bourbon le mercia humblement, et lui dit : « Sire,
« je vous remercie, car je vous assure que je seroie en
« bien pouvre point, quant je fauldroie à vous obéïr. »
« Je le sai bien, beau frère, dit le roi, et vous le me
« montrez. » Ainsi fut lors empris le voyaige de Poictiers, et tantost en mars chevauchèrent le duc de Bourbon et le conestable, en Poictou, à trois mille hommes

d'armes, et huit cens hommes de traict. Et eulx estans devant Poictiers, ou ils traictoient à ceulx de la ville qui estoient bien durs, vindrent nouvelles au duc de Bourbon et au conestable, à mi nuit par ung gentilhomme et ung hérault, que le sire de Clisson leur mandoit à grant haste qu'ils chevauchassent auprès de Montcontour[1] vers lui, ou il estoit perdu. Car messire Vaultier Spurton, Anglois, était parti de Niort, et venu devant lui à plus de gens la moitié qu'il n'avoit; et ne pouvoit avoir le sire de Clisson nuls vivres, pour ce que les Anglois le tenoient trop court. Si partirent le duc de Bourbon et le conestable à mi nuit pour tirer celle part, et allèrent repaistre à Lodun, et n'arrestèrent guières les seigneurs pour la paor qu'ils avoient de Clisson, et furent cellui jour auprès de Montcontour entre vespres et le souleil couchant, dont fut moult joyeulx Clisson, des seigneurs qui l'estoient venus secourre. Et celle nuit messire Vaultier Spurton, qui vit l'ost des seigneurs approucher, se deslougea, et s'en alla à Niort à grant coite, et lendemain assaillit-on Montcontour, ou fut l'ung des beaulx assaulx que on peust guières voir après Saincte Sévère. Car le duc de Bourbon et le conestable semonnoient leurs gens et souldoiers de bien faire, lesquelz point ne se faignirent, mais s'efforçoient de gravir aux murs par crocs de fer, et miner, monter par eschielles, traire et lancier, emplir les foussez et faire toute œuvre qui en tel cas appartient, et loist à guerre. Et tant firent qu'ilz prindrent la basse court parmi l'église Nostre dame de

---

1. Ch.-l. de cant. arr. de Loudun (Vienne).

Montcontour, et l'endemain assaillit on le chastel fortement, qui fut bien assailli et combatu aux eschielles en deux ou trois lieux : et le premier qui entra dedans fut messire Chatard de Cléaux, qui estoit de l'hostel du duc de Bourbon, et un escuyer appellé Marrago qui servoit messire Jehan de Digoine. Ainsi fut le chastel de Montcontour prins, et encores durant l'assault le capitaine de léans, qui estoit Anglois, avoit appellé le conestable de France parjure, et qu'il avoit menti sa foi de sa prison de Nadres[1] en Espaigne, et l'appeloit on Jehannequin Louet. Et quant le chastel fut prins, le connestable fit pendre ledit Jehannequin Louet, armé de toutes pièces, le bacinet en la teste, aux créneaux du chastel.

XXXI. *Comment Poictiers se rendit au duc de Bourbon au nom du Roi, et autres places comme La Rochelle; et comment à Benon furent tous tués par le conestable; aussi comment la duchesse, mère au duc, fut deslivrée, et comment le captal de Buch fut prins.*

Sitost que Montcontour fut prins, le duc de Bourbon et le conestable de France, à tous leurs gens, s'en retournèrent devant Poictiers, eulx louger en la place dont ils estoient partis, pour traicter à ceulx de la ville, lesquels furent plus doux que n'avoient été par devant, pour la prinse de Montcontour, et aussi de messire Vaultier Spurton, qui estoit leur umbre, et

---

1. Ancien nom en France de Najara ou Navarette, bataille où Duguesclin avait été fait prisonnier par les gens du prince de Galles.

lequel laidement s'estoit retraict. Et firent ceulx de Poictiers au duc de Bourbon leur pactis, qu'ils rendroient obéissance à lui au nom du roi, en tant que le duc de Bourbon leur promit et jura que, avant que lui ne ses gens partissent de la ville, ils prendroient le chastel, car autrement les Anglois qui le tenoient les destruiroient. Ainsi leur promit le duc que jamais ne bougeroit de la ville se non seroit le chastel ès mains du roi. Adonc ouvrirent les portes, et y entrèrent les seigneurs à ung lundi. Et le dimanche après assaillit-on le chastel par grant appareil que on ot fait en la ville, et n'estoient en la forteresse se non dix huit Anglois ; et, à la prinse du chastel, entra le premier messire Guichard de Chastelmorand ou il gaigna de belles chambres angloises et les seaulx de la duché de Guienne, qu'il bailla au duc de Bourbon son seigneur. Et lors fut la ville de Poictiers moult joyeuse qui vit ce que le duc de Bourbon lui avoit promis; et lui requéirent plus avant, comment de une place près de là appellée, la Tour de Citri[1], qui leur faisoit forte guerre, il les voulsist deslivrer. Auxquels le duc de Bourbon dit qu'il feroit son debvoir de la prendre, et y envoya tantost les gens de son hostel, qui y demeurèrent sept jours, et puis le prindrent, dont ceulx de Poictiers ne furent oncques si lies ; et donnèrent au duc de Bourbon deux cens marcs d'argent pour les bons services qu'il leur avoit faits. De Poictiers deslougèrent les seigneurs, et s'en allèrent devant Pont-l'Abbé[2], laquelle ville ne se

---

1. Aujourd'hui Chitré, comm. du cant. et arr. de Poitiers (Vienne).

2. Comm. du cant. de Saint-Porchaire, arr. de Saintes (Charente-Inférieure).

osa tenir ; mais le chastel estoit moult fort, et le tenoit messire Bertrand de Caselis. Et assaillit-on le chastel si roidement que, en l'espace de huit heures il fut prins; et s'enfuit messire Bertrand de Caselis en une tour ès marès ou il n'avoit que mangier : si se rendit aux seigneurs et fut prisonnier. Et de là allèrent les seigneurs devant Surgières[1], ou il a moult bel chastel, et le prindrent de plain assault; puis allèrent à Benon[2], à trois lieues de la Rochelle, et là perdit le conestable quatre de ses gentilz hommes qui gouvernoient tout son faict, lesquels estoient en leur lougis, en leur lict où ils dormoient. Si eurent laissé d'aventure l'huis ouvert leurs varlets, qui jouoient aux dés, et furent tués les gentils hommes par ceulx de la garnison de Benon, qui fut le plus grant courroux que le conestable eust en France; et pour cellui despit l'endemain fut assailli Benon où ils estoient trois cens habitans, et dura l'assaut presque tout le jour, mais au fort furent prins, et fit tout tuer le conestable sans en espargner ung pour le courroux de ses gens. De Benon chevauchèrent les seigneurs devant la Rochelle, ou ceulx de la ville firent muser les seigneurs trois jours, et, en ce musement toudis les habitans abbatoient le chastel, affin que jà mais ne fust maistre de la ville. Puis firent ouverture aux seigneurs, qui leur reprochèrent ce qu'ils orent fait, lesquels depuis ont esté bons et loyaulx au roi, et fut grant dommaige au roi d'Angleterre, car c'estoit le port à secourir toujours Guyenne. Rendue la

---

1. Charente-Inférieure, ch.-l. de cant. de l'arr. de Rochefort.
2. Comm. du cant. de Courçon, arr. de La Rochelle (Charente-Inférieure).

Rochelle, allèrent les seigneurs devant Saint Jehan d'Angelis qui tantost fit ouverture et obéissance au roi en la main du duc de Bourbon. Puis allèrent à Xainctes qui obéit comme Saint Jehan d'Angelis. Cestes choses faictes et le pays rendu au roi de France, requist le duc de Bourbon au conestable qu'il lui fist compagnie à aller devant la tour de Brou[1] ou estoit la duchesse sa mère prisonnière, ou il n'avoit de là que sept lieues ; et en celle tour l'avoit laissée le conte de Boucquinquam à son retour de Belleperche, en garde et chièrement recommandée à Ciquot de la Saigne, son escuyer, pour lors capitaine des gens d'armes qui avoient prins Belleperche et la dame, et maintenant tenoit icelle tour. Le conestable en fut moult lies et dit : « A dieu le veu, Monseigneur, et par les yeulx Dieu ! « ceste requeste est bien de faire. Or tost, allons deslivrer « la bonne dame ! » Adonc tantost montèrent à cheval : si y allèrent, et mirent le siège devant la Tour. Et là, Ciquot de la Saigne, qui se vit mal emparé, et que loing estoit de secours, rendit au duc de Bourbon la tour de Brou et la duchesse sa mère, laquelle se loua moult au duc son fils de Ciquot. Par quoi le duc l'en envoya lui et tous ses gens francs, et lui donna du sien. Quant la Tour de Brou fut rendue, les gens du duc de Bourbon s'en allèrent courre devant Sebise[2]. Et le captal de Buch avait mis une embusche de ses gens, ou meismes estoit, entre Sebise et la tour de Brou.

---

1. La tour de Brou, comm. de Saint-Sornin, cant. de Saint-Agnant, arr. de Marennes (Charente-Inférieure).

2. Aujourd'hui Soubise, cant. de Saint-Agnant, arrond. de Marennes (Charente-Inférieure).

Si s'entrecontrèrent les gens de Bourbon et le captal, et se coururent sus les ungs aux autres, et tourna le pieur au captal, qui fut prins, et rendu au duc de Bourbon, qui puis le mena à Paris, et le rendit au roi. Le duc de Bourbon, qui ot sa mère, moult fut joyeulx, et après se despartirent de Poictou lui et le conestable, et chevauchèrent par leurs journées à Paris au roi, qui les receut liement, et festoya pour les beaulx faits que eurent faits en deslivrant grant partie de la duché de Guienne de ses ennemis, et l'avoient mis en son obéïssance.

XXXII. *Comment le duc de Bourbon ot charge, par le roi et le duc de Berry, de aller guerroyer en Auvergne ; et quelles places il ot, et comment il fit rendre les calices aux esglises.*

Estans le duc de Bourbon et le conestable à Paris devers le roi, celle année mesmes que l'on comptoit mil trois cens septante et cinq[1], requist le duc de Berry au roi son frère, qu'il lui pleust à lui bailler le duc de Bourbon, lequel se voulsist travailler à chevaucher en Auvergne, où il y avoit sept ou huit forteresses, que moult destruisoient le païs; et par espécial en y ot une, ou estoit ung capitaine Anglois, qui bien avoit trois cens hommes d'armes en une place dessus Clermont,

---

1. Les mss. portent : A. M CCC LXXVIII, et C. M CCC quatre-vingts cinq. La date véritable est 1375, que donne l'édition de Buchon.

à deux lieues, que l'on appeloit la Roche Senadoire[1], et le capitaine anglois messire Robert Channel. Autres places y avoit et autres capitaines; la Roche dessus Aiguesparse[2], Amburs[3], Tracros[4], dont Gourdinot avoit la garde, Saint-Angel[5], Charlieu-le-pailhoux[6], et Charlieu-Champmagois[7]. A ceste emprise faire pour aller en Auvergne guerroier contre les anglois fut le duc Loys de Bourbon chargé par le roi et le duc de Berry, qui l'en pria. Si se partit le duc o ses gens, et s'en vint en Bourbonnois, passa en Auvergne, et alla devant la Roche dessus Aiguesparse, et n'y geïst le duc que une nuit, que l'endemain ne fust prinse d'assault par force, et occis tous ceulx qui estoient dedans. Puis alla le duc devant Amburs, moult belle place, ou estoient bien quatre vings combatans, et à la venue ot grosse escarmouche, car ceulx de léans issirent, et y ot bel escarmouchéïs de lances et d'espées des deux coustés; et là fut blessé messire Girart de Grantvau qui estoit bon homme de son corps, et Jehan le bastart de Chastelmorand, mort. Mais en celle escarmouche, y furent

---

1. La Roche-Senadoire, commune et canton de Rochefort, arr. de Clermont (Puy-de-Dôme).

2. La Roche, château en ruines près Chaptuzat, commune du canton d'Aigueperse, arrondissement de Riom (Puy-de-Dôme).

3. Château en ruines, comm. de St-Jacques d'Ambur, cant. de Pont-Gibaut, arr. de Riom (Puy-de-Dôme).

4. Comm. de Gelles, cant. de Rochefort, arr. de Clermont (Puy-de-Dôme).

5. Commune du canton de Manzat, arrondissement de Riom (Puy-de-Dôme).

6 et 7. Châteaux en ruines, non loin des sources de la Dordogne, canton de Rochefort, arrondissement de Clermont (Puy-de-Dôme).

prins de ceulx du fort huit hommes d'armes, qui plus orent voix, et quatre mors, lesquels huit le duc de Bourbon l'endemain fit amener devant lui pour leur faire couper les testes, s'ils ne rendoient la place, et ils le povoient bien faire, car ils l'avoient en garde, lesquels amèrent plus vivre que mourir si faitement. Si rendirent Amburs au duc de Bourbon, leurs corps et la place. Et tantost dedans une heure fit partir le duc de Bourbon de ses gens pour aller devant Tracros ; et celles gens qu'il envoya devant rencontrèrent les Anglois de Tracros, les plus grans adventuriers, qui venoient gaigner sur eux, et furent rués jus par les gens du duc, qui allèrent hastivement devant la place, et estoit tard quant on y arriva. Et celle nuit le duc de Bourbon, qui là estoit venu, fit asseoir le guect des gens de son hostel, et dit à Jehan de Chastelmorand : « Prenez mon pennon, et allez environner la « place, si que nul n'en saille. » Lequel fit son commandement, et la nuit ot mainte parole des gens du duc à ceulx du fort qu'ils se rendissent, ou quant l'en en prendroit on les pendroit par les gueules, pour ce qu'ils estoient gens de male renommée. Si parla-on tant que Gourdinot gardeur de la place se rendit à Jehan de Chastelmorand, escuyer, qui portoit le pennon du duc de Bourbon; et à celle heure, que n'estoit mie jour, fut mandé au duc, si lui plaisoit, le traictié qu'avoient faict les gens de son hostel ; si respondit que bien lui plaisoit, pour ce qu'il avoit encores de grans faiz à faire. Et cellui qui parloit de ce au duc c'estoit Chastelmorand, qui lui pria de vouloir donner les meubles de la forteresse aux gens de son hostel, laquelle chose fit le duc franchement, et que

Gourdinot, qui à lui s'estoit rendu, lui demourast prisonnier, et ce encores lui octroya. Et l'endemain au matin vindrent Gourdinot et les siens de Tracros, qui n'estoient que seze hommes d'armes, qui furent tous prisonniers. Et avoit léans deux cens marcs d'argent, dont les cent estoient en calices d'esglises qu'ils avoient robbés partout. Si dit le duc qu'il vouloit avoir les calices, et récompenseroit bien les compaignons. Et le duc de Bourbon, meu de pitié, manda les calices en la cité de Clermont, faisant crier par toutes les esglises qui avoient leurs calices perdus, que on venist à Clermont, et on les rendroit, et ainsi fut faict.

XXXIII. *Comment le duc de Bourbon araisonna les seigneurs d'Auvergne d'assiéger la Roche Senadoire qu'il assiégea.*

Le duc Loys de Bourbon qui ot deslivré Tracros se partit à tout son host, et s'en alla à Clermont, ou il n'a que deux lieues jusques à la Roche Senadoire, et manda le duc, les seigneurs d'Auvergne, le comte Daulphin, le sire de la Tour, le sire de Montravel, et les autres grans seigneurs, et ung appellé le sire de Laqueulhe, ung des vaillans hommes d'Auvergne, et leur dit le duc de Bourbon : « Messeigneurs, j'ai desli-
« vré trois places, et près d'ici est celle qui déserte
« tout le païs, car il y a quatre capitaines et trois cens
« hommes d'armes, et la place est non prenable, se
« n'estoit par la grâce de Dieu. » Adonc respondirent les seigneurs d'Auvergne, et dirent au duc : « Monsei-
« gneur, vous nous requérez de ce que nous vous deus-

« sions requérir à mains jointes. Car celle place destruit
« tout Auvergne, et courent tous les jours devant ceste
« ville. » Lors ordonna le duc de Bourbon que les Auvergnats allassent d'un cousté, et lui et ses gens de l'autre, asségier la Roche Senadoire, et fut commandé que les paysans amenassent des vivres au siège, et tous habillemens que l'en pourroit trouver pour assaillir. Ainsi fut dit et fait ; et l'endemain se deslougea le duc de Bourbon, et o ses gens s'en alla en sa place la plus forte, où il fit tendre ses tentes et pavillons. Et la nuit que le duc se lougeoit, ceulx de la Roche Senadoire firent emprise de faire saillir leurs chevaulx hors, et en gectèrent bien soixante pour eulx en cuider aller. Mais le duc de Bourbon, qui tousjours faisoit ses faiz par belle ordonnance, avoit ordonné son guect si à droit que ces soixante chevaulx furent gaignés, ou il n'y avoit que cinq hommes d'armes, et le remenant n'estoit que pages, mais c'estoit fleur de chevaulx. Les Anglois qui virent leur place la Roche Senadoire assiégée de deux pars, l'une par le duc de Bourbon, et l'autre par les seigneurs d'Auvergne, et grant foison de Communes, se doubtèrent fort qu'ils ne montassent par force entre les deux places, et, pour ce, firent ung palis bas entre les deux montaignes, qui avoit cent brasses de long ; et fut fait si hault en leur montaigne, que à peine une arbaleste y eust peu tirer au hault. Et faisoient des Anglois chascune nuit le guect cent hommes d'armes, dedans ce palis, affin que l'en ne peust monter à eulx sur la montaigne.

XXXIV. *Comment, présent le duc de Bourbon, en son ost, se combatit le bastart de Glarains, pour la*

querelle du sire de Montravel, contre un gascon Anglois.

Entre tant que le duc de Bourbon advisoit et imaginoit comment on porroit prendre la place, advint que ung vespre, au guect, ung Anglois gascon et ung des gens du duc de Bourbon orent parolles ensemble, et nommoit-on le gascon Perrot de Lignaige, et cellui de Bourbon on clamoit le bastart de Glarains. Car Lignaige disoit que le sire de Montravel, qui estoit son prisonnier, lui avoit mentie sa foi. Et que se le contraire vouloit dire, venist avant, et il le combatroit, ou que s'il avoit nul illec qui le voulsist maintenir, pareillement le combatroit. A ce respondit le bastart de Glarains : « Je ne sui n'ami ne parent du seigneur de Montravel, « mais se tu as si grant talent de combatre comme tu « monstres, demain je te combatrai devant Monsei- « gneur le duc de Bourbon, en telle querelle que se « je te desconfis, tu seras mon prisonnier, et se tu me « desconfis je serai le tien ; et ce tu ne dois mie reffuser, « se tu as vouloir de combattre, car c'est le mestier « d'armes. » Et sur ce l'Anglois dit que de ceste chose il parleroit à messire Robert Chennel, son capitaine, et puis qu'il lui feroit response. Et le bastart de Glarains respondit qu'il se tenoit bien seur de son très-redoubté seigneur, le duc de Bourbon, qu'il lui plairoit bien, car le duc ne lui reffuseroit riens, qui au bastart touchast son honneur : Ainsi, pour celle fois, despartirent l'ung de l'autre. Et devoit faire responce cellui Perrot de Lignaige au bastart de Glarains, dedans midi ou vespres, lequel le fit ; et qu'il avoit licence de son capitaine à combatre au troisiesme jour, mais que le bastart de Glarains l'asseurast. Lequel lui manda seurté et sauf conduit, de par le duc de Bourbon, pour lui, et XIIII compaignons, et en tant fit faire le duc de Bourbon les lices, et le tiers jour vint Perrot de Lignaige anglois, et le fit recueillir le duc de Bourbon grandement, et honnorablement, pour ce que la chose estoit devant lui, et trouva Lignaige sa belle[1] tente tendue ès lices, pour le désarmer, et recueillir ses compaignons qui estoient venus avec lui, et le bastart pareillement, et chascun sa chaière. Et eulx estans en leurs chaières on leur demanda s'ils vouloient plus rien dire, ils dirent que non. Adonc fut crié par les héraults : « Faites vos devoirs ! » Si vinrent assembler, et firent de belles armes quatre coups l'un sur l'autre, après le giet des lances, de leurs espées ; mais le bastart de Glarains reculla son adversaire Perrot de Lignaige bien six pas loing en combatant de l'espée, et, au fort, le bastart gecta jus s'espée, et alla prendre Lignaige l'anglois aux poings, et le tenant fort, le porta par terre le bastart, et se gecta sur lui, et lui leva la visière, en lui donnant trois coups de gantelet sur le visaige, et lors l'anglois qui se sentit feru et mal atourné se rendit, criant si hault qu'on le povoit bien oïr. Mais nonobstant le bastart tira l'espée de l'anglois, et l'en vouloit tuer, quant le duc de Bourbon dit qu'il suffisoit, et que assez en avoit fait. Et sur ce les fit oster de ce point : car il ne vouloit mie que l'Anglois morust, pour ce que la besongne avoit été faite devant lui ; de quoi celle bonté fut tournée à hault honneur au duc

---

1. Lacune d'un feuillet dans le ms. A, depuis ce mot jusqu'au commencement du chapitre XXXV.

de Bourbon. Et pendant ce gaige, l'ung des capitaines de léans nommé Nolimbarbe, qui gardoit l'une des tours, traictoit comme ses compaignons et lui s'en peussent aller, eulx et leurs chevaulx. Et maints y ot des seigneurs d'Auvergne et autres, qui avoient voulenté d'en estre deslivres, qui conseilloient au duc l'allée des Anglois; mais il n'en voult rien faire, ains jura que jamais de là ne se partiroit, si auroit la place à sa voulenté, et les Anglois en son povoir; et ainsi le fit, comme vous orrez.

XXXV. *Comment le duc de Bourbon print honnorablement la Roche Senadoire, et autres places, qu'il rendit au duc de Berry* [1].

Estre affinée la querelle des deux souldoiers, ou le bastart de Glarains avoit oultré son contraire, ot advis le duc Loys de Bourbon à ce palis, qui estoit en hault, car il avoit jà tenu son siège devant la Roche Senadoire trois sepmaines; et pour soi plus tost deslivrer, il fit renforcer son guect par l'espace de trois jours [2], chascun jour de cinquante hommes d'armes, et au bout de trois jours, devers le soir bien tard, manda le duc de Bourbon aux seigneurs d'Auvergne, qu'ils fussent tous armés à l'aube du jour avec leurs gens, et prests à monter la montaigne de leur cousté, car son intention estoit que lui, à toute sa puissance, vouloit

---

1. Fin de la lacune du ms. A.
2. Les douze mots qui suivent manquent dans l'imprimé et dans le ms. C.

de fait combatre le palis à celle heure ; et qu'ils fissent leur fait si secret qu'on ne les apperceust, car il vouloit faire gésir ses gens tout armés, pour soi joindre avec son guect, que pour ce avoit ordonné. La nuit passée, l'endemain par matin saillit chascun des tentes et pavillons pour eux joindre au guect, et de leur guect au palis, ou il ot fait de moult belles armes ; car les Anglois estoient de leur guect bien cent combatans, qui asprement et fièrement se deffendoient. Mais toutesfois le palis n'estoit guières fiché en terre pour la roche, et là ot grant et fier poulséïs de lances d'une part et d'autre, et fut la besongne si aspre, que nos gens, à force, prindrent le palis à tirer à eulx, et tant que les gens d'armes en ruèrent par terre bien dix brasses. Et quant les capitaines anglois, qui deffendoient le palis, veirent que le nombre d'eulx amenuisoit, tant estoient les assaulx griefs et aspres, et qui plus les angoissoit, c'estoit qu'ils avoient jà main à main les Bourbonnois, auxquels le duc amonnestoit qu'ils se peinassent de bien asprement assaillir, et accueillissent le chastel isnellement. Après celles paroles eurent en pou d'heure le palis conquis, et gaigniée la montaigne, tant que ceulx de léans en furent tout esbahis. Et là, le duc de Bourbon voyant ses chevaliers et escuyers de son hostel et pays, et gens d'armes, qui s'appareilloient à toutes adventures soubstenir, desrompre palis et garnison, et passer outre par force, en estoit moult joyeux. Et durant ce toulléïs, parmi la bresche du palis passa le pennon du duc de Bourbon, que continuellement portoit Jehan de Chastelmorand, o ceulx qui le suivoient. Lors ne sceurent les Anglois que faire, qui ce virent, fors de penser eux retraire vers le fort, et en eulx retrayans, se férit en avant le pennon avec les vaillans hommes ; et à celle retraicte des Anglois, qui s'en fuyoient, furent que mors que prins, bien III^{xx} des meilleurs hommes d'armes de léans, fors les capitaines, dont en l'une des deux places, Nolimbarbe se retrahit à la main dextre, et en l'autre à la main senestre, qui estoit la plus forte, tira soi retraire messire Robert Chennel, Jacques Bardenay, le fils messire Jehan Jouel, Thomelin Maulevrier, messire Richard Credo, fils du maire de Londres. Et en eulx retrayant de certaines louges qui estoient en hault, pour aller à leur fort, le pennon du duc de Bourbon o les gens de son hostel les chargièrent de si près, que ainsi comme ils entroient en la tour, le pennon du duc de Bourbon se férit parmi eulx moult bien accompaigné, si que ceulx Anglois ne peurent clorre l'huis de la tour, et ainsi se rendirent[1] à cellui qui portoit le pennon du duc de Bourbon. Et furent les prisonniers qui se rendirent à lui messire Robert Chennel capitaine, le fils messire Jehan Jouel, messire Richard Credo, fils du maire de Londres, et Thomelin Maulevrier, et par ainsi fut deslivrée la plus forte place. Et de là tira le pennon du duc avec ses compaignons, c'est assavoir messire le Barrois, Bonnebault, messire Gaulchier de Passac, le sire de Cordebeuf, le borgne de Veaulce, messire Odin de Rollat, messire Phelippe Choppart, le sire de Billy, Jehan, sire de Chaugy, Phelippe Berault, Michaille, le bastart de Glarains, et cinq ou six autres de l'hostel du duc de Bourbon, avec son pennon, tirèrent à l'autre des

---

1. Les seize mots suivants manquent dans l'imprimé et dans le ms. C.

tours ou ils trouvèrent desjà devant une grande partie des Auvergnats qui y estoient montés, c'est assavoir le sire de Montmorin qui estoit vaillant chevalier, et qui avoit belle compaignie, et Géraud, sire de Laqueuilhe, acompaigné de bonne gent, et qui estoit vaillant homme, le sire de la Fayete et autres qui s'estoient advancés par le louement des seigneurs, lesquels tenoient moult de près les Anglois quant on y arriva, tant que Anglois ne leur povoient fuir. Mais quant Anglois regardèrent le pennon du duc de Bourbon approucher vers eulx, se rendit Nolimbarbe capitaine, et tous ses compagnons au duc de Bourbon : ainsi fut la Roche Senadoire prinse sans mentir de mot. Et au partir de là, envoya le duc de Bourbon à Clermont six capitaines anglois, pour les mectre en la tour de la Monnoye prisonniers, de quoi ceulx de Clermont furent moult lies et joyeulx. Et chevaucha le duc o ses gens et ceux d'Auvergne devant Saint Angel, une place qui faisoit moult de maulx, et là demourèrent ung jour pour cuider traicter à eulx, mais ceulx du chastel n'y vouldrent entendre, et sur ce on se advisa que l'abbaye estoit couverte d'aissil[1], et firent tirer le feu dedans par plusieurs fusées, tant qu'il se prist partout le moustier de l'abbaye, et furent ars tous les chevaulx des Anglois, et une partie de leurs vallets; et se retrahirent les gens d'armes en une tour qui là estoit, ou il n'avoit guières que manger, et se essaya-on se l'en les porroit prendre par force, car elle estoit moult belle ; auquel essai fut

---

[1]. Toiture composée de petits ais de bois (*asses*, *aissella*); on en voit encore quelques-unes dans l'Allier et le Cher, où on leur donne le nom de *bardeaux*.

mort ung chevalier du duc de Bourbon qu'il amoit bien, nommé messire Jehan de Digoine, qui git à Clermont. A la parfin ceulx de la tour se rendirent au duc de Bourbon leurs vies saulves : si les y prist le duc, qui manda par Chastelmorand son pennon sur la tour, et envoya-on les Anglois chascun ung baston en la main; et s'en alla le duc devant Charlieu-le-pailhoux, où les seigneurs d'Auvergne avoient demouré quatre mois pieça, et ne l'avoient prins, et tenoient ladicte place Jehan d'Ussel, et le commandeur de Belle Chassaigne. Si se lougea le duc, qui avoit grosse gent, à l'ung des coustés, et les Auvergnats, qui estoient gens assez, à l'autre cousté. Et le premier jour fit faire le duc de Bourbon habillemens sur charrettes, et ceulx d'Auvergne pareillement, ausquels le duc avoit monstré la manière ; et le second jour fut l'assault grant et fort, par trois fois le jour, par manière qu'on prist la place de plain assault. Et fut prins dedans le nepveu de Jehan d'Ussel, le plus mal homme que l'en peust trouver, et qui plus avoit faict de maulx au païs d'Auvergne, et que le duc de Berry désiroit plus à avoir ; et pour ce le duc de Bourbon lui en fit présent, si fut mis en la tour de Riom. Après celle prinse se tira le duc de Bourbon à Charlieu Champmaigois que tenoit Bérengon de Chirat, qui le rendit au duc de Bourbon franchement, et s'en alla en son païs. Ainsi deslivra le duc de Bourbon tout le païs d'Auvergne des Anglois, et le rendit franc au duc de Berry, qui lui en sceut très grant gré.

XXXVI. *Comment le duc de Bourbon se mit en ordonnance pour aller en Espaigne la première fois, pour cuider voyaiger en Grenade.*

L'an de grâce m. iii⁰ septante et cinq estoit entré, que le duc de Bourbon ot deslivré Auvergne des ennemis du royaulme, lequel avoit de coustume en tous ses fais de louer Dieu, et très-dévot estoit à la vierge Marie ; et pour ce, après la prise des places, s'en alla en pellerinage à Nostre Dame d'Orcival[1], et illec offrit son pennon, qui encores y est, lequel il avoit voué quant il le vit premier sur la Roche Senadoire, pour ce que c'estoit la première place près de là aourée de Nostre Dame, et là fonda le duc une messe perpétuelle. Et faicte son oblation, se partit et alla à Ardes[2], vers le conte Daulphin, qui le festoya moult grandement et d'Ardes alla au Puy-nostre-Dame[3], ou il s'estoit voué. Et lui estant au Puy à son pellerinage, et jà y ot demouré deux jours pour sa devocion, vint à lui ung herault honnorable, de par le roi Henri d'Espaigne, qui apporta lettres au duc de Bourbon, les plus belles qu'on peust voir, ou ledit roi Henri prioit et requéroit au duc de Bourbon qu'il lui pleust de venir en Espaigne, et que le duc y avoit bien son venir : car la seigneurie de Bourbon l'avoit fort aidé à conquester

---

1. Comm. du canton de Rochefort, arr. de Clermont (Puy-de-Dôme).
2. Ch.-l. de cant. arr. d'Issoire (Puy-de-Dôme).
3. Le Puy, ch.-l. du dép. de la Haute-Loire.

son royaume, c'est assavoir le conte de la Marche, qui estoit du sang et des armes de Bourbon : « Et pour la « grant renommée, bonne chevalerie, preudhommie « et sagesse que j'ai ouï dire de vous, je vous envoye « mon espécial hérault Moniquot, vous certiffiant par mes « lettres patentes que mon intention et mon emprinse est, « à l'aide de Dieu, entrer en Grenade en la saison nou- « velle, à toute la puissance d'Espaigne, et sur toute « rien désirerois vostre compaignie. A laquelle chose « je vous prie que ne me vueillez faillir; et vous plaise « amener avecques vous deux ou trois cens chevaliers « et escuiers, et je vous promects que je vous despar- « tirai de mes biens tout ce que vous en vouldrez « prendre. » De quoi le duc Loys de Bourbon fut moult lie et joyeulx, et lui sembloit que Dieu l'emportoit, quant il véoit chose honnorable en quoi à la saison nouvelle il se peust employer. Et sur cela deslivra le duc de Bourbon le hérault du roi nommé Moniquot, et lui donna un escusson de ses armes, et de riches vestures de drap d'or, et sa devise, et l'en envoya; et escript le duc ses honnorables lettres par ledict hérault au roi d'Espaigne : que, au plaisir de Dieu, il seroit devers lui, dedans la fin de mai; et sur ce s'en revint le duc en son païs de Bourbonnois pour mettre en ordonnance à fere son voyage. Et estant le duc en son païs, fut le roi de France moult courroucié, et tous ses amis, du voyaige qu'il avoit emprins, et lui manda et requist fort le roi qu'il n'y allast point. A laquelle chose fist le duc de Bourbon responce au roi, qu'il avoit escript au roi d'Espaigne par son hérault, qu'il y iroit, et qu'il l'en avoit acertené, et que c'estoit le service de Dieu, car par les lettres avoit sceu que le roi d'Espaigne espéroit passer par conqueste au royaume sarrazin de Grenade, et il ne vouloit perdre le voyaige. Adonc assembla le duc de Bourbon ses gens, pour aller en grant ordonnance par de là. Et quant vint la saison qu'il estoit temps de partir, pour aller au voyaige, vindrent à lui tous ceulx qui estoient mandés, en la ville de Brioude[1], pour tirer en Avignon, le plus droict. Et mena le duc de Bourbon cent gentilshommes chevaliers et escuiers de son hostel, ou il avoit es cent gentilshommes sept bannerés, lesquels estoient messire Guichard Daulphin, messire Griffon de Montagu, le seigneur de Chastelmorand, le sire de Rochefort, bastart de Bourbon, messire Guillaume de Vichy, messire Girart de Bourbon, et messire Lionnet d'Araines, de Beauvoisin, estans en la compaignie que le duc Loys de Bourbon mena avecques lui.

XXXVII. *Comment le duc de Bourbon alla en Avignon, visiter le pape, et faisant son chemin, le roi d'Aragon le festoya; comment le roi Henri d'Espaigne lui fit grant chère, et comme il s'en repaira, pour ce que le voyaige de Grenade ne se tenoit.*

Remirant le duc Loys de Bourbon la noble compaignie de chevaliers et escuyers qui l'estoient venu servir et accompaigner pour aller en Grenade, comme la renommée en voloit, s'esléessa moult, et leur dit : « Mes seigneurs, frères et amis, au plaisir de Dieu,

---

1. Ch.-l. d'arr. du dép. de la Haute-Loire.

« vous avec moi, et moi avec vous, irons en son sainct
« service, contre les mescréans, dont tous nous deb-
« vons esjoïr : car meilleur maistre ne povons avoir :
« tout soit faict en l'honneur de lui, ce que nous ferons. »
Alors respondit la compaignie : « Vous dictes bien,
« mon Seigneur. » Adonc se partit de Brioude le duc
de Bourbon o sa compaignie, pour aller en Avignon,
et pour y estre à certain jour, pour ce que pape Grégoire unzesme, de l'hostel de Beauffort, vouloit partir
d'Avignon pour s'en aller à Rome. Si chevaucha le
duc, et y fut deux jours avant que le pape se partist.
Si fit le Pape grant chière au duc de Bourbon, et le
bénit en lui donnant absolution de peine et de coulpe
pour le voyaige des mescréans ou il alloit. Et du palais
mena le duc de Bourbon au dextre lé par la bride du
destrier blanc, le pape jusques hors d'Avignon, avecques le preffect de Rome, qui là estoit en court. Et
hors de la porte, tantost le pape commanda au duc de
monter à cheval, qui le fit, et le convoya le duc hors
d'Avignon, une lieue, où ils parlèrent de plusieurs raisons ensemble, et, à prendre congé, donna le pape sa
benéïsson au duc, qui retourna, cellui vespre, dormir
en Avignon. Et l'en de main s'en alla le duc de Bourbon
avec ses gens, par journées, en Arragon, ou il trouva le
roi Don Jehan, qui moult amoit les ménestrels, lequel
reçeut le duc si grandement que c'estoit merveilles,
en sa cité de Barcelone et pria cellui roi au duc de
Bourbon, qu'il lui pleust estre aux nopces de son fils,
le conte damp Martin, et de la contesse de Lune, qui
estoit à tenir son chemin d'aller en Espaigne, à ung
chastel appellé Mousson des hospitaliers, à demie voye
de Barcelone et de Sarragouce. Si lui octroya voulen-

tiers le duc, et y alla, et mena l'espousée; et durèrent les nopces trois jours, et au partir de la feste, alla le duc de Bourbon à Nostre Dame de Monserrat[1], qui est ung moult dévot et bel pellerinaige, puis à Léride[2], où est au dehors l'abbaye de Popellet[3], en laquelle gisent les rois d'Arragon; et puis à la cité royale de Sarragouce[4], et au partir que fit le duc Loys de Sarragouce tira à main senestre, et entra en Espaigne et se lougea à Saint Domingo de la Caussade[5], et ne voult le duc entrer en Navarre, pour la discension que avoit le roi de France au roi de Navarre. De Saint Domingo alla le duc à l'Hospital la reine, ou toute personne qui passe pellerin a sa reffection pour trois jours, et de l'argent quant il se part, est à quatre lieues de Burgues[6], et là le roi Henri d'Espaigne lui envoya au devant bien cinq cens chevaulx, et avec ce l'homme que mieulx aimoit, et qui gouvernoit son faict, nommé Pietre Macé, ensemble ung grant seigneur espaignol, appelé messire Pietre Ferrandon de Valasque, seigneur de Bruesque, qui conduirent le duc de Bourbon à Burgues au roi Henri, qui lui manda au devant de ses

---

1. Abbaye à mi-côte du Monserrat, à 40 kilomètres ouest de Barcelone.
2. Lérida, intendance de Barcelone, sur la Sègre, à 20 kil. S.-O. de Balaguer.
3. Pobledo (Populetum), abbaye cistercienne, fondée vers 1178.
4. Bourdon des neuf mots suivants dans l'imprimé et dans le ms. C.
5. San Domingo de la Calzada (Calceata), pays de Rioja, à 3 lieues de Najara.
6. Burgos, sur l'Alanzon, à 213 kil. nord de Madrid. Ch.-l. d'intendance dans la Castille-Vieille.

plus privés, et des plus grans de son païs, et le receut et conjoy grandement comme cellui qui estoit moult lie de sa venue. Et demoura le duc Loys de Bourbon à Burgues, avec le roi Henri, l'espace de dix jours, et durant ce terme fut fait le mariaige de la seur du roi Henri d'Espaigne, et du jeune roi Charles de Navarre, et aussi furent les nopces de l'infant d'Espaigne, fils du roi Henri, à la fille du roi d'Arragon ou il ot moult grant feste, selon le païs, et quatre jours passés, pria le roi d'Espaigne au duc de Bourbon qu'il voulsist venir en son chastel de Ségovie ou il verroit chose qui lui plairoit, et avec ce beau desduict de chasse. Et quant le roi Henri et le duc Loys de Bourbon furent ou chastel de Ségovie, le roi mena le duc monstrer les enfants du roi Dom Pietro, lesquels il tenoit en une caige de fer, et y furent mis en l'eaige de huict ans, et à celle heure jà y orent esté bien vingt huict ans[1]. Et dict le roi Henri au duc de Bourbon : « Véez-là les « enfants de cellui qui fit morir vostre seur, et si vous « les volez faire morir, je les vous deslivrerai. » A celle parolle respondit le duc de Bourbon tout court : « Je ne seroie mie voulentiers consentant de leur « mort, car de la male voulenté de leur père, ils n'en « peuvent mais. » Et celle parole fut ouie de maincts chevaliers et escuyers tant espaignols que françois, qui le tindrent à grant vaillance, et l'en de main fit chasser le roi Henri ung ours à l'entour du chastel de Ségovie ou il ot en la chasse beau desduict et grant

---

[1]. Encore une erreur de date. Pierre le Cruel avait été tué en 1369, seulement six ans auparavant.

plaisance. Au partir du chastel de Ségovie demanda le duc de Bourbon par grâce au roi Henri ung chevalier de Touraine qui longtemps avoit esté illec prisonnier, l'un des bons chevaliers du monde, appelé messire Guichard d'Angle, et ung escuyer, nommé Jacques Sadellier, lesquels de bon cueur il lui donna. Estant à Burgues le roi d'Espaigne, on lui annonça que le roi de Portugal l'avoit deffié, en lui movant guerre, par quoi il convenoit que son armée de Grenade cessast, dont ce fut grant dommaige à lui et à la chrestienté, et grant courroux à toute la compaignie. Et voyant que le voyaige ne se tenoit, demanda congié le duc de Bourbon au roi d'Espaigne, lequel ne lui vouloit donner, mais lui prioit que il envoyast quérir des gens. Si lui respondit le duc : « Que veu comme l'emprise de Grenade ne se tenoit, le roi de France en estoit certain ; pour ce lui mandoit que brièfvement se retrahist devers lui, veu que de dix jours ou douze, avoit nouvelles de lui. Adoncques le roi Henri d'Espaigne voyant que le duc de Bourbon de son gré ne vouloit remanoir, le licencia à grant peine, en lui priant que il se voulsist travailher, pour son amour, de paciffier le jeune roi de Navarre, qui sa seur avoit par femme, devers le roi de France. Si lui dit le duc qu'il en feroit son pouvoir, et au despartir fit présenter le roi Henri au duc de Bourbon or, argent et vaissellement, mais de tout ce ne voult riens prandre, sinon chiens nommés Allans, cuirs figurés, et tappis vellutés, et six beaulx chevaulx genests et à chascun des bannerés donna ung genest, et son ordre de la bande. Ainsi se partit le duc Loys de Bourbon du roi Henri d'Espaigne, qui lui pria s'il le mandoit et en avoit besoing, qu'il venist devers lui. Si s'enclina le duc, et s'en partit de bonne alliance, et alla visiter l'esglise de Sainct Jacques en Compostelle par pellerinaige, puis s'en retourna en son pays, et licencia ses gens, les remerciant grandement. Et avec les gens de son hostel s'en tira en France, ou il trouva petites nouvelles ; car le sire de la Rivière avoit mis discencion entre le roi et le bon conestable, faisant entendre au roi que le conestable, messire Bertrand de Claiquin, estoit de la bande du duc de Bretaigne ; et tout ceci faisoit la Rivière, pour faire le sire de Clisson conestable.

XXXVIII. *Comment les ducs d'Anjou et de Bourbon ne peurent détenir le conestable Claiquin plus au service du roi.*

Ce vaillant chevalier, messire Bertrand de Claiquin, qui tantes chevaleries ot faictes tant que par sa prouesse estant conestable de France, fut trop mal content des paroles qu'on lui rapporta, et en ot moult grant dueilh, car il estoit chevalier de grant cueur, et dit : « Puis que le roi me tient pour souspeçonneux,
« qui l'ai loyaulment servi, je ne demourerai jà mais
« en son royaume, ains m'en vois en Espaigne, ou
« j'ai ma vie très-honnorable, car je y suis duc, et
« lui renvoye son espée. » Dont pour ce vint ung si grand bruit en ce royaume, que ce fut merveilles pour le sire de la Rivière ; et tant que tout le monde le commença à haïr, et monstrèrent au roi Charles tous les grans seigneurs pour quoi il le mouvoit de débouter ce vaillant chevalier, messire Bertrand de Claiquin,

qui si bien l'avoit servi, et estoit mauvais exemple aux autres. Et sur ce le roi de France, Charles, se advisa, et voult réparer la chose, et envoya les ducs d'Anjou et de Bourbon en Bretaigne, pour apaiser le conestable du courroux qu'il avoit ; lesquels allèrent à Pont-Orson, et là mandèrent le conestable, qui à eulx vint voulentiers. Et estre là venu, dit le duc d'Anjou : « Conestable, » fait il, « monseigneur le roi nous « envoie à vous, moi et beau cousin de Bourbon, pour « ce que vous avés esté mal content d'aucunes paroles « qu'il vous a mandées, c'est assavoir qu'on lui avoit « donné à entendre que vous teniez la partie du duc « de Bretaigne, et devez bien estre lie et joyeux, « quant telles choses vous mande, lesquelles le roi « ne creut oncques. Véez-cy l'espée d'honneur de « vostre office : reprenez-là, le roi le veult, et vous « en venez avecques nous. » Les paroles finées du duc d'Anjou respondit le bon conestable : « Mon très-« redoubté seigneur, je vous remercie humblement « des paroles que me dictes, et des paroles que vous « m'avez aussi dit, que le roi ne les creut oncques, « dont je remercie le roi, non obstant le grant bruit « qu'en a couru. Et vueil bien, monseigneur, que le « roi saiche que je l'ai servi bien et loyaument, « comme preudhomme et ne lui fis oncques trahi-« son ; car si je servoie le duc de Bretaigne, qui est « contre lui, je seroie traistre envers lui, qui est le « plus grant roi qui vive, et ce peu d'honneur que « j'ai conquis en ce monde, je ne le vouldroie pas « perdre, pour quelque chose qui vive. Et dictes au « roi que j'aime plus mon honneur que toutes les « seigneuries et biens qu'il me pourroit donner, et

« cela je lui certiffie. Si vous regracie de l'espée que
« vous m'avez apportée. Je ne la reprendrai point,
« baillez là à ung autre qui lui plaira. Car pour le
« oster de souspeçon et lui et tous autres, je m'en-
« vois en Espaigne, et vous jure, par ma foi, que jà
« mais en ce royaume, je ne demourerai. » Dont le
duc d'Anjou fut moult courroucié, et dit au conestable :
« Ha ! ha ! beau cousin, ne faictes pas ce, et ne le mec-
« tez point en vostre teste. » Adonc parla le duc de
« Bourbon après et lui dit : « Beau cousin cones-
« table, je vous prie que ne faictes ce que vous dictes;
« car monseigneur le roi vous veult moult grant bien,
« et vous l'avez bien desservi, et feriez mal de le
« laisser en ceste manière. » Et lors respondit le bon
conestable : « Ha! ha! monseigneur de Bourbon, j'ai
« esté en vostre compagnie en tous les plus grans
« fais de ce royaume et vous et moi si avons chassié
« le duc de Bretaigne de son païs, qu'il n'y avoit que
« ung chastel; il est mal à croire que je me fusse ralié
« avec lui. Et quant ad ce que vous me requérez de
« demourer, vous estes le seigneur du royaume qui
« plus m'a fait de plaisir, et que je croiroie plus vou-
« lentiers, et à qui je suis plus tenu, après le roi ;
« mais je vous jure et promets par ma foi, de ce que
« j'ai dict, vous n'en trouverez point le contraire;
« vous suppliant que l'amour que avez eue toujours à
« moi, vous ne la veuillez point oublier, car où que je
« soie je vous servirai de corps et de chevance, et ne
« oublierai jamais les plaisirs que vous m'avez fais. Et
« vous prie que vous aiez souvenance de cellui qui
« m'a brassé ceci, car vous sçavez les tours qu'il vous
« a fais et fait tous les jours, et ne tardera deux mois

« que je passerai à belle compaignie en vostre pays[1],
« et verrez que je ne m'en irai mie seul. » — A tant
s'en allèrent les ducs d'Anjou et de Bourbon rapporter
au roi les paroles de son conestable, que pour nulle
rien plus ne le pouvoient convertir à faire demourer,
dont le roi fut moult courroucié et doulent. Et dit le
bon duc Loys de Bourbon en la présence du roi devant
tous, après ce que ot parlé le duc d'Anjou : « Mon
« Seigneur, vous faites aujourd'hui l'une des grans
« pertes que vous fissiez, pièça longtemps, car vous
« perdez le plus vaillant chevalier et le plus preu-
« d'homme que je cuidasse oncques mais voir de son
« estat, et ont mal fait ceulx qui ont commencié ceci. »
A tant s'en tait l'acteur et retourne à parler du bon
conestable.

XXXIX. *Comment le conestable messire Bertrand se partit de Bretaigne, sur l'espoir de s'en aller en Espaigne, passa par Bourbonnois, ou le duc le festoia, et alla devant Chastelneuf de Randon, ou il morut, et ot le chastel.*

Jà couroit l'an de grâce M. IIIe LXX et neuf, que
le bon conestable messire Bertrand de Claiquin meut
du païs de Bretaigne pour vuider le païs et royaume
de France, comme il avoit promis aux ducs d'Anjou
et de Bourbon ; et, pour son bon los, à l'accompaigner
et servir se présentèrent plusieurs barons et seigneurs
de moult de parties, lesquels il regracia de celle offre,

---

1. Lacune du feuillet LIX dans le ms. A.

et ne voult mener o lui, pour son allée accomplir, fors trois cens hommes d'armes. Et bien ordonnée son affaire, se mit au chemin pour s'en aller demourer en Espaigne, et avec sa compaignie vint passer par Bourbonnois, où le duc Loys estoit, qui le festoya grandement, et de rechief le cuida convertir de le retenir, comme cellui qui avoit grant regret en son allée ; mais le duc n'y peut oncques mectre remède ; et à son despartir, lui donna ung bel hanap d'or, esmaillé de ses armes, lui priant qu'il y voulsist boire tousjours pour l'amour de lui, et lui donna aussi une belle seincture d'or, très-riche, de son ordre d'*Espérance*, laquelle il lui mit au col, dont le conestable le mercia, et en fut moult joyeux. Ainsi prindrent congié l'ung de l'autre, et lui bailla le duc de Bourbon dix gentilz hommes de son hostel, pour le conduire quatre journées, lesquels furent Jehan de Chastelmorand, qui porta l'enseigne du duc de Bourbon, Gauvain, Michaille, Perrin d'Ussel, messire Odin de Rollat, Champropin, le bastart de Glarains, le borgne de Veaulce, et autres. Et estoient gens que le conestable amoit moult, et qu'il congnoissoit ; et le convoyèrent au Puy-nostre-Dame, ou les citoyens lui supplièrent que, pour Dieu, il voulsist aller devant Chastelneuf-de-Randon[1] qui destruisoit le païs, et que, ainçois qu'il se partist du royaume, le deslivrast des Anglois ; et que ce lui seroit louable mémoire avec les biens qu'il avoit fais. Si leur octroya le conestable ; et après qu'il ot visité l'esglise Nostre-Dame, et fait son pellerinaige, il dit aux compaignons qui le conduisoient :

---

1. Ch.-l. de cant. de l'arr. de Mende (Lozère).

« Vous mes chiers compaignons, frères et amis, de
« l'hostel de mon bon seigneur et maistre le duc de
« Bourbon, puis qu'il n'a guières jusques-là, je vous
« prie, faictes moi compaignie devant la place, si ver-
« rez que nous ferons, car à Dieu le veu, nous les
« arons, les gars; et se le souleil y entre, nous y
« entrerons! » De celle parolle se rirent les compaignons, et dirent que de bon cueur le conduiroient.
Adonc se partit du Puy le conestable o sa compaignie,
et chevaucha devant Chastelneuf-de-Randon, où il mit
le siége; mais avant ot dit à ceulx du Puy : « Mes
« amis, c'est la dernière place angloise que je saiche
« en mon chemin pour m'en aller. Mais ainçois que je
« parte, à Dieu le veu, je l'aurai. » Et quant le conestable ot visitée la place, il mist son siège en belle ordonnance, et commanda à ceulx du Puy comment ils gar-
nissent le siège de vivres, d'artillerie, et aussi de man-
gonneaulx et autres engins à gecter léans : si le firent.
Et y sist le conestable trois sepmaines, et illec furent
faictes de belles emprises d'armes de ceulx du siège,
et y estoient plusieurs des seigneurs d'Auvergne et
du Velai, qui moult voulentiers entendoient à deslivrer
cette place, et en tant que les assaultz se faisoient de
ceulx de l'ost à ceulx du chastel par plusieurs jours,
eulx voyans que guières ne se povoient tenir, advint
que, au quinziesme jour que le conestable ot assiégé
cellui chastel, lui print une maladie dont il morut[1]; et

---

1. Pour rejeter en bloc tout ce récit, on a invoqué le témoignage
de du Guesclin lui-même, qui, dans le codicille ajouté le 10 juillet
1380 à son testament en date de la veille, aurait conservé le titre
de *connétable de France*. Pourquoi donc, alors, aurait-il omis de
le prendre dans son testament même, dont voici les premiers mots :
« *Nous Bertran du Guesclin, comte de Longueville, sain de nostre*
« *pensée, etc...* »? ce titre ne se lit que dans la rubrique latine du

les Anglois, qui dedans estoient, voyans que nul remède n'avoit en leur fait, que à la longue ne fussent prins par force, se rendirent au bon conestable, que poinct ne sçavoient qu'il fust mort, et s'en allèrent ou bon leur sembla. Si fut grant grâce de Dieu au bon conestable, que oncques n'assist place que à lui ne se rendist, vif ou mort. Chastelneuf-de-Randon rendu, au roi fut seue la mort du vaillant et preux conestable, dont pleurs, cris et gémissemens furent de ses gens et par la contrée. Si le firent les nobles hommes du duc de Bourbon appareiller et embasmer, et l'amenèrent par Forez à Molins-en-Bourbonnois, ou le duc Loys lui fit faire moult solennel obsèque en l'esglise de Nostre Dame, ou de nouvel le duc avoit fondé ung collége de chanoines perpétuel. Et par avant avoit mandé le duc de Bourbon au roi Charles, la mort de son bon conestable, de laquelle il fut moult marri. Et pour ce que le roi se recordoit des agréables services que son conestable messire Bertrand de Claiquin lui avoit fais en sa vie, le voult recongnoistre après sa mort. Car le roi ordonna que, après son décès ledit conestable fust ensevely honnorablement à ses piedz, à Saint Denis, ou les rois de France repo-

---

notaire, en tête de la copie du testament, et dans le codicille, qui ne nous est connu que par un *vidimus*, daté d'Angers le 16 août 1380. Est-il donc impossible que le notaire ait cru devoir honorer du Guesclin après sa mort, même malgré lui, du titre qu'il avait porté dix ans avec gloire, et dont ses contemporains s'accordaient tous à le proclamer le plus digne? Il nous semble bien difficile de ne pas admettre, en cette circonstance, l'exactitude et la précision des souvenirs de Châteaumorand, qui atteste avoir accompagné du Guesclin devant Châteauneuf-de-Randon, et qui était dès lors un homme fait, puisqu'on lui confia, sur la fin de cette année même, le commandement d'une partie des troupes envoyées à Nantes pour la défendre contre les Anglais.

sent. Pareillement le bon mareschal de Sancerre, qui servi l'avoit loyaulment; et ainsi fut fait, et illec gisent. Et ne demoura guières après, que l'année ensuivant, trespassa de cest siècle le roi Charles de France cinquiesme de ce nom, qui tant vaillamment et saigement avoit son règne gouverné; lequel fina l'an de grâce nostre Seigneur mil III^x IIII^{xx}, et pour ce en royal lictière à Saint Denys est sevelli si haultement comme il appartient à tel prince, et durèrent les obsèques quinze jours.

XL. *Comment les princes et ducs en France, du sang royal menèrent le jeune roi Charles couronner à Reims, et de ceulx qui furent mandés à Nantes à le garder des Anglois.*

En l'an de grâce que l'on comptoit mil III^c IIII^{xx} et ung les princes du sang royal, le duc de Berry, le duc de Bourgongne, et le duc de Bourbon, menèrent le jeune roi Charles, fils du deffunct, couronner à Reims, et hastoient fort le sacre, pour ce que les Anglois, qui estoient passés devant Paris, s'en alloient en Bretaigne, et pour ce conduisirent le jeune roi à Reims ou il ot grant chevalerie et moult belle feste. Et après la unction du sacre fut le roi assis à sa haulte table d'honneur, et bailla le duc de Bourbon qui estoit per et chamberier de France, trois de ses chevaliers, dont l'un estoit à dextre, et l'autre à senestre, et le tiers derrière son dos, et ung escuier aux piez; quant le roi estoit assis, il tenoit ses piez au giron de l'escuyer. Les trois chevaliers furent messire Guichart Daulphin,

messire Guy Le Baveulx, et messire Jean de L'Aye, et l'escuyer, qui estoit soubz la table ou le roi tenoit ses piez, estoit Jehan de Chastelmorand : ainsi fut l'assiette du roi. Et le vespre, comme au soleilh couchant, vindrent trois chevaucheurs, l'un après l'autre, dénoncier au roi et aux seigneurs, que la puissance des Anglois qui estoient bien sept mille combatans, s'en alloit devers Nantes, ou le duc de Bretaigne, les devoit bouter. Si ot grant conseil entre les seigneurs, et ordonnèrent que Chastelmorand et Le Barrois, qui avoient quatre cens hommes d'armes en la frontière de Pouencé, près d'Angiers, menassent leurs gens dedans Nantes, et qu'ils se hastassent avant que les Anglois y parvenissent, et qu'ils chevauchassent jour et nuit. Ainsi le firent, et furent à Nantes premiers que les Anglois quelques trois heures, et allèrent Chastelmorand et Le Barrois o leurs gens à la Tour neufve, dont estoit capitaine, Guillaume Leet, qui leur ouvrit moult voulentiers, et leur dit qu'ils se prinssent garde de ceulx de la ville, qui ne actendoient fors les Anglois. Et tantost que les François entrèrent ens, mirent sur les quatre portes de la ville, à chascune vingt cinq hommes d'armes, et le demourant en la place, ou milieu de la ville, en belle ordonnance; et demandèrent tantost les dis capitaines les clefs des portes, mais ils ne trouvèrent homme saichant pour vrai qui les tenoit. Et lors Guillaume Leet vint à Chastelmorand, et lui dit secrètement à l'oreille : « Allez
« vous-en en l'esglise cathédral, et prenez ung grant
« villain chanoine vieil, riche, et plain, qui est léans,
« ou il s'en est fouy, et est le plus grant de léans, et
« suis certain que vous lui trouverez les clefs soubs

« son surpellis. Et se vous ne les lui trouvez, prenez-le,
« et le mectez dehors. » Ainsi entrèrent Chastelmorand et Le Barrois dedans l'esglise, ou ils perçeurent
le vieil chanoine, comme Guillaume Leet leur avoit dit.
Si le prindrent parmi la gorge. Adonc print à dire le
chanoine : « Ha, messeigneurs ! gardez que vous ferez,
« vous estes excommuniés ! » — « Avant, prebstre,
« rendez les clefs ! » Lequel dit que mie ne les avoit.
Adonc le cherchèrent, et lui trouvèrent les clefs de la
ville, soubs sa robe, en une gibessière. Si prinrent le
chanoine, et le menèrent aux compaignons qui estoient
en la place, et leur dirent : « Messeigneurs faictes
« bonne chière, car véez-ci le traistre qui avoit vendu
« la ville aux Anglois, et celloit les clefs. » Si fut mené
comme infâme, par la ville ; et puis attaché à ung
arbre, en son pourpoint, sans chapperon, affin que
chascun le venist voir. Et cependant estoient à grant
force les Anglois venus devant Nantes, ou ils se lougèrent tout à l'entour, en trois places, c'est assavoir en
Richebourg, en la Saulsaye, et en la Fosse ou l'en met
le sel : ce sont les trois places devers la terre, car par
les ponts ne povoient assiéger encores, et furent moult
esbahis de ce qu'ils avoient failli à leur emprinse. Si
mirent ceulx qui estoient dedans Nantes, moult bonne
ordonnance en eulx : c'est assavoir deux cens hommes
d'armes de guet en la place qui est au milieu de la
ville, et cinquante hommes de traict et vingt cinq
hommes de cheval à guetter tout autour de la ville, et
vingt cinq arbalestiers ; et, de jour, avoit en la place
cent hommes d'armes, et cinquante hommes de trect,
et bien les portes garnies. Et cela faict, renvoyèrent
dire au roi par messaige Chastelmorand et Le Barrois,

comment ils avoient recouvré la ville de Nantes, et l'ordonnance qu'ils y orent mise.

XLI. *Comment messire Pierre de Bueil d'Anjou alla à Nantes se joindre avec les gens du duc de Bourbon.*

Les oncles du jeune roi de France nouvellement couronné, quant ils entendirent Nantes estre bien garnie de leurs gens, en furent très contens, et pour ce qu'ils voyoient la requeste de ceulx qui la tenoient estre raisonnable, se traïrent vers le roi, et lui dirent que bien estoit besoing que iceulx tenens Nantes eussent secours et aide, car ils estoient assiégés d'une grosse gent. Ausquels respondit le roi : « Beaulx « oncles, vous savez mieulx que ce faict monte, que « je ne fais ; ordonnez en comme il vous plaira. » Adonc les seigneurs advisèrent pour le mieulx de y envoyer le sire de Clisson, lequel au sacre du roi avoit esté faict conestable de France, auquel ils dirent comment Chastelmorand et Le Barrois leur acertenoient que les Anglois estoient lougés en trois sièges, et que l'un ne povoit bonnement secourir à l'autre, et que s'il y alloit à povoir de gens, on pourroit faire de belles choses. Et pour ce disoient les seigneurs au conestable de Clisson, qu'il se hastast, auquel ils deslivrèrent finances pour mener gens ; et oultre, Le Barrois et Chastelmorand avoient mandé au duc de Bourbon, leur seigneur, car ils estoient de son pays et de son hostel, les ordonnances pareilles, lui requérant qu'il leur voulsist envoyer leurs compagnons, les gens de son hostel : car plus honnorablement ne porroient ils estre. Si obtempéra le duc de Bourbon à leur requeste, et fit prestement partir de son hostel ses gens pour y venir, au nombre de soixante hommes d'armes, et ne retint que deux escuyers pour soi servir. Et en tant que le sire de Clisson se mectoit sus, comme l'en disoit, ung chevalier d'Anjou, moult vaillant homme, appellé messire Pierre de Bueilh, serroit gens partout, pour aller à Nantes en l'aide des François, contre les Anglois, qui devant tenoient le siège, et desjà estoit à Angiers à deux cens hommes d'armes. Si le mandèrent querir Chastelmorand et Le Barrois, et que briefvement s'en venist, et qu'ils le mectroient seurement lui et ses gens parmi les pons dedans la ville de Nantes. Ainsi s'en vint comme ils lui mandèrent, et cellui chevalier, nommé messire Pierre de Bueilh, quant il fut en la ville, et ses gens lougés, et ses chevaulx envoyés, orent conseil ensemble, Chastelmorand et Le Barrois et lui, qu'il leur sembloit estre bon de faire, car Bueilh avoit espié devers le chastel, comme le sire de Cusenton, Anglois, qui estoit lougé auprès du chastel, et avoit l'ordonnance des guets, que en leur lougeis n'avoit mie bonne ordonnance, et qui sailliroit sur eulx, on leur feroit ung grant dommaige. Et voloit le sire de Bueilh, que tantost on férist sur eulx : mais les autres ne le vouldrent, car ils actendoient leurs compaignons de l'hostel leur seigneur, le duc de Bourbon, en disant que, eulx venus, on essayeroit à faire aux Anglois toute nuisance. Si vindrent les compaignons de là à deux jours, et entre temps on espia ou l'on porroit férir.

XLII. *Comment les gens estans à Nantes pour le roi de France, se contindrent contre les Anglois.*

De jour ne de nuit, ne cessoient les gens d'armes mandés à Nantes pour le roi de France, et le duc de Bourbon, ensemble messire Pierre de Bueilh, d'imaginer comment ils pourroient grever les Anglois qui les tenoient assiégés. Si advint ung jour, que parmi le chastel toute la compaignie du duc de Bourbon et le sire de Bueilh issirent, et allèrent férir sur le guet de l'Anglois, messire Estienne de Cusanton, qui estoit au lougeis de la Saulsaye, devers le matin, en changeant son guet; et férirent François parmi, qui bien estoient d'Anglois cent et cinquante hommes d'armes, et de François autant, dont en cellui encontre, l'une partie des Anglois fut prinse, et l'autre s'enfouit, et retint l'en prins le capitaine messire Estienne de Cusanton, ung moult vaillant chevalier d'Angleterre, et trente six hommes d'armes des siens; et y ot bien soixante mors. Et courut l'en dedans le lougeiz bien avant. Et se meirent Anglois en conrroy devant, qui pou leur valut, car les compaignons les repoussèrent ens, et franchement emmenèrent à Nantes leurs prisonniers, et soixante chevaulx de cariaige; et y ot gagné de bon bagaige, et fut la première saillie qui fut faicte à Nantes. Et devers le lougeis des Hennuyers qui estoient à l'autre des portes, ou il avoit de vaillans gens, c'est assavoir le sire de Vertains, le chanoine de Robessart, Thierry de Semain, le bastart de Vertains, et les enfans de Maubeuge, qui bien estoient trois cens combatans et lougiés près des douves en fortes maisons de bourgeois, commancèrent une mine, pour ce que les Hennuyers sont de coustume bons mineurs, et minèrent bien par l'espace de dix jours, si contreminèrent François à l'encontre, et estoient les mines si pareilles que les ungs parloient aux autres. A les mines continuer, advint que cellui jour estoit la veille de Noël, si orent prins aucuns de ceux de Nantes un gascon qui dit aux capitaines françois comme les Hennuyers n'entendoient pour celle nuit à autre chose, se non à jouer aux dés en l'hostel au sire de Vertains. Si ot-on advis de ouvrir la porte qui estoit près d'eulx, pour aller férir dedans, et ainsi fut fait. Et celle voille de Noël à heure de minuit, les compaignons de Nantes, qui bien estoient sept cens combatans férirent hardiement ou lougeis des Hennuyers, qui encores jouoient aux dés, et les desconfirent, et destroussèrent, et fut mort Thierry de Semain, et l'ung des enfans de Maubeuge, et le bastard de Vertains, et bien soixante hommes d'armes et prins vingt six bons prisonniers. Et de ceulx de dedans, y morut messire Macé des Ymaiges, et fut prins messire Tristan de la Jaille et Pierre de Sury, de l'hostel du duc de Bourbon, et Robert Guy; et se retrahirent les Hennuyers en ung hault hostel à garant, et leur lougis fut couru et y ot moult de bleciés des gens au duc de Bourbon, mais tout fut gaigné, et adonc vint le jour. Si se retrahirent les compaignons dedans Nantes : car pour celle fois, n'allèrent plus avant et l'endemain recouvrèrent leurs prisonniers pour autres, et fut leur mine rompue, que plus n'en firent de cellui cousté. Et delà à quatre jours le mareschal de Savoie, messire Boniface de Chalant escripst unes lettres à Chastelmorand et au Barrois, qu'ils le receussent en leur compaignie, car il avoit trente hommes d'armes gentils hommes, et pour ce qu'ils le savoient bon chevalier, l'envoyèrent quérir, et fut belle compaignie emmi la ville. Et estre venu messire Boniface, se prinrent d'adviser le sire de Bueilh, Chastelmorand, messire le Barrois et les autres ayans conduite, comment ils porroient faire dommaige ou lougeis du comte de Boucquinquam conduiseur et principal capitaine de celle gent, qui estoit lougié près de la porte en Richebourg, et avoit faite sa barrière de deux chariots, pour ce que quant les Anglois voyoient ouvrir la porte, ils se retrahoient tantost en leur barrière, et quant on ne l'ouvroit, ils se tenoient en leur maison pour le trect. Si advisèrent ung jour ceulx de dedans de faire une mine soubs la porte, affin que les Anglois ne vissent baisser le pont, et que beaucoup de leurs gens se peussent tappir ès douves sans la vue des autres. Si fut fait, et ung jour, après diner, se boutèrent ès douves des foussés, quatre cens hommes d'armes, et trois cens bons arbalestiers de la garnison de Nantes, par manière d'embusche, et vint-on baisser le pont, en faisant saillir cent hommes d'armes, pour faire semblant d'aller escarmoucher à la barrière, comme ce estoit acoustumé. Et tantost les Anglois vindrent à leur barrière, et à leurs chariots, pour chasser iceulx hommes d'armes dedans la porte, et sur ce saillit tost l'embusche françoise des douves sur Anglois, qui estoit IIII^c hommes d'armes, et cent arbalestiers, qui les reboutèrent hors de leur barrière, et bien avant en la rue, ou il morut des Anglois six banneretz, et beaucoup d'autres ; et furent les bannerés Anglois messire Hue Suverin, messire Guillaume Clinton, messire Jehan Burle, messire Fitz Watier, messire Jehan Franc, et messire Thomas Trevet. Et y ot de ceulx de la garnison bien bleciés, mais nul n'y morut, se non que fut prins Robert Guy de Riom ; et quant il se fut désarmé, les Anglois qui se douloient de leur perte, ne se prindrent garde de lui ; si se partit Robert Guy d'eulx, et s'en vint aux douves, puis entra avec les compaignons, qui de ce commencèrent à rire, et alors les Anglois furent moult desconfortés pour leurs barons qui mors estoient, et leurs gens qui se perdoient aux escarmouches, qu'ils ne sçavoient que faire. Et de mal en pis sourdit en leur ost une maladie de cours de ventre, qui fort les acoura : car là leurs gens mouroient espoissément de cellui mal ; et ils avoient tenu le siége devant Nantes dès vendanges, jusques auprès de Noël, qui jà avoit duré trois mois et vingt jours.

XLIII. *Comment le conte de Boucquinquam se leva de devant Nantes, et comment les quinze Anglois ne firent leurs armes aux quinze François.*

Charles, le roi de France, pour le honneur de son sacre, fit moult de chevaliers, desquels plusieurs en avoit à Nantes, qui grandement eulx et leurs compaignons se maintenoient contre les Anglois. Le conte de Boucquinquam qui vit celle enfermeté entre ses gens, et qui riens n'approuffitoit à tenir plus son siège devant Nantes, ot propos de soi lever pour celle raison ; mais il le retardoit aucunement, pour ce que quinze hommes d'armes de l'hostel du duc de Bourbon avoient emprise une bataille en l'isle près de Nantes, à autres quinze hommes d'armes Anglois, de l'hostel du conte de Boucquinquam, à combatre à oultrance, et qu'il n'y auroit juges, se non deux héraults, l'un de France, et l'autre d'Angleterre. Et fut la chose promise et jurée, que faillit aux Anglois comme vous orrez. Et cousta celle emprise au duc de Bourbon trois mille francs de harnoys et de habillemens qu'il manda à ses gens, tous les jours, par l'espace de trois sepmaines ; et les quinze, qui estoient de l'hostel du duc de Bourbon, ne faisoient que requérir les Anglois à tenir celle journée, mais les Anglois les menoient par paroles, et leur disoient : « Actendez, actendez, nous le vous dirons « bien à point. » Sur ce le conte de Boucquinquam voyant trop perdre de ses Anglois par flux de ventre, à ung soir se deslougea et toutes ses gens, et à l'endemain par matin les quinze Anglois mandèrent par un hérault aux quinze François de l'hostel du duc de Bourbon, qu'ils ne tiendroient point la journée là, mais s'ils vouloient venir à Vennes, où leur maistre le conte alloit, ils accompliroient leurs armes. Autre responce ne firent les quinze du duc de Bourbon, se non dire au hérault que se le duc de Bretaigne leur vouloit donner bonne seurté, qu'ils les iroient faire et accomplir là. Ainsi se partit du siège de Nantes, sans riens avoir fait de son prouffict, le conte de Boucquinquam, et ses Anglois à chevaucher vers Vennes. Et, après eulx, saillirent les capitaines François, messire Jehan de Chastelmorand, messire le Barrois, messire Pierre de Bueil, et le mareschal de Savoie, qui bien estoient huit cens hommes d'armes, qui herdoièrent et tindrent les Anglois de près, et gaignèrent beaucoup de leur cariaige, avant qu'il fussent à Vennes. Et se retrahirent les François à Chastel-Jousselin, ou le sire de Clisson, nouvel conestable de France, estoit venu, et lui demandèrent congié ceulx de la garnison de Nantes, pour eulx en aller vers leurs maistres. Le conestable leur dict de non, en leur priant qu'ils actendissent que les Anglois fussent montés en mer, et entretant les quinze de l'hostel du duc de Bourbon qui estoient retournés à Nantes en leur establie avec les autres, mandèrent aux quinze Anglois qu'ils estoient appareillés d'accomplir leur promesse, et que sur ce leur envoyassent bonne asseurance du conte de Boucquinquam leur maistre et du duc de Bretaigne, et là ils iroient voulentiers. Si apporta un hérault les sauf conduis à messire Jehan de Chastelmorand, au Barrois et à leurs compaignons, et que avec eulx peussent mener cinquante gentilshommes pour eulx accompaigner, et baillèrent voulentiers les sauf conduis, cuidans que les quinze François n'y dussent point aller ; mais, nonobstant les sauf conduis, mandèrent les quinze Cordellier de Gironne, escuier d'escuierie du roi de France, pour l'asseurance au conte de Boucquinquam et au duc de Bretaigne, qui l'apporta, et s'en allèrent les quinze compaignons avec Cordellier, à Vennes, au duc de Bretaigne, et au conte de Boucquinquam eulx présents, et leur notiffier que ce qui avoit esté promis, ils estoient venus tout prests de l'accomplir l'en de main après leur messe.

9

XLIV. *Comment cinq nobles hommes François firent armes, à Vennes, contre cinq nobles hommes Anglois, et qu'il en fut.*

Le conte de Boucquinquam voyant que c'estoit acertes, ot grant conseil avec le duc de Bretaigne, qu'en estoit de faire : et la responce que fit le conte de Boucquinquam, si fut que ses gens n'estoient mie bien en point, et qu'il avoit ung an qu'il estoit parti d'Angleterre, et aussi que lui et ses gens avoient esté à siége devant Nantes, trois mois, par quoi leur harnois estoit moult empirié : pour ce louoit de non faire armes, espécialement à oultrance ; mais il avoit sentu d'aucuns de ses serviteurs que s'il y avoit aucun de l'hostel au duc de Bourbon qui voulsist faire armes nommées, ad ce il entendroit voulentiers. Si furent moult esbahis les compaignons des paroles, et bien courrouciés, cuidans qu'ils ne deussent point batailler. Si advisèrent qu'il ne tenoit pas à eulx, mais seroit bon d'en faire aucune chose por quoi ils estoient là venus, et qu'ils prendroient ce que les Anglois leur offroient. Les armes que les Anglois vouloient que l'en fist, c'estoit cinq coups de lance, cinq d'espée, cinq de hache, cinq de dague, et tout à pié : et on leur octroya. Et l'en de main bien matin, François estre au champ, ne furent les Anglois que cinq qui voulsissent faire armes, et des gens du duc de Bourbon autres cinq : c'est assavoir messire Jehan de Chastelmorand, messire Le Barrois, le bastart de Glarains, le viconte d'Aunai, messire Tristan de la Jaille ; et les cinq Anglois estoient messire Waultier Cloppeton, Edouard de Beauchamp, messire Thomas de Hennefort, Brisselai, et messire Jehan de Traro. Estans tous les compaignons en champ, où le duc de Bretaigne, et le conte de Boucquinquam estoient accompaignés de leurs gens, le premier qui fit armes des François fut messire Jehan de Chastelmorand contre messire Waultier Cloppeton, anglois, lesquels ne firent que trois coups de lance à pié, car messire Waultier Cloppeton fut blessé de la lance tout oultre, entre les lames et la pièce[1], et passa oultre tant qu'il cheust à terre, et d'eulx deux n'y ot que ces trois coups, car on emporta Cloppeton. Messire Le Barrois qui estoit armé, entra au champ à faire armes, contre son compaignon Thomas de Hennefort, qui y entra pareillement, et firent leurs cinq coups de lance bien chevalereusement; et quant ce vint aux espées, du premier coup d'espée qu'ils assemblèrent, blessa Le Barrois l'Anglois entre la pièce[2] et le garde bras, et faulsa la maille, et lui persa l'espaule tout outre, tant qu'il en convint mener l'Anglois sans plus faire armes. Après vint le bastart de Glarains et Edouard de Beauchamp, et quant ce vint à l'assembler des lances, Edouard de Beauchamp tournoit ung pou l'espaule, et tant que le bastart de Glarains deux fois le porta à terre, de deux coups de lance, nonobstant qu'il fust grant de corps, et bien gentilhomme : et lors les Anglois dirent que Beauchamp estoit *dronch*,

---

1-2. C'est-à-dire au défaut de la cuirasse. Voyez Viollet-le-Duc, *Dictionnaire du mobilier*, tome V, verbis *dossière* et *garde-bras;* la pièce, c'est une partie de l'armure de plates : celle de devant ou *pansière*, dans le premier cas, celle de derrière ou *dossière* dans le second.

c'est-à-dire ivre. Si le relevèrent, et l'emmenèrent. Lors vint messire Tristan de la Jaille à son compaignon Anglois, et accomplirent toutes leurs armes jusques aux haches; et quant ce vint à férir, messire Tristan de la Jaille rua jus son Anglois au second coup de hache, et le blessa fort, et plus n'en fut. Le viconte d'Aunay rentra au champ à son compaignon, qui firent belles armes : mais le viconte blessa l'Anglois du dernier coup de lance, entre l'avant-bras et le garde bras, et ot percé le bras tout oultre, tant que l'Anglois n'en fit plus. Ainsi furent les armes acomplies cellui jour, que les cinq hommes nobles, compaignons François, en eurent le meilleur, et les cinq nobles hommes Anglois le pire, comme on puet voir dessus.

XLV. *Comment les armes accomplies messire Guillaume Farintonne, Anglois, et messire Jehan de Chastelmorand firent armes, qu'il en fut; et comment le chevalier fut en prison, et comment Chastelmorand dit de belles paroles.*

Le duc de Bretaigne et le conte de Boucquinquam qui orent veu les armes, se retrahirent en leurs maisons, et les François pour eulx désarmer ; et pour ce que près estoit de nuit, le duc de Bretaigne, par ung sien chevalier mestre d'hostel, les envoya semondre, qu'ils allassent souper avec lui. Si lui octroyèrent, comme ceulx qui estoient en sa ville, et vindrent au souper, tous ceulx qui avoient fait armes, et leur fit le duc de Bretaigne grant honneur, en les faisant tous asseoir à sa table, et servir moult grandement. Et sur le lever de table, vint ung chevalier appelé messire Guillaume Farintonne, bel chevalier et grant, qui requit Chastelmorand de vouloir parfaire les armes que messire Waultier Cloppeton, son cousin germain, n'avoit peu accomplir. Si lui accorda Chastelmorand, s'il plaisoit au duc de Bretaigne, mais le duc ne le voult accorder, et se courrouça moult felonneusement à son chevalier Anglois, qui de ce l'estoit venu requérir à sa table. Mais Chastelmorand pria tant le duc de Bretaigne que l'en de main, à souleil levant, il fut armé en champ, encontre cellui qui l'avoit requis, pour acomplir ce, et plus oultre qu'il ne lui avoit demandé, pour ce qu'il falloit que ses compaignons montasssent l'en de main à cheval. Si furent au matin les deux chevaliers, messire Jehan de Chastelmorand, et messire Guillaume Farintonne en champ, présent le duc de Bretaigne, pour faire ce qui estoit empris. Et quant ils furent ensemble en champ, le chevalier Anglois messire Guillaume Farintonne n'avoit point de harnois de jambes, car il avoit mal en un genouil, pour quoi il ne s'en povoit armer, et envoyèrent requérir à Chastelmorand, par Cordellier de Gironne, que n'eust plus de harnois de jambes l'un que l'autre, et qu'ils s'asseurassent de non férir à découvert. Ce fait, les deux chevaliers en champ assemblèrent ès lances, et de cellui gect firent moult bien leur debvoir; au second coup vindrent fort l'un à l'autre, et l'Anglois, messire Guillaume Farintonne, assenna messire Jehan de Chastelmorand ou bras, et Chastelmorand l'Anglois soubs la brayère, et tant que messire Guillaume Farintonne cheust d'un genouil, et mist la main à terre; et le tiers coup de lance joindrent fort l'ung à l'autre, mais,

quant ce vint sur l'assembler, messire Guillaume Farintonne baissa sa lance bas, et se accroupit un peu, de quoi il perça à messire Jehan de Chastelmorand la cuisse tout oultre, et l'en convint porter à son hostel; dont, pour ce coup, il fut ung grant cri à la compaignie qui estoit là, veu que le chevalier Anglois ot promis de non s'essaier par armes en lieu descouvert, par espécial ès jambes. Et lors le duc de Bretaigne et le conte de Boucquinquam, qui orent veu celle desconvenue, firent prendre l'Anglois, messire Guillaume Farintonne, et le désarmer en petit pourpoint, et le firent ruer en prison, et dirent au Barrois, cousin germain de Chastelmorand : « Allez vous en à Chastelmorand, et lui dictes que nous sommes très-mal contens et courroucés de ce que ce mal chevalier a failli de ce qu'il avoit promis, et le lui rendons pour son prisonnier, à le mettre à telle finance comme il lui plaira, et, entre vous ses amis, si Chastelmorand meurt, faictes du chevalier à votre vouloir. » Que fut réputé à grant justice des seigneurs, pour entretenir leurs seurtés et sauf conduis. Si oït Chastelmorand la responce par Le Barrois et Cordellier de Gironne, ausquels respondit Chastelmorand, qu'il remercioit chèrement au conte de Boucquinquam et au duc de Bretaigne, la bonne raison et justice qu'il trouvoit en leurs seigneuries, et qu'il aimoit mieulx que Farintonne eust foulé son honneur sur soi, que se Chastelmorand l'eust foulé sur lui. Et quant ad ce que me faictes assavoir qu'il
« soit mon prisonnier, je vous remercie humblement,
« et vous plaise savoir que quant nous sommes venus
« par deçà, devant vous, pour faire armes, à vostre
« seurté et sauf conduit, mes compaignons ne moi n'y

« venismes point par avarice ni convoitise ; et me
« seroit tourné à deshonneur de vouloir prendre
« finance de vostre chevalier, pour lequel je vous sup-
« plie que le gectez de prison, et en faictes ce que
« vous plairra, car le faict d'armes est tel qu'il va à
« l'adventure. Et povez assez penser que monseigneur
« le duc de Bourbon, à qui nous sommes, qui nous
« donne ce que nous est besoing, et qui nous mande
« par le monde pour acquérir honneur, seroit mal con-
« tent de celle convoitise. » Et celles parolles tindrent
les Anglois et les Bretons à ung grant honneur,
et envoia le conte de Boucquinquam à Chastelmorand
ung hanap d'or et cent et cinquante nobles; mais
Chastelmorand lui renvoya l'or monoié, lui faisant
savoir, que pour ses affaires assez avoit de finance.
Si retint le hanap à boire, pour honneur de lui. Et lors
Chastelmorand dit à ses compaignons que point ne
retardassent à chevaucher pour lui, car il ne se sentoit mie si mal attourné qu'il ne les suivit à leur trot.
Ainsi doncques se partirent les François de Vennes, et
allèrent à Chastel-Josselin, et les Anglois se partirent,
et allèrent au chastel de l'Ermine[1] pour monter en mer.
Car de six mille combatans qu'ils estoient au descendre à venir devant Nantes, ne se trouvèrent se
non trois mille au chastel de l'Ermine, pour eulx en
realler en Angleterre. Et les gens du duc de Bourbon
à Chastel-Josselin prindrent congié du conestable
Clisson pour eulx en aller à leur seigneur, mais il ne
leur vouloit mie donner, car il doubtoit fort ung grant

---

1. Château du duc de Bretagne à Vannes, bâti au xive siècle, il était déjà en ruines au xviie.

débat qui estoit sours entre le duc de Bretaigne, et le conte de Penthièvre : car le conte de Penthièvre avoit espousée la fille au seigneur de Clisson, si dirent les gens au duc de Bourbon au conestable que pour rien ne lairroient qu'ils ne allassent devers leur maistre. Et quant ce vit le conestable, il pria moult aus capitaines qu'ils laissassent leurs gens avec lui, et eulx allassent vers le duc de Bourbon, leur seigneur. Si le firent, et s'en allèrent les capitaines à Paris, vers le duc de Bourbon leur maistre, qui les vit voulentiers, et les festoya, comme on doibt faire à tels gens, qui qui ont acoustumé bien faire.

XLVI. *Comment le duc de Bourbon entreprit la charge pour le roi et le duc de Berry, pour la seconde fois, à aller guerroyer en Poictou, et comment il ot Taillebourg.*

Les gens au duc de Bourbon, quant furent vers lui, trouvèrent que, à celle heure, estoient venus les Poictevins devers le roi, et le duc de Berry, c'est assavoir le sire de Partenay, le sire de Poulsauges, le sire de Torsay, le sire de Couhé requérir au roi et au duc de Berry, qu'ils leur voulsissent donner aide et secours, car tout Poictou estoit destruit pour cinq ou six places qui là estoient angloises : premièrement Taillebourg, bel chastel et port de mer, Bourg-Charente, Le Faon, Monléun, et Vertueil. Si pria le duc de Berry, qui estoit conte de Poictou, au duc de Bourbon, sur lignaige, qu'il lui pleust de prendre celle commission. Si ne la vouloit bonnement emprendre le duc de

Bourbon, disant au duc de Berry que c'estoit trop grant chose pour lui, veu qu'il faudroit grant finance, et que les chasteaux estoient moult fors, car il le savoit bien. A quoy lui respondit le duc de Berry : « Beau
« cousin, ne vous souciez de finance, car véez ci les
« barons de Poictou qui vous demandent fort au roi
« et à moi ; et, à vostre venue, ils mettront sus ung
« fouaige qui montera soixante mille frans. » Et ad ce respondit ung bon homme, clerc, qui gouvernoit le faict du duc de Berry, et qui, puis, fut évesque de Clermont[1], et dict au duc de Bourbon : « Monseigneur,
« prenez hardiment ceste commission, et ne vous
« esmayez d'argent, car, en tant que vous amasserez
« vos gens, baillez moy deux hommes de vostre hos-
« tel, ung chevalier et ung homme de finance, et vous
« trouverez vostre argent prest à ce que monte ledit
« fouaige, c'est assavoir la somme de soixante mille
« frans. » Et sur ce le duc de Bourbon dit au duc de Berry qu'il lui feroit voulentiers plaisir, mais ceci ne vouloit mie faire sans le sceu du roi, et bon congié. Si alla tantost le duc de Berry au roi, lui prier qu'il lui pleust donner licence au duc de Bourbon, pour aller en Poictou. Si en fut le roi content, et lors ordonna le duc de Bourbon Chastelmorand, pour ung chevalier, et Séguin, son trésorier, pour aller en Poictou, lever cellui fouaige, et furent moult lies les Poictevins, quant seurent que le duc de Bourbon venoit en Poictou. Si levèrent leur fouaige, qui fust prest en trois sepmaines, et le duc de Bourbon, qui avoit ses gens sur les champs, se mit au chemin, et s'en alla en Poic-

---

1. Ce fut le fameux Martin Gouge.

tou, et avoit donné jour à ceulx de Poictou, qu'ils fussent assemblés, lesquels estoient belle chevalerie, bien six cens hommes d'armes. Et lui avoir faict les monstres des siens, et des Poictevins, il s'en alla devant Taillebourg, le plus bel chastel de Poictou, et lougea les Poictevins devers la rivière, et le duc se lougea en hault avecques ses engins, et habillemens que ceulx de Poictou avoient faict faire, qui tiroient jour et nuit dedans le chastel ; mais ceulx du chastel, qui estoient grosse gent, faisoient souvent de grosses escarmouches aux Poictevins, et spécialement à celle heure, que ceux du chastel cueilloient l'eaue pour eulx et leurs chevaulx, qui n'en avoient point, s'ils ne la prenoient en la rivière. Si fut advisée la manière que ceulx du chastel tenoient, et, pour ce, ordonna le duc de Bourbon, ung jour, que trois cens hommes d'armes, que conduiroit messire Blain Loup, mareschal de Bourbonnois, vaillant chevalier, iroient de nuit louger ès tentes et ès pavillons des Poictevins, avec ceulx qui y estoient, affin que, quant ceulx du chastel sailliroient, que l'en saillist des tentes sur eux, et que on les chassast, si que on peust gaigner la basse court, et leur tollir l'eaue. Si advint que ainsi fut faict. Et le jour que l'embusche ot esté mise la nuict, commença l'escarmouche l'en de main, comme acoustumé avoit esté, et jà ceulx du chastel chargeoient fort les Poictevins, mais à celle heure saillirent des tentes à l'escarmouche les gens que le duc de Bourbon y ot faict mettre, qui estoient ordonnés pour rompre la dicte escarmouche, et aller en la basse court, auprès de la porte, à leur tollir le pas, par quoi ils n'eussent plus d'eaue, et ainsi le firent. Car chascun des Bour-

bonnois suivoit voulentiers le pennon que portoit Chastelmorand, en bien faisant leur debvoir, et gaillardement se porta le sire de Beauvoir, messire Blain Loup, mareschal, Bliombéris son frère, messire Robert de Vendat, messire Oudray de la Forest, Tachon de Glené, Guichard Le Brun, et tous le firent si bien, que là ot faict de belles armes. Si furent les Anglois rompus, et y morurent de ceulx du chastel dix-sept Anglois, et des Poictevins deux hommes, et fut prins le conestable de léans par messire Blain Loup, lequel on appeloit Bertrannet de Lirisson, et gaignées la basse court et la tour du Pont, par quoi ils ne peurent plus avoir d'eaue, dont la joie fut grande en l'ost. Car on voyoit bien que, sans eaue, guières ne se pourroient tenir. Mais non obstant ceulx du chastel se tindrent trois jours, et au bout de trois jours, firent leur traictié, qu'on les laissast aller francs, leurs chevaulx et leurs harnois, et ils rendroient le chastel. Si ne le voulut point accorder le duc de Bourbon, sans le vouloir des seigneurs de Poictou, lesquels il manda querre, et ot conseil avecques eulx, et leur demanda : « Beaulx seigneurs, que vous semble de ceste chose de traictié ? » qui respondirent au duc : « Pour Dieu, monseigneur,
« nous vous prions, ne le reffusez poinct, car cestui
« chastel est clef de Poictou, et port de mer, et la
« place dont il pourroit venir plus de maulx, car de
« la mer les Anglois peuvent entrer dedans, sans dan-
« gier de gens. » A l'heure ordonna le duc de Bourbon à messire Guillaume de Neullac, et à messire Jehan de l'Aye, et messire Blain Loup, ses mareschaulx, de les aller faire vuider par le traictié, et bailla le duc à messire Guillaume de Neullac le chastel de

Taillebourg en garde, ou nom du roi et du duc de Berry.

XLVII. *Comment le duc de Bourbon ot Bourg Charente, le Faon ou fut pendu le Cordelier, et Montléun où il fit le mal temps.*

Rendu Taillebourg, deslougea le duc de Bourbon o ses gens et les Poictevins, à grant joie et liesse, et disoient : loué soit Dieu, véez-ci bon commencement ; et allèrent devant Bourg-Charente, ung moult bel chastel, qui estoit au sire de la Roche-Foucault. Si fut assiégé le chastel de tous coustés, et y demeura on unze jours à siége devant, et durant les dis unze jours, fut faicte une belle sotilleté de guerre. Car il y avoit aucuns de la garnison qui estoient du païs, et venoient aucunes fois en l'ost parler à leurs amis, et tel y estoit qui y avoit son cousin germain. Si fist parler le duc de Bourbon à ceux qui avoient leurs amis au chastel, comme leur feroit pardonner tout le mal que pourroient avoir faict, et oultre ce ils auroient leur, eulx quatre qui parloient à ceulx de hors, chascun cent frans, s'ils emploioient le puis de léans, par nuict, s'ils le povoient faire, lesquels se firent fors de le combler, par ainsi que l'on leur tenist vérité, et quant ils auroient empli le dict puis, par la garde qui leur estoit commise, ils s'en descendroient, requérans que on ne leur fit point de mal. Tout ce leur fut promis. Si rentrèrent les quatre ou chastel, et à leur heure convenable, comblèrent le puis de chiens qu'ils tuèrent, celle nuit, et de terres, ordures, et autres punaisies, par quoy ceulx de léans n'eurent point d'eaue, et furent moult esbahis les Anglois du chastel, comme ceulx qui avoient été trahis, et vouldrent traicter à messire Guillaume de Neullac duquel ils estoient bien accoinctés, que, pour Dieu, il traictast avec le duc de Bourbon, comment ils s'en allassent seurement, et que la place fust rendue au sire de la Roche-Foucault. Si le fit messire Guillaume de Neullac, qui estoit parent du sire de la Roche, qui en supplia le duc de Bourbon : ainsi eust-on Bourg-Charente. De là partirent le duc de Bourbon et les Poictevins, et allèrent devant une place appellée le Faon, qui n'estoit poinct close de fossés, ou il eust eaue. Si fut assaillie bien roiddement la place, et de cellui jour ne fut prinse, fors seullement la basse court, ou il y ot blessiés moult de bonnes gens : car il y avoit léans ung cordelier qui faisoit merveilles de tirer de dondaines, et tant qu'il tua quatre gentilshommes, et disoit-on qu'il estoit le plus fort arbalestier de Poictou, et estoit armé. Et l'en de main assaillirent Poictevins et Bourbonnois le donjon, ou il y ot fier assault et fort, et ceulx du fort à eulx deffendre, et le cordelier de traire, mais on s'efforcea par manière qu'il fut pris de bel assault, et tua on tant qu'il y avoit de hommes dedans, excepté le cordelier-arbalestier qui ot prins son habit, et s'en estoit foui au moustier. Et lors chascun de l'ost demandoit ou est le cordelier : si fut accusé qu'il étoit en l'église à genoulx devant l'autier. Adonc messire Jehan de Roye courut celle part, pour ce que le cordelier avoit tué de son trect ung de ses escuyers, et print le cordelier avec son habit, et l'alla lui-mesme pendre à ung arbre, et se mussa fort que le duc de Bourbon ne le sceust. Et du Faon se partit

le duc de Bourbon, et alla devant une belle ville et
fort chastel nommé Montléun, où le duc mit son siége,
lui et toutes ses gens, par manière que nul n'en povoit
saillir. Et y demoura le duc trois jours devant la ville,
pour faire de beaulx habillemens à l'assaillir, et trois
jours passez fut assaillie de tous lés, et par assault prise
icelle ville. Et fit louger le duc de Bourbon tout son
ost dedans, et faire gros guect à l'entour du chastel,
qui estoit moult fort, et séoit sur ung roch. Et ordonna
le duc de Bourbon d'envoier quérir tous les engins de
Poictou, car il lui estoit advis que on ne pourroit avoir
le chastel, sinon par battemens d'engins. Si advint que
le cinquiesme jour après que le duc de Bourbon ot
prins la ville de Montléun, et qu'il actendoit ses engins,
vint une tempête du ciel souldaine, qui commença entre
vespres et souleil couchant, si terrible que à peines
sembloit que on vist goute : car il faisoit merveilleux
tonnoires, et ecclistres espois dont l'en estoit fort espoventé. Et après se leva le plus grant vent que on peust
jamais voir, si horrible qu'il portoit les maisons à
terre, tant qu'il les convenoit abandonner, et à deux
heures de nuit tant de piarres cheurent de la gresle,
qui à merveilles estoient grosses, qu'elles abbatirent
les arbres ès bois et ès champs. Et de celle tempeste
furent tués bien plus de cent chevaulx des gens au duc
de Bourbon, et aucuns paiges, par les maisons, des
pierres qui cheurent sur eulx. Si advint que d'icelle
tempeste terrible, au chastel, qui séoit bien en haut
lieu, ne demoura bretesche, mantel, ne couverture,
qui ne cheüst, et ung grant pan de la muraille, de quoi
il advint que ceulx de léans étoient moult espaourés
et esbahis, et leur fit-on parler qu'ils se rendissent ; les-

quels respondirent orgueilleusement pour ce qu'il leur sembloit que, se tous les murs estoient abbatus, on ne peust prendre la place. Si leur respondit le mareschal de Bourbonnois, puisqu'ils ne se vouloient condescendre à raison de rendre le fort, qu'il n'oseroit jamais parler de ce traictié, et s'ils estoient prins, que on en feroit telle pugnicion que les autres y prendroient exemple : car le duc de Bourbon les feroit tous pendre par les gorges. Et de celle parole que dist le mareschal, ot division entre eux grant, et tel que dedans trois heures, ils vindrent recueillir traictié. Si ordonna le duc de Bourbon qu'ils fussent oïs de ce qu'ils vouldroient dire : les choses que ceulx du chastel requirent, si estoient qu'ils s'en peussent aller les leurs personnes, leurs chevaulx, et leurs harnois, frans, et avec ce, qu'ils peussent emmener tous les biens qui estoient léans, et qu'ils eussent deux jours d'espace à les tirer dehors. Et fut ceste chose rapportée au duc de Bourbon qui le mit en conseil des chevaliers de Poictou, qui dirent au duc : « Monseigneur, pour
« Dieu, prenez le traicté, et les en laissez aller, car
« c'est une des périlleuses places de Poictou, veu
« qu'elle siet à douze lieues de Bourdeaux. Et n'en
« serons jamais deslivrés, se par vous n'est. Et,
« monseigneur, nous vous supplions, avant que le
« traictié ne s'accomplisse, laissez leur hardiement
« emporter leurs vivres, car nous avons besoing que
« vous y mectez gens à le garder à nos despens, et
« l'advitaillerons bien. » Si leur respondit le duc de Bourbon : « Vous requérez que je mecte là sus ou
« chastel garnison à vos despens, et que vous l'avi-
« taillerez bien. Mais se je laisse emporter les vivres,

« par adventure, avant que vous l'eussiez avitaillée,
« ceulx de Bourdeaux la vous pourroient avoir tol-
« lue. Pour quoi, sans faille, je ne vueil que s'en
« emportent nuls vivres. » Si fit le maréchal de Bourbonnois, messire Jehan de l'Aye, la responce aux compagnons, que comment qu'il fust, le duc vouloit qu'ils
n'emportassent nuls vivres, mais qu'ils s'en partissent
eulx, leurs chevaulx, et leurs harnois, dont ils furent
contents; et par ainsi fut le chastel de Montléun deslivré; et mit le duc de Bourbon garnison dedans, à la
requeste des Poictevins, et bailla la place en garde au
Bouteillier, au nom du duc de Berry.

XLVIII. *Comment le duc de Bourbon assiégea Vertueil,
et comment la mine y fut ordonnée à faire.*

Pour ce que la plus forte place estoit encores à deslivrer, sembloit au duc de Bourbon, qu'il n'eust rien
fait, s'il n'avoit celle qu'on appelloit Vertueil. Laquelle
à noble compaignie de Bourbonnois, Poictevins, et
François, alla assiéger, qui estoit une des belles places
et des fortes que on peut voir, et assise en hault
rochier; et estoient dedans quatre vingts hommes
d'armes, Anglois et Gascons, et bien quinze bons arbalestiers; et d'icellui chastel de Vertueil estoit capitaine
ung escuyer gascon, nommé Bartholomieu de Montprivat, homme de grant entreprinse, qui pour lors n'estoit mie là. Et avec le duc de Bourbon estoient à celui
siége, le sire de Parthenai, le sire de Poulsauges, et le
sire de Torsay, messire Guy seigneur de Cousant,
messire Regnaud de Roye, messire Robert de Chaslus,

messire Gaultier de Passac, Le Borgne de Veaulce, messire Bouciquaut, l'Hermite de la Faye, ses mareschaulx, messire Jehan de l'Aye et messire Blain Loup, Chastelmorand, messire Regnaud de Bressolles, messire Jehan de Tilly, messire Robert de Damas, qui en son temps porta la bannière au duc de Bourbon, messire Pierre de Fontenoi, Guichard Le Brun, Bertier de Nasselles, Tachon de Glené, que, pour ses bonnes coutumes, on appella le bon bailli de Bourbonnois : et y estoit Michaille, et autres en grant nombre. Si se lougea le duc de Bourbon et les siens d'ung cousté, et les Poictevins de l'autre, et eulx estans lougés, ot le duc de Bourbon advis avec les seigneurs de Poictou et ses conseillers sur le fait de celle place, en leur demandant par quelle manière on se y debvoit gouverner, ou par eschielles ou par mine. Et nonobstant ce, alla le duc à l'environ de la place, à cheval, et bien l'avoir advisée, sembloit à tous que on ne la pourroit nullement avoir, se non par mine. Et à cellui advis, respondit le duc de Bourbon, qu'il lui sembloit bien qu'ils disoient vrai. « Mais
« beaulx seigneurs, fait le duc, ceste mine, fault
« qu'elle soit en roche, qui est moult longue, et seroit
« de grant coustaige, et y demoureroit-on longuement,
« avant qu'elle venist à fin. » Si respondirent les seigneurs de Poictou : « Monseigneur, pour Dieu, ne crai« gnez point la mise, que avec les autres biens que
« vous nous avez fais, vous n'aiez cette place avant
« que vous partez, c'est la plus périlheuse qui soit en
« ces marches, car la garnison, avant que vous venis« siez couroit toujours à Couhé, et à Poictiers, et des« truiroient tout s'ils demouroient. » Et lors fit le duc de Bourbon visiter le lieu ou se feroit la mine, et

mist deux capitaines pour gouverner ladicte mine, et à chascun dix hommes d'armes soubs eulx, et furent les capitaines le sire de Torsay, et Le Borgne de Veaulce qui firent faire habillemens et grans matereaulx devant le front de leur mine, laquelle fut prestement commencée, et pour mieulx estre en poinct avoit mis le duc de Bourbon l'ung de ses mareschaulx, messire Blain Loup, à tout cent hommes d'armes, devant la porte du chastel, pour ce que dedans y avoit grosse gent; et dura la mine à faire six sepmaines, avant qu'elle fust crevée, et aussi ceulx du chastel contreminoient fort à l'encontre. Et dedans les trois sepmaines que le duc de Bourbon estoit là, l'envoya le roi quérir par trois messages : qu'il laissast tout, et vint par devers lui, pour ce que le roi avoit sceu comment le roi d'Angleterre avoit emprins de prendre le chastel assis en la mer, à l'Escluse en Flandres, que de nouvel avoit fait édiffier l'oncle du roi de France, Phelippe, duc de Bourgogne, au nom du roi, qui fust garde du port à l'entrée du royaume en celle partie. Et plus oultre convoitoient lesdis Anglois la ville de l'Escluse, s'ils la peussent avoir, pour tenir en leur garde et subjection comme Calais. Et à accomplir leur intention, avoient Anglois mis sus une armée assez grosse, en mer, pour venir devant l'Escluse, dont avoit la charge et capitainerie ung chevalier Anglois, nommé messire Jacques d'Andeléc, qui fort s'empléoit à faire le commandement le roi son seigneur. Et pour la doubte que le roi de France avoit que le chastel et ville de l'Escluse ne fussent prins de ses ennemis, veu que les Flamens n'estoient mie bien d'accord au conte Loys de Flandres, duquel le duc Phelippe de Bourgongne avoit la fille pour femme, pour y remédier y vouloit aller en personne le roi. Donc pour ce mandoit le roi au duc de Bourbon, qui tenoit le siége devant Vertueil, cestes paroles, disans : « Vous savez, beaulx oncle, « si l'Escluse étoit prinse, ce seroit la destruction de « nostre royaulme : pour quoi ne nous vueillez faillir, « et venez incontinent. » Et Dieu set si le duc de Bourgongne à qui touchoit la chose, hastoit le roi.

XLIX. *Comment le duc de Bourbon se contentoit mal de laisser le siége de Vertueil, et pour cela soi envoya excuser au roi.*

Le duc de Bourbon qui à grans cousts et missions, et de bon vouloir, se tenoit au siége devant Vertueil, affin que honnorablement le peust avoir, oïes ces nouvelles, de par le roi, fut entreprins et fort pensis, et appella de ses privés chevaliers et serviteurs, et leur dit : « Véez ci une des grans desplaisances que j'eusse « pieça. Car elle touche mon honneur en deux manières : « l'une, se je laisse ceste place, je la laisse à mon très-« grant déshonneur ; et, se je n'obéïs à mon seigneur le « roi, aucunes gens pourroient dire que ce seroit mal « fait, par quoi, en ces choses, j'ai beaucop de pensées, « et non sans cause. » Et oultre dit le duc à ses chevaliers, à qui il se conseilloit : « Je vous dirai de quoi je me « suis pensé : s'il vous semble bon, et pour le plus « honnorable, à mon advis, j'envoyerai deux cheva-« liers devers monseigneur le roi, pour lui mons-« trer que j'ai grant désir de accomplir son comman-« dement, et lui dire que j'ai assez douleur et desplai-« sance de moi partir de devant cette ville et chastel

« de Vertueil si honteusement, qui touche fort à mon
« honneur. » Et pour celle ambassade fournir, allèrent
de par le duc de Bourbon, au roi à Paris, messire Jehan
de Chastelmorand et l'Hermite de la Faye, qui refférirent au roi la parole et les regrets de leur seigneur;
de quoi le roi prit bien en gré leur venue; et leur
dit le roi qu'il falloit que son oncle le duc de Bourbon
s'en venist, toutes choses laissées, et respondirent les
deux chevaliers au roi : « Sire, vous savez que ce seroit
« déshonneur à ce seigneur, s'il laissoit celle place,
« sans la prendre; et aussi à mener les Poictevins,
« qui sont grosse gent, il n'a mie bien de quoi à les
« conduire. Si advisez sur ce qu'en est de faire; car
« les Poictevins ont à leurs despens faict la guerre,
« dont monseigneur vostre oncle, le duc de Bourbon,
« est chef. » Et ceci disoient les chevaliers au roi pour
donner allonge, affin que leur seigneur, le duc de
Bourbon, fist sa besongne, en prenant le chastel de
Vertueil, et s'en peust venir honnorablement devers
le roi. Si respondit le roi aux chevaliers : « Ha! ha!
« dea! pour argent ne demourera pas! car avant que
« vous partez, je envoyerai par vous, à bel oncle, la
« finance, par quoi il s'en pourra venir. » Si furent
les chevaliers joieulx de la responce du roi, laquelle,
tantost, ils mandèrent au duc à son siége de Vertueil,
et qu'il se hastast le plus que pourroit de prendre
celle place, car ils eurent seu par le roi comment
besoing estoit qu'il s'en retournast. Mais tant orent
fait les chevaliers, envers le roi, que le duc auroit
d'espace trois sepmaines, pour l'argent que le roi leur
avoit dit qu'ils porteroient : c'est assavoir quinze jours
avant que fust receu l'argent, et huit jours devant

qu'ils fussent à lui; mais lui mandoient les chevaliers :
« Hastez-vous de vostre œuvre, par manière que
« quant nous serons par delà, vous en puissiez venir. »
Le duc de Bourbon oïe la relation de ses chevaliers,
se hasta moult, et mit doubles ouvriers à parfaire la
mine, et advint que quant les chevaliers vindrent au
siége, à toute la finance, ils relatèrent au duc comme
le roi et le duc de Bourgongne s'estoient partis de
Paris, et pouvoient jà estre à l'Escluse, pour remédier
encontre l'armée des Anglois, qui là estoit descendue.
Et en tant que les chevaliers au duc orent mis à venir
vers lui, il ot tant exploictié qu'il ne s'en failloit mie
deux jours que la mine ne fust parachevée.

L. *Comment le duc de Bourbon se combatit en la mine
à Vertueil, et comment il ot le chastel.*

La mine estre mise à fin, pour y entrer seurement
et combatre, les chevaliers Torsay et le Borgne de
Veaulce, gardes d'icelle, allèrent au duc de Bourbon
lui disant : « Monseigneur, la mine est preste, venez
« y quant il vous plaira. » Bien, dit le duc. Mais l'endemain par matin, les Anglois de léans, qui virent la
mine estre percée, pour la cuider estoupper, firent
une saillie dessus le guect du duc de Bourbon. Si furent
iceulx Anglois repoulsés si lourdement par ceulx du
guect, que pris en y ot cinq hommes d'armes, et
quatre mors; et de nostre cousté fut mort le sire de
Marueil et le sire de Treignat blecié, tant qu'il l'en
convinst porter, et deux escuiers de Poictou mors, et
y ot fait de belles armes. Ainsi fut l'escarmouche, et
cellui jour mesme, print le duc de Bourbon, douze

chevaliers et aucuns escuyers avec lui, disant : Je vueil
aller voir la mine; et cela ne faisoit-il se non à l'espérance de y combatre. Si alla le duc en se mettant tout
le premier, et mit Le Borgne de Veaulce devant lui en
lui disant : « Borgne, allez devant, qui cognoissez les
« gens de ce chastel, et dictes à ceulx de léans s'il y a
« point de chevalier, viengne avant, et il trouvera qui le
« recevra pour combatre à la mine. » Lors appella Le
Borgne de Veaulce : s'il y avoit point de chevalier qui
voulsist faire armes. Si lui dirent que non, mais bien
avecques eulx estoit ung hault gentilhomme, qui avoit
belle compaignie léans, et lieutenant du capitaine, qui
bien estoit prest et appareillé de faire armes à quiconque vouldroit venir. Et sur ce respondit Le Borgne
de Veaulce : « mecte soi avant, car véez ci qui est tout
« prest, » sans vouloir nommer son maistre. Et à l'heure
s'advança le duc de Bourbon, en sa mine, et aussi fit
cellui escuier que disoient ceulx du chastel, lequel on
clamoit Regnaud de Montferrand, d'autre part, et
férirent le duc et lui à poulséïs de leurs espées l'ung à
l'autre, et entre deux eust aucuns qui ne se peurent
tenir de dire : Bourbon ! Bourbon ! Nostre-Dame ! dont
cellui escuier Regnaud de Montferrand fut moult esbahi,
et se recula, et dit : « Et comment mes seigneurs, est cil
« monseigneur le duc de Bourbon ? » — « Oui certes! » ce
dit Le Borgne de Veaulce, « c'est-il en personne. » Lors
dit Regnaut de Montferrand : « Je doi bien louer Dieu,
« quant il m'a aujourd'hui fait tant de grâce et d'hon-
« neur d'avoir fait armes à ung si vaillant prince, et
« vous, Borgne de Veaulce, lui dictes que je lui requier
« qu'il lui plaise qu'en ceste honnorable place ou il
« est, il me face chevalier de sa main, car je ne le

« puis jamais estre plus honnorablement. Et pour
« l'honneur et vaillance de lui je suis prest à lui rendre
« la place. » Et de ceci parla Le Borgne de Veaulce
au duc de Bourbon, qui regarda que toutes ces choses
estoient à son très grant honneur, disant qu'il estoit
bien content, mais que Montferrand lui apportast les
clefs, au pertuis de sa mine. Si lui accorda Montferrand, qui les lui bailla, et les clefs rendues, illec
mesmes le fit chevalier le duc; et lui requist le dict
Montferrand, à son partir, qu'il lui voulsist donner
les prisonniers qui orent esté prins à l'escarmuche ou
morut Marueil, et le duc de Bourbon en fut très content, et fut ordonné que Montferrand rendroit la place
le jour de l'en de main passé. Et oultre fut faite une
ordonnance que les chevaliers et escuiers, qui là avec
le duc de Bourbon estoient, feroient armes, l'en de
main, dedans leur mine, à ceulx du chastel, les ungs
contre les autres, que garderoit messire Jehan de
l'Aye, mareschal, affin que chascun fust content d'avoir
combatu en la mine. Et les chevaliers et escuiers qui
firent armes à ceulx de dedans, furent le sire de Parthenai, le sire de Cousan, messire Regnaud de Roye,
messire Robert de Chaslus, messire Jehan de Chastelmorand, Le Borgne de Veaulce, le sire de Torsai, messire Guillaume de la Fourest, messire Blain Loup,
mareschal de Bourbonnois, messire l'Hermite de la
Faye, messire Jehan de Sainct-Priest appellé le petit
mareschal, messire Bouciquault, et les escuyers
Michaille, La Jaille, Perrin d'Ussel, Bliombéris Loup,
Tachon de Glené, Guichart Le Brun, et autres, et ne
povoient faire armes que d'espées, pour ce que le pertuis n'avoit que pié et demi de quarreure ; mais bien

faisoit chascun son debvoir, l'ung après l'autre, selon le lieu, qui estoit estroict, et pour ce que la nuit se obscuroit, s'en retournèrent les compaignons aux tentes. Et l'en de main envoya le duc de Bourbon l'ung de ses mareschaulx messire Jehan de l'Aye au chastel à Montferrand, lieutenant de Bartholomieu de Montprivat, qui encore n'estoit mie repairié d'Angleterre, le semondre de rendre la place, laquelle il rendit ainsi qu'il avoit promis, et saillit hors à toutes ses gens armés et montés en belle ordonnance, et vint devant le Pavillon du duc de Bourbon descendre, qui estoit bien accompaigné de chevaliers. Si s'agenoilla Regnaud de Montferrand devant le duc, et lui dit : « Mon très redoubté seigneur, je vous remercie moult « humblement les biens et honneurs qui me sont « venus de vous, d'estre chevalier par la main d'un « si hault et vaillant prince comme vous estes ; si est « honneur à moi et à tout mon lignaige pour tous- « jours mais. » Après lui respondit le duc, « messire « Regnaud la chevalerie est bien employée à vous, « car vous estes ung vaillant homme et de bon « lignaige. » Et incontinent envoya quérir le duc ung bel coursier, qui estoit tout prest, qu'il lui donna, et fit apporter par messire Guillaume de la Pierre, son chambellan, une grosse ceinture dorée, poisant dix marcs d'argent, qu'il lui donna aussi, dont messire Regnaud de Montferrant se tint à moult honnoré, et dit devant tous, que jamais de sa personne ne s'armeroit et ne seroit à l'encontre du duc de Bourbon. A donc se partit messire Regnaud, et print congié du duc, lequel mit ou chastel pour garde au nom du duc de Berri, le sire de Torsai, et vingt-cinq hommes d'armes, et ainsi eu Vertueil, se partit le duc à toute sa compaignie, et alla à Poictiers, désirant de tirer vers le roi. Et lui estant à Poictiers lui requirent les Poictevins : « Monseigneur, nous vous requérons en « l'honneur de Dieu, avecques les biens que vous « nous avez fais, puis que ainsi est vous despartir, « que vous nous vueillez laisser la moitié de vos gens ; « car il y a trois places entre Limosin et Poictou[r] sur la « rivière de Dordonne qui destruisent le païs, et en « sont capitaines[2] Bernard Douat et Gabillon, et sont les « trois places Courbies, Les Granges et Montvalent. » Et lors respondit le duc de Bourbon aux seigneurs de Poictou : « Vous estes six cens hommes d'armes, et j'en ai « autres six cens de mon hostel que j'en mènerai, et « vous six cens prendrez bien celles trois places. » Si dirent les Poictevins au duc : « Nous ne pouvons « rien faire sans vos gens, baillez nous capitaine à « conduire cestui fait : ils seront bien payés. Et nous « laissez vostre enseigne, et des gens de vostre hostel « six ou sept. » Alors fit le duc de Bourbon son ordonnance, qu'il lairroit de ses gens deux cens hommes d'armes, et deux cens qu'il emmèneroit des Poictevins, pour s'en aller devers le roi. Ainsi laissa le duc de Bourbon six cens hommes d'armes en Poictou, et pour les conduire demourèrent messire Jehan de Chastelmorand, qui portoit l'enseigne du duc, messire Regnaud de Roye, messire Boucicault, le petit mareschal, le Borgne de Veaulce, messire Regnauld de Bressolles, messire Pierre de Fontenai, messire Robert de

---

1. Erreur. Il faudrait dire : entre Limosin et Querci.
2. Il manque ici le nom du capitaine de Courbies.

Damas, messire Robert de Vendat, messire Ouldrai de la Fourest, ensemble Michaille, Guyon Gouffier, Bliombéris Loup, tous de l'hostel du duc, qui accompagnoient son pennon, et les autres estoient du pays de Bourbonnois. Et le duc de Bourbon se partit avec six cens hommes d'armes, et s'en alla de tire vers le roi à l'Escluse, ou il estoit.

LI. *Comment les gens du duc de Bourbon, en son absence, et les Poictevins conquestèrent Courbies, les Granges, et Montvalent.*

Tandis que le duc de Bourbon qui s'estoit parti de Poictou s'en alloit au roi, pour ordonner des besongnes sur le fait de l'Escluse, advint que les Poictevins ne vouldrent perdre temps, ne aussi les gens que le duc de Bourbon leur avoit laissés. Si dirent les Poictevins aux Bourbonnois : il y a une place à vingt deux lieues d'ici appellée Courbies, que qui pourra aller de tire, sans qu'ils en saichent rien, il a auprès une abbaye au trect d'ung arc, ou ils viennent oïr l'office de Noël ; et qui mectra illec une embusche, on ne fauldra point à prendre les meilleurs de la garnison, et ne fault à ce faire que cent hommes d'armes [à y aller de tire. Et d'ici à Noël n'a que trois jours, pour quoi la chose vient bien à point. Si se serrèrent, et esleurent des gens de l'hostel du duc de Bourbon cent hommes d'armes[1]] ou estoient en chief messire Regnaud de Roye, messire Jehan de Chastelmo-

---

1. Lacune de trente-cinq mots par suite de bourdon dans l'imprimé et le ms. C, restituée d'après les mss. A et B.

rand, portant le pennom du duc, messire Boucicault, et messire Robert de Damas, qui estoient tous bien montés. Et chevauchèrent en ung jour et une nuit les XXII lieues, par les guides du païs qui les menoient, et mirent leur embusche en ung bois deux heures avant jour. Et celle veille de Noël, ung pou après soleil levant, saillit le capitaine de Courbies, sa femme, et la pluspart des gens de léans, pour aller en l'abbaye oïr le service. Et au plus fort de l'office saillit l'embusche des gens au duc de Bourbon, qui estoient au bois, et prindrent le capitaine, sa femme, et les aultres gens, et les amenèrent devant la place pour la faire rendre, ou leur faire couper les testes. Et incontinent le capitaine fut d'accord à la rendre, mais qu'ils fussent saufs lui et sa femme, qui le furent. Adonc il rendit la place aux cent hommes d'armes, qui detindrent les autres prisonniers. Et monta le butin de Courbies aux cent hommes d'armes, tant des prisonniers comme de la robe, bien quatre mille frans, et firent les hommes d'armes raser la place, et s'en retournèrent vers les compaignons, où ils les avoient laissiés, auxquels de leur gaing ils firent bonne part. Et eulx assemblés, tous d'ung accord avec les Poictevins, allèrent mettre le siége devant les Granges, qui estoient en plain pays, dont estoit capitaine Gabillon, qui bien avoit quatre vingts combatans. Et estoit la place toute de bricque, qu'avoit fait faire le cardinal de Limoges, et n'estoient mie parachevés les foussés d'un cousté. Et firent tantost les Poictevins et Bourbonnois habillement de bois pour venir au pié du mur d'une grosse tour qui là estoit, et là commença on à miner. Si n'osoient saillir ceulx de la garnison, et aussi ne pouvoient, pour ce

que tout en tour estoient des Poictevins et Bourbonnois enclos, et se deffendoient de la tour le mieulx qu'ils pouvoient. Mais on mina par si bonne entente que en deux jours et deux nuits fut minée la tour, et estayée à y bouter le feu, et la faire tomber. Et le tiers jour bouta l'en le feu en la mine ; si cheust la moictié de la tour, qui tua bien vingt personnes des gens de léans, et ceulx qui estoient ou remanant de la tour en hault, joignoient les mains à ceulx de hors et qu'on les prist à merci. Si fit l'en, fors que les traistres, dont il y en avoit quatre, qui orent les testes coupées. Ainsi fut deslivré les Granges, et baillés Gabillon et les prisonniers anglois, qui les avoient destruis, par ceulx de Bourbonnois aux seigneurs de Poictou, qui baillèrent aux compaignons, pour leur bel service, trois mille francs. Et tirèrent les compaignons de Bourbonnois et de Poictou, à Montvalent, que tenoit Bernard Douat, mais quant Bernard Douat les sentit venir, il se partit de la ville pour aller amasser gens, et gaigner sur l'ost, s'il povoit, et laissa en la ville, pour la garde, quelque trente combatans. Mais quant l'ost vint devant eulx, ils orent conseil entre eulx disant : « Nulle place
« n'arreste devant les gens du duc de Bourbon, et
« ils héent nostre capitaine mortellement, pour la
« prinse de la duchesse sa mère, où il fut ; et se nous
« sommes prins, nous serons tous mors pour celle
« raison. Si vault mieulx que nous nous rendions à
« monseigneur le duc de Bourbon. » Et, ainsi le firent, et fut mis pour garder Montvalent Bernard Breschard, capitaine pour le duc de Bourbon, qui le garda bien. Et de Montvalent prindrent congié les gens du duc de Bourbon aux seigneurs de Poictou, pour eulx

en aller vers leur maistre, veu ce qu'ils avoient achevée la conqueste qu'ils debvoient faire. Et au partir les mercièrent moult les seigneurs de Poictou de leur bonne aide, et les payèrent pour ung mois oultre leur salaire, lesquels s'en allèrent de belle tire vers leur prince qu'ils désiroient moult à voir; et en chemin trouvèrent plusieurs messaiges qui forment les hastoient, car fort désiroit tousjours le duc de Bourbon les gens de son hostel, et ceux de son pais. Si chevauchèrent les compaignons par leurs journées tant qu'ils vindrent à l'Escluse, ou le duc de Bourbon leur maistre estoit avec le roi, et trouvèrent que les Anglois à grant povoir estoient descendus devant l'Escluse, et tenoient le siége, à force de vaisseaulx, par devant le chastel neuf de l'Escluse, assis en la mer, que le duc Phelippe de Bourgogne avoit édiffié. Si fut la compaignie bien recueillie et festoiée du duc de Bourbon, car les gens du roi et eulx povoient bien estre mil cinq cens hommes d'armes, et disoit tout homme de valeur, parmi l'ost du roi, le duc de Bourbon a fait la plus belle deslivrance d'ung chastel qui fut faite pieça; car en combatant à la mine en personne à Vertueil contre noble homme Regnaud de Montferrand, qui le gardoit au nom du roi anglois, a rendu le dit Regnaud au duc de Bourbon icelle place, en lui requérant Regnaud qu'il fust chevalier de sa main. De quoi on disoit par l'ost : Véez ci belle chose, car le duc de Bourbon avoit là en Poictou six cens hommes d'armes qui ont pris trois belles places, et sont venus assez à temps pour faire armes contre les Anglois.

LII. *Comment par le sens et advis du duc de Bourbon les Anglois se levèrent de devant l'Escluse.*

Après la prinse de Vertueil, que l'an de grâce couroit mil trois cens quatre vingts et deux, et estoit le roi de France à l'Escluse, ensemble ses oncles, les ducs de Bourgongne et de Bourbon, pour obvier à l'encontre de l'armée des Anglois, qui en terre en celle partie estoient descendus, à conquester le chastel de l'Escluse et la ville, de laquelle estoit maistre et capitaine messire Jaques d'Andellée, qui jà avoit faict ses vaisseaulx ancrer, et son siége mis par terre, comme par vaisseaulx, si que par la mer nul n'en pouvoit issir, ne par la terre aussi entrer, pour ce que c'estoit tous palis; et le duc Phelippe de Bourgogne qui véoit cestui inconvénient, et avoit paour de son chastel et de la ville du roi, commença à dire, présent le roi, au duc de Bourbon : « Beau cousin, vous avez bien beson« gné en Poictou, et vos gens aussi, et ne semblez « prince désert, car vous avez belle compaignie. » Lors lui respondit le duc de Bourbon : « Monseigneur, « moi et ma compaignie sommes au commandement « du roi, et de vous, et ad ce sommes venus. Mais, « monseigneur, il me semble que le roi et vous estes « bien taillés de demourer ici longuement, qui ne « labourera autrement. Vous voyez que les Anglois « sont desmontés à terre, et ont assiégé vostre chastel « et la ville, et si, n'y avez encores pourveu. » Adonc dit le duc de Bourgongne : « Que vous semble, beau « cousin, que se doit faire? » — Monseigneur, il

« m'est advis que vous debvriez sarrer toutes les
« gens de mer, dont il y a de bons et aucuns de l'isle
« de Cagen[1], qui est vostre, pour savoir si en icelle
« isle a nuls vaisseaulx, et d'ici là n'a guières. » Se dit
le duc de Bourgongne, présent le roi, que c'estoit
bien dit, et sur ce fut emprins le conseil, ou fut rapporté par ceulx de la marine, que en l'isle de Cagen
avoit huit vaisseaulx, et deux de par deçà ou havre
de l'Escluse, comme à sec. Et fut conclud en conseil
d'avoir cinq cens hommes d'armes et quatre cens
arbalestiers en l'isle de Cagen, et que on mist aux deux
vaisseaulx de l'Escluse deux cens hommes d'armes et
cent arbalestiers, que l'on feroit grand dommaige à
ceste armée, pour ce que des Anglois les plusieurs
estoient à terre descendus vers le chastel, ou ils avoient
encommencié la mine, et estoient plus aises en terre
que en mer. Si dit le duc de Bourgongne au duc de
Bourbon : « Beau cousin, envoyons en icelle nostre
« isle, les cinq cens hommes d'armes, vous deux
« cens cinquante, et moi autant ; ensemble les arba-
« lestiers, et qu'ils s'en viennent ici dedans deux jours,
« et aillent férir et combatre les vaisseaulx des An-
« glois qui flotent en mer devant le chastel, pour ce
« que les Anglois gisent en terre, et sont ententifs en
« faisant ouvrer en leur mine. Et avecques ceulx de
« l'isle seront en leur aide les gens de nos deux vais-
« seaulx qui sont ici pour les reconforter ; » et ainsi
fut accompli. Car les ducs de Bourgongne et de Bourbon mandèrent en l'isle de Cagen cinq cens hommes
d'armes et cinq cens hommes de trect, auxquels fut

---

1. Cadsant.

dit que le second jour à l'aube venissent, comme on leur avoit enchargié, férir en la chaine ou les vaisseaulx des Anglois estoient arrangiés entre les deux tours. Si se hastèrent les compaignons, qui alloient en l'isle, et se apprestèrent, et cellui soir firent grosse garde les gens des seigneurs ducs de Bourgongne et de Bourbon avec ceulx du roi, et à l'heure que aux gens d'armes estoit ordonnée, partirent de l'isle de Cagen, et vindrent férir à la chaenne que avoient tendue les Anglois d'une tour à l'autre. Et quant messire Jacques d'Andellée vit ce, commanda à ses Anglois eulx lever de terre, et se recuillirent en leurs vaisseaulx en grand effroi. Mais si tost ne se peurent recuillir que nos gens, qui partis estoient de l'isle, n'eussent féru en une partie de leurs vaisseaulx, en y boutant le feu. Et en y ot que prins que bruslés jusques à seize vaisseaulx, et furent les Anglois moult esbahis de ceste perte. Si se sarrèrent tous ensemble, à quatre heures firent voiles pour eulx en aller leur chemin, dont il fut grande léesse à l'ost du désemparement des Anglois de leur allée ; et ordonna le roi, et les seigneurs, du fait de l'Escluse grandement, pour crainte du retour des Anglois.

LIII. *Comment le duc de Bourbon retint en son service au gouvernement de ses pays, le sire de Norris.*

Avoir ordonné le roi de France la garde de l'Escluse, se partit avec ses oncles, et s'en vint à Paris, ou de nouvel estoit sourse une conjuroison, rebellion, et murmure contre les nobles, et aussi estoit elle en

Flandres pareillement. Mais, en celle de France, le roi se porta par manière que, la Dieu merci, elle ne vint point avant, et la murmure pacifiée, estant le roi à Paris fit de grans ordonnances, et les ducs ses oncles de Berry et de Bourgongne, lesquels ordonnèrent l'estat du roi se grandement tenir, et cellui de son frère, le duc d'Orléans, qui estoit jeune, raisonnablement. Et oultre ordonnèrent que le duc Loys de Bourbon auroit la garde de la personne du roi, sans s'en bouger, comme grant chamberier et per de France qu'il estoit ; et eulx auroient le régiment du royaume, et des finances, après la personne du roi, et là establirent les pensions, selon que chascun devoit avoir. Et après icelles ordonnances voyant le duc de Bourbon qu'il le falloit remanoir et entendre à la garde du roi, se pensa de mectre ordonnance en ses pays, et que ad ce convenoit ung chevalier saige, qui représentast sa personne au gouvernement de ses pays, et en imaginant ad ce dit le duc de Bourbon aux gens de son conseil : « J'ai trop fort oï louer ung chevalier de Nivernois « apellé le sire de Norris, et suis informé qu'il est bel « chevalier, preudhomme et moult saige, et en ai oui « dire beaucoup de biens au seigneur de Mesonconte, et « au sire de Montmort. » Et dit le duc de Bourbon au sire de Montmort : « Il est ton voisin, je te vueil envoyer « là, affin qu'il viengne parler à moi, car je désire « moult de le voir. » Si respondit Montmort : « Mon- « seigneur, je suis prest à faire ce qu'il vous plaira me « commander. » Lors se partit le sire de Montmort, vint en Nivernois, et relata au sire de Norris ce que il avoit sentu du duc de Bourbon son seigneur, et avec Montmort alla voulentiers le sire de Norris à

Paris au duc de Bourbon, pour les grans biens qu'il ot oï dire de lui. Le sire de Norris estant à Paris [lui fit touchier aucuns fais le duc de Bourbon par aucuns de ses chevaliers, et les raisons pourquoi le duc l'avoit envoyé quérir; mais non obstant ce les lui voult dire le duc de sa bouche, et lui dit[1]]: « Sire de Norris, pour « le sens et preudhommie de vous, je vous ai envoyé « querre, pour vous bailler le gouvernement de mes « pays, ou j'ai bien besoing d'un bon gouverneur. » Ad ce respondit le sire de Norris. « Monseigneur, « ceulx qui vous ont parlé de mon sens, ils en sont « mal informés : mais quant à preudhomie, je voul- « droie toujours estre preudhomme, et croi bien que « le petit fait qui est mien, je le gouverne à mon « povoir, le plus léaulment que je puis : mais à vos « fais qui sont si grans, ce me seroit trop grant charge : « car je me doubte que je ne la seusse mie bien faire. » Adonc lui dit le duc de Bourbon : « Sire de Norris, si « ferez bien, car je me confie tant en vostre sens, « loyaulté et preudhommie que vous en viendrez « bien à chef. Et j'ai de par delà deux ou trois loyaulx « officiers, qui sont preud'hommes, et qui bien vous « serviront, et vous monstreront tout l'estat de mon « pays. » Ainsi retint le duc de Bourbon le sire de Norris, qui fit au duc le sèrement, et l'envoya le duc en son païs. Si orrez ci après les belles ordonnances que fit le sire de Norris lui estant ou païs de Bourbon-nois.

---

1. Ce passage manque tout entier dans l'imprimé p. 202, et dans le ms. de Paris (fol. 62 r°).

LIV. *Comment le sire de Norris exploicta au service du duc de Bourbon, et qu'il fit.*

Messire Pierre de Norris, quant il fut à Molins, print le gouvernement en sa main comme le duc lui avoit enchargié et la première ordonnance qu'il fit si fut que toutes les finances du duc de Bourbon se recueillissent par un homme tout seul, et ad ce faire mit le sire de Norris Lorin de Pierrepont qui estoit ung preudhomme, et qui savoit les coustumes des pays, et qui loyaulment avoit servi le duc. Et ordonna le sire de Norris en la chambre des comptes ung qui avoit bonne mémoire appellé Gaiget, et qu'il eust ung clerc avec lui, et estoit cellui Gaiget un moult subtil homme, et bon coustumier. Et par ces ordonnances que le sire de Norris fit, les finances du duc de Bourbon estoient tous jours ensemble. Et après que le sire de Norris ot mis le païs en bonne ordonnance, tant sur les finances que sur la justice, il fit [cloure Villefranche en Bourbonnois, qui estoit une belle ville sans closure, qui fut grant prouffit ou païs. Et aussi fit fermer Feurs en Forez, qui estoit une grosse ville marchande sans cloisure, et par les façons et manières qu'il savoit trouver, il ne coustoit riens au duc de Bourbon, et estoit au gré du peuple, car il se faisoit amer de tous gens. Et avec ce, estoit large du sien, et vivoit grandement et tenoit moult bonne table. Et aussi fit[1]] commencier le chastel de Montluçon, et vous di bien que avant qu'il ot demouré

---

1. Lacune par bourdon, dans l'imprimé et dans le ms. C, restituée d'après les mss. A et B.

neuf ans ou service du duc de Bourbon, le sire de Norris trouva voie et manière que son maistre, le duc de Bourbon, ot Chastel-Chinon, ung des beaulx chasteaulx de la duchié de Bourgongne, et vault bien v ou vi^m livres de rente, et en récompensation fut baillé à la roine Blanche Créel, qui ne valoit de prise que iii^c livres de rente, laquelle le vendit au roi. Item fit recouvrer le sire de Norris la terre de Combrailhe qui valloit ii^m livres de rente; laquelle avoit acheptée messire Pierre de Giac, chancelier de France, et avoit esté vendue ladicte terre jadis pour le mariage de la roine de France et du Dauphin de Viennois, lequel chancelier en avoit baillé vingt cinq mil francs d'or. Si trouva voie et manière le sire de Norris que les gens de Bourbonnois furent contens de payer la dicte finance au chancelier, et par ainsi l'eut quitte le duc de Bourbon son maistre qui fut bien servi. Et pendant tous ces services fut la grant rumour commencée de ceulx de Flandres, et une partie de ceulx de France, que encores le roi n'avoit mie bien peu appaiser. Et pour ce que le duc de Bourbon fut plus asseur à la garde et personne du roi ou il estoit, manda au sire de Norris qu'il lui envoyast les nobles de son païs, armés et montés, et ceux qui en feroient refus, qu'il les pugnist. Si le fit le sire de Norris, et les mena au duc lui mesme, comme cellui qui vouloit estre en la bataille, si point on en faisoit. Et quant le sire de Norris fut à Paris, le duc de Bourbon lui dit qu'il avoit faite bonne diligence de lui amener ses gens, « mais quant est de vous qui
« estes ici, je en sui bien liés, car on m'a tant rapporté
« en bien de vos œuvres, qu'il m'en est moult bel.
« Cependant de présent vous ne pouvez venir avec-

« ques moi, car j'ai sentu une grant rumour qu'il y a
« à Clermont en Beauvoisin, ou en celle part convient
« que vous alliez, et que vous prengniez de mes gens
« pour estre bien accompaigné xxv ou trente, car
« vous savez que ceulx de Beauvoisin sont voulen-
« tiers coustumiers de faire mal et mouvoir quelque
« rebellion, et voyez que ceste ville de Paris se mur-
« mure en tout mal, et ont jà les Flamens chacié leur
« seigneur le conte, qui est bien taillé de tout perdre,
« se le roi ne se haste de l'aller secourir. Et sont alliés
« ceulx de Flandres ensemble ceulx de Paris, qui est
« commune renommée. » Et sur ce s'en alla le sire de
Norris par le commandement de son maistre en Beauvoisin, à grant regret de le laisser, qui par son sens
apaisa les gens d'icelle contrée, et tant par justice
comme par doulces paroles, les mit en la bonne grâce
et obéissance du duc de Bourbon leur seigneur.

LV. *Comment le roi de France emprint le voyaige d'aller en Flandres.*

L'an courant mil trois cens quatre vingts et trois n'estoit mie acomplie encores, que une conjuroison s'estoit meue en Flandres, des communes contre leur seigneur le conte, et la meute fut telle. Car les maires et eschevins des villes ayans la garde des privileges de leurs franchises, monstroient comme le conte Loys leur seigneur les fouloit et oppressoit en ce cas, et ne les laissoit jouïr des coustumes ordinaires et acoustu-mées, dont ils usoient, mais les avoit rompues et mises au néant, comme ils disoient, et que tout deb-voit estre sien, et vouloit que de lui eussent les lois et

coustumes qu'ils debvoient maintenir, et toute la police de justice vouloit le conte que de lui fust exercée, en y mettant ses officiers, pour quoi moult grief sembloit aux communes qui acoustumé avoient à vivre par loi de ville, et estre subjects à leur seigneur par raison; et pour ce sentans estre trop aggravez de sa male seigneurie, se rebellèrent tous à une voix contre lui, et le gectèrent hors du conté, en eslisant ung de leurs complices à les soubstenir appellé Jacques[1] d'Artevelle, en lui disant : « Le conte Loys a aigrement
« prins envers nous aatine[2] de nous suppéditer et
« tenir en servaige ; dont il lui meut, nous le savons :
« il a jà sa fille mariée en France ; pour quoi bon est
« d'aviser comment nous nous gouvernerons, car, sans
« faillir, le conte est allé là. » Auxquels respondit Jacques : « Pour tant que nous soyons d'accord, nous
« sommes assez puissants de résister contre lui. Dé-
« fendons nous de ceux qui encontre nous viendront,
« et je suis cellui qui, de bon cœur, emprens la
« charge et l'office de vous deffendre et garder à mon
« povoir. » Adonc toutes les villes de Flandres ordonnèrent leurs dixainiers à lever tailles, garnir leurs villes, et mettre sus une grosse gent sur les champs, pour combattre quiconque les viendroit assaillir. Et en tant que les Flamens se mettoient en point, le conte Loys, leur seigneur deschacié par eulx, se partit du pays, s'en passa en Artois, et alla à Hesdin, cuidant trouver le duc Phelippe de Bourgongne, qui avoit sa fille pour femme. Si lui fut dit qu'il estoit vers le roi à

---

1. Non pas Jacques, mais Philippe, son fils.
2. Lutte, combat, du verbe aatir.

Paris. Adonc y alla le conte, ou il trouva le roi et le duc de Bourgongne, son fils, ausquels il dit : « Mon « souverain et très redoubté seigneur, monseigneur « le roi, la terre seigneurie et conté de Flandres qui « est mienne, je le tien de vous de fief et souveraineté, « dont à cause de ce je suis per de France, et le doyen « des pers qui est ici, vostre oncle, le duc de Bour- « gongne, a espousé ma fille. Or est ainsi que les gens « de mon païs se sont rebellés contre moi et m'ont « chacié dehors, non mie par ma coulpe, mais par la « leur, qui ne peuvent souffrir aise : ils sont si riches « et plains que rien ne peuvent endurer. Et m'est « advis que s'ils avoient grant povoir, puis qu'ils m'ont « gecté du païs, ils s'efforceroient à en gecter d'autres, « et conquester leurs terres. Pour quoi mon souve- « rain et redoubté seigneur, je suis venu à vous et à « vostre oncle, mon fils, à reffuge, que vous doiez « remédier ad ce, et me remectre en ma seigneurie, « comme doibt bon seigneur faire à son loyal vassal. » Si prinst à l'heure la parole le duc de Bourgongne et dit au roi : « Monseigneur, mon beau père de Flandres « dit bien ; mandez vos gens et allons combattre celle « villenaille. » — « Vous avez raison, beaulx oncle, « dit le roi, et pour ce que plus tost nous suivent, « demain nous en irons d'ici, et tirerons en Flandres. » Celle nuit mesmes manda le roi de France ses lettres à ses gens d'armes, qui en plusieurs parties se tenoient auprès de lui, qu'ils le suivissent, et que tous se trouvassent ensemble au pont de Commines[1], à la rivière

---

1. A 13 kil. N. de Lille, sur la Lys, qui la traverse par le milieu, et sépare la France (rive droite) de la Belgique.

par ou l'on entre en Flandres. Ainsi donc, quant tous les capitaines oïrent ce dire, se hastèrent fort pour aller devers lui. C'est assavoir le maréchal de Sancerre qui avoit belle compaignie plus de vi^e hommes d'armes, le sire de Clisson, conestable de France qui avoit grant gent, le sire de Sempy, le sire de Saveuse, le sire de Renty, le sire d'Aussy, le sire de Fosseux, et le sire de Longueval, tous de Picardie, et mains autres capitaines, tant que le roi ot bien six mil hommes d'armes, lequel estoit lougié en ses tentes au long d'icelle rivière, près du pont de Commines, et le duc de Bourgongne et le conte de Flandres estoient avec la personne du roi, et le duc de Bourbon à grant gent au plus près, et son commun estoit lougié au pont de Commines avec l'Evesque de Langres, qui fut moult vaillant homme. et avoit belle compaignie. Et pendant cela icellui Jaques d'Artevelle dessusdict, conduiseur de la commune de Flandres à l'encontre de son seigneur, manda ung de ses séquaces, appellé Pietre du Bos, louger devers eulx, au bout du pont de Commines, afin que les François ne le peussent passer ; et avec Pietre estoient bien dix mil hommes. Mais celle nuit il advint, comme le mareschal de Sancerre estoit lougié sur la rivière, que ses gens, qui n'estoient point oiseux, trouvèrent ung bon homme qui leur enseigna jusques à trois petis vaisseaulx, estans en l'eaue enfondrés. Si les fit tirer de l'eaue le mareschal, et passer ses gens toute la nuit, bien six cens hommes d'armes, et à l'aube du jour alla férir aux Flamens que conduisoit Pietre du Bos, qui entendoient à la garde du pont, et de ce ne se prenoient garde. Et les gens du duc de Bourbon, dont estoit chevetaine messire Robert de

Chaslus, ensemble messire Gaulchier de Passac, messire Jehan de Chastelmorand, le sire de Sainct-Priest, le petit mareschal, messire Bouciquault, messire Robert de Damas et aultres, avec l'évesque de Langres, de l'hostel de Rougemont, qui tous estoient armés, savoient l'emprise du mareschal. A l'heure que le mareschal férit aux Flamens, ceulx de Bourbon baissèrent leur pont qu'ils gardoient, et se férirent ens de l'autre lez, qui bien estoient six cens hommes d'armes, et à celle empainte les férirent tellement que des Flamens en y ot bien noyés deux mil et quatre mil mors, tant en ung pré ou estoit le mareschal de Sancerre, que sur le pont, par l'effort des gens du duc de Bourbon, du bon mareschal, et de l'évesque de Langres; et s'enfuit Piètre du Bos, à tout quatre mil hommes seulement, vers Jaques d'Artevelle son capitaine, tout débaresté. Si furent portées les nouvelles au roi de France, au duc de Bourgogne, au duc de Bourbon, et au conte Loys, en leurs tentes, qui en furent moult liés, et louèrent Dieu de si bon commencement.

LVI. *Comment par le bon advis du duc de Bourbon et du sire de Couci, le roi de France ot la bataille contre les Flamens en Rosebecque.*

Le roi Charles de France, qui ot sceu comment ses gens orent besongné la nuit passée contre les Flamens, s'esjoït moult; et pour ce l'en de main se deslougea du lieu où il estoit, et avec toutes ses gens passa le pont de Commines, et s'en alla devant Ypres, lesquels lui firent ouverture et fut lougié le roi dedans Ypres, et son host à l'entour. Estant le roi à Ypres fit messire Guillaume de Neullac une emprise, ensemble les gens du duc de Bourbon, ou estoient messire Gaulcher de Passac, messire Blain Loup, mareschal de Bourbonnois, messire Jehan de Chastelmorand, et messire Guichard son frère, le sire de Sainct Priest, le petit mareschal messire Jehan de Sainct Priest, messire Robert de Damas, messire Robert de Vendat, messire Ouldrai de la Fourest, messire Pierre de Fontenay, Michaille, Guyon Gouffier, Tachon de Glené, et mains autres de chevaucher toute la nuit pour aller courre une ville, qui de rien ne se prenoit garde, ou il n'avoit que cinq lieues, et nommoit-on la ville Poperingues. Si arrivèrent là Neullac et les Bourbonnois une heure après mi-nuit, et trouvèrent le guet d'icelle ville qui gardoit la barrière. Si allèrent les compaignons férir baudement parmi le guet, que bien en tuèrent la moictié, et le remenant s'en fouit, et en y ot bien mors, que du guet que de ceulx de la ville, qui fut courue, quatre mil personnes, et furent tous riches des joyaulx des femmes, de vaisselle d'argent, de draperie et d'autres biens qu'ils y trouvèrent, que ce fut merveilles. Si s'en repairèrent arrières, à tout le gain, devers le roï qui leur fit bonne chière, et l'en de main d'Ypres se deslougea le roi pour tirer vers Bruges, mais il ne fut que trois lieues loing ès plaines de Rosebecque, que Jacques d'Artevelle ; qui bien savoit sa venue, ne fust en hault, en la montagne de Rosebecque, à tout quarante mil hommes d'armes. Ce voyant les François, comme les communes s'aprestoient pour eulx combatre, rangièrent leurs batailles, et se mirent en bonne ordonnance, dont ils en firent trois : en l'avant-garde estoient le conestable de France, Clisson, et le mareschal de Sancerre,

bien acompaignés de bonne gent; et en la bataille du roi qui estoit en la main dextre, furent ordonnés pour sa garde les ducs de Bourgongne et de Berry, et le conte Loys avec leurs gens; et à la tierce estoient le duc de Bourbon et le sire de Couci, à belle compaignie, bien entalentés de bien faire. Mais quant les batailles furent arrangées pour combatre les Flamens, dit le duc de Bourbon au sire de Couci : « Beau cousin, véez ci le
« conestable et les mareschaulx qui sont devant : nous
« ne pouvons aller assaillir nos ennemis se non parmi
« eulx, qui est une chose bien merveilleuse. » Lors dit Couci : « Monseigneur, vous dictes bien vrai ! Et me
« semble que se nous allions entre la bataille du roi,
« à manière d'une aile, et prinssions la montaigne,
« nous ferions aujourd'hui une belle journée, au plai-
« sir de Dieu. » Adonc dit le duc de Bourbon : « Beau cousin, c'est bon advis. » Et lors la bannière du duc que portoit messire Robert de Damas se mit devant, et le duc de Bourbon et le sire de Couci, à toutes leurs gens après, et allèrent tant qu'ils montèrent la montaigne au derrière de la bataille des Flamens, et prestement à grant poulséis de lances, à coups de haches et ferréis d'espées vinrent assembler parmi eulx, et à cellui commencement les serrèrent tellement François qu'ils reculèrent Flamens en leur avant garde, laquelle se recula plus de six brasses. Mais pour ce que en Froissart on treuve la vaillance des adurés chevaliers, escuyers, et leurs noms, tant du roi, comme des seigneurs les ducs ses oncles, ensuivant du conestable et des mareschaulx, et du sire de Couci, qui à la besongne vaillamment se portèrent, n'est jà besoing que plus en die. Mais à venir au duc Loys de Bourbon, de qui

ceste cronicque est faicte, sont à nommer aucuns qui avec lui estoient en cellui chambel : messire Guy, sire de Cousant, messire Hugues de Chastellus, sire de Chastelmorand, ensemble ses fils Guichard et Jehan, chevaliers, messire Le Barrois, messire Robert de Chaslus, messire Blain Loup, mareschal de Bourbonnois, Bliombéris son frère, le sire de Sainct Priest, messire Gaulchier de Passac, messire Boucicault, l'Hermite de la Faye, Robinet de Vendat, et Oudrai de la Fourest, chevaliers, messire Robert de Damas, qui tenoit la bannière, messire Regnault de Bressolles, le sire de la Fayette, le sire de Chaugi, et escuyers, Guichard Le Brun, Michaille, Guyon Gouffier, Perrin d'Ussel, Tachon de Glené, le bastart de Glarains, Phelippe Beraud, Baudequin Meschin, et autres en bon nombre, qui felonnessement faisoient aux Flamens accoinctance, et si bien au pougnéïs se contenoient, qu'il n'y avoit que redire. Ore doncques le duc de Bourbon et le sire de Couci qui à toutes leurs gens envahirent les Flamens par derrière sur le mont de Rosebecque, aigrement se contindrent à l'assembler : mainte lance y ot brisiée, et maint haulbert rompu, et faulsé. Là peust on voir maint homme verser, et testes casser, et desrompre heaulmes, poings couper, et voler emmi le champ. De moult grant force se combatoient François et Flamens, et y fit le duc de Bourbon merveilles d'armes : d'une hache qu'il tenoit il feroit à dextre et à senestre Flamens, et qui il assénoit, jà ne le sceust on relever. Et tant se plongea entre Flamens le vaillant prince, qu'il fut rué par terre et blecié, mais tost fut secouru par les bons chevaliers et escuyers dessus nommés, et autres qui se peinèrent de le redrecier en

soubstenant le fais et ociant Flamens. Si fut relevé le
bon duc par le sire de Chastelmorand et Michaille, et
de rechief, plus fièrement se remist en la bataille. Et
qui là véïst le sire de Couci desrompre la presse et
abattre Flamens, les occire et destrancher, il lui peust
remembrer de vaillant chevalier. Et là tant firent les
deux seigneurs par l'effort de leurs gens qui vigoureusement se combatoient, que leurs ennemis tournèrent
en fouie, lesquels s'estoient tenus au plus aspremeut
qu'ils peurent. Si en firent grant occision, et tant en y
avoit que les ungs destourboient les autres à fouir. Si
fut le capitaine Jacques d'Artevelle mort, et sa bannière abatue, que portoit une femme armée, appellée
la grant Margot, qui illec demoura morte. Et fut commune renommée que par le duc de Bourbon et le sire
de Couci, à l'aide de leurs gens, la bataille fut gaignée
contre Flamens, pour ce qu'ils les avoient enchassiés
hardiement par derrière. Et à cette bataille, sur le
mont de Rosebecque, furent mors de Flamens de seize
à dix-huit mil, et le demourant s'en fuyoit. Et quant
les seigneurs de Bourbon et de Couci et leurs gens
orent assez occis de Flamens, et oultrée la batailhe, ils
firent venir leurs chevaulx, sur lesquels eulx et leurs
gens montèrent hastivement, et coururent après en la
chasse, et en tuèrent bien II^m en chassant, et mil qui
furent noyez en ung estang ; et chassèrent tant oultre
le duc et Couci qu'ils attaindrent Piètre du Bos, qui
estoit en ung petit bosquet àbien trois mil hommes.
Et là lui coururent sus, et l'envahirent aigrement ; et
Piètre du Bos et ses gens Flamens se vendoient chièrement, et se deffendoient hardiement, pour la confiance du lieu où ils estoient. Celle meslée fut aspre et

griefve : car les seigneurs de Bourbon et Couci, ensemble leurs gens, s'efforceoient de les gecter hors du bosquet, et ad ce faire plus s'entremettoient pour ce qu'ils orent desconfi plus de gens sur le mont de Rosebecque. Et tant vaillamment s'embatirent qu'ils les gectèrent à force du bosquet, et en orent le meilleur. Et là, pour ce que Piètre du Bos fut tué, perdirent les Flamens leur vertu, et furent si plains de paour, que oncques puis n'y ot coup féru de par eulx, ains furent là, que mors que pris, quatre mil hommes, et n'y perdit le duc de Bourbon que trois des siens qui furent mors, et Michaille griefvement blecié. Et à l'heure que le duc de Bourbon s'en repairoit de celle besongne avec le sire de Couci, lui vint le bastart de Flandres au devant, en criant : « Ha ! monseigneur de Bourbon, « le remanant des Flamens qui sont eschappés s'en « vont à Courtrai, baillez-moi de vos gens, et les « poursuivrons ! » Adonc, dit le duc de Bourbon, « messire Jehan de Chastelmorand, prenez mon en« seigne, et vous tels et tels (comme il disoit,) allez « après. » Si se mirent à la poursuite ses gens ensemble le bastard ; et le duc de Bourbon et le sire de Couci s'en tournèrent devers le roi, qui estoit en sa bataille, au pied de Rosebecque, lequel de joyeulx vouloir accola les seigneurs de Bourbon et de Couci, en louant Dieu de la victoire que par eulx et leurs gens il lui avoit donnée. Et les gens des seigneurs de Bourbon et de Couci chevauchèrent vistement après Flamens, dont ils trouvèrent grans routes par les chemins, si en tuèrent assez, et entrèrent en Courtrai François et Flamens ensemble, et prinrent les gens du duc de Bourbon, après l'occision faite, la grant rue du Pont, où estoient les plus belles maisons de la ville, ou ils se lougèrent, et gaignèrent moult de biens, et envoyèrent dire au duc de Bourbon, leur seigneur, ce que avoient fait, dont il fut très-joyeulx, et leur manda le duc que ne se meussent de là où ils estoient, et ainsi le firent ; car avec la victoire de la bataille, le duc de Bourbon ot le bruit d'avoir prins Courtrai, et trouva son logis grandement fourni quant il y vint. Et l'en de main vint le roi Charles à Courtrai, et le duc de Bourgongne et son beau-père de Flandres, aussi le duc de Bourbon, qui trouva son logis bien fait, et grand foison de vivres. Et demoura le roi de France deux jours à Courtrai, ou l'en trouva au beffroi de la ville trois cens esperons dorés des chevaliers du conte de Valois que Flamens avoient tués. Et sur ce ot on grand conseil de abatre la ville. Mais le duc de Bourgongne pria que non, car c'estoit l'une des bonnes villes de Flandres, et n'en povoient mais ceulx qui là demouroient. Adonc les ambassadeurs des communes de Flandres, selon leurs villes, vindrent requérir à leur seigneur, le conte Loys, merci de leur forfait en la présence du roi, qui le paciffia à son peuple, et le remit en sa plaine seigneurie.

LVII. *Comme le roi, à son retour de Flandres, entra à Paris, ou premier entra le duc de Bourbon.*

L'an renouvellé que l'en comptoit mil III^c IIII^{xx} III ans le roi de France, après la bataille de Rosebecque en Flandres, et avoir restitué le conte de Flandres son vassal en sa seigneurie entière, se partit du païs, ensemble le duc de Bourbon à toutes leurs gens, et chevaucha le roi liement par ses journées, tant qu'il s'en vint devant Paris, pour cause de la rebellion ; et le duc de Bourgongne, avec son beau père le conte et sa compaignie, s'en allèrent à Bruges, pour faire mettre la ville en point. Si fut le roi en belle bataille devant sa cité de Paris, et avoit doubte d'entrer dedans, car il y avoit encores en la ville bien dix huit mille harnois pour s'armer encontre lui. Si fut ordonné que le duc de Bourbon y entreroit le premier, à tout huit cens hommes d'armes, pour ce qu'il estoit aimé de ceulx de la ville, et y entra le duc, à avant-garde, à belle bataille et arrière-garde ; et oultre envoya le duc certaines gens par les carrefours de la ville, pour quoi il n'y eust point de assemblée. Et s'en alla tout droit le duc de Bourbon au palais en celle manière, et puis au Louvre, ou il mit gens, et pareillement à la Bastille Saint Anthoine, et les bonnes gens s'agenoilloient devant le duc de Bourbon, comme devant Dieu, de quoi il avoit grant pitié. Ainsi s'en retourna le duc de Bourbon devers le roi, et lui dit : « Sire, entrez en « Paris, votre bonne ville, quant il vous plaira, car « on vous y verra voulentiers, et s'il y a dix ou douze « qui aient mal fait, les autres n'en peuvent mais. » Alors se mit le duc de Bourbon devant, en l'ordonnance comme il estoit entré premièrement, et le roi après, en belle bataille, qui ala descendre au Palais, et le duc de Bourbon passa oultre, avec ses gens en la cité, pour savoir s'il y avoit riens mal mis ; et celle nuit, on ordonna certains capitaines, pour aller toute nuit, parmi la ville, à trois cens hommes d'armes. Les trois capitaines furent Le Gallois d'Aunay, Chastelmorand, et Le Barrois, qui firent le guet celle nuit. Et en partant du palais, ou ils avoient assemblé leur guet, venant à Chastellet, et de Chastellet allant à Sainct Paul, furent chiez Cudoe, ou il avoit entré deux ribaulx bretons. Si oïrent femmes lesquelles crioient léans : à la mort! Ce oyant le guet descendirent, et entrèrent ens, et furent prins les deux ribaulx chargés de robes de femmes, d'argent, et de joyaulx, par espécial l'ung, car l'autre n'avoit point fait de mal, comme les femmes le disoient : et cellui qui estoit chargé de robes, Le Gallois d'Aunai, Chastelmorand et Le Barrois le pendirent aux croisées[1] de la fenestre, et à l'autre couppèrent l'oreille et l'en envoyèrent; et demoura le ribaud pendu deux jours, et le venoit chascun voir, disant que c'estoit la plus belle justice qu'ils eussent pieça veu faire à gens d'armes. Et s'en allèrent les capitaines vers Saint-Paul, et vers la Bastille Saint Anthoine, et s'en retournèrent vers Sains Innocens, et en la grant rue Saint Denis. Là, leurs valets, qui alloient devant, trouvèrent ung valet, qui avoit desrobé une mercière de chapeaulx, de bien deux cens livres de joyaulx. Si fut prins le malfaicteur, et les joyaulx sur lui, et estoit le ribaud à la Gallée, et le trouvèrent saisi Chastelmorand, Le Barrois, et Le Gallois d'Aunai, et eulx-mesmes le pendirent celle nuit à l'eschielle du Temple, où il pendit trois jours; et fut le bruit si grant par Paris, de la justice que on avoit faite, que c'estoit merveilles. Et fut l'en de main ordonné, en quelle part l'en trouvast ribaux faisans mal, que on les pendist tantost en la place, sans les mener au gibet.

---

1. Gonures, ms. A. — Genures, ms. B.

LVIII. *Comment les armeures de Paris furent portées au Louvre, par le commandement du roi, et qui les receut; et comment le duc de Bourbon parla au sire de Norris beaulx mots.*

Pour ce que plus asseur fust le roi de France en sa ville de Paris, et que les habitants n'eussent cause d'eulx esmouvoir à faire conjuroisons, et eulx rebeller, fut, de par le roi, crié après son retour de Flandres, que tout homme qui auroit harnois, l'apportast au Louvre, sur peine d'estre faulx et traistre envers le roi. Et l'en de main que la criée eust esté faite, Le Barrois, Chastelmorand, et Le Gallois d'Aunai, furent au disner du roi, qui loua moult ce qu'ils avoient fait, et leur donna à eulx trois le roi, sur les forfaitures, mil et cinq cens frans d'or, et leur pria le roi qu'ils allassent au Louvre, voir à recepvoir les harnois, et qu'ils en sceussent le nombre. Lesquels y allèrent, et y furent deux jours, par le commandement du roi. Si vous certiffie que dedans trois jours ot apporté au Louvre quinze mille harnois à armer, sans les mécomptes. Et, en tant que on recepvoit ces armeures, furent faites les informations de ceux qui estoient consentans de la rebellion, lesquels on fit trainer parmi Paris, et trancher les testes jusques à douze; et fut monstré au roi et dit qui tailleroit les testes à tous les deffaillans, qu'il y en aroit trop; et dirent ceulx des finances, qu'il valloit mieulx que le roi fist une composicion pour la despence que il ot faite en Flandres, que plus procéder oultre en cas criminel. Si creut le roi le conseil, et fut la composicion de deux cens mil frans d'or, et donna le roi congié pour celle fois aux gens d'armes. Et le sire de Norris qui sceut que le duc de Bourbon estoit à Paris, se partit de Clermont, et alla vers lui, et se acomplaignit fort au duc de ce qu'il lui avoit fait perdre celle belle journée de Flandres. « Ne vous chaille, » si dit le duc de Bourbon, « vous en serez en des autres! « Et je avoie bien besoing de vous, là où vous estes « allé. » Et lui demanda le duc, comme se portoit Beauvoisin : « Bien, Monseigneur, » ce dit Norris, « et je vous « y ai acquis VI^c livres de rente que ne vous a riens « cousté, c'est assavoir la Hérelle; et ai commencié ung « estang, qui ne sera mie moins grant de Gouvieulx, « mais qu'il soit achevé. » Si fut le duc moult joyeulx, et pria au sire de Norris qu'il s'en allast bastant en Bourbonnois, et que amassast argent à desroi : car le roi qui avoit fait tant de choses, espéroit en faire de plus grandes. Si se partit le sire de Norris, vint en Bourbonnois, en son office, et le duc demoura à Paris à la garde de la personne du roi, comme il y estoit commis.

LIX. *Comment le duc Phelippe de Bourgongne emprinst le passaige d'Angleterre.*

Charles, roi de France, et Loys duc d'Orléans, frères, qui estoient deux jeunes princes en cellui temps, se donnoient liesse et joie de la victoire que contre les Flamens avoient eue; et, en Paris la cité, à l'esglise cathédral, au Palais, et en la Sainte-Chapelle, pour icelle victoire, le roi et les princes du sang royal firent à Dieu oraisons, offrandes et louanges, ensuivant à Saint-Denis, ou gisent les corps des très crestiens rois de France. Et non obstant ce que le roi fust de jeune aaige, lui et les bien advisés princes les seigneurs ducs, ses oncles, Berry, Bourgongne et Bourbon, avoient ordonné si sain et meur conseil, tant en la court de parlement, comme ès poestés des offices du royaume, aussi ès refformacions, pour quoi la chose publicque estoit bien gouvernée, et aussi se contentoient moult le roi et les seigneurs de Dieu et de la paix que par sa grâce leur avoit envoyée, veu que, moyennant son aide, estoient deschassés, et comme du tout hors du royaume, les Anglois, leurs ennemis anciens; et, comme il apparut après, aux estats, qu'ils prindrent à amenuer, leur sembloit que fortune leur feust comme mère et doulce en ses tours. Et en icelle prospérité, la gloire de France se contint l'espace de trois ans, ou de toutes pars venoient à regarder la majesté du roi, tant pour la renommée qui partout en voloit, comme pour venir à reffuge, et avoir secours de lui, pareillement les constitucions royales drois et ordonnances qui en son parlement se plaidoient, lesquelles ils voyoient voulentiers, et se gouvernoient en leurs terres selon icelles; et les ambassadeurs qui en France venoient de maintes régions, pour le sens preudhommie et honneur qu'ils savoient au duc Loys de Bourbon, se tiroient tous vers lui, car il avoit l'administration et la garde de la personne du roy, lesquels il faisoit expédier selon leurs fais en brief, et moult se contentoient de sa parole. Durant icelle prospérité le duc Phelippe de Bourgongne, ce vaillant prince qui tant de belles choses emprinst, comme la bataille

de Flandres, et le fait de l'Escluse, qui voyoit le roi de France, son nepveu, croistre, et avoir force et aaige d'homme, se recorda des conquestes prouesses et vaillances que orent fait les jadis rois de France, en soubstenant leur droit, et, sur ce, ung jour entre les autres, à Paris, alla au Palais le duc de Bourgongne, où il y avoit moult de seigneurs qui estoient là, et commença à dire au roi : « Monseigneur, dit-il, les rois vos prédé-
« cesseurs ont fait de belles choses maintes, tant en
« accroissant le royaume, que en gardant et deffen-
« dant leur droit, et pour ce en ce temps de paix que
« nous avons, vous et nous de vostre sang, povons
« faire amassement de gens d'armes et provisions, si
« que nul ne nous offende. » Dont dit le roi au duc de Bourgongne : « Vous dictes bien, beaulx oncle, mais
« pourquoi le dictes vous ? » — « Monseigneur, » dit le duc, « je le vous dirai : Il me semble que ce n'est
« point fait[1], qui ne fait plus fort. Ces Anglois ont
« guerroyé monseigneur vostre père, longuement, et
« vous, et ne font que passer souvent deçà, et ne
« sont que pou de gens. Laissons ester toutes petites
« emprises, et en soit faicte une telle qu'il en soit
« mémoire perpétuelle ! Vous estes le plus grant roi
« qui vive, et qui avez plus de gens, et me suis pencé
« maintes fois pourquoi nous ne faisons une emprise
« à passer en Angleterre pour abattre le grant orgueil
« de ces Anglois. Et pour ceci faire, monseigneur, est
« besoing mander à tous vos vassaulx et subjects qui
« sont loyaulx serviteurs, et aussi à vos alliés et pen-
« sionnaires, et premier le conte de Hainault, le duc

---

1. Rien fait (ms. A) — point fort (ms. C).

« de Juliers, le duc de Bretaigne, qui a une grande
« puissance, et vous viendra voulentiers servir, et
« vostre beau cousin le conte Amé de Savoie, fils au
« conte Vert et de la sœur à beau cousin le duc de
« Bourbon, qui de joyeulx cueur vous servira. Et je
« me charge que, dedans demi-an, je ferai venir au
« port de l'Escluse vaisseaulx pour passer dix mille
« hommes d'armes, mais, monseigneur il faut que
« vous mandez au hault Maistre de Prusse, qui bien est
« vostre allié, qu'il vous envoie ce nombre qu'il pourra
« de vaisseaulx, et je sai bien que avec vous beau
« cousin de Hainault, et beau cousin de Bretaigne, en-
« semble la puissance de Flandres, nous ne faul-
« drons point. » Si fut ceste parole du duc de Bourgongne au conseil du roi, moult bien oïe, et prinse
en gré de tous vaillans chevaliers et preudhommes
qui là estoient ; et dirent tous à une voix au roi : « Sire,
« véez-ci une haulte très-honorable et juste entre-
« prinse et moult vaillant, comme vous a dit monsei-
« gneur de Bourgongne, et que, à l'aide de vous, se
« peut mieulx faire par lui que par nul autre : car il
« est ung hault et puissant prince, et est grant sei-
« gneur sur la mer en la province de Flandres. » Et
dit le conte de Tancarville au conseil qui parla après,
qu'il lui sembloit bon que le roi et le duc de Bourgongne esleussent jusques à huit chevaliers pour mettre
ceste besongne en bonne ordonnance, et qu'elle fust
exécutée, et que on amassast toutes les finances du
royaume pour ce conduire à effet, qui estoit ung des
plus fors poins de la besongne, et fussent mises en
mains seures, que point ne fussent despendues, se non
en celle armée, et oultre fut dit que le roi mandast

par tous pays que quiconque en armes en cellui voyaige le vouldroit servir, et prendre ses souldées, se traissist devers lui à l'Escluse, et là on le contenteroit plainement : car il vouloit que partout on sceust que c'estoit pour passer et conquester Angleterre. Et prinst le roi de France terme de huit mois, et que tous ceulx de son mandement se trouvassent vers lui à l'Escluse, comme il estoit ordonné. Et dirent les chevaliers au duc de Bourgongne, qu'il se traissist vers son pays de Flandres, pour assembler la navire, qui estoit le plus fort; qui respondit au roi en son conseil, que bien se faisoit fort du navye, et d'une grant partie de gens, « et « vous, sire, et les autres qui ci demourez, mectez dili- « gence, chascun selon son fait, que, au jour nommé, « on soit en point : car par deffault de vaisseaulx, ne « demourera mie que le voyage ne se accomplisse. » Ainsi fut emprise l'allée pour conquester Angleterre à passer oultre ; et se partit le duc Phelippe de Bourgongne, pour aller en Flandres, et les ducs de Berry et Bourbon demourèrent devers le roi, pour mectre le remenant en ordonnance, ensemble les huit chevaliers, qui en conseil pour ce estoient esleus. Et en cellui conseil avoit esté dit que le duc de Berry auroit le gouvernement du royaume durant le voyaige, lequel dit, qu'il n'estoit bien mie content du remanoir, et que certes il iroit avec le roi à sa puissance, jusques à l'Escluse, en espérance d'aller en Angleterre. Le duc de Bourbon, qui estoit chevaleureux, et qui de loing pensoit à ses fais, manda au sire de Norris, qui grandement gouvernoit ses besongnes, qu'il mist toutes ses finances ensemble, et oultre qu'il fist amener pour ses garnisons à Paris deux cens tonneaulx de vin, et deux mil lars de la fourest de Tronçaie, et que toute ceste provision fust menée à Clermont en Beauvoisin, ou il prendroit les blés pour faire ses bescuys[1] et autres deux cens tonneaulx de vin, et toute ceste ordonnance manda le seigneur duc de Bourbon au sire de Norris qui le fit, par manière que les provisions du duc de Bourbon furent les plus belles que on peust voir.

LX. *Comment le passaige d'Angleterre fut rompu, et comment le duc de Bretaigne traicta partir les Anglois de Bourbourg.*

Courant l'an mil III^c IIII^{xx} VI le roi de France, qui estoit jeune et fort entalenté de faire chose que fust de renommée, avoit jà fait son mandement ès seigneurs dessus nommés, et à tous autres, de guerre, et notiffié sa meute[2] pour passer en Angleterre. Pour ce se partit de Paris en noble appareil et s'en alla à l'Escluse, premier[3], en actendant ses gens. Or vint le temps que le roi avoit mandé, et n'estoit mie de bonne heure né qui voulentiers ne tirast vers l'Escluse, en espoir de nagier par mer en Angleterre. Si vindrent à ce mandement vassaulx, nobles hommes, et alliés, tant que le roi ot en sa compaignie bien vingt-deux mil harnois de jambes, et huit mil hommes de trect; et le vaillant duc Phelippe de Bourgongne, conte de Flan-

---

1. Bescuys A et B, provisions C.
2. Son alée A, sa journée C.
3. Par mer C.

dres et d'Artois, qui n'avoit pas dormi, avoit bien assemblé seize cens gros vaisseaulx, tous à voilles, dont il y avoit bien huit cens nefs à caige, à deux voilles, et tous les autres vaisseaulx gallées et bons passagiers, et disoit-on par tout que on n'avoit veu nulle estore en mer pour ung prince plus belle, ne plus grant armée, puis Troie la grant. Et furent les vaisseaulx despartis à ung chascun seigneur ; et fut dit que le duc de Bourbon seroit avant garde en celle armée, et lui deslivra on ses vaisseaux, ou il y avoit belle compaignie de chevaliers, d'escuyers et d'autres gens d'armes qui voulentiers le servoient, et le suivoient pour son bon nom. Les chevaliers qui communément l'avoient servi en ses voyaiges y estoient : messire Guichard Daulphin, le sire de la Tour, messire Hugues, sire de Chastelmorand, et messire Jehan son fils, qui portoit le pennon, le sire de Sainct Priest, messire Blain Loup, mareschal de Bourbonnois, et Bliombéris, messire Guillaume de Garet, messire Jehan de Sainct Priest, dit le petit mareschal, messire Le Barrois, messire Jehan de Bonnebaut, messire Gaulchier de Passac, messire l'Hermite de la Faye, messire Robert de Damas portant la bannière, Berthier de Nasselles, Phelibert Beraud, Guichard Le Brun, Baudesquin de Vesse, Michaille, Guyon Gouffier et autres. Oultre avoit esté dit que les ducs de Berry et Bourgongne se prendroient garde du roi, et le gouverneroient pour ce que le duc de Bourbon estoit commis à conduire l'avant garde, nonobstant que le duc de Berry fust ordonné à gouverner le royaume, lequel n'y voult point demourer. Et ou havre de l'Escluse ou port estoit bel à voir l'armée du roi flotant sur la mer, et les garnisons de dedans que les seigneurs y orent fait mectre. Et en tant que les patrons et administrateurs de mer se exploictoient à dresser leurs cordes, et lever leurs voiles, pour singler en mer à passer oultre, l'en de main fut dénoncé au roi que les Anglois, qui œuvrent tous jours de grant malice, et bien estoient certains du passaige que le roi vouloit faire, pour le destourber, vindrent passer par deçà au pays de Flandres à Bourbourg, pour le conseil d'aucuns qui oncques n'amèrent le royaume, et pour ce fut grant bruit à l'Escluse entre les seigneurs disans : « Que irons-nous « faire en Angleterre ? Véez-ci nos ennemis qui sont deçà à « puissance ! — Voulons-nous aller conquester le royaume « d'Angleterre, et perdre le nôtre ? » dirent aucuns qui mie n'avoient vouloir de passer oultre. Et de cela vint la rumour si grande entre les seigneurs, que l'armée en fut rompue, et fut deslibéré de licencier les vassaulx, et d'aller par terre ou estoient les Anglois, au val de Cassel, où ils avoient pris deux villes, l'une appellée Bourbourg, et une autre. Si tirèrent une grant partie de gens d'armes du roi icelle part, et autres s'en allèrent malcontens; et chevaucha le roi devant Bourgbourg. Si le fit assiéger tout autour de ses gens, et dedans Bourbourg estoient d'Anglois mil hommes d'armes et mil archiers. Et estoit une partie de Bourgbourg close de palis, mais il y avoit fossés plains d'eau, et estant le roi à son siége devant Bourbourg, aucuns de ses capitaines fournis de gens, ensemble de ceulx au duc de Bourgongne et de Bourbon, jusques à deux mil combatans, se partirent du lougeis, et allèrent devant la ville au palis, par manière d'assaillir, pour voir que feroient ceulx de dedans. Et le sire de la Trimoulle fut cellui qui premier entra ès foussés, et le pennon du duc de Bourgongne après, et cellui du duc de Bourbon, et autres gens saillans des foussés, qui firent moult de belles armes au palis ; et en combatant au palis fut jecté le feu dedans la ville de Bourbourg, qui estoit couverte de paille, et estoit le feu si horrible qu'il ardoit tout ; tant que les Anglois demandèrent traictié, et ne requéroient que le duc de Bretaigne. Et le roi, qui ce sceut, pria au duc de Bretaigne, qu'il allast parler à eulx ; de quoi le duc Breton dit au roi : « Sire, je ne me iroie jamais mectre en celle « adventure, se vous ne faites tout retraire. » Et adonc le roi envoya retraire ceulx qui avoient jà abattu une grant partie des palis, et bien estoit arse la moictié de la ville. Si y alla le duc de Bretaigne, et traicta que les Anglois s'en allassent frans et quittes, et que la ville fust au roi, qui estoit arse ; et ce le duc rapporta au roi. De quoi les ducs de Bourgogne et de Bourbon dirent au duc de Bretaigne : « Pourquoi leur donra « monseigneur le roi congié d'eulx en aller frans ? la « ville est jà demi-conquise, qui est arse, et n'ont les « Anglois nuls vivres ! » Respondit le duc de Bretaigne au roi : « Monseigneur, ils ont encores ung quartier « de la ville, ou ils ont recueillis leurs vivres, et « avant que les aiez prins, vous y aurez une grant « perte qui moult vous sera dommageable, et ils « m'ont promis qu'ils s'en iront sans guerroyer. » Ainsi fut escouté le duc de Bretaigne, qui tant fit que les Anglois se partirent de Bourbourg, franchement, qui fut grant perte au roi, qui maintes fois a esté ramentéüe.

LXI. *Comment par le conseil du duc de Bourbon, deux chevaliers furent mandés devant en Espaigne, pour aider au roi Henri de sa guerre.*

Les haults barons, le conte de Hainault, d'Ostrevant, duc de Hollande, et seigneur de Zélande, aussi ensuivant les ducs de Brebant, de Lorraine, de Bar, de Juliers, de Bretaigne, et le conte de Savoie, qui tous avoient fait grans missions pour accompaigner et servir le roi de France, en celle armée à passer en Angleterre, pour la conquerre, quant virent que l'emprinse fut rompue, prindrent congé de lui, et s'en tournèrent en leurs contrées, et le roi demoura encores en Flandres, avecques ses oncles, les ducs de Berry, de Bourgongne, et de Bourbon. Et en tant comme le roi y estoit, vint à lui à Bourbourg l'arcediacre de Cordoue, de par le roi Henri d'Espaigne, priant l'arcediacre au roi de France, que au roi Henri, son seigneur, voulsist envoyer deux mil hommes d'armes paiés pour deux mois jusques au nombre de cent mil frans, et que de ce ne lui voulsist faillir, car il lui en sauroit grant gré ; et eulx venus par devers lui les contenteroit de leur venue, et remanderoit l'argent au roi de France, ou il lui plairoit. Et outre dit l'arcediacre que à plus grant besoing ne pourroit aidier le roi de France au roi d'Espaigne qui estoit son allié, car le roi de Portugal avoit eue desjà, pour lui une grosse journée sur les Espaignols, et estoit acertainé le roi d'Espaigne que, pour la gloire d'icelle victoire, que le roi de Portugal se donnoit, il faisoit

venir l'armée d'Angleterre, pour plus fouller Espaigne.
Et sur toutes riens requéroit l'arcediacre au roi de
France que le duc de Bourbon [eust ceste charge
de aller en Espaigne; car autrefois y avoit esté.
Mais le duc de Bourbon [1]] qui avoit eu conseil
avec ses chevaliers, fit dire que ceste armée il ne
pourroit fournir à si pou d'argent, et les raisons pourquoi : car deux mil hommes d'armes paiez pour
deux mois montent IIII^{xx} mil frans et xx mil frans
qu'il faut livrer aux autres capitaines et alliés. Et par
ainsi dit le duc de Bourbon au roi : « Monseigneur,
« advisez deux vaillans chevaliers, et que chascun
« mène mil hommes d'armes, et seront de moindre
« despence que moi. Pourtant je ne renonce mie que
« je n'y aille à mes frais cousts et despens, car j'aime
« mieux despendre le mien à mon honneur, que
« prendre charge que je ne peusse porter. » Et ad ce
dit le roi : « Beaulx oncles, qui vous semble qui soient
« les deux capitaines pour y envoyer. » — « Monsei-
« gneur, dit le duc, je ne say, car vous en avez foison
« de vaillans et de bons, » desquels nomma le duc de
Bourbon plusieurs, « mais, monseigneur, entre les
« autres en avez ici deux moult entreprenans, et qui
« bien vous ont servi en tous vos affaires : l'un est
« messire Guillaume de Neullac, et l'autre messire
« Gaulchier de Passac, et sont serviteurs de messei-
« gneurs vos deux oncles, Passac à monseigneur de
« Berry, et Neullac à monseigneur de Bourgongne. Et
« sont chevaliers qui feront loyaulment ce que vous

---

1. Lacune par bourdon de dix-sept mots dans l'imprimé et le ms. C, restituée d'après les mss. A et B.

« leur manderez, car ils ont esté en mon service, ou
« je les ai hantés, et m'ont moult bien servi, et me
« semble bon, monseigneur, que les gens que vous
« manderez en armes en Espaigne, et mesmement les
« capitaines soient des pays et hostels de messeigneurs
« vos oncles, qui est une belle chose, affin que le roi
« d'Espaigne voie que vous et vos oncles lui
« voulez bien faire plaisir. Et aussi, monseigneur,
« je vous prie que vous plaise que je leur baille
« deux cens gentilshommes des miens, à la fin
« que si je alloie par delà, je les y trouvasse, nonobs-
« tant que je sai bien, que de bon cueur les deux che-
« valiers me serviroient. » Et lors dit le duc de Bourgongne : « Monseigneur, beau cousin de Bourbon, a
« bien pensé et advisé en ceste besongne à vostre
« très-grant honneur, et en sommes très-contens,
« beau frère de Berry et moi. » Alors furent appelés
messire Guillaume de Neullac, et messire Gaulchier de
Passac, qui en prindrent la charge, par le commandement du roy, qui leur dit : « Beaux cousin de Bourbon
« a ceci advisé pour la valeur qui est en vous. » Adonc
dirent les chevaliers au roi : « Sire, nous ne sommes
« mie dignes de si grant charge; mais nous sommes
« prests de vous obéïr de tout ce qu'il vous plaira
« nous commander. » Et le roi leur dit : « Allez de-
« vers beau cousin de Bourbon, et il vous dira la chose
« comme elle est ordonnée. » Lesquels y allèrent pour
le remercier, et lui dirent : « Très haut et puissant
« prince, nous vous remercions humblement de l'hon-
« neur que vous nous faites, car nous, qui sommes
« deux pauvres chevaliers, vous nous baillez l'emprise
« qui estoit ordonnée pour vous, qui estes ung tel

« prince que chascun sait, et qui est trop grant entre-
« prise à si pouvres gens que nous sommes ; et grant
« chose est à deux chevaliers mener deux mil
« hommes d'armes, si loing comme en Espaigne, où
« il y a deux mois de chemin, se par votre bon con-
« seil et confort n'estoit : c'est assavoir que votre
« plaisance fust que vous nous baillissiez de vos pays
« cinq cens hommes d'armes, avecques aucuns de
« ceulx de vostre hostel, qui nous seroit ung grant
« honneur, et grant renommée pour vous. » Si respondit le duc de Bourbon aux chevaliers : « Je le ferai
« très voulentiers, et, par adventure, vous me verrez
« bien brief. » Lesquels luy respondirent : « Dieu le
« vueille ! car, si vous venez, vous nous trouverez
« pour vos serviteurs ! » Ainsi se partirent messire
Guillaume de Neullac et messire Gaulchier de Passac,
pour faire leur chemin ; et ordonna le duc de Bourbon
que avec les chevaliers iroient, de par luy, messire
Jehan de Chastelmorand, et le sire de Blot, qui auroient en leur conduicte iiii^c hommes d'armes de
Bourbonnois et de Forez. Et le duc leur donna congié
de amasser les gens, et y alla avecques eulx le plus de
la chevalerie de Bourbonnois, qui furent messire Guillaume de la Fourest, le sire de Sainct-Geran-le-Pui,
le sire de Chitain, le sire de Chazeul, Le Borgne de
Veaulce, et tous les bons compaignons de Bourbonnois.

LXII. *Comment le duc de Bourbon alla en Espaigne
la seconde fois.*

Messire Guillaume de Neullac et son compaignon,
leurs gens d'armes, ensemble ceulx de Bourbonnois,

ne povoient mie estre en Avignon, que nouvelles vindrent au roi de France comme la navie d'Angleterre s'en passoit en Espaigne, dont estoit chief le duc de Lencastre. Si fut le duc de Bourbon moult troublé sur ce qu'il devoit faire, et deslibéra qu'il iroit en Espaigne. Si prinst congé du roi pour s'en aller en Bourbonnois acueillir gens, et faire son chemin, et manda par tout, en Beauvoisin et ailleurs, que quiconques le vouldroit venir servir, si le suivist. Et y vindrent plusieurs à son mandement, pour le bien qu'ils savoient en lui, et mesme les plus grans de l'hostel du roi, allèrent à lui. Et se partit le duc Loys de Paris, et s'en vint en son duchié de Bourbonnois à tout grans gens, ou il trouva le sire de Norris, qui lui avoit amassé grosses finances, pour faire ce voyaige, et le roi mesmes paya pour trois mois les gens de son hostel, qui bien estoient VI^{xx} gentilshommes, et tant que le duc de Bourbon estant en Bourbonnois trouva, tant des gens du roi comme de Berry, oultre les siens, bien deux cens nobles hommes. Et se mit le duc au chemin pour actaindre les autres. Mais de tous pays qui oïrent dire : « le duc de Bourbon s'en va en Espaigne », chescun tiroit après lui, et tellement que, avant qu'il fust en Navarre, il ot bien III^c gentils hommes chevaliers et escuyers. Et estant en Navarre oït dire le duc que le duc de Lencastre, avec ses Anglois et grant foison de Portugalois, estoient à siége devant Burgues en Espaigne, qui estoit ville du roi Henri. Les deux chevaliers, messire Guillaume de Neullac et messire Gaulchier de Passac, que le roi de France avoit mandez devant, qui estoient lougiés à Saint Dominge de la Caussade, apprindrent certaines nouvelles comme le duc de Bourbon venoit en Espaigne, dont ils se esjoyrent moult, et mandèrent au duc de Bourbon qu'il se hastast : si fut à eulx dedans trois jours, et, le duc venu, fit on grant joie, et fut advisé qu'estoit de faire, et dirent au duc les chevaliers : « Monseigneur, véez-ci l'ambassaderie de Burgues, qui « ci est, qui dit que les Anglois ont assiégé la ville, et « dient qu'il y a forte mortalité entre eulx : si advisez « qu'il est de faire. » Adonc respondit le duc de Bourbon sur piez : « Puisqu'ils se meurent, il est bon que « nous leur aillons aidier à en plus faire mourir. Et « me semble que le plus brief est le meilleur, car ils « n'ont point de retrait d'ici en Portugal, ou il y a « longue voie. » Si fut moult agréable celle parole à tous, du sain conseil du duc de Bourbon, qui dit oultre : « Allons d'ici à l'hospital la reine, d'ou il n'y a que « trois lieues jusques à Burgues, et envoyons gens « devant à savoir comment Anglois sont lougés, si « que demain à l'aube du jour nous allions férir parmi « eulx » ; et dit chascun que c'estoit bien prins, et que on ne povoit mieulx.

LXIII. *Comment le duc de Lencastre se leva du siége de Burgues en Espaigne; et comment le duc de Bourbon le suivit en Portugal, où il ne voult consentir au traictié du roi d'Espaigne avec les Anglois.*

Le duc de Lencastre, qui tenoit la ville de Burgues assiégée, se contentoit mal qu'il ne la povoit avoir, et estoit fort troublé de la mortalité qui couroit en son host; mais plus se désespéroit de ce que le duc de

Bourbon s'estoit lougié auprès de lui, à trois lieues, à grant puissance. Pour ce ne voult mie actendre que le duc de Bourbon venist sur lui, mais lui et ses Anglois qui sceurent toute l'armée Françoise estre lougiée à l'hospital, se deslogèrent cellui soir, entour minuit, et chevauchèrent bien douze lieues d'Espaigne, jusques à une ville appellée Medine de Campe, et l'en de main à Saint More, puis passèrent la rivière, et allèrent à Chastel Rodrigue, qui est en Portugal, et le duc de Lencastre et ses Anglois estans en Portugal cuidoient estre asseurs, mais le duc de Bourbon, qui moult avoit le cueur à la besongne, alloit à tous ses gens jour et nuit après eulx. Et tant qu'il parvint à Saint-More ung jour après : et là fit on une ordonnance à passer la rivière[1], qui despart Espaigne et Portugal, à poursuivre les Anglois, que le séneschal de la Jennete, qui estoit un vaillant homme, et mil hommes d'armes iroient chevaucher, et férir parmi, si les Anglois estoient en désarroi, et ainsi fut fait. Et à une aulbe du jour férirent François et Espaignols en leur lougeis, et y ot bien de prins mil Anglois, et de tués grant foison ; et, ainsi faite leur course, se retrahirent deçà la rivière, ou ils amenèrent en l'ost de bons prisonniers. Le roi de Portugal, qui sceut ceste desconfiture, assembla grant gent, bien quatre[2] mil hommes d'armes, pour aider aux Anglois qui estoient de son parti. Car il avoit espousée la fille au duc de Lencastre. Et lors estant les puissances des deux osts François et Espaignols d'une part, et Anglois et Portugalois

---

1. Appelée Turon.
2. Trois dans l'imprimé et dans le mss. C.

d'autre, où il n'avoit que une rivière entre deux, furent portées nouvelles aux princes des osts, tant au duc de Bourbon, comme au roi de Portugal et au duc de Lencastre, que le roi Henri d'Espaigne estoit passé de ceste vie, et avoit laissé ung fils appellé Dam Johan successeur et hoir après lui. Et par aucuns jours, estans les batailles les unes contre les autres, fut parlé de ung traictié, qui vint des Anglois, que le roi de Portugal présenta. C'est assavoir qu'il lui sembloit se Dam Johan infant d'Espaigne, nouvel roi, avoit espousée la seconde fille du duc de Lencastre, laquelle estoit là, et lui desjà en avoit épousée la seur, que à son advis n'auroit jamais guerre entre Espaigne et Portugal, et seroient comme frères, et aussi que moyennant ce mariage, le roi d'Angleterre ne leur moveroit plus guerre. Et vouldrent iceulx seigneurs chargier le duc de Bourbon de faire ce traictié, qui dit qu'il ne le feroit point, pour les raisons qui s'ensuivent : « Pre-
« mièrement pour ce que le roi d'Espaigne est allié au
« roi de France, de foi et de serment, et maintenant
« que le roi d'Espaigne se allie au roi d'Angleterre
« par mariaige, qui est alliance charnelle, je ne sçau-
« roie regarder moyen que le roi d'Espaigne ne fist
« faulte ou à l'ung ou à l'autre : et pour ceste cause,
« je ne m'en vueil entremectre. » Et dit le duc de Bourbon à Dam Johan nouvel roi d'Espaigne, fils de feu le roi Henri que les Espaignols avoient fait venir : « Sire, advisez bien que vous ferez : car vous estes
« allié au plus grant roi qui vive, et qui bien l'a
« monstré au feu roi vostre père et à vous, et je
« prends congié de vous, et m'en vois devers lui. »
De quoi le roi d'Espaigne mit grant peine à le retenir,

mais il ne voult plus demourer; et se partit le duc de Bourbon du règne d'Espaigne avec sept cens hommes d'armes [tant de ceux qui estoient passés les premiers avec messire Guillaume de Neullac et messire Gaulchier de Passac, comme des siens qu'il avoit menés jusques à sept cens hommes d'armes[1]] et passa par devers le roi de Navarre, Charles, lequel il debvoit mener en France, devers le roi, et dit le duc de Bourbon, au partir d'Espaigne à messire Guillaume de Neullac et à Gaulcher de Passac : « Passez
« par les monts de Roncevaulx, et allez à Ortelz, devers
« le conte Phébus de Foix, et là me actendez : car je
« y serai prouchainement, et ferons quelque chose
« digne de mémoire à nostre retour. » Si lui respondirent les chevaliers : « Monseigneur, voulentiers;
« mais il nous convient un pou delayer, tant que nous
« ayons reçeu la paye de la reste de deux mois, que
« le roi d'Espaigne nous doit. » Si demourèrent les chevaliers et leurs gens en Biscaye, près de Nadres, sur les ennemis, et le duc de Bourbon entra en Navarre, et alla à Pampelune ou le roi[2] [le receut, et le festoya grandement. Et y demoura le duc huit jours, et le roi] et lui parlèrent de leurs affaires ensemble. Et là ot nouvelles le duc de Bourbon du traictié fait entre le roi Dam Johan d'Espaigne et les Anglois par le moyen du roi de Portugal.

---

1. Lacune de trente-un mots par suite d'un bourdon dans le ms. C et dans les imprimés, restituée d'après les mss. A et B.

2. Lacune des seize mots qui suivent dans l'imprimé et dans le le ms. C, restituée d'après les mss. A et B.

LXIV. *Comment le conte Phébus de Foix en sa ville d'Ortels festoya le duc de Bourbon qui s'en repairoit d'Espaigne.*

Le duc de Bourbon estant en Navarre, se pensa qu'il avoit moult despendu ou voyaige d'Espaigne, et guières n'avoit exploictié, ainsi comme il eust bien voulu ; si advisa qu'il avoit notable compaignie de gens d'armes, et espéroit de non perdre temps, mais s'employer à quelque fait honnorable, sur les ennemis du roi de France, son souverain seigneur. Et pour ce faire, et que les gens d'armes ne le laissassent, il manda messire Jehan de Chastelmorand à Ortelz au conte de Foix, lui prier qu'il lui voulsist prester quinze mil escus ; et estoit l'entention du duc de Bourbon de aller guerroyer en l'isle de Madoc, entre deux mers, assés près de Bourdeaulx, o la multitude des gens qu'il avoit, et aussi de ceux qui restés estoient en Espaigne, qui le debvoient suivir, lesquels il actendoit. Et, affin qu'on entende clèrement, à l'heure que le duc de Bourbon se partit de Saint-More en Espaigne, le duc de Lencastre et ses Anglois s'estoient partis pour faire leur voyaige en Angleterre, et bien y apparut, car le duc de Bourbon en amena aucunes dames qui estoient avecques la duchesse, lesquelles se confièrent en l'honneur du duc de Bourbon, et se rendirent à lui, pour le grant bien dont elles le savoient plain. Si furent mariées despuis richement à de vaillans chevaliers, ou royaume de France, c'est assavoir dame Ysabel de Ferrières, que le duc donna pour femme à messire Regnaud de Roye, et autres qu'il maria haultement. Messire Jehan de Chastelmorand, et messire Le Barrois estoient à Ortelz, avec le conte Phebus pour requérir au nom du duc de Bourbon leur seigneur cellui prest, lequel leur respondit qu'il le feroit très voulentiers, et tout ce qu'ils vouldroient; si tournèrent les chevaliers Le Barrois et Chastelmorand arrières à leur seigneur le duc de Bourbon, qui s'estoit parti de Navarre, et lui rapportèrent ce que le conte Phébus leur avoit dit, et que lui et tout ce qu'il avoit estoit bien à son commandement; dont il fut moult lies et joyeulx, et se hasta fort à venir à Ortelz. Et Dieu scet quelle chière lui fit Phébus, le conte de Foix, lequel deffraya en sa ville d'Ortelz, de toute despence, le duc de Bourbon et toute sa court, huit jours qu'il y demoura, dont le duc de Bourbon l'en mercia, et de l'argent qu'il lui avoit presté. Si lui dit le conte de Foix que oultre ce et plus grant chose pour lui vouldroit faire. Et en tant que le duc de Bourbon estoit à Ortelz, mourut ung de ses chevaliers et chamberlans, le sire de Chaugy, qui là gist aux frères meneurs. Le conte Phébus qui ès parties de Guienne, avoit aucunes terres pour recommandées, savoit que les capitaines françois s'en repairoient d'Espaigne : si doubtoit que par icelles ne passassent en les degastant. Pour ce pria chèrement au duc de Bourbon, qu'il lui pleust mander Chastelmorand et Le Barrois devers les capitaines, jusques au pied de Roncevaulx, sur le seigneur de la Saigne, pour les destourber qu'ils n'entrassent point en la terre de Solle, ne de Mauléon, qui estoient en sa garde : car le conte Phébus avoit sentu que là vouloient venir pour les raençonner. Si lui octroya le duc de Bourbon, que aucuns de ses chevaliers iroient aux capitaines, et commanda à Chastelmorand et au Barrois qu'ils y allassent; lesquels dirent au duc qu'il leur sembloit que le conte Phébus leur dust bailler l'ung de ses gentilshommes, pour lui rapporter les nouvelles, et la diligence qu'ils auroient faite. Si leur bailla le conte Phébus pour ce faire, et estre avec eulx Héliot de Coppène ung des beaulx escuyers de Gascongne, et partirent les chevaliers, et trouvèrent que jà estoient passés les capitaines à IIII^c hommes d'armes deçà Roncevaulx, qui plus ne vouloient attendre leur paiement d'Espaigne, mais désiroient de eulx en retourner en leurs maisons. Si amenèrent les chevaliers au duc de Bourbon les quatre cens hommes d'armes, et dirent ainçois aux capitaines messire Guillaume de Neullac et messire Gaulchier de Passac, que le duc de Bourbon leur prioit qu'ils ne voulsissent entrer en la terre de Solle ne de Mauléon, lesquels obéïrent à son commandement, et furent moult lies le duc et le conte Phébus, de ceulx qui lui estoient venus, et donna le conte Phébus à chascun capitaine ung bel coursier pour la diligence qu'ils avoient faite.

LXV. *Comment le duc de Bourbon alla guerroyer en Bourdelois par l'advis du conte Phébus, et qu'il fit.*

Quant le duc Loys de Bourbon ot ses gens avec lui, fut moult aise; si regarda que trop avoit séjourné, et pour ce un jour print à dire au conte de Foix : « Beau
« cousin, puisque nos gens me sont venus, je n'atten-
« drai plus que je ne face quelque chose, et me

« vouldroie bien employer, par vostre bon conseil, en
« ce que je vueil faire, et secrètement, car ce que vous
« me direz ne sera jà révellé, pour ce que vous estes
« trop sur la frontière. » Lors dit le conte Phébus :
« Monseigneur, quant vous partirez d'ici, je vous con-
« seille que vous en allez en Bourdelois, en une ville
« appellée Brassempouig, qui est une ville ou il a
« foison de villains, qui n'ont cure de garnison, mais
« se gouvernent tout par eulx mesmes, et les trou-
« verez hardis villains, et une partie de la ville est
« close de palis, et croi qu'ils ne se pourront tenir
« contre vous. Et vous, en allant là, trouverez une forte
« maison, qui est de Perrot le Biernois, laquelle a bien
« cousté à faire xv mil frans, de la finance qu'il
« conquist à Chalusset. Et m'est advis, se la maison
« faisiez ardoir, que ce ne seroit pas mal. Et vous dis
« plus que, en prenant celle ville de Brassempouig,
« vous conquesterez le seigneur de Lescar, qui la
« tient du roi d'Angleterre. » Ainsi se partit le duc de
Bourbon du conte Phébus, et avec sa compaignie, s'en
alla à la maison de Perrot le Biarnois, Anglois, laquelle
il fit ardoir, et desroucher et gaster tous les jardins,
et fut apovri Perrot, à celle heure, de tout ce que avoit
amassé, pillé et robbé en son temps. Et de là s'en alla
le duc de Bourbon, avec sa compaignie, devant Brassempouig, et fit parler à ceulx de la ville d'eulx rendre,
lesquels parlèrent moult orgueilleusement, et dirent
qu'ils estoient bons Anglois, et vrais Anglois morroient.
Adonc commanda le duc de Bourbon l'assault, et lors
les gens d'armes se mirent à pié ; et de tous coustés,
tant des gens au duc de Bourbon comme de ceulx qui
repairoient d'Espaigne fut commencié l'assault aspre

et fort, et gens d'armes à entrer ès fossés et rompre palis, et villains à eulx deffendre vigoureusement, et tant s'efforcèrent les François que esrachièrent les palis. Et le premier qui léans entra, fut le sire de la Roche-Guyon, et fut un cri que ceulx de la ville l'avoient occis. Et incontinent, François oyans ce cri, Le Barrois et Chastelmorand qui portoit le pennon, se boutèrent ens, et après eulx ceux de l'hostel du duc, messire Blain Loup, Bliombéris son frère, le petit mareschal, le sire de Chitaing, messire Robert de Damas, messire Guillaume de Gàret, Perrin d'Ussel, Phelippe Beraud, Guichard Lebrun, Baudequin de Vesse, et ensuivant ceux du retour d'Espaigne, messire Guillaume de Neullac et messire Gaulchier de Passac, à toute leur brigade, à qui mieulx mieulx entrèrent ens à force, et quant ils furent dedans, ils occirent moult de ceulx de la ville, et les autres furent prisonniers, et Roche-Guyon n'ot nul mal. Et ainsi la ville de Brassempouig prinse, la fit le duc de Bourbon raser, pour la male renommée qu'elle avoit. De ce lieu s'en tira le duc de Bourbon, devant la ville de Lescar, qui fut prise de bel assault à sa venue, tant l'assaillit on aigrement, et quarante combatans dedans, et celle nuit s'y lougea, car le sire de Lescar, estoit parti de là pour aller à Bourdeaulx, querir secours contre le duc de Bourbon. Et l'en de main séjourna le duc auprès de Lescar, et manda son estendart par toute la contrée du sire de Lescar, où ses gens ardirent villaiges, bordes et maisons, tant que riens n'y demoura à ardoir, et s'en repairèrent à leur maistre. Et de Lescar se partit le duc de Bourbon, et alla devant une ville que l'en nommoit Ayenmal, assise en marests, qui avoit esté du roi de

France, de la séneschauciée de Tholouse, mais le sieur de Lescar la tenoit en subjection, et en grant pactis, pourquoi il falloit que ceulx d'Ayenmal, tenissent son parti. Et dès qu'ils virent François venir devant eulx, ils se rendirent au duc de Bourbon, lui priant que voulsist mectre garnison en la ville pour les garder du sire de Lescar, et ils lui seroient vrais obéïssans, et au roi de France, car ils estoient par droit de la séneschauciée de Tholouse. Et à une autre ville près de là appellée Montcuc, envoya le duc de ses gens, laquelle ville lui fit obéïssance comme Ayenmal. Et mit le duc garnison de ses gens aux deux villes, tant que messire Jehan d'Azay, séneschal de Tholouse, y eust envoyé gens à les garder pour le roi. Ainsi le duc de Bourbon, en s'en retournant d'Espaigne, gasta deux villes du roi d'Angleterre en Bourdelois, et deux autres y gaigna, qui despuis se sont tenues bonnes françoises.

LXVI. *Comme le roi de France alla en Allemaigne guerroyer le duc de Juliers, et comment le duc de Bourbon ot le chastel de Dul par le moyen d'un sien valet d'eschançonnerie.*

Le duc de Bourbon qui en Bourdelois avoit parachevé ce qu'il avoit empris, et illec n'avoit plus que faire, manda deux de ses chevaliers au roi de Navarre, comme il se partoit de Bourdelois, et le trouveroit à Toulouse, ainsi comme eulx deux l'avoient empris. Si partit de Pampelune le roi de Navarre, et vint ou estoit le duc de Bourbon, à Tholouse, et tous deux s'acheminèrent, et allèrent à Paris vers le roi de France,

qui fit grant chière au duc de Bourbon, pour la conqueste qu'il ot faite en Bourdelois, et reçut le roi de Navarre en sa grâce, et le retint de son conseil, à la prière du duc de Bourbon, pour ce que le roi d'Espaigne Henry darrain trespassé l'en avoit requis, piéça, qui avoit sa seur espousée. Et plus dit le roi au duc de Bourbon : « Beaux oncle, je suis moult lies de
« vostre venue ; vous estes venu bien à point : car
« les ducs de Gueldres et de Juliers, allemans, nous
« ont deffiés à la guise d'Allemaigne, qui soloient
« estre nos alliés. Et avons espérance que beaulx
« oncle de Berry et nous les irons voir ; et vous y
« serez, qui estes bien désiré en la compagnie. » Ainsi fut empris le voyaige d'Allemaigne, l'an mil III^c IIII^{xx} huit, par le roi de France, ou il mena six mil hommes d'armes, et ordonna-on que le duc de Bourbon feroit en cellui voyaige l'avant garde. Si chevaucha le roi par ses journées, tant qu'il entra en Allemaigne à grosse puissance, et chevaucha devant Juliers, ou il mit le siége, et furent mandés les coureurs par la contrée pour proier, comme il est de coustume. Et le duc de Bourbon, qui faisoit l'avant garde, vit ung moult bel chastel, auprès de lui, qui séoit en hault, que on appelloit Dul, duquel les nobles léans habitans portent les armes peeullées d'or et de gueules dont les rois d'Aragon anciennement partirent de là ; et sembloit au duc qui le chastel auroit que l'en feroit assés dommaige à ceulx de Juliers au duc et à ses vassaulx ; et en ce pencer, ou estoit le duc de Bourbon, ung subtil varlet allemand de son eschançonnerie, qui l'avoit servi moult longuement, vint à lui, et lui dit : « Mon-
« seigneur, je suis de ce païs, et bien vous povez

« fier en moi. J'aime vostre hostel, car je y ai esté
« allevé et m'avez fait moult de biens. Faictes moi
« bailler jusques à seize compaignons, et je m'en irai
« embuscher, si que il ne pourra que nous ne facions
« quelque mal à ceulx qui entreront dedans le chastel,
« ou à ceulx qui sauldront defors. » Et encores dit le
valet au duc de Bourbon : « Monseigneur, si je voi
« mon point, je prendrai trois ou quatre de mes com-
« paignons allemands, et irons à la porte du chastel
« de Dul que vous voyez, et dirons que le duc de
« Juliers nous y mande pour estre avec eulx en la gar-
« nison, et pour garder la place encontre les François
« qui sont au pays. » Si dit chacun en l'hostel du duc
de Bourbon que c'estoit bonne soutiveté de guerre,
veu que en ce temps là tout homme estoit vestu selon
l'allemand. Et adonc le duc dit au varlet qu'il se tenist
seur de sa vie avoir bien assignée, s'il faisoit cela.
Lequel vallet, ensemble ses compaignons allemans, se
partirent du lougis du duc de Bourbon, et vindrent
devant Dul, une heure avant jour, lesquels en tiois
appellèrent le capitaine, disans que le duc de Juliers,
leur seigneur, les mandoit à estre en la place avec lui
en garnison. Si les creut le capitaine pour la langue
qu'ils parloient, descendit du chastel, vint à eulx, et les
mena dedans, pour la créance qu'ils lui asseurèrent de
son seigneur. Et quand ils se virent plus fors que le
capitaine, ils le prindrent, et l'emprisonnèrent, et
celle nuict firent bonne garde. Et le duc de Juliers
qui savoit comme souvent François alloient devant
son chastel de Dul, pour ce que mieulx fust gardé la
nuit, envoya huit gentilshommes, lesquels vindrent
là au matin, et eulx cuidans trouver le capitaine qu'ils

congnoissoient, trouvèrent les serviteurs au duc de Bourbon, qui au chastel les menèrent, et les destindrent prisonniers. Et au matin descendit du chastel de Dul cellui varlet d'eschançonnerie, et vint au duc de Bourbon, son maistre, lui dire comme il avoit ouvré, et que le chastel de Dul estoit sien. Si en fut moult joyeulx le duc de Bourbon, et y manda gens pour le garder, et le roi avec le duc de Berry qui devant Juliers estoient, s'esléescèrent fort de la prinse du chastel de Dul, et le duc de Juliers en fut triste et doulent, et non sans cause, car c'estoit le maistre chastel de son pays, et se donnoit paour, que pour cellui chastel, sa ville de Juliers qui estoit forte et belle, ne fust en doubte d'estre perdue, par la longue demoure que le roi de France feroit en celles marches, si comme il espéroit. Après ce que le duc de Bourbon ot Dul en sa main, vint au roi, et au duc de Berry, en leurs tentes, qui estoient devant Juliers, ung chevalier, et dit au roi : « Sire, le duc, vostre ennemi, est en sa ville de Juliers, « saichons qu'il vouldra faire. » Si fut conclu que l'en enverroit deux héraults à lui, pour savoir qu'il vouldroit dire. Si lui dirent les héraults qu'il fist obéïssance au roi de France. Si demoura à cellui jour le duc de Juliers sans rendre responce au roi, et l'en de main la responce fut qu'il ne pouvoit faire traictié sans le duc de Gueldres, ne le duc de Gueldres sans lui, car ils estoient alliés sur ces points, et, sur ceste promesse, et que le roi povoit aller en la terre du duc de Gueldres, et ce que le duc de Gueldres feroit, le duc de Juliers le tenroit à fait ; et ce il disoit pour ce qu'il lui sembloit que nul François n'oseroit entrer en la terre du duc de Gueldres qui le peust grever.

LXVII. *Comment le roi de France alla guerroyer le duc de Gueldres, et comment cellui duc et cellui de Juliers se accordèrent au roy.*

Les ducs de Berry et de Bourbon dirent au roi que assez estoit possible la responce du duc de Juliers, et que qui mectroit l'ung en obéïssance, l'autre n'y contendroit mie. Pour ce conclurent d'aller guerroyer le duc de Gueldres, qui tenoit plus grant terre; et sur ce se partit le roi de devant Juliers, et s'en alla, à tout son ost, au milieu du pays au duc de Gueldres, qui marchissoit entre Juliers et Colongne, sur le Rin, tenant au marquisé de Moravie, dont l'arcevesque et le marquis avec le duc de Bresvic estoient ses alliés. Mais le roi de France n'ot mie demouré au duché de Gueldres quatre jours, que François allèrent courre jusques ès portes de Coulongne, d'Aiz en Allemaigne, en Moravie, et en Bresvic. Et estoient les plus des coureurs des gens au duc de Berry, et, à leur retour, amenèrent grans proies en l'ost, et prindrent moult de prisonniers, et furent tous riches du grant gaing qu'ils orent fait en celle courrerie. Et eulx venus furent bien receus du roi, et du duc de Berry leur maistre, de la grant chevaulchée qu'ils avoient faite. Et l'en de main fit le roi une belle ordonnance que devant trois places du duc de Gueldres, qui estoient à deux lieues de l'ost du roi, on envoyeroit devant chascune des places mil hommes d'armes, et deux mil qui chevaucheroient par le pays, et trois mil qui demoureroient en l'ost, avec le roi, sans eulx bouger. Et fut dit que par ainsi la duchié de Gueldres seroit mise en subjection. Si demeura le roi de France unze jours en son ost, et, durant ce terme, furent prinses par force d'armes les trois places au duc de Gueldres, et son pays couru ars et gasté par les gens au duc de Berry. Et lors, les ducs de Gueldres et de Juliers, qui voyoient que mal leur alloit, et leurs païs gastés de toutes pars, mandèrent ambassadeurs au duc de Berry que, pour Dieu, il traitast, et fist leur paix avec le roi. Si fut la paix traictée ainsi que vous orrez. Le duc de Gueldres et cellui de Juliers promirent que jamais ne seroient contre le roi de France, ne son royaume, pour nulle personne qui vive, se pour l'Empereur non, lequel ils ne povoient excepter. De quoi le roi ne son conseil ne firent mie grant compte, pour ce que l'empereur estoit oncle le roi, et firent les ducs, ou leurs procureurs de par eulx, le serment au roi de France de celle promesse, et en baillèrent lettres scellées des seaulx de leurs seigneurs les ducs, présens le duc de Berry et le duc de Bourbon, et leur rendit-on leurs places. Et accompli le traictié, qui fut moult grant et honnourable le roi s'en partit d'Allemaigne à son très haut honneur, ayant mis ses ennemis en subjection, et s'en passa par la fourest d'Ardenne, à tout son ost, puis licencia ses gens d'armes, et s'en repaira en France, en son hostel à Paris, dont il fut haut honneur et grant bruit, pour le bien du royaume.

LXVIII. *Comment le roi et le duc de Bourbon baillèrent gens au connétable Clisson, pour aider au conte de Penthièvre, contre le duc de Bretaigne.*

Messire Olivier, seigneur de Clisson, conestable de

France, qui estoit demouré pour les debbats de Bretaigne, sceut que le roi estoit retourné d'Allemaigne, et demouroit à Paris, ensemble les ducs de Bourgogne de Berry et de Bourbon, si vint devers le roi, se complaignant que le duc de Bretaigne mettoit peine de vouloir destruire le conte de Penthièvre, et dit au roi : « Sire, le conte est vostre subject et allié, et tient la plus « grant partie de sa terre en Bretaigne de vous, et si le « conte de Penthièvre est destruict, vous perdez en « Bretaigne le plus grant de vos alliés. » Et à lui respondit le roi : « Par Dieu, conestable, je ne le lairrai point « perdre, car je lui aiderai ! » Et à celle requeste faire, avec le conestable estoit le sire de la Rivière, qui estoit tout ung. « Combien, » ce dict le roi, « que j'aie « faite grande despence en Allemaigne, et n'aie mie de « présent tant d'argent comme je vouldroie. » — « Ha ! « ha ! sire, » si dit Clisson, « ne vous chaille, car les « gens que vous me baillerez, je les payerai pour deux « mois en ceste ville. » Dont ceulx qui l'oïrent dire, furent moult envieulx de y aller. Et bailla le roi de France à son conestable Clisson, pour aller en Bretaigne contre le duc, huit cens hommes d'armes, de quoi le duc de Bourbon en bailla deux cens, dont furent chefs les chevaliers Le Barrois et Jehan de Chastelmorand ; et messire Guillaume de Layre, qui estoit de l'hostel du roi, d'autres deux cens ; et le petit Sempy de deux cens ; et Moncavrel, qui estoit chevalier de bien et d'honneur de l'hostel du roi, aussi en ot deux cens. Ainsi furent baillés les huit cens hommes d'armes, et quatre capitaines par le roi et le duc de Bourbon au sire de Clisson, qui tantost fit païer les capitaines, pour deslivrer les gens d'armes, et faire leurs monstres, par son trésorier appellé M° Jehan Le Roi qui avoit la finance à Nostre dame à Paris, et bailla l'argent pour deux mois, et ordonna faire la monstre devant Saint Brio[1] des Vaulx. Et se partit tantost Clisson du roi pour faire son chemin avec ses gens d'armes, et tirer tout droit en Bretaigne devant Saint Brio, ou il avoit deux de ses capitaines qui le actendoient, pour mettre le siége : et les nommoit on Raoul de Carselio et son frère, qui tenoient Guingant pour le conte de Penthièvre, lesquels deux avoient là bien quatre cens hommes d'armes de bretons bretonnans.

LXIX. *Comment le conestable Clisson besongna en celle guerre, et comment Saint Brio se rendit à lui.*

Le sire de Clisson, qui se vit bien acompaigné, alla mettre le siége devant Saint-Brio des Vaulx du duc de Bretaigne, et Dieu scet s'il estoit garni d'artillerie, de bombardes et de engins. Et demoura devant à siége cinq sepmaines, et mit la ville en tel estat par la batteure de ses engins et assaults, qu'elle ne se povoit plus tenir. Et endementiers que le siége y estoit, le duc de Bretaigne assembloit tout le povoir de gens qu'il povoit amasser, pour venir lever le siége : et se vint louger à Piédreuch, à ung quart de lieue de Saint-Brio, à trois mille combatans, dont il y avoit douze cens hommes d'armes, et tout le demourant de gens de pié. Et l'en de main se partit le duc de Piédreuch. Et quant il fut devant l'ost du sire de Clisson, il mit

---

1. Saint-Brieuc.

ses gens en ordonnance pour le combatre. Et le conestable Clisson, qui estoit valeureux chevalier et de hardie emprinse, issit bauldement de son siége avec ses gens rangiés à livrer la bataille au duc, s'il l'osoit attendre. Et le duc de Bretaigne voyant l'ordonnance du sire de Clisson dit à ses gens : « Messeigneurs et « compaignons, voyez là Clisson, qui a rangié ses « conrois, et ne désire que la bataille? Je ne la reffu- « seroie mie voulentiers, mais je voi qu'il a ordonné « une grosse aile des siens qui tous sont montés sur « grans coursiers de advantaige. Nos chevaulx sont « petis : ceulx de là nous viendront courir sus, si ne « les porrons soutenir; par quoi nous en aurions le « pieur. » Pour ce se retraït cellui jour, le duc, lui et ses gens à Piédreuch, dont il estoit parti, et Clisson en son lougis. Et quant Clisson se fut lougié, il appella ses capitaines, et leur dit : « Beaulx seigneurs, je sai « bien que ce duc de Bretaigne mandera demain cou- « rir devant Montcontour, qui est du conté de Penthiè- « vre : si gastera le pays, car il y a moult la dent. Si « est mon entencion d'envoyer Beaumanoir, qui est « ici, tout de nuit, entre Piédreuch et Montcontour, « et vous Barrois et Chastelmorand, prenez trente « compaignons montés sur les meilleurs courriers que « vous aurez, et vous Sempy, et Montcavrel autant[1] [et « vous Guillaume de Laire et vostre compaignon au- « tant]. Et qu'il n'y ait que tous chevaulx de pris pour « les employer au besoing. Et Beaumanoir menera le « demeurant des gens de mon hostel, car je ne vueil

---

1. Lacune dans l'imprimé et le ms. C, par bourdon, des neuf mots qui suivent, restituée d'après les mss. A et B.

« que soyez se non cent et cinquante hommes d'armes[1] :
« [si estes assez pour six cens chevaulx de Bretons. Et
« à Dieu le veu, les chevaulx des Bretons ne valent
« riens, et ne me semble poinct que failliez à trouver
« vostre adventure, et la pouvez prendre, se bon vous
« semble, ou l'eschever. » Ainsi s'en allèrent le sire de
Beaumanoir et sa compagnie, et mirent une embusche
entre Piédreuch et Montcontour. Si advint que l'en de
main, entre le jour et souleil levant, le sire de Chastel
et messire Pons Périlleux partirent du duc de Bretaigne, pour aller courre à Montcontour, et le duc de
Bretaigne devoit aller après, pour y mettre le siége, et
estoient celles gens par manière de avant garde. Mais
Beaumanoir, qui estoit en son embusche, et qui les vit
venir de loing avec ses compaignons, tous lances en
poing, allèrent férir parmi eulx fièrement, si furent
en celle empaincte que mors que prins huit vingts
bretons, et se saulva le remenant de ceulx qui foui-
rent ès bois grans et parfonds, et entre les autres
furent prins le sire du Chastel, et messire Pons Périlleux, frère du viconte de Rodes en Aragon, et d'autres
bons prisonniers bretons. Et Beaumanoir avec sa compaignie s'allèrent retraire à Montcontour, ou ils espé-
roient que le duc viendroit pour eulx grever, s'il
povoit. Mais le duc de Bretaigne qui oït dire ceci,
s'en partit bien à haste, et s'en alla passer avec toutes
ses gens au pont de Lanion, qui est un pont auprès de
la marine. Et Beaumanoir et les siens qui sceurent que
le duc avoit passé le pont, se partirent de Montcon-

---

1. Lacune de l'imprimé jusqu'à : et y allèrent de belle tire, p. 213, restituée d'après les trois mss.

tour, et s'en tirèrent vers Clisson qu'ils trouvèrent devant Saint-Brio, appareillé de aller combattre le duc de Bretaigne à la croix de Lanion où il passoit, et là le conestable Clisson alla présenter la bataille, et se voyoient les deux osts l'ung l'autre sur la grève de la marine, et de rencontres ou y ot fais de beaulx fais d'armes, d'une part et d'autre, et bien grosse escarmuche. Et quant ce vint à heure de midi, le sire de Clisson dit à ses gens : « Beaulx seigneurs, vous estes
« bien montés, les chevaulx de de là sont petis, férez
« parmi ces bretons, et les repoulsez en la bataille du
« duc. » Lesquels le firent ainsi, et en ce toulléïs, y ot mors bien cent Bretons de la partie du duc, et bien gaigné cent chevaulx; et dedans deux heures après s'en alla le duc de Bretaigne à Saint Lormech, et le conestable sire de Clisson arrière avec sa chevalerie, et ses gens à son siége devant Saint Brio-des-Vaulx, dont les habitans l'en de main se rendirent à lui, veu que avoit failli au secours le duc qui du siége les devoit deslivrer.

LXX. *Comment le conestable Clisson guerroyoit Bretaigne, et comme le duc Phelippe de Bourgongne, par belle manière, apaisa le duc de Bretaigne, et le conte de Penthièvre.*

Le conestable de France sire de Clisson avoit séjourné à Saint Brio-des-Vaulx quatre jours, et l'avoit garni de ses gens; et pour faire pis au duc de Bretaigne à qui il guerroyoit, envoya courir les fourests de Quintin ou estoit tout le bestial du pays, et aussi les garennes d'Angoillo dont l'en amena plus de dix mille chiefs de bestes, que le sire de Clisson despartit et donna toutes aux compaignons. Et de Saint Brio s'en alla Clisson au Poirier, qui estoit au mareschal du duc en sa guerre, appellé messire Bertrand Goyon, et fut la place assaillie de tous coustés, tant que on la prinst et arrasa. Et de cellui lieu manda le sire de Clisson les capitaines que le roi lui avoient baillés au port de Lanion que tenoit le viconte de Coymen, et estoient huit cens hommes d'armes,] et y allèrent de belle tire, mais ils ne trouvèrent mie le viconte, car il s'en estoit allé devers les duc, et avoit laissé sa place despourveue comme fol. Laquelle fut prise d'assault, et la vicontesse de Coymen sa femme, et perdu tout ce que le viconte y avoit, et la dame prisonnière, à Chapelle, nepveu de Chastelmorand, qui ne fut mie destenue : car on lui rendit ses robbes, et s'en alla à ses amis, et laissa l'en garnison dedans le port de Lanion pour le sire de Clisson ; et en retournant prinst-on la maison de l'evesque de Saint Brio, qui estoit moult forte, et près de la croix de Malchalt ou Merlin faisoit les merveilles. Et de là le conestable Clisson et son ost alla devant Quintin qui est à l'entrée de la fourest de Broceliande, laquelle ville se rendit à lui, et puis à Lohéac, ou il assembla toutes ses gens, pour vouloir faire plus grant chose. Mais en tant que le conestable estoit à Lohéac, lui furent apportées nouvelles comment le duc Phelippe de Bourgongne estoit à Angers, que le duc de Bretaigne avoit fait venir de longue main, et le estoient allé quérir messire Jehan de Hangest et son frère, frères de l'évesque de Saint Brio-des-Vaulx, pour avoir aucune paix entre le conte de Penthièvre, et lui. Et le duc de Bourgongne qui estoit à Angiers envoya par ses huissiers d'armes au conestable sire de Clisson, et aux capitaines que le roi lui avait baillés, lettres patentes de par le roi et les siennes, qui leur furent présentées, en leur disant que eulx et le duc de Bretagne se trahissent à Angiers, devers le duc de Bourgongne, qui estoit chargé de faire celle paix, et que, durant le traictié, ne fissent Clisson, ne les capitaines, nul exploit de guerre, car le roi le leur deffendoit, et aussi pareillement au duc de Bretaigne, et que tous ensemble voulsissent obéïr au duc de Bourgongne, au fait pour quoi en celles parties pour le roi il estoit envoyé, et que Clisson ne menast à Angiers que cent hommes d'armes en sa compaignie, ne aussi le duc de Bretaigne, que cent ou six vingts, et qu'ils seroient lougiés à Angiers, l'un deçà la rivière, et l'autre de là, affin que rumour n'y fust. Et quant je vous auroie fait long conte, là fut faite la paix, et jurée du duc de Bretaigne et du conte de Penthièvre, en telle manière. Car ils promirent en la main du duc de Bourgogne, que de tous debbas qui leur pourroient survenir, ils ne feroient guerre l'un à l'autre sans le bon congié du roi, ou du duc de Bourgongne, représentant la personne du roy ; et ainsi furent fais les seremens. Et disoit-on que ce fut une très-honnorable paix qu'avoit faite le duc Phelippe de Bourgongne, qui ne s'estoit monstré parcial ne d'ung cousté ne d'autre, mais avoit si honnorablement exécuté cellui fait pour le roi, que l'on ne povoit dire plus belle paix ne plus honnourable. Et voult le duc de Bourgongne que la paix fust leue devant les deux partis, et devant les capitaines, tant du roi comme du duc de Bourbon, qui estoient avec Clisson,

et les autres, afin que chascun fust tesmoing du traictié. Et demanda le duc de Bourgongne au duc de Bretaigne pour voir si ce traictié lui sembloit bon, et à l'autre partie semblablement : si dirent qu'ils estoient contens de ce qu'il faisoit au nom du roi, et lors dit le duc Phelippe de Bourgongne qui estoit si vaillant et saige prince, comme chascun scet, qu'ils avoient bonne raison. « Mais, dit-il, je vous vueil dire encore une parolle
« plus avant que j'ai en charge de par Monseigneur le
« roi : car je vous certiffie par ma foi, devant toute ceste
« chevalerie, que le premier de vous deux qui rompra
« ce tractié, et fera guerre, monseigneur le roi sera
« contre lui à sa destruction. » Ainsi se partit le duc de Bourgongne d'Angiers, et le duché de Bretaigne demoura en paix, et le duc de Bourgongne tira avec tous les autres capitaines devers le roi leur souverain seigneur, qui estoit à Paris, et furent bien contens le roi et tous les autres seigneurs de la paix que le duc de Bourgogne, son oncle, ot faite, et de l'obéissance que le duc de Bretaigne et le conte de Penthièvre lui faisoient.

LXXI. *Comment le roi alla visiter Languedoc son pays, et avec lui son frère, ensemble le duc de Berry, et le duc de Bourbon.*

Paciffié le pays de Bretaigne, il ne tarda pas longuement après, que le roi de France ot conseil et advis de aller en Langue d'oc, où il n'avoit esté depuis la mort son oncle le duc d'Anjou, qui est un des bons pays de finances que le roi ait. Et, en ce temps là, le roi qui avoit le cueur lie et joyeulx, en donnoit et en despendoit tant, qu'il ne povoit fournir, et fut advisé que c'estoit pour le mieulx qu'il se traïst en ces parties, pour accueillir finances, car il en avoit bien besoing, et estoit le pays qui plus de finances lui povoit aider, pour ce qu'estoit situé ès marches et confines de Guienne et Bourdelois, et autres provinces qui moult pourroient nuire au roi, et pour ce estoit nécessaire de y aller. Et fut ordonnée l'allée, par ainsi que le duc de Bourgongne demoureroit pour garder le pays qu'il avoit à gouverner, et aussi pour les périls qui y pourroient advenir. Et le duc d'Orléans, frère du roi, ensemble le duc de Berry et le duc de Bourbon, iroient avecques le roi, accompaignés de quatre cens hommes d'armes. Estre tout mis en point, se partit le roi de Paris, et vint à Mehun-sur-Yèvre, ou le duc de Berry le festoia grandement, et puis à Gannat, ou le sire de la Tour, avec les dames et damoiselles du pays, le festoièrent liement. Et de Gannat se partit le roi, et s'en alla au Puy-Nostre-Dame, où toutes gens le venoient voir, et là demoura le roy trois jours en la ville, où lui furent fais de moult beaulx présens et de grans dons. Et du Puy tira le roi le droit chemin à Carcassonne, qui est telle cité et ville que on puet savoir, où il demoura huit jours à revisiter le bel chastel et cité qui y est. Et fit le roi crier que toutes gens à qui on avoit forfait venissent par devers lui, car il estoit venu au pays pour faire raison à ung chacun ; et en celle sienne ville expédia moult de besongnes, et ce qui restoit à faire, assigna jour aux personnes, que à lui venissent à Tholouse, où il alloit. Si se partit de Carcassonne le roi, et alla à Tholouse ou tout Langue d'oc le attendoit, et fut receu et festoié si grandement que c'estoit merveilles de voir celle léesse ; et y avoit tant de gens ès rues à le regarder que on ne povoit passer. Si estoient les rues, par où il passoit, encortinées et parées d'aournements riches et beaulx, et les consuls de la ville vestus d'habits royaulx, portoient le paille au roi, et les petits enfans alloient devant, portans en leurs mains bannerètes de fleurs de lis, et crians : Noël ! vive le roi ! Si les suivoient les processions, la université, et le autre clergié, dont il y avoit moult. Et auprès du roi estoient les ducs d'Orléans, de Berri et de Bourbon, et assez longnet de eulx les barons et seigneurs du pays, puis le Séneschal et le Viguier en leur endroit, où les suivoient par ordre les gens des mestiers, vestus de livrée, et portans bannière de leur office. Et par où le roi alloit, les tables parmi Tholouse estoient mises, ou toutes manières de gens beuvoient et mangeoient en passant. Et en celle joye alla le roi à la maire esglise louer Dieu, et de là au Chastel Nerbonnois, son royal hostel, ou il demoura ung mois, pour savoir comment ses officiers le faisoient, et pour oïr comptes, et terminer les querelles du pays. Et endementiers que le roi demouroit à Tholouse, vindrent à lui ses vassaux, le conte d'Armignac et le conte de Foix y envoya pour lui, et aussi y furent les chevaliers et escuyers du pays. Et fit le roi crier que tout homme qui tenoit fief de lui vint à Tholouse, et il le recepvroit ; et plus, quiconque se sentiroit estre forfait, il lui feroit droit et raison, et, pour ceste cause, estoit-il venu au pays ; et fut celle parole bien prise en gré de toutes gens, qui dirent : bien soit venu le roi. Et puis que le roi ot receu ses hommages, et le pays refformé en bon estat par le bon conseil de ses oncles, les ducs de Berri et de Bourbon, lui fit la cité de Tholouse de grans dons de vaisselle, et ceulx de la ville lui firent de grans requestes desquelles le roi leur octroya les aucunes qui lui sembloient bonnes, et les autres non. Et donna le pays de Languedoc au roi en tout trois cens mille frans de bonne monnoie.

LXXII. *Comment l'ambassade de Gennes vint au roi le requérir qu'il lui pleust bailler puissance de gens pour passer en Auffrique.*

Par tout couroit la renommée du bon gouvernement mis au royaume de France, que le roi y tenoit par le bon sens et preudhommie des seigneurs les ducs, ses oncles. Car chacun qui en oyoit parler louoit Dieu de celle bonne justice qui y régnoit, par laquelle Dieu sueffroit estre le royaume en paix, et jà se alloient esbatans les vaillans chevaliers françois dehors, ès loingtains voyaiges, pour plus avoir honneur; et ceulx d'autres royaumes venoient en France voir le roi, qui les recepvoit liement, et leur donnoit largement du sien. Et disoient les chevaliers que bien séoit au royaume la prospérité, car il y avoit bel prince à roi, habile chevalier, fort et legier, bien taillé de conquérir grant chose; et quant ils estoient repairés en leurs contrées, moult louoient les dis et les fais du roi de France. En celui temps la cité de Gennes se gouvernoit par commun, et eslisoit le peuple l'ung d'eulx à estre duc à certain temps, pour gouverner la ville dedans et dehors. Et en tant que par celle police se gouvernèrent et furent unis, ils prospérèrent grandement, et conquirent en mer moult de villes et chasteaulx. Or en cette saison que encores estoit le roi de France à Tholouse, se maintenoit ainsi la cité comme j'ai dit. Et pour lors estoit duc de Gennes ung moult soubtil homme, saige et bel parlier, appellé messire Anthonio Adourne, lequel se pensa que à bien mettre à fin l'emprinse que vouloit faire, il ne savoit nul prince à qui il deust plus tost demander aide que au roi de France, qui avoit le cueur ès grans choses, et estoit en paix, si que nul ne le guerroyoit. Pour ce mit sus le duc de Gennes une notable ambassade, et l'envoya à Tholouse, devers le roi de France, lui suppliant qu'il lui pleust de aider aux Gennois, qui estoient ses bienvueillans, et à eulx bailler gens à puissance, pour aller sur les mescréans ; et qu'ils savoient une ville en Sarrasine, qui estoit à une des pointes de la mer d'Espaigne et de celle de France, et s'appelloit la ville Auffrique en Barbarie[1], laquelle advitailloit trois rois maures, qui ne auroient de quoi vivre, se la ville n'estoit, dont ils recepvoient vivres, par les gens qui, par mer, les y menoient par avarice, car en tous leurs pays ne croissent nuls biens, pour ce que en leur terre n'a que sablon, et sont iceulx rois sarrasins. Le premier est le roi de Thunes[2], le second le roi de Tremessent[3] et le tiers, le roi de Bougie. « Et ne faisons point de doubte, » dit l'ambassade de Gennes au roi de France, « que se Auf-

---

1. *El Mahadia*, ou *El Mehadia*, près du cap Africa (Tunisie), par 35° lat. et 8° 30 long., c'est l'*Aphrodision* de Ptolémée.
2. Tunis.
3. Tlemcen.

« fricque estoit es mains des chrestiens, laquelle nous
« prendrons si Dieu plaist, ces trois rois infidèles et leurs
« pays ne fussent destruis, ou ils tiendront la foi chres-
« tienne, qui seroit une belle chose à votre Seigneurie,
« veu que vous estes le plus grant roi des christiens, et
« qui tant avez grant renommée. Si vous mectez sus
« ceste chose ici, nous vous offrons, sire, » dirent les
ambassadeurs, « de par la seigneurie de Gennes, à
« tous ceux qu'il vous plaira y envoyer, de leur livrer
« vaisseaux et bescuit, et que toute la seigneurie de
« Gennes, en celui voyaige, est preste de vivre et mou-
« rir avec eulx, » qui fut une parole moult bien oïe du
roi et de la chevalerie pour la belle offre des Genevois.
Et dirent tous les chevaliers au roi : « Sire, véez ci une
« des belles manières d'emprise que on puisse voir, et
« bien seroit de bonne heure né le prince, qui si bonne
« œuvre pour l'honneur de Dieu et le bien de la chris-
« tienté emprendroit. » Et aux ambassadeurs dit le roi de
France : « Vos promesses sont bonnes et honnorables
« et vos requestes justes et raisonnables ; et, pour ce,
« je vous en répondrai d'ici à deux jours. »

LXXIII. *Comment le duc de Bourbon emprint le voyaige d'Auffricque, et quels seigneurs se offrirent à aller avecques lui, dont il fut content, et les retint tous.*

Durant le terme de deux jours que le roi de France debvoit faire responce aux Genevois de leur ambassade, se advança le vaillant prince le duc Loys de Bourbon, qui dit au roi : « Monseigneur, je vous supplie que,
« pour tous les services que je vous pourroie jamais

« faire, il vous plaise de moi donner ceste charge, que
« je me puisse employer pour vous. et au nom de
« vous, au service de Dieu : car c'est la chose au
« monde que j'ai plus désirée, et après les fais mon-
« dains, il est belle chose de servir Dieu. » Et lors
dit le roi au duc de Bourbon : « Beaux oncle, vous
« savez les grans affaires que nous avons, et aussi à
« grant peine trouveriez gens qui voulsissent aller si
« loing. Pour quoi ne veuillez entreprendre ceste
« allée. » Et lors respondit le duc de Bourbon au roi :
« Monseigneur, j'ai les chevaliers et escuyers de mon
« pays, qui ne me faillirent oncques, ne à ce besoing
« ne me fauldront jà, ne aussi ferai-je à eulx de ce
« que j'ai vaillant de leur despartir. » Et tant pourmena
le duc de Bourbon le roi de France son seigneur, qu'il
fut force qu'il lui octroyast. Et l'en de main vindrent
les Gennois devant le roi pour oïr leur responce, et
leur fit dire le roi qu'il avoit bien sceu et veu le honnorable voyaige qu'ils entreprenoient « et pour ceste
« raison, dit le roi, je vous baille pour vostre chief,
« bel oncle, le duc de Bourbon, qui est ung tel cheva-
« lier comme vous savez, et ne vous pourroie bailler
« plus grant de mon sang, se non les autres ducs,
« mes oncles de Bourgogne ou de Berri, en espérant
« que la chose se face. » A l'heure s'agenoillèrent les
ambassadeurs de Gennes devant le roi, le remerciant
très-humblement de ce qu'il leur bailloit pour estre
avec eux le prince que plus désiroient. Et ainsi se départirent ceulx de Gennes, moult lies et si joyeulx qu'il
leur sembloit que Dieu les emportoit, et se hastèrent
fort pour aller aprester l'armée. Et fut ung grant bruit
à Tholouse et au pays de Languedoc, de l'emprise que

le duc de Bourbon faisoit à s'en aller sur les Sarrasins, et non mie en Languedoc tant seulement, mais jusques à Bordeaulx, et en Espaigne, aussi en Aragon. Et advint que le Souldich de l'Estrau, ung des vaillans chevaliers du monde, qui estoit de Bourdelois, envoya son ambassade au duc de Bourbon, lui suppliant et requérant qu'il lui pleust de impétrer un sauf-conduit du roi de France, pour lui et dix gentilshommes, affin qu'il peust aller en sa compaignie au voyaige d'Auffricque ; et aussi fit le sire de Castillon-entre-deux-mers pareillement, auxquels le duc de Bourbon envoya leurs sauf-conduis du roi, si vindrent à son service ; et le viconte de Roddès qui estoit moult vaillant chevalier du règne d'Aragon, et le sire de la Saigne, envoyèrent prier au duc de Bourbon qu'il lui pleust qu'ils fussent en ceste armée à sa compaignie. Le sire de Couci qui estoit en Picardie, et savoit l'emprise du duc de Bourbon, et aussi le conte d'Eu, envoyèrent à lui que ils eussent leur retenue de deux cents hommes d'armes qu'ils amèneroient, et pareillement requist le sire de Graville, normand, qui avoit trente hommes d'armes à le servir : et de tout ceci fut le duc de Bourbon très joyeulx, et les retint tous. Mais il advint que aucuns puissans nobles hommes Anglois, estant à Calais, qui savoient l'allée du duc de Bourbon, c'est assavoir le sire de Cliffort, le sire de Climbo, Neufville, Cornuailhe, Jeannicot d'Ortenye, messire Jehan Franc, envoyèrent au duc de Bourbon, requérir que au nombre de vingt cinq gentils hommes et cent archiers il les voulsist recueillir en son armée, si en fut le duc content ; et le seigneur de Saint Georges, qui estoit de la comté de Bourgogne, envoya requérir au duc qu'il retinst avec vingt cinq gentils hommes ; si le fit le duc de Bourbon. Et Dieu scet si les nobles hommes de l'hostel du roy, pareillement des ducs d'Orléans, de Berri et de Bourgongne, se offroient au service du duc de Bourbon! Et lors se pensa le duc de Bourbon : « Tant de « gens se offrent à moi, que j'ai paour que nous fail- « lons à navie ; » et adonc fit mettre en escript tous ceulx qui iroient avec lui, et trouva qu'ils estoient mil et cinq cens gentilshommes. Et lors prinst le duc ung de ses mestres d'hostel, et ung de la Chambre aux deniers, et cinq autres de ses officiers, pour mander aux Gennois le nombre des gens qu'il meneroit, en leur faisant savoir que avec lui estoient bien mil cinq cens gentilshommes, pour savoir s'ils avoyent assez de vaisseaux, et aussi les leur envoïoit pour faire ses provisions de chairs sallées, et de bescuit, de poissons, et d'autres victuailles qui appartiennent à mectre en mer. Si mandèrent les Gennois au duc de Bourbon : « Sire, « nous avons assez vaisseaux pour mener six mil « hommes d'armes, se vous les amenez, car il n'y « fault nulz chevaulx, et sommes lies et joyeulx de ce « que vous nous mandez, et amenez ce que vous voul- « drez : car nous avons vingt-deux gallées, et dix-huit « nefs, et seront tous bien lougiés au plaisir de Dieu. « Par quoi, plaise vous que vous et toutes vos gens « soiez à Gennes, la sepmaine après la Saint-Jehan, et « là vous trouverez tout prest pour passer oultre. » En ce termine se partit le roi de son pays de Languedoc, et alla en Avignon voir pape Clément, et le duc de Bourbon avec lui, qui alla voulentiers là demander congié au pape, pour aller sur les mescréans, et qu'il lui baillast absolucion de poine et de coulpe, à lui et à ses gens. Si le fit le saint père de bon cueur au duc de Bourbon et à ses gens et aux Gennois, et à tous ceulx qui alloient à l'armée, et fut le roi grandement festoié du pape qui le bénéïst, et s'en alla à Paris, ensemble avec lui le duc de Bourbon, qui prinst congié du roi, de son frère et des seigneurs, et s'en vint en son pays de Bourbonnois, ou il ordonna les fais honnourables qu'il avoit à faire, tant pour l'ordonnance de ses pays, comme pour l'armée mettre sus. Et lui estant en Bourbonnois, fit venir tous ses bons serviteurs, pour ordonner les affaires de son pays, lesquels il ordonna bien et à point ; et en celle ordonnance voult que le sire de Norris eut le gouvernement de ses terres.

LXXIV. *Comment le duc de Bourbon envoya deux chevaliers au roi, qu'il lui accordast ce que les Gennois requéroient ; qu'il respondit ; et comment le duc vint à Marseille.*

Messire Anthonio Adorne, duc de Gennes, qui bien savoit la bonne voulenté et grant diligence que le duc de Bourbon mettoit en cellui fait, pour aller en Auffricque, lui manda que l'armée estoit jà presque preste, et que ne fauldroit point au jour qui estoit nommé. Mais disoit le duc de Gennes au duc de Bourbon : « Sire, le commun vous prie que vueilliez empétrer « vers le roi qu'il leur vueille donner certaines charges « de blés et de vins, pour argent, en son pays de « Provence, car le pays de Gennes est pauvre, et fault « qu'il se avitaille d'autres contrées. Nous de Gennes « l'en avons requis, mais il ne l'a voulu octroyer ;

« pour quoi l'armée se pourroit rompre. Pour
« tant vous supplions, sire, que vous vous vueil-
« liez employer en ceci. » Et quant le duc de
Bourbon ot receues les lettres de Gennes, il ot
paour que l'armée d'Auffricque fust rompue, dont il
estoit tel bruit, et tantost, oï son conseil, envoya devers
le roi, messire Charles de Hangest pour lui requérir de
par lui, ce que les Gennois autrefois lui avoient requis,
et qu'il lui pleust octroïer : c'est à savoir deux mil
tonneaux de vin, et quatre mil charges de froment,
pour mectre en bescuis. Et oultre fut chargié le chevalier de requérir au roi, que toute l'armée qui alloit en
Auffricque venist à Marseille, et que la ville fust aban-
donnée au duc de Bourbon, et à tous ceulx qu'il y
vouldroit mectre. Et le duc de Bourbon se faisoit fort
de réparer le mal qui pourroit advenir. Et oultre
requéroit le duc qu'il pleust au roi y mectre gens,
affin que les vivres ne fussent enchéris, veu le service
de Dieu, où ils alloient, et de tout ceci furent enchargés
Charles de Hangest, et ses gens, rapporter au roi qu'il
trouva à Beaucaire. Si le receut grandement, et vit les
requestes que le duc de Bourbon lui faisoit auxquelles
il respondit comme vous orrez : « Le voyaige, » dit le
roi, « que a entreprins beau cousin, le duc de Bour-
« bon, est très grant, et très honorable, et ung chas-
« cun lui debvroit aidier du grant honneur qu'il a
« emprins, mais quant à la requeste des Gennois, je
« vueil que beau cousin de Bourbon saiche que je ne
« les aime guières, et qu'ils n'auroient point de vivres
« de moi, sinon en payant grant truaige, car ainsi est
« de coustume. Mais, nonobstant ce, pour les grans
« voyaiges et service de Dieu que beau cousin a

« empris, cela et plus je lui octroie, et toute autre
« chose en quoi je lui pourroie faire plaisir. » Et sur
ce se partit du roi messire Charles de Hangest, qui de
lui emporta ses lettres, et s'en alla aux Gennois à
Marseille, qui les attendoient pour avoir la lettre de
leur traictié, dont ils furent si lies que merveilles, et
entreprindrent les ambassadeurs, ensemble les Gennois,
que se les XXII gallées et les navires venoient de Gennes
à Marseille pour recueillir le duc de Bourbon et ses
gens, il leur sembloit pour le mieulx, et aussi pour
avoir plus grant marché de vivres. Si louèrent les
Gennois le dit des ambassadeurs du duc de Bourbon,
qui de Marseille partirent, et allèrent par devers le
duc leur seigneur, lui refférir la response du roi Loys,
et ce que ils en avoient fait avec les Gennois, qui de ce fut
plus lies et joyeux que on ne vous pourroit dire. Si louèrent les Gennois le dit ; et dit le duc que Dieu conduisoit
la besongne, et tantost manda par tous païs, dont il
avoit eu nouvelles, que chascun qui avec lui entendoit
à passer en Barbarie, venist à Marseille, le premier
jour de juillet, et là ils trouveroient la navie preste, où
porroient monter et aller oultre, au plaisir de Dieu.
Et toutes fois le duc de Bourbon qui estoit song eulx
de toutes choses, prinst conseil qu'il y seroit dix jours
devant, pour ordonner son navie, et à ung chascun qu'il
feroit, et aussi afin que les Gennois se hastassent d'y
venir quant ils saroient le duc estre venu à Marseille.
Et ainsi le fit, car il y fut au jour nommé bien accompaigné des gens de son hostel et de ses pays. Et le duc
de Bourbon estant à Marseille se advancèrent les Gennois de amenner leur navie par devers lui, tant pour
ce qu'ils ne faillissent point, comme pour accueillir

leurs vivres. Et eulx venus, ensemble leurs gallées et navies, ot conseil le duc de Bourbon avec les Gennois, combien de gens pourroit pourter chascune gallée. Et pour ce leur dit le duc que ils missent en ung rolle toutes leurs ordonnances, et combien en chascune gallée et navie pouvoit tenir de gens et de vivres, et le chemin que debvoient tenir. Et ce faisoit le vaillant duc de Bourbon, affin que quant ses gens seroient venus, ils sceussent ou estre, et que faire. Et commanda le duc oultre à ses fourriers, que fissent, comment que fust, par manière que le sire de Couci, le conte d'Eu, et autres seigneurs et gens de nom qui le suivoient, fussent lougiés honnorablement à Marseille, comme ils furent. Mais le duc de Bourbon n'ot mie demouré six jours à Marseille, que ceulx qui l'avoient requis ne venissent de tous coustés, et autres qui ne lui avoient mie demandé, comme le conte Daulphin, le viconte d'Uzès, le sire du Caillart, qui amenèrent belle compaignie, et mains autres. Et à quoi vous feroie-je long compte? Ainsi que les seigneurs avec leurs gens venoient, le duc de Bourbon, selon ce qu'ils estoient, leur faisoit assigner leur navie, affin que chascun se pourveust de ce qu'il lui fauldroit, nonobstant la promesse des Gennois, qui fust une bonne ordonnance, et belle conduite faite par le duc de Bourbon. Et oultre la provision des Gennois, fit achapter le duc de Bourbon, et mectre en ses vaisseaulx, deux cens tonneaulx de vin, et deux cens lars, avecques foison potages, et telles provisions que l'en porte en mer. Et fit mettre deux mil chiefs de poulailles en ses navies pour les malades, et, quant les gens furent tous venus à Marseille, chascun trouva son lougeis fait, et prest pour eulx en aller en la mer.

LXXV. *Comment le duc de Bourbon partit de Marseille, alla à Gênes, et comment en belle ordonnance descendit devant Auffricque et l'assiégea ; et comment Sarrazins furent rebboutés.*

L'an de grace que l'on comptoit mil trois cens quatre-vingt et dix, ce noble et vaillant prince, Loys duc de Bourbon, pour faire le voyaige qu'il avoit emprins, avec les seigneurs qui pour le bien de lui l'estoient venus accompagner, se partirent de la cité de Marseille, et montèrent tous en mer au jour qu'ils debvoient pour eulx en aller, selon l'ordonnance qui devant leur avoit esté escripte. Et estre l'armée mise en mer, après que toutes chargiées furent à Port-Vendres les nefs gallées, de viandes et de vins, de doulces eaux, d'armeuriers, et de tout ce qu'il appartient et est nécessaire en ost porter à noble homme en tel cas, le duc et les autres barons entrèrent ès souverains estaiges et chasteaux des nefs et gallées, et les chevaliers, les hommes d'armes et les sergens, dont il y avoit assez, et les arbalestiers se lougièrent ou leur estoit ordonné. Puis nagèrent les gallées et les nefs par le vent qui se férit ès voiles, au long de la coustière de Gennes ; et avoit esté ordonné que l'armée ne descendroit point à Gennes, mais seroit en la marine loing trois milles, et le duc de Bourbon y entreroit, car ils avoient requis de le voir. Lequel y entra, ensemble le conte d'Eu, le sire de Couci, et le Souldich de l'Estrau avec lui, et fut grandement receu et festoié du peuple, combien qu'il n'y arresta guières. Et au despartir, lui donnèrent grant foison d'épices, sirops, prunes de Damas, et autres liqueurs qui sont bonnes et confortatives pour malades, dont il les remercia grandement, et se partit de Gennes et s'en vint en son armée, en la mer, où estoient les vingt-deux gallées, et dix-huit nefs, tant de guerre que de cours, où estoient les hardis bacheliers et les bons chevaliers et vaillans hommes d'armes de plusieurs contrées, et les ligiers mariniers pour aller devant l'estoire, quand elle seroit meue pour port trouver et prendre. Et le duc de Bourbon, qui estoit en sa gallée, se esjouissoit moult de voir gallées et naves les unes près des aultres pour le temps qui estoit souef, et faisoit calme, si que à poine la mer se movoit, et en tant le duc de Bourbon déprioit aux jeunes hommes qu'ils retenissent l'enseignement et la doctrine d'armes des preudhommes et anciens guerriers qui estoient jà esprouvés, et aux anciens qu'ils endoctrinassent les plus jeunes qui avoient mestier d'enseignement; adonc voyant le bon duc ses gens bien encouragiés de combattre, et qu'il povoit grant chose emprendre et faire par leur aide, il se mit à chemin vers Auffricque, car ès ondes de la mer le vent s'estoit féru, dont ils povoient singler à souhait. Si nagèrent en mer par la couste de Sardaigne où il avoit d'assés bonnes villes pour mieux eux reffreschir, sans gaster leurs vivres. Les noms des villes sont : La Guillasse, Chastel à caille, la Mousière, et la Connillière[1], qui n'est que à seize lieues d'Auffricque. Et à la Connillière fut faite une ordonnance pour descendre devant Auffricque de l'avant-garde, de la bataille, et de la rière-garde ; et ordonna

---

1. Conigliera, petite île voisine d'Auffricque.

l'on que le sire de Couci, qui estoit un moult vaillant chevalier et bon capitaine, auroit l'avant-garde lui et le conte d'Eu, pour descendre en terre les premiers, à tout six cens hommes d'armes, que le duc de Bourbon leur bailloit, et mil arbalestriers de Gennes et d'ailleurs à parfournir la compaignie, et le duc de Bourbon après avecques ceulx de son hostel et de ses pays desmonteroit à sa bataille, et en arrière-garde les suivroient le souldich de l'Estrau, le sire de Castillon, et les Anglois avec le conte Daulphin, ensemble les Gennois qui estoient en celle armée. Ainsi descendirent le sire de Couci et le conte d'Eu et leur route devant Auffrique, auprès d'une mesquite[1] de Sarrasins, où ils se mirent en ordonnance de bataille, pour attendre ceulx qui d'Auffricque les asauldroient, mais nul Sarrasin ne fit semblant de eux assaillir, et ce regardant le duc de Bourbon, hastivement, descendit de sa gallée en terre, et toute la sienne bataille, et tous les autres de la rièregarde. Et celle nuit geurent les chrestiens devant la cité d'Auffricque en belle bataille, et toute leur navie derrière eulx; et l'en de main fut ordonné par le duc de Bourbon et les Gennois, le siége, et assis devant Auffricque par la terre, et ceulx de Gennes par la mer. Et le siége que le duc de Bourbon mit, estoit par terre d'une mer à autre, ou ceulx d'Auffricque avoient trois portes, et sur la mer n'en avoient fors une. Et les Sarrasins d'Auffricque, qui bien estoient douze mil quand virent leur ville assiégée par les chrestiens, n'attendoient se non à leur point, de saillir au lougis du duc de Bourbon et des autres, par leurs trois portes, tous

---

1. Mosquée.

à ung coup pour porter aux chrétiens grant dommaige. Ainsi attendirent trois jours sans issir, pour savoir quelle garde feroient ceulx qui estoient dehors. Et au bout de trois jours advint, à l'heure que l'en souppoit en l'ost, et que Sarrasins ne véoient guières de gens, ils saillirent d'Auffricque, par les trois portes pour courir sus aux logis; mais avec ce que chrestiens faisoient bon guect, chascun estoit tous jours armé : si faillirent Sarrasins à leur emprise, car ceulx de l'ost, qui estoient pourveus et armés, les reboutèrent si lourdement, que des Sarrasins y ot mors trois cens hommes, et ceulx du lougis au duc de Bourbon se advancèrent tant en ce toulléïs ou estoient le bon preudhomme messire Hugues de Chastellus, sire de Chastelmorand, qui oncques en sa vie ne fit voyaige, senon à ses despens, ne aussi n'ot cure de demourer en court de seigneur, et auprès de lui ses deux fils Jehan et Guichard chevaliers, le sire de Négrepelisse, qui estoit de l'hostel du duc, le sire de l'Espinasse, le sire de Chastel de Montaigne, messire Le Barrois, messire Blain Loup, mareschal de Bourbonnois, le sire de Sainct Priest, messire Regnaud de Bressolles, messire Robert de Damas, messire Guillaume de Garet, messire Berthomier du Vernay, le sire de Sainct-Porgue, Tachon de Glené, Michaille, Phelippe Beraud, Guichard Lebrun, et assez d'autres d'icellui hostel, dont je ne sai les noms, avec maint autres tellement se y portèrent, que ils occirent à la porte d'Auffricque plusieurs Sarrasins, dont ils orent telle paour, qu'ils ne saillirent despuis de trois sepmaines, mais pensoient de fortifier leur place.

LXXVI. *Comment le duc de Bourbon parla au conseil devant Auffricque, et comment le siége fut clos, et l'ordonnance de le garder.*

Ceulx de Gennes, qui congnoissoient la marine des Mores, orent mis et mandé par avant deux de leurs gallées coursières en celles marches sarrasines, pour espier le pays, lesquelles estoient retournées au siége, et reportèrent au duc de Bourbon et à toute l'armée, que le roi de Thunes, le roi de Boulgie, et le roi de Tramessen, se apprestoient fort pour venir combatre le duc de Bourbon à bien soixante mille chevaulx. A laquelle parole respondit le duc de Bourbon : « ils
« soient les mau venus! il faut attendre ce qu'ils voul-
« dront faire. » Et lors appella le duc le sire de Couci, le conte d'Eu, le conté Daulphin, le sire de Graville, le souldich de l'Estrau, le viconte d'Uzès, et autres, et les capitaines des Gennois, et dit le duc à eulx en conseil, que trois rois sarrasins debvoient venir sur eulx, et qu'il estoit de faire. Des quelz aucuns dirent que c'estoit grant chose d'actendre ces rois, et leur effort, et de ceulx qui sont dedans Auffricque; et d'autres dirent que mieulx vauldroit se lever de siége et s'en aller, que se despartir honteusement, quant les Sarrasins seroient venus en si grant nombre. A la quelle chose ne se peut tenir le duc de Bourbon qu'il ne respondit à ceux-là : « Messeigneurs, je me donne grans
« merveilles que vous ayez peur de ce que n'avez point
« veu, et ne savez encore s'ils viendront. Et me semble
« que se les Sarrasins viennent nous sommes assez

« gens d'avoir belle journée sur eulx à l'aide de Dieu. »
Et dit le duc à aucuns ses parents. « Vous, beau cou-
« sin d'Eu, et vous, beau cousin de Couci, que dictes
« vous de ceci? » Lesquels lui dirent : « Monseigneur,
« ce que vous avez dit nous semble bon, et très honno-
« rable. Car à dire que vous soiez venu de si lointaing
« pays pour acquérir honneur par deçà, et que hon-
« neur venist, et vous le perdissiez, vous auriez fait
« de vostre honneur déshonneur. » Alors le duc de
Bourbon dit : « Messeigneurs, vous dites bien : il me
« semble qu'il est bon que nostre lougeis soit clos
« d'aucune ligière cloisure, car Sarrazins ne combatent
« fors à cheval. » Dont dirent les seigneurs : « Monsei-
« gneur, vous dites bien, et aussi le voulions nous
« dire, et souffira de pou de cloisure. » Et fut dit des
Gennois qu'il souffisoit l'encloisure faire de cordes que
l'en chainsist[1] d'une mer à autre, à enclourre le siége,
qui fussent de quatre piez de hault, affin que chevaulx
ne y pussent saillir, et qu'il souffisoit assez pour celle
canaille. Mais à ce parlement y ot aucuns saiges Gennois qui dirent que avec la corde tendue on mist rames
de gallées entre les cordes, si que les arbalestiers
peussent mieulx traire, et plus roidement contre les
Sarrasins s'ils assailloient l'ost, et aussi contre le
poulséïs des lances. Si fut la parole bien oïe et escoutée
de tous, qui moult leur pleust, et ainsi fut clos l'ost.
Après ordonna le duc de Bourbon, où estoient les
capitaines de l'armée Gennoise, la garde que chascun
auroit par la manière que vous orrez. Premièrement
qui auroit cent hommes d'armes, il seroit establi à

---

1. Qui ençaindroyent (ms. A).

garder vingt cinq brasses de garde, et cinquante arbalestiers, dont l'ordonnance fut faite à chascun seigneur ou capitaine ayant charge de gens d'armes. Et encores ordonna on par délibérement meur que le duc de Bourbon auroit avecques soi mil combatans soubs sa bannière, laquelle portoit messire Robert de Damas, et portoit son pennon messire Jean de Chastelmorand, qui se tenroient en conroy avec le duc à son commandement, devant l'une des trois portes d'Auffricque, et cinq cens arbalestiers pour aider et secourir là ou seroient les besongnes plus aigres, et pour rebouter Sarrasins se de la ville sailloient. Et telle fut l'ordonnance si belle et bonne, disant chascun : viennent Sarrasins quant ils vouldront !

LXXVII. *Comme le roi de Thunes, Sarrasin, accompaigné d'autres deux rois, vint devant Auffricque; l'escarmuche qui y fut; et comment le duc de Bourbon y escarmucha, et les Seigneurs, jour après autre.*

Le roi de Thunes, Sarrasin, maieur en Barbarie, saichant que sa cité d'Auffricque estoit des Chrestiens assiégée, s'estoit pourveu de ses gens d'armes pour conforter sa ville, ou lever le siége, s'il povoit, mais pour ce qu'il, à ce faire, ne se sentoit mie assez fort, avoit mandé deux rois ses alliés et consors, qui à son mandement vindrent à Thunes, à grant povoir, ausquels il dit : « Vous, mes chers frères, et parfaits
« amis, roi de Tramessen, et roi de Boulgie, avez
« sceu comment le peuple de Gennes par son oultraige
« plusieurs ans m'a guerroyé, et de présent pour me

« pis faire, leur duc et recteurs de leur cité, ont faict
« venir ung prince chrestien, du sang royal du grant
« roi Franc, appellé le duc de Bourbon. Et s'il prenoit
« ma ville que lui et les Gennois ont assiégée, ce me
« seroit trop grant perte, et à vous souffreté de biens,
« pour ce que vostre terre est sablonneuse, et pou
« recueillez de biens, si par la mer ne vient, qui par-
« tent de mon port d'Auffricque, pour vous avitailler
« et pour tant vous dis : il ne fault mie bonnement
« sueffrir son ennemi en son règne longuement, qui
« oster l'en porroit par raison ou par force. Allons à
« eulx, sachons quelles gens sont, et combatons pour
« nostre franchise. » Adont le roi de Thunes, ayant
mis fin à sa parole, se accordèrent les autres rois à
son dit. Si vueillez savoir que, après ceste parole, ne
tarda pas huit jours que le roi de Thunes, le roi de
Tramessen, et le roi de Boulgie vindrent devant Auffricque en leurs conrois selon leur coustume, à tous
leurs naquères[1] tambours cimballes frestaulx[2] et glais[3],
présenter la bataille. Et bien estoient en nombre, que
à pié que à cheval, soixante mil personnes, et furent
auprès de l'ost des Chrestiens, seulement le trect d'une
arbaleste. Et à celle heure fit on de l'ost saillir le gect
de deux piarres mil combatans et six cens arbalestiers : et ce voyant les rois sarrasins mandèrent de
leurs chevaliers bien accompaignés tous à cheval
assembler aux chrestiens, mais ils ne se osoient approucher pour le trect ; et chrestiens, qui virent leur couar-

---

1. Trompettes.
2. Fifres.
3. Clairons.

dise s'advancèrent, especialement ceulx qui à ce estoient ordonnés, et férirent sur eulx vigoreusement, et se portèrent si bien en celle empaincte les gens d'armes, et arbalestiers, qu'ils feirent Sarrasins retraire par bien enchasser, et par force de trect; et fut l'escarmuche si bonne que les sarrasins y perdirent soixante chevaulx bons, et cent hommes mors. Et les sarrasins qui se véoient fouller, se parforceoient d'entrer ès chrestiens, pour ce que véoient le petit nombre d'eulx au grant nombre qu'ils estoient, et moult de vaillans chevaliers et de héraulx créables ont affermé despuis, que si la nuit ne fust pas si tost venue, et la bataille et l'arrière garde se fussent férues dedans, ce qui là estoit de mescréans eussent perdu leur povoir, et se fussent tournés à honte. Mais le duc de Bourbon qui estoit ausé de bataille et de guerre, voyant la nuit qui approchoit, ne voult ses gens abandonner en celle fortune, regardant que ceulx de la ville lui peussent avoir donné au dos. Ainsi doncques se passa la journée pour la nuit qui vint, et s'en allèrent les trois rois morés et leurs gens lougier auprès d'Auffricque sur ung petit tertre, qui là estoit, assez prochain de l'ost au duc de Bourbon, et des Gennois, ou Sarrasins tendirent leurs tentes et pavillons; et de leur venue s'esléescèrent moult celle nuit ceulx d'Auffricque. Et quand chrestiens virent leur couvine, fut ordonné par le duc de Bourbon son conseil et les Gennois, que au-dehors de l'ost, pour faire garde auroit six cens hommes d'armes et trois cens arbalestiers, par manière de guet, en une petite montaignete, au gect de deux piarres, se Sarrasins issoient à eulx pour escarmucher : ainsi fut fait et ordonné. Et pour celle heure n'y ot plus fait

d'ung cousté ne d'autre, ains se retrahirent Sarrasins en leurs tentes, et Chrestiens en leurs lougeis, et se reposèrent les travaillés, et les autres faisoient la garde, ausquels la charge en estoit commise. Et pour attraire Sarrasins à bataille, les Chrestiens les alloient aatir[1] chascun jour, et courre auprès de leurs tentes par manière d'escarmuche. Et les Sarrasins ce voyant issoient de leurs herberges, et se mesloient aux Chrestiens en l'escarmuche. Si advenoit que aucunes fois les Chrestiens repoulsoient les Sarrasins bien parfont en leurs lougeis, et les Sarrasins ensement les Chrestiens parfois auprès de leur ost : car ainsi est le mestier d'armes. Les seigneurs qui venus estoient avecques le duc de Bourbon dirent : « Monseigneur, il nous est advis, et à
« bon droict, que vous entendez à avoir la ville d'Auf-
« fricque, et ces rois qui sont là, le vous veulent contre-
« dire, et durera assez ce siége, car ils ne vous veulent
« livrer bataille, mais peu à peu, viennent chacun jour
« à l'escarmuche pour nous cuider à force affamer ou
« trouver en desroi. Pour tant vous prions que vous
« avecques vos gens et nous jour par jour nous essayons
« ces mescréans à escarmucher avecques eulx. » De ce fut joieulx le duc de Bourbon, et leur octroya de bon cueur, si commancèrent les escarmuches des Chrestiens aux Sarrasins en cellui jour. Et premiers le sire de Couci, et le conte d'Eu avec leurs gens qui fièrement se contendirent, et l'en de main le conte Daulphin, le viconte d'Uzès et le viconte de Roddes, et le sire de la Saigne d'Arragon, avec leurs gens bien se y portèrent. Ensuivant l'autre demain cellui vaillant chevalier le souldich

---

1. Provoquer, harceler. Voy. ci-dessus p. 166.

de l'Estrau de Bourdelois et avec lui le sire de Castillon ensemble leurs gens, vaillamment se y portèrent. Et le quart jour, le sire de Saint-George ensemble le sire de Graville, et leurs gens le firent moult grandement. Après ceulx-ci, comme les jours venoient, y furent à leur tour, le sire de Cliffort, messire Jean Franc, et ce bon escuyer Jennicot d'Ortenye avec Cornuaille, qui la prinst son bruit ensemble leurs Anglois, qui réaulment se y portèrent. Et ung chascun faisoit son tour selon que les jours venoient. Et le duc de Bourbon, véant que le tour des autres estoit achevé, y alla en personne avec les chevaliers et escuyers de son hostel, qui gaillardement y escarmucha, et ceulx de sa compaignie. Et aussi firent les capitaines et hommes d'armes Gennois, avec leurs arbalestiers, qui mains Sarrasins occirent, et ne peust estre qu'en celles escarmuches n'eust occis et navrés assez gens d'une part et d'autre. Car quarante deux jours tous ensemble sans point de délayance se entre-escarmuchèrent. Et que vous iroie je contant de ung chascun vaillant chevalier et escuyer la hardement ne la force ne la proesce ? Tant le firent bien que chascun d'eulx est digne d'estre loué : car la chose fut à tant que vingt chrestiens assailloient trente sarrasins avec les lances et le trait.

LXXVIII. *Comment l'assault fut donné, par le duc de Bourbon et la compaignie, à la ville d'Auffricque; et comment Sarrasins se maintindrent contre Chrestiens.*

Ayant regart le duc de Bourbon ès faiz des Sarrasins, comme ils se contenoient, manda quérir les seigneurs

de sa compagnie et les capitaines des Gennois, ausquels il dit : « Messeigneurs, vous véez la puissance
« de celle gent sarrasine, que sellon comme je voi leur
« gouvernement, ils ne sont mie tant de craindre, comme
« on diroit, car je voi que nos gens les foullent tous les
« jours en toutes escarmuches. Et pour ce me suis pencé
« que depuis que nous venismes devant ceste ville d'Auf-
« fricque, nous n'avons mis poine de l'assaillir. Si seroit
« bon d'adviser comme on la peust prendre. Si serions
« moult bien heurés, si devant telle puissance de nos en-
« nemis nous la povions avoir. » Alors dirent le sire de
Couci, le conte d'Eu, et les autres barons qu'il disoit
vrai, et oultre dirent le conte d'Eu et le sire de Couci :
« Monseigneur, vous feriez bien de demander aux
« Gennois s'ils ont apporté nuls habillemens de guerre,
« et voir que leur en semble. » Si furent mandés les capitaines des nefs et gallées Gennois, ausquels fut faite
cette demande : lors respondirent ceulx de Gennes :
« Monseigneur, nous avons dedans nos naves ung
« eschaffault de trois estages de hault, et de trois
« brasses et demie en carreure, et peut on mener
« cellui eschaffault sur petites roues, et aucuns de nos
« facteurs gennois demourans en la ville comme en
« lieu de marchans, nous ont dit que nous ne fauldrons point à prendre la ville auprès d'une tour,
« par devers la terre, dont pour la force d'icelle,
« Sarrazins ne tiennent guières compte. Et d'autre
« partie devers la mer, » dirent Gennois « avons inten-
« cion de faire sur quatre gallées deux becs de faul-
« con, et en chascun bec de faulcon une eschiffe à
« mettre quinze hommes d'armes, et dix arbalestiers.
« Et n'y a bec de faulcon qui ne soit plus hault que

« n'est la tour du port qui tant est forte, et si celle « tour povons avoir, nous aurons tout. » Dont les Chrestiens de l'ost furent si liés et joieulx qu'il sembloit que tout fust nostre. Et demanda le duc de Bourbon aux Gennois quant ces habillemens porroient estre prests? lesquels de Gennes ne demandoient que huit jours de terme ou fut leur besogne aprestée, dont on s'esjoït grandement. Et ne faillirent point ceulx de Gennes que l'eschauffault ne fust dressié, et tout prest de le conduire vers la tour du port ou l'en le debvoit mener, et aussi par les gallées, les becs de faulcon. Voyans ceulx de Auffricque les préparemens pour eulx assaillir, ne se fièrent plus ès Chrestiens demourans en la ville, sur le fait de la garde, ains les encloïrent en leurs domiciles, car trop craignoient Sarrasins cellui eschaffault qui près de leurs murs approuchoit. Si mirent toutes les bombardes de la ville, ou il en y avoit de belles, en hault d'icelle tour du port, pour traire sur le dit eschaffault, et envelopoient Sarrasins les pierres qu'ils trayoient d'estoupes d'ung doigt d'espois, ou ils semoient pouldre qui gectoit feu pour esprendre l'eschaffault, et venoit la pierre tout ardant. Et tant tirèrent de pierres les Sarrasins d'Auffricque, qu'ils ardirent l'eschaffault en ung jour et une nuit, dont chrestiens furent fort courroucés. Mais ce durant advisa le duc de Bourbon et les chevaliers qui là estoient, que nonobstant l'adventure, toute la compagnie par bon ordre iroit assaillir la ville, aux trois portes, par terre, affin que les becs de faulcon que portoient les gallées par mer fissent quelque chose, et ainsi fut ordonné l'assault, et que les becs de faulcon fissent leur debvoir. Et l'en de main commença l'assault, et les becs de faulcon pour faire ce que Gennois avoient empris. Mais les Sarrasins de la ville firent ung habillement de guerre sur la tour, encontre les becs de faulcon, tel comme vous orrez. Les Sarrasins qui avoient l'arrière guet de la ville, et la garde des tours, en celle tour du port, dont plus se doubtoient, ostèrent toute la deffence, et firent un sollier de bois au plus hault, sans deffence, et pertuisèrent cellui sollier moult dru à trois doigts l'ung pertuis de l'autre, et les commis ad ce faire orent mis aucuns de leurs Sarrasins au dessoubs de leur sollier, et tous les Chrestiens qui montoient des becs de faulcon sur la tour, avoient les pieds perciés des Sarrasins qui au-dessoubz d'eulx estoient, lesquels Chrestiens ne pouvoient voir les Sarrasins, et des Chrestiens y ot tant de bleciés que aux plusieurs convint saillir de la tour en bas, ainsi cessa l'assault des becs de faulcon. Et devers les portes, par terre, où estoit le duc de Bourbon, ensemble les establies des seigneurs qui avecques lui estoient, chascun en son endroit, comme il estoit ordonné, et ceulx de ses pays avec les Gennois, laissant garde souffisant pour la retraite, assaillit on si fièrement que l'une des portes fut arse. Mais le grant peuple qui estoit ens, la murèrent tant que on n'y povoit entrer. Et durant l'assault estoient les trois rois Sarrasins dessus nommés, et plus de quarante six[1] mil hommes, au trect d'une arbaleste près des Chrestiens, qui crioient à ceulx de la ville horriblement : « tenez vous bien ! » et ne se osoient approcher sur l'ost pour la grosse arrière garde qui aguettoit comment Sarrasins se abandonneroient. Et fut

---

1. Les mss. A et B portent : XLVII.

une belle chose au duc Loys de Bourbon et à sa compaignie d'assaillir une telle forte et bonne ville, sur la mer, comme est Auffricque, devant la puissance de trois rois Sarrasins, qui au commencement estoient soixante mil chevaulx, sans le povoir de la cité.

LXXIX. *Comment le duc de Bourbon alla pour faire retraire Bouciquaut le jeune, et comment le duc courut les tentes des Sarrasins avec ses gens.*

Pour l'obscurité de la nuit convint retraire les Sarrasins en leurs herberges, et les Chrestiens en leur cloisure, ainsi se passa celle journée. Mais de là à huit jours que Chrestiens et Sarrasins estoient les ungs devant les autres, advint que le jeune Bouciquaut à son tour faisoit le guet, qui tousjours avoit esté ordonné entre l'ost et les Sarrasins. Lequel Bouciquaut estoit ung chevaleureux homme, et fit requérir en l'escarmuche ou il estoit, par aucuns truchemens que s'il y avoit nul Sarrasin qui encontre lui se voulsist combatre à pié ou cheval, qu'il le combatroit. Lesquels lui firent responce que non. Lors leur fit dire messire Bouciquaut, que s'ils vouloient faire armes dix contre dix, ou vingt à vingt, qu'il estoit prest et sa compaignie. Si leur respondirent Sarrasins que non, si les rois leurs seigneurs ne consentoient. Et quant Bouciquaut vit leur reffus, il leur fit dire qu'il les combatroit en champ seur, vingt Chrestiens contre quarante des leurs Sarrasins. Et tant que le parlement duroit, estoit ordonné que l'en ne fist guerre l'un à l'autre. Et à poine estoient les parlementeurs chrestiens et sarrasins ensemble, dont le duc de Bourbon, le seigneur de Couci, le conte d'Eu, le Souldich de l'Estrau, et les autres barons se esmerveilloient, car tous ceulx de l'ost couroient à ce parlement, [tant que le seigneur de Couci, le conte d'Eu et autres, qui virent l'ost desréer, dirent au duc de Bourbon[1]] : « Monseigneur, les gens s'en courent tous « comme bestes là où est Bouciquaut, et ne les en povons « garder, et nous semble que se vous n'y mandez aucun « qui les en retraie, la chose nous tournera à mal. » Lors respondit le duc de Bourbon : « Je n'y puis man- « der meilleur messaige de moi : Je y irai moi mesme. » Si demanda une mulle qu'il avoit toujours, et bien sembloit aux seigneurs qu'il n'y povoit aller meilleur messaige pour les faire retraire. Si monta le duc sur sa mulle, partit de sa tente, et se mit au chemin avec les gens de son hostel. Mais il ne fut guières loing que le suivirent plus de trois cents gentilshommes. Les Sarrasins qui veirent que le duc de Bourbon, lequel ils congnoissoient à sa cotte d'armes, se venoit joindre avec messire Bouciquaut à moult de gens d'armes, se commencèrent fort à retraire vers leurs tentes, et Bouciquaut et ceulx qui avec lui estoient, de les chasser. Et Bouciquaut qui regarda venir vers lui le duc de Bourbon, se donna orgueil, et chassa plus baudement les Sarrasins, et le duc de Bourbon avec sa compaignie alloit toujours après pour le faire retraire. Mais quant messire Bouciquaut fut auprès des tentes, les rois mores et leurs Sarrasins se mirent en conrroi de bataille hors de leurs lougeis, et Bouciquaut se mit en

---

1. Les mots entre crochets manquent à la fois dans l'imprimé et dans le ms. C : nous les tirons des mss. A et B.

bataille avec les siens, attendant le duc de Bourbon, et ceulx qui venoient amprès lui. Et parvint le duc de Bourbon à ceulx qu'il vouloit faire retraire, et parla à Bouciquaut bien oultrageusement des grans folies qu'il faisoit. Mais le duc de Bourbon voyant que avec lui estoient bien deux mil combatans qui l'avoient suivi, et regardant aussi les Sarrasins qui abandonnoient leurs herberges et se mettoient en bataille tous dehors, dit : « Mes amis, puisque nous voyons le lougis des Sar-
« rasins abandonné, alons de par Dieu férir parmi leurs
« herberges, et si Sarrasins valent riens, ils les viendront
« deffendre. » Et deffendit le duc que nul fust si hardi de soi oster d'ordonnance, ne d'entendre à piller, mais se combatre efforcéement, et que au premier son de trompete qu'il feroit sonner, chacun se treïst à son estendard. A l'heure le duc de Bourbon premier, et les seigneurs et capitaines, chascun selon son endroit, avec leurs gens d'armes et arbalestiers de Gennes, se férirent parmi les tentes des Sarrasins, et coururent tout le lougis, et coppoient les cordes des tentes, et boutoient le feu ès lougis de paille, et demoura le duc de Bourbon, avec son estendard de sa saincture d'Espérance, au milieu du lougis aux Sarrasins une heure. Et pendant cela arriva au duc de Bourbon le conte d'Eu, à bien sept vingts combatans, qui venoit d'ung autre lé, devers la marine, lequel fut moult lie et joieulx de ce qu'il se trouvoit en celle place. Et pour ce que jà estoit tard, dit le conte d'Eu au duc de Bourbon :
« Monseigneur, véez ci la plus belle chose que on
« puisse voir, et dont je regracie Dieu que je me suis
« trouvé en vostre compaignie, mais, pour Dieu ! re-
« trayons nous, car il est vespre, et si Sarrasins couroient

« ès nostres lougis, il n'y est demouré que le sire de
« Couci à pou de gens et foison malades : si seroit tout
« perdu. » Adonc le duc de Bourbon dit au conte
d'Eu : « Nous y serons tantost, au plaisir de Dieu. »
Lors fit sonner ses trompetes, et se mit en bataille,
tout dehors les tentes, que avoient courues, au giect
d'une piarre, et fit là le duc une ordonnance, au
cas que les Sarrasins se avanceroient de leur courre
sus, que tous à ung tas se férissent à eulx, sans les
chassier; et mit le duc de Bourbon quatre cens arbalestiers Gennois et deux cens hommes d'armes avec
eulx en manière d'une esle. Si vindrent quatre ou cinq
fois Sarrasins pour cuider férir en la queue, mais
fièrement on les reboutoit, et perdoient de leurs gens,
et tant que en bataille ordonnée s'en repaira le duc
en son lougis, sans perte de ses gens, se non six gentilshommes qui moururent ès tentes des Sarrasins,
par deffaulte d'allaine, ou sablon, dont ne se povoient
ravoir, par ce qu'estoient trop fort armés, dont l'ung
fut le sire de Vailly, frère du conte de Sancerre, le second
messire Geoffroy de la Celle Guenon, et quatre de
leurs escuyers. Et le duc venu au lougis, trouva le duc
le seigneur de Couci en belle ordonnance, qui estoit
moult doulent, que ès tentes Sarrasines ne s'estoit
trouvé avec lui. Si se remist chascun en sa place et
ordonnance, et les rois Sarrasins, ausquels Chrestiens
avoient couru le lougis, s'allèrent lougier demi-lieue
plus loin, et demoura le duc de Bourbon, après tout
ceci, quinze jours devant Auffricque, où d'un cousté et
d'autre, tant des Chrestiens nostres comme des Sarrasins, y ot fait de belles appertises d'armes, car les
Chrestiens se usoient des armes des Morisques contre

leurs ennemis, et les Sarrasins s'efforçoient de batailler des armes chrestiennes pareillement.

LXXX. *Comment fut le despartement du siége d'Auffricque, et de la belle manière d'en partir.*

Le duc de Bourbon, qui séoit devant Auffricque, avoit grant désir de l'avoir. Si lui seroit tourné à grant victoire, si, présens les rois mores, la povoit prendre, et ad ce mettoit moult s'entente, et aussi faisoient les seigneurs et gens d'armes de sa compaignie. Et pour plus tost venir à l'entention de son désir, parla à aucuns des capitaines et patrons de l'armée gennoise de cestui fait, lesquels lui dirent : « Sire, ceste « ville est forte merveilleusement, et vous le véez, et « est grandement garnie de gens. Et là sus sont ces rois « à grant gent qui, à nostre advis, ne se moveront du « champ, et pour rien que vous faciez, ne vous veulent « livrer bataille, et nous mectent en delayance, pour « faire consommer nos vivres. Aussi en nos naves n'a « ne truie ne bricolle, ne autre engin pour amener au « mur, nostre eschaffault est ars, et les becs de faulcon « gastés : si ne savons mie bien de ceci que dire. » — « Il n'y a, dit le duc, que d'en faire d'autres. » Et ainsi comme Gennois parloient de cette besongne aux autres patrons de Gennes, et capitaines estans ès gallées, vont querir ceulx d'Auffricque traictié, et le traictié qu'ils requistrent estoit tel, que les Gennois fissent lever du siége le royal duc de Bourbon et tous les autres, et eulx de delà ils feroient tant par devers leur seigneur, le roi de Thunes, que son armée ne feroit nul mal aux Chrestiens de dix ans. Si dirent les Gennois que celles paroles voulentiers dénonceroient au duc de Bourbon et à sa chevalerie ; qui ainsi le firent, présens les compaignons. Lors fut donnée responce par le duc aux Gennois, que hardiement dissent à ceulx d'Auffricque, qu'ils n'estoient mie là venus pour faire paatis[1], mais pour les conquester. Et plus dissent à leur roi que Chrestiens n'avoient que faire de lui, et qu'il ne valoit riens. Et sur cela leur firent responce les Gennois, dont ceulx d'Auffricque furent fort esbahis, et aussi estoient les Gennois, qui n'avoient plus de quoi maintenir leur navie, et aussi la chevalerie n'avoit guières que menger. Les Gennois véans que ceulx d'Auffricque de leur voulenté traictoient, querirent ung autre traictié à eulx qui fut tel : que la rente que le roi de Thunes prenoit chascun an sur Auffricque, ils la paieroient quinze ans, sans ce que le dit roi y prinst riens, et dedans l'an paieroient au duc et commun de Gennes vingt cinq mil ducats pour les deffrayer de l'armée, et seurté bonne et forte bailleroient, telle comme ils la demanderoient. Et la seurté que Gennois demandoient, pour respondre à eulx et tenir le dict traictié, estoient Cathelans, Napolitains et Sardains, qui estoient riches marchans demeurans en la ville, pour eulx tenir le dit traictié ; et dura cedit traictié entre eulx quatre jours entiers, que les grans riches marchans ne vouloient accorder, mais quant ils orent assez débatu la chose, ils regardèrent que tout quant ils avoient vaillant, estoit en la ville, de moult grans

---

1. Traité de paix à prix d'argent, comme en faisaient les grandes compagnies.

richesses de tous les trois païs, et que si la ville se perdoit ils seroient désers, veu que leur roi leur faisoit pou d'aide. Si accordèrent le traictié, lequel rapportèrent au duc de Bourbon les Gennois, et à ses chevaliers ; et sur ce le duc de Bourbon mist toute la chevalerie, ensemble François et Anglois, à savoir si ce traictié estoit honnourable ou non ; et eulx estans en conseil, voult le duc de Bourbon que le Souldich de l'Estrau, de Bourdellois, qui estoit ung des plus anciens de l'armée, et l'ung des vaillans chevaliers que l'en peust trouver, parlast le premier, et lui en demanda son advis ; lequel Souldich dit que mie n'estoit raison qu'il parlast de ceci le premier, et qu'il n'avoit veu guières de choses en son temps, mais toutes fois il diroit voulentiers ce qu'il en savoit, et de ce peu qu'avoit veu en son temps, selon ce qu'il ne se vouloit pas louer. Si dit il que c'estoit la plus honnourable place en quoi oncques en sa vie il se trouvast, d'avoir attendu la puissance de trois rois par deux mois et demi en champ, assailli leur ville, devant eulx, sans qu'ils y aient mis remède, et despuis allé courre leurs tentes, et les gecter par force hors, qui est plus grant chose que la plus grant bataille que on pourroit voir. « Et
« quant est du traictié, » dit encores le Souldich, « que
« ceulx d'Auffricque offrent, il est aussi honnourable
« chose que si la ville eust été prinse : car vous les mectez
« en truaige et en servitude, qui n'est pas de reffuser, et
« est en la présence de toute leur puissance ; et quant à
« moi, » dit oultre le Souldich, « qui ne suis que ung povre
« chevalier, je tiens ceste chose aussi honnourable que
« si j'avoie esté en trois batailles. » Après le Souldich parla Jehannicot d'Ortenie, anglois, l'ung des vaillants

chevaliers que l'en sceust nulle part, lequel se tint à l'opinion du Souldich de l'Estrau, et que, certes, il ne y savoit que redire. » Après [vint le sire de Cliffort chief des Anglois, qui dit, quant on le demanda, qu'il se tenoit à la relacion du[1]] Souldich ; et telle fut l'opinion des Anglois. Si advint après que le duc de Bourbon demanda l'advis au conte Daulphin ; lequel dit au duc : « Sire, il me semble que les choses ont esté
« faites si grandes et si belles jusqu'ici, et le traictié
« est si honnourable, que vous ne le devez nullement
« refuser. » Après parla le seigneur de Couci, lequel dit plainement au duc : « Monseigneur, ce voyage en
« quoi vous estes venu, est si grant et si honnourable
« pour vous, et pour tous ceulx qui y ont esté, que on
« ne pourroit dire mieulx, à telle puissance comme de
« trois rois, et aux grans choses que vous avez faictes.
« Car ils ne vous ont osé combatre, et quelque entre-
« prise que vous ayez faicte sur eulx, ils ont tous jours
« perdu et vous avez eu du meilleur, et au surplus
« avez gaigné leur lougis sur eulx, qui monte bien, en
« honneur, une bonne bataille, et est une male des-
« confiture pour eulx. Après vous avez le traictié si
« grant dont ils sont fort asservis, par quoi vous en
« povez bien partir honnourablement autant que si
« vous aviez prinse la ville. Et présent telle puissance
« comme vous voiez devant vous, et aussi, Monsei-
« gneur, vos gens ont deffaulte de vivres, et en y a
« beaucoup de malades, dont vous en pourriez assez
« perdre, pour cause de trop demourer ; et seroit

---

1. Passage fourni par les mss. A et B, manquant dans l'imprimé et dans le ms. C.

« vostre demourance sans raison, car vous avez le
« plus bel traictié que nul pourroit avoir pour vous et
« pour vostre compaignie. » Après on demanda le
décret au conte d'Eu, qui dit que, après le sire de
Couci, il ne sauroit que amender. Aussi fit on au sire de
Graville, qui se tint à celle opinion, et le sire de Saint-
George, le sire de Castillon, et tous autres chevaliers
dont il y en avoit assez. Et, durant ce parlementeis,
les Gennois avoient fait prendre la seurté de leur traictié,
dont puis guières ne demoura, que ne fust ordonnée la
despartie, et que la navie se apprestast pour partir
au tiers jour. Et à ce tiers jour ordonna le duc de
Bourbon avant-garde, bataille, et arrière-garde pour
entrer ès vaisseaulx, et dit le duc au sire de Couci :
« Beau cousin, vous fustes le premier à la descente en
« terre, quant nous venismes devant Auffricque, et je
« vueil estre le dernier à monter en gallée, au despar-
« tir. » Et ainsi le fist, et mist le duc de Bourbon en
une mesquite, derrière une vielhe muraille qui là estoit
deux cens hommes d'armes, et cent arbalestiers, et
leur fut ordonné qu'ils ne se monstrassent sur peine
de la teste, et y furent despuis deux heures devant
jour; et, au souleil levant, mit le duc son arrière-garde
sur le port, et fit dire partout que chascun se retrahist
en ses vaisseaulx, ainsi comme il avoit esté ordonné
le soir. Si le firent, et ceulx d'Auffricque qui virent la
retraite des Chrestiens, nonobstant le traictié qu'ils
avoient aux Gennois, firent signe à leur ost que Chrestiens se retrayoient. Si vindrent tous les Sarrasins en
bataille devant le port, et nonobstant ce, le duc de
Bourbon se vint retraire en belle ordonnance chascun
en sa gallée, tournés les visages aux ennemis, et tant

qu'il n'y avoit à retraire avec le duc, se non deux cens hommes. Et quant les Sarrasins virent qu'il n'y avoit guières gens à retraire, envoyèrent les rois jusques à six cents hommes à cheval férir sur ceulx là qui firent ung grant cri, et le duc de Bourbon tint pié ferme, et fit descouvrir son embusche, et férir sur eulx, qui les rebouta si lourdement, que des Sarrasins à celle empainte y ot mors de cent à six vingts, et puis se remist le duc en sa place, ou il demoura demie heure, ensemble l'embusche qu'il avoit faict avec soi retraire, pour voir si Sarrasins de rechief le vouldroient envahir, lesquels n'y vindrent oncques plus. Si se retrahit le duc de Bourbon à son bel aise, sans nul empeschement, lui et toutes ses gens en la marine, et lui estant en sa gallée singla par la mer, ensemble toute l'armée, tant des siens comme des Gennois ; et celle journée allèrent en l'isle de la Connillière, ou ils demourèrent l'en de main tout le jour. Et les rois mores, qui seurent comme Auffricque s'estoit accordée, s'en allèrent avec leurs Sarrasins, chascun en leur contrée. Si orent advis les Chrestiens quel chemin ils feroient le plus honnourable, et le mit le duc de Bourbon en termes avecques les chevaliers de France et d'autre part qui estoient avecques lui, et dict aux Gennois : « Beaux Seigneurs,
« véez ci ces grans seigneurs, chevaliers et autres, qui
« ont servi leur honneur et vous, à vostre emprinse.
« Ils sont venus de moult loing pour quérir honneur,
« et pour ce, je vous prie, mes amis, se vous savez
« lieu ou place, sur les mescréans, ou moi et ceste belle
« compaignie se peust employer, tandis que nous
« sommes ensemble, dictes le, car je suis prest de m'y
« employer, et aussi tant sai je de leur voulenté que

« aussi sont ils. » Lors respondit le capitaine de l'armée pour les Gennois appelé messire Jehan d'Oultremarine : « Monseigneur, nous ne savons place où vous
« puissiez mieux employer que de tirer d'ici en Sar-
« daigne, où il y a ung chastel qui de toutes pars avi-
« taille le royaume de Thunes, où vont les marchands
« du pays, et est appellé le chastel de Caillé[1]. Et, qui le
« pourroit avoir, on auroit fait ung grant dommaige
« aux Sarrasins, et bien assez pour les Chrestiens : car
« Sardaigne est ung plantureux païs qui les avitaille. »

LXXXI. *Comment le duc de Bourbon, à son retour d'Auffricque, prinst en Sardaigne aucunes places baillans vivres aux Sarrasins, et comment par fortune arriva en Cécille, où le seigneur de Clermont le festoya; comment il appaisa les sires de Plombin et de Lerbe contre Gennois, et puis alla à Marseille.*

Puis que les Gennois orent acertené et fait saige le duc de Bourbon d'icellui chastel, il dit, et aussi firent les seigneurs : allons là ! Adonc, de celle isle où ils estoient, nagea tout le navie en Sardaigne, devant Caillé, et de plaine venue entrèrent au port, où il avoit moult grosses naves qui furent prinses par force d'armes, et la basse ville du port. Et l'en de main se rendit le chastel de Caillé, au duc de Bourbon, où il avoit ung capitaine qui se advohoit pour le visconte de Narbonne, lequel faisoit trop de maulx, et estoit du pays mesme. Et bailla le duc de Bourbon aux Gen-

---

1. Sans doute Cagliari.

nois ledict chastel en garde, aus quels il fit jurer et promectre que nuls vivres ne iroient en Thunes : Et les Gennois promirent au duc qu'ils le garderoient bien et loyaulment pour les Chrestiens, et, sur celle promesse, requirent les Gennois au duc de Bourbon : « Monseigneur, il y a encores ici près une autre place « qui fait pis que ceste de avitailler Sarrasins, et a « nom la Guillastre[1], et n'est mie si forte que vous ne « la preignez de premier assault, s'ils ne se rendent. » Si dit tantost le duc de Bourbon et sa chevalerie : « Allons y, » et ils y allèrent, et dès qu'ils firent semblant de l'assaillir, ceulx de la Guillastre n'actendirent mie l'assault, mais se rendirent au duc de Bourbon, qui les prinst à merci, et les bailla en garde aux Gennois, auxquels il fit promettre que à ceulx de la ville ne feroient nul desplaisir; et firent faire serement pareillement comme aux gens du chastel de Caille, et de là prindrent leur chemin le duc de Bourbon et les Gennois pour eulx en aller, et vouloient fort tirer devers Naples, pour ce que avitailloient Auffricque, pour eulx monstrer le traictié qui avoit esté fait. Mais celle nuit fist la plus terrible fortune en mer que oncques chrestien peust voir, et cuidèrent toutes les gallées affonder et les naves périr. Et par fortune arriva le duc de Bourbon, en l'isle de Cécille[2], à une cité nommée Messine, qui estoit à ung grant baron du pais appellé messire Manffroi, seigneur de Clermont, et beaucoup de ses gallées furent esparpillées, et vindrent arriver en moult de lieux, et de toutes les gallées

---

1. Ogliastro, petite île près la côte Est de Sardaigne.
2. La Sicile.

de l'armée ne périlla senon celle du Souldich de l'Estrau, et du sire de Chastelmorand, laquelle brisa par force de vent au port de Trappenne[1], et fut si bien secourue de gens que ceulx de la gallée ne furent point noyés, mais ils perdirent leur bagaige. Et le duc de Bourbon auquel on rapporta la nouvelle de la gallée périe, où estoient ses bons serviteurs, l'en de main manda sa gallée propre à Trapenne, ou il n'a que trois lieues, qui les amena vers lui à Messine, où le duc demoura huit jours, pour reffreschir ses gens, et mectre en ordre ses vaisseaulx. Manffroi, seigneur de Clermont, lequel en iceulx jours estoit seigneur de Messine, de Trappenne, et de Palerme, et de bien plus que la moictié de l'isle Cécilienne, pour ce qu'il estoit podagreux, manda de ses plus privés dire au duc de Bourbon, que bien fust-il venu en son pays, lui et toute son armée ; et par iceulx jours que le duc séjourna en l'isle, le festoya grandement le sire de Clermont, et le deffraya de sa despence, tant que le duc y demoura par huit jours, ensemble le sire de Couci, le conte d'Eu, et le conte Dauphin. Et quant le duc de Bourbon se voult partir de Cécille, lui requist le dit Manffroi seigneur de Clermont qu'il lui pleust à le faire chevalier, car de plus vaillant prince ne le pourroit estre. Si en fut moult lie le duc, et le fit chevalier, dont le seigneur de Clermont le remercia, et, au partir, donna au duc deux beaulx coursiers de la race de Clermont, près de Palerme, au sire de Couci ung, au conte Dauphin ung, et au conte d'Eu ung autre, et aux gallées et navies des Gennois vins, bescuis, chars salées, et

---

1. Trapani.

autres provisions, et commanda encores que aux autres vaissaulx les vivres ne fussent point enchéris. Si fut fait son commandement, et le duc de Bourbon regardant les agréables services qui lui estoient fais en cellui pays, en seut très-grant gré au sire de Clermont, auquel à son partement il donna une ceincture d'or de sa devise d'Espérance. Plus demanda le duc de Bourbon aux Gennois quel voyaige ils feroient. Si lui dirent : « Sire, au partir d'ici nous irons par mer, et porrez
« arriver devant une ville qui est au dispost de Rome-
« nie, claimée Terrassine, ou il a bel port de mer, et
« ceulx là confortent de vivres Auffricque, ne plus ne
« moins comme faisoit l'isle de Sardaigne. Si ne povez
« mieux faire que au passer les assaillir et les destruire,
« et nous semble que c'est bon d'y aller. » Lors entra en gallée le duc de Bourbon, et ses chevaliers, ses gens et sa navie se partirent de Messine, et nagèrent par mer aux voiles et aux rames, tant qu'ils arrivèrent au port de Terrassine, et de fait entrèrent ens, et prindrent la basse ville, et assiégèrent le chastel. Et, dedans deux jours, le chastel fut rendu au duc de Bourbon, qui le bailla aux Gennois en garde, sur les convenances et les promissions que avoient fait pour Chastel de Caillé, et la Guillastre, et de là se partist l'armée, et s'en alla à Plombin, auprès de Pise ; et le seigneur de Plombin estoit ung grant gentilhomme, et avoit eu grant guerre entre le sire de Plombin et les Gennois qui duroit encores. Et le duc de Bourbon estre arrivé à Plombin, lui requirent fort ceulx de Gennes, que pour la guerre ancienne qu'il avoit entre eulx et le sire de Plombin, il le voulsist destruire, et l'en prioient. Si respondit le duc de Bourbon : « Je ne

« suis mie venu pour faire guerre aux Chrestiens, mais
« s'il est chose de paix en quoy je me puisse emplo-
« yer, je le ferai voulentiers, et le envoyerai querre ;
« vous direz vostre raison, et il dira la sienne ; et, si
« aucune voie d'accord s'y trouve, j'en ferai mon deb-
« voir de bon cueur : et ici a grant foison chevaliers,
« escuiers, et sages gens, qui sauront bien ordonner
« de vostre debbat. » Si dirent les Gennois : « Sire,
« nous sommes bien contens quant de ceci vous plaist
« prendre la charge, si vous en remercions. » Alors
le duc de Bourbon manda par aucuns ses chevaliers
au sire de Plombin qu'il venist parler à lui. Si vint le
dit seigneur au duc liement, qui lui fit bonne chière.
Lors monstra le seigneur de Plombin au duc les causes
de la guerre, et quelle querelle il avoit, et aussi firent
les Gennois, lesquelles le duc de Bourbon mit en conseil avec la noble chevalerie qui estoit avec lui ; et
sans vous faire plus long compte, les mit le duc de
leurs debbas en si bon accort comme s'ils estoient
frères, et deffist une grande discencion. Et de Plombin
s'en alla l'armée en l'isle de l'Erbe[1], où les Gennois
disoient avoir aucun droit que le sire de l'Erbe leur
tolloit, et estoit bien vrai ; mais avant que le duc de
Bourbon s'en partist, il les mit si bien d'accord qu'ils
en furent contens, et que les Gennois orent leur droict.
Et de l'Erbe se partit l'armée, et arriva à Portefin
assez près de Gennes entour midi. De laquelle armée
là descendit la plus grant partie, sauf le duc de Bourbon, qui ne voult point descendre à Gennes, ne aussi
le conte d'Eu, le seigneur de Couci, ne le conte Daul-

---

1. L'île d'Elbe.

phin, dont le duc de Gennes et toute la communauté furent desplaisants, car ils vouloient fort qu'il descendist, pour lui faire de grans dons d'or d'argent et de vaissellement. Mais oncques nulle convoitise ne l'en prinst. Si le prièrent plus fort de descendre, ausquels il respondit : « Messeigneurs, vous me pristes à Mar-
« seille, et là je m'en retournerai, s'il vous plaist ; car,
« alors que j'en partis, je vouai à Dieu et à Sainct
« Loys de Marseille, que ce seroit le premier port, à
« mon retour, que je prendroie à entrer au royaume
« de France. » Ainsi se partirent le duc de Bourbon et les seigneurs au bon gré des Gennois, et s'en allèrent à Marseille ; et tous les autres descendirent à Gennes pour eulx ravigourer de la mortalité et des mésaises que avoient eus au siége d'Auffricque, et en mer, dont il en y ot mors grant foison, tant de Gennois comme d'autres. Et à Gennes morut le sire de Saincte Sévère, messire Guichart, fils du seigneur de Chastelmorand, et des Anglois douze. Et morut le sire de Castillon, bourdellois, et le sire de Caillart ; et le Souldich de l'Estrau, le sire de Sainct Georges, le sire de Graville, et les autres qui se furent reposés se partirent de Gennes, et s'en allèrent en leurs maisons.

LXXXII. *Comment le duc de Bourbon, après son retour d'Auffricque, fit son mandement pour aider la contesse de Savoie, sa seur, de son douhaire dont l'en lui faisoit tort.*

Le duc de Bourbon estant à Marseille, où il demoura dix jours, pour séjourner, lui et ses gens, qui estoient

moult foullés du travail et grant peine que avoient
heu en icellui noble voiaige. Ce durant envoia le duc en
Forez, où il n'a que quatre journées, devers la duchesse
sa femme, et en Bourbonnois, vers le sire de Norris,
pour querre ses chevaulx, et ses aultres habillemens
qu'il lui convenoit, et or et argent, dont il lui falloit
grant foison, que moult en avoit despendu honnourablement. Et quant les chevaulx furent venus, et ce
que avoit mandé, se partit le duc de Bourbon de Marseille, et alla en pélerinage à Sainct Anthoine de Viennois, et à Nostre Dame du Pui, et puis en sa conté de
Forez, où tout le peuple lui venoit au devant, en lui
faisant la plus grant chière, et le plus grant honneur
que on povoit faire, partout ou il venoit. Et en sa ville
de Montbrison demoura huit jours avec la duchesse sa
femme qui se amoient de vraie amour, ou estoient
leurs beaulx enfans, Jehan et Loys, dont le duc se
esléessoit moult de les veoir. Et ainsi comme illec
séjournoit le duc, lui furent apportées nouvelles comment à dame Bonne de Bourbon, sa sœur, contesse de
Savoie, on avoit soubstrait le gouvernement du conte,
et de ses pays, (lequel conte étoit son fils, et aussi de
feu le conte Vert son mari,) et pareillement reffusé à
lui bailler son douaire. Si fut de ce mal content le duc
Loys, par espécial du douaire que on lui retenoit à tort,
et dit : « Puis que l'en veult à belle seur faire tel parti,
« il me convient y remédier »; et lors incontinent
manda les barons chevaliers et escuyers de ses pays,
qui furent à lui à jour nommé. Si se partit le duc Loys
de Montbrison, et à belle compagnie chevaucha à la
cité de Grenoble, où, à sa prière vindrent, pour estre
à l'aide et secours de la contesse contre les Savoiens,

plusieurs seigneurs du Daulphiné, c'est assavoir : messire Aimard de Clermont, banneret, ensemble avecques lui trois chevaliers, quinze escuyers, et cent hommes d'armes ; le sire de Montchanu à deux chevaliers et trente hommes d'armes ; les sires de Giers et du Riage à quarante compaignons bien montés et armés ; messire Henri de Vallins à vingt-deux hommes d'armes ; le sire de Mont Rigaud et Gilles Coupier, chevaliers, à dix-neuf compaignons ; le sire de Marmai et Vachon d'Asses escuiers y viendrent à trente hommes d'armes, François de Saint-Andrieu avec dix hommes ; et Robinet de la Chassaigne, sire de la Moulière en Auvergne, y estoit allé à ses dépens, à douze hommes d'armes, dont le duc lui en sceut bon gré. Lors prinst à dire le duc à ses gens d'armes : « Puis que ci sommes, ensemble ces
« vaillans chevaliers du Daulphiné, qui sont venus de
« leur bon gré moi accompaigner, ferons chose, au
« plaisir de Dieu, par quoi belle seur de Savoie ne sera
« mie déserte. » Alors dirent les chevaliers tant du Daulphiné comme ceulx du duc, qu'il mandast les deffiances en Savoie ; car ils estoient prests d'entrer par armes au pays, si que par force la bonne dame receust son droit ; c'estoit son douaire, que à tort on lui avoit tollu. Mais le conte Amé, qui puis fut premier duc en Savoie, estre acertainé que le duc de Bourbon estoit si près de lui pour lui movoir guerre, fit assembler son conseil, ou estoient messire Jehan de Beauffort, chancelier, les séneschaulx et mareschaulx du païs, messire Boniface de Chalant, et messire Gaspard de Montmajour, et ce notable escuier, capitaine de Pimont, Henri de Colombier, qui de tout temps, encontre tous, avoit soubstenu la bonne vefve dame,

en accroissant tousjours l'honneur d'elle. Et tant parlamentèrent ensemble que par le moyen du saige escuyer remonstrant au conte, son seigneur, les maulx qui pour icelle guerre porroient ensuivir, fut mandée une noble ambassade du conte au duc Loys de Bourbon, en la ville de Grenoble. Et jà la lettre des deffiances estoit faite, que devoient porter deux escuiers du duc de Bourbon, l'un appelé Ponsard de Grantval, et l'autre Jehan du Bois, de Limosin, escuyer d'escuyerie, quant devant le duc se présentèrent iceulx ambassadeurs, lui dénonçant que, pour Dieu, il ne voulsist guerroyer le conte, son parent ; et que ce qui avoit esté fait tournant à oultraige à la contesse, sa seur, n'estoit mie venu de la part du conte, ne des trois estats. Et assez povoit entendre le duc Loys le parler des ambassadeurs, qui dirent oultre comment au duc ne voulsist desplaire du gouvernement et administration des païs et conté que pieça on avoit desnié à dame Bonne sa seur. « Car « pareillement dame Bonne de Berry, mère de nostre « seigneur le conte, le vouloit avoir, qui nous sembloit « estre haine et envie entre les nobles dames ; pour ce a « esté delibéré par conseil, que le conte doye prendre « le régime de ses pays, et à dame Bonne de Bourbon, « contesse de Savoie, nostre grant dame, » dirent les ambassadeurs, « sera présentement et de faict assignée « certaine pencion de tout son douaire, et annuellement « payée de tout ce qu'on lui puet debvoir : Ainsi l'a juré « le conte nostre seigneur, et les trois estats, sans aller « au contraire. » Lors le duc Loys de Bourbon, comme raisonnable prince, se accorda aux paroles des ambassadeurs, par ainsi que on tinst vérité à sa seur, lesquels s'en allèrent à Chambéri racompter aux conte et conseil la contentacion du duc de Bourbon, qui furent moult lies de cellui accord. Si ne demoura guières que la promesse du traictié ne fust tenue bien et deuement à la grant contesse de Savoie, dame Bonne de Bourbon, de tout son douaire et des arréraiges. Si se partit la Dame dü pays, car plus ne y voult demourer, et s'en alla à Mascon, ou despuis elle usa sa vie, moult sainctement et honnourablement. Et le duc Loys, son frère, qui de Grenoble ne se estoit voulu partir tant que sa seur fust contente, remercia les seigneurs du Daulphiné et tous les autres, et licencia ses gens d'armes, excepté ceulx de son hostel. Puis s'en repaira à Montbrison, dont il estoit parti, et s'en alla en son duché de Bourbonnois, à Molins, où il trouva le sire de Norris, et son conseil, qui furent moult lies et joyeulx de leur seigneur, et aussi toutes gens.

LXXXIII. *Comment le duc de Bourbon alla à Paris devers le roi, auquel fort desconseilloit le voyaige de Bretaigne.*

Quant le duc de Bourbon ot séjourné par aucuns jours en sa ville de Molins, lui prinst à dire le sire de Norris : « Monseigneur, vous estes venu bien à point,
« la Dieu merci, car vous estes venu à vostre grant
« honneur et très grant renommée, tant de vostre
« voyaige d'Auffricque, comme du secours de vostre
« seur, et aussi le roi de France faict le plus grant
« mandement que on lui vit faire longtemps a, dont je
« suis certain que vous orrez bientost nouvelles, mais
« que le roi saiche vostre venue. » Et lors demanda le

duc de Bourbon quelle part le roi vouloit aller, et ceulx de son conseil si lui dirent qu'ils avoient entendu qu'il tiroit en Bretaigne. Adonc leur dit le duc : « Les « trèves que fit monseigneur de Bourgongne entre le « duc de Bretaigne et le conte de Penthièvre sont-« elles rompues ? » Ils dirent que oui, et que Clisson et La Rivière, qui gouvernoient le trosne, avoient tout rompu. Si dit adonc le duc de Bourbon : « c'est mal « fait, et très-mal conseillé. » Ne demoura guières que au duc de Bourbon ne mandast le roi de France, qui bien savoit sa venue, ses lettres contenans que, après l'honnourable voyage dont il venoit, il se voulsist traire par devers lui et prestement. Si le fit le duc de Bourbon, pour obéir au roi, et aussi pour le grant désir qu'il avoit de le veoir, et alla à Paris ou il ot grant chière du roi et de tout le monde qui estoit là ; et de deux jours entiers le roi et le duc ne parlèrent se non des adventures qu'il avoit eues. Et moult plaisoit au roi la recordance de cellui honnourable voyaige d'Auffricque, dont le duc de Bourbon venoit, et firent bonne chière ces deux jours ; et le tiers jour dit le roi de France au duc de Bourbon : « Beaulx oncle, nous vous « voulons dire aucunes grans choses que nous avons « emprinses contre le duc de Bretaigne, qui tous jours « ne se puet tenir de nous faire desplaisir. » A la quelle chose respondit au roi le duc : « Monseigneur, « se vous n'avez bien grant cause, c'est mal fait ; car « vous savez que monseigneur le duc de Bourgongne « vostre oncle, qui a fait la paix d'eulx deux, ne sera « mie bien content ; et, par adventure, ceulx qui vous « ont ceci conseillé, et qui sont avec vous tous les « jours, sont partiaulx, et regardent à leur fait, et

« pensent bien peu au vostre. Pour quoi vous avez
« ceste chose à mectre en grant deslibération, avant
« que vous entrepreignez le fait. » Lors dit le roi
prestement : « Beaulx oncle, nous avons tout desli-
« béré, et est nostre mandement fait qui doibt estre
« d'ici à quinze jours au Mans. Si vous prions que, à
« vostre puissance, vous nous accompaignez, et soiez
« à cellui jour par devers nous, et de ce nous vous
« prions bien chièrement. » Lors dit le duc de Bourbon : « Monseigneur, je ferai ce qu'il vous plait : mais
« je me doubte que ce soit mal fait où vous allez; et
« ne sçai si monseigneur de Bourgongne est con-
« sentant de ceci. » Adonc lui dit le roi hastivement :
« Nous n'en prenons point conseil à bel oncle de
« Bourgongne. » Si dit le duc de Bourbon au roi :
« Monseigneur, il me semble que c'est mal fait à vous.
« Car Clisson vous fait estre parcial pour le conte de
« Penthièvre contre le duc de Bretaigne, qui est ung
« grant seigneur, et qui vous peut bien servir; et vous
« ne deussiez mie prendre à cueur ceci, mais deussiez
« mectre peine à leur défendre toute voie de fait, car
« ils sont vos vassaulx, et sur ce fut fait le traicté que
« monseigneur de Bourgongne fit à Angiers, lequel
« vous debvriez tenir, et ne ensuivir point parcia-
« lité. »

LXXXIV. *Comment le roy de France alloit en Bretaigne faire guerre au duc ; et comment pour une maladie
qui lui vint, lui convint retourner.*

Charles, roi de France, quant il ot oui le sain parler
que lui faisoit le duc de Bourbon, ne le voult plus escouter

en cela, mais lui dit tout oultréement : « Beaulx oncle,
« certes, nous avons promis à y aller; si le tiendrons
« et partirons de Paris, d'ici à quatre jours, pour estre
« au Mans huit jours devant le mandement, affin que
« toutes gens qui sauront que nous serons là, y tirent
« plus voulentiers. Et pour ce vous prions, beaulx
« oncle, que vous en veigniez avecque nous pié à pié,
« et mandez aucun chevalier vers vos gens, et qu'ils
« soient à vous au jour nommé. Et aussi beaulx oncle
« de Berri y sera, et beaux frère d'Orléans viendra
« avec nous. » Alors le duc de Bourbon, qui ne
pot détenir le roi, manda ung chevalier à ses
gens, affin qu'ils le suivissent; si le firent; et le
roi de France estoit jà parti de la cité de Paris, et s'en
alla au Mans l'an que l'en comptoit mil trois cens
quatre vingts et douze, ou il demoura douze jours, en
attendant toute la grosse puissance de son mandement
laquelle vint à lui de tous coustés, et eulx venus, de
la cité du Mans se voult partir le roi pour aller à Angiers, et s'en alla le mareschal Bouciquaut devant à
La Flesche, pour faire le lougis du roi, et de là à
Angiers, et l'en de main se partit le roi pour s'en aller
louger à La Flesche, et passa par les plains de Pont-
Valain, où le conestable Claquin avoit jadis desconfi
messire Robert Canolle. Et en cellui plain survint une
soudaine maladie au roi, dont il mit la main à l'espée,
et couroit sus à chascun, et qui povoit fouir devant lui
s'enfuyoit; car il estoit bel chevalier, de corps et de
membres bien taillé et fort, dont il estoit bien de
redoubter. Le bon duc de Bourbon, qui vit le roi en
tel estat, fut moult doulent; si prinst douze gentilshommes, et vint à lui, et lui dit : « Ha! ha! monsei-

« gneur, est-ce bien fait ? vous faites belles œuvres !
« vous vous deshonnourez. » Le roi, qui l'aimoit et le
craingnoit, fut tout honteux. Si se trahist le duc de
Bourbon près de lui et lui dit : « Sire, estuyez vostre
« espée. » Si ne le voult le roi faire. Quant le duc vit
cela, il dit au roi : « Monseigneur, baillez la moi. » Si
le fit, et lors le duc de Bourbon dit à quatre escuyers
de ses gens bien armés, qu'ils prissent la bride du
cheval du roi, et de Pont-Valain retourna l'ost, et fut
ramené le roi au Mans qui estoit en très grant fureur.
Car il faisoit grant chaleur de soleil, et il se eschauffa
en lui-mesme si fort que c'estoit la plus grant merveille
du monde; et pour l'eschauffement qu'il avoit en soi,
le convint demourer au Mans l'espace de treze jours en
fiebvre continue. Et cependant il fit sa neufvaine au
glorieulx saint Julian, patron d'icelle cité, et avoit on
licencié toutes gens qui à cellui mandement estoient
venus, et s'en estoient retournés en leurs places. Et au
bout de treze jours, la merci-Dieu, le roi amenda fort,
et l'amenèrent le duc de Berri et le duc de Bourbon à
Paris, ou il fut longuement malade. Car il garissoit
pour ung mois, et l'autre mois estoit malade arrière,
et lui dura celle maladie tout l'an, voire, de fois à
autre, toute sa vie, qui fut longue. De quoi il advint
que pour cette enfermeté les princes du sang royal,
par espécial trois, c'est assavoir le duc Loys d'Orléans,
frère du roi, le duc Jehan de Berri, et le duc Phelippe
de Bourgongne, ses oncles, dirent qu'il falloit mettre
un gouvernement au royaume de France, dont ils
furent en débat. Car le duc d'Orléans disoit que pour
ce qu'il estoit frère de roi le régiment lui appartenoit. Le duc de Berri, qui estoit plus ancien oncle, disoit

aussi qu'il le debvoit semblablement avoir. Et le duc Phelippe de Bourgongne, qui estoit ung très grant seigneur et saige, et aussi oncle du roi, disoit que à lui debvoit appartenir le gouvernement, dont par ces debbas et estrif sourdit discencion entre eux au royaume.

LXXXV. *Comment l'acteur parle ung peu de fortune, et que lui en semble.*

L'acteur a maintes fois pencé du petit qu'il a veu et moins retenu au fait de Fortune, et que c'est. Et à ce a fondé son opinion, disant que fortune n'est autre chose se non permission de Dieu, veu que, lui estant en ceste mortel vie, véoit plusieurs regnes par division esmehus encheoir en misérable ruine, dont les majeurs et heretiers estoient déchassiés ou mors, et autres elevés en leurs sieges et obtenir leur seigneurie. Car bien mémoire avoit le povre pelerin de la date annuelle du chappitre dessus tant qu'à ce jour veille de l'ascension mil CCCC XXIX[1], et des diverses manières que Fortune, par sa mocquerie, tourne au rebours, et jamais n'est estable, en monstrant que soubz le ciel n'a riens ferme; et d'icelle parle l'excellent poète Boccace, en son livre *Du cas des nobles*, ou chascun prince tenant seigneurie se debvroit mirer, affin qu'il n'encheïst par son prouchas à estre descript en cellui volume, qui ne parle se non de la misérable fin advenue ès plus grans, dont on ne tient compte; et

---

1. 4 mai 1429.

mesmes le philosophe Sophocles, grec, en sa grant viellesse fit en vers diverses tragédies, esquelles il escripvoit les maulvais et desordonnés faits des rois et des haults princes du monde. Pour quoi je racompte voulentiers ce pour donner entendement à tous que fortune est muable, pour quoi en elle nul ne se doibt fier mais seulement en Dieu, dont vient tout bien. Et pour venir au propos de la matière, ne fut assez mais trop fortune diverse et amère au doulx pueple François, tant de l'estat de l'esglise, que des nobles, en les navrant de plaie cruelle, quant l'ung des preux et vaillans chevaliers du monde, prince et roi d'icelle terre, par l'inconvénient d'icelle maladie ne povoit régir son royaume, dont il advint que les ducs, son frère et ses oncles, orent entre eulx ung pou d'envie, par convoitise de gouverner ; mais le très-preudhomme prince et vaillant seigneur, le duc Loys de Bourbon, alloit de l'ung à l'autre, monstrant comme crainte et obéissance estoit deue au roi, aussi bien comme devant ; et que les seigneurs prissent garde que, pour leur division, ne se mocquassent d'eulx les autres nations ne n'envaïssent le royaume, et par espécial les ennemis anciens, les Anglois que à si grant peine on avoit mis hors, et voulentiers y rentreroient, s'ils véoient leur tour. Ce, et plusieurs notables dits, disoit le bon duc de Bourbon aux autres princes, qui s'amollièrent, par manière qu'il n'y encourust nulle voie de faict, et gouvernoient si bien à poinct que assez on s'en contentoit ; et nonobstant la maladie du roi, avoit bonne paix au royaume, par le moyen d'icellui preudhomme et bon prince, le duc de Bourbon, qui à le maintenir très-fort se travailloit, dont à Paris et partout il estoit loué, honnouré et aimé de tous merveilleusement. Et, durant celle bonne paix, et flourissant le royaume en tous biens, moult de haults seigneurs en autres terres faisoient guerre, et pour ce mandoient en France, ou estoit la gloire de chevalerie, leurs messaiges espéciaux aux ducs, seigneurs en France, régens le royaume, qu'il leur pleust mander en leur aide des chevaliers, qui de bon cueur y alloient, et voulentiers ès voyaiges s'employoient, pour non estre oiseux; et le premier des seigneurs, qui faisoient guerre en ce temps, estoit le conte Jehan de Hainault, duc de Hollande, lequel se intitula en roi de Frise, et en emprint la conqueste, ou il alla de France noble chevalerie. Et ung peu après aussi alla haulte baronie de France et d'ailleurs en Hungarie, ou passe la rivière de la Dunoe[1], auquel lieu ung prince de Turquie Sarrasin appellé Basac obtint la bataille contre eulx l'an mil trois cens quatre vingts et treize[2], dont moult amendrie en fut la christienté, pour les nobles qui là morurent. Et ne tarda guières de temps après que par le roi Richard d'Angleterre, par lien de mariaige, qui est alliance charnelle, fut prinse à femme la fille du roi de France, nommée dame Ysabeau, dont pour cellui mariaige, l'en cuidoit que la paix des deux royaumes fust faicte pour tous jours. Mais fortune, qui est variable, tourna sa roue merveilleusement contre cellui roi Richard. Car, quant il pensoit estre au plus hault de sa gloire, il descheut, et se trouva mort. Aucuns dient qu'il fut occis par conspiracion des plus grans du pays; et autres disoient

---

1. Le Danube, en allemand *die Donau*.
2. 1396.

qu'il estoit mort en prison; mais en quelque manière que ce fust, la roine sa femme retourna en France, et le conte Derby, appellé Henry, eslevé fut en roi d'Angleterre, et appellé par les barons du pays.

LXXXVI. *Comment le duc d'Orléans fut occis à Paris, et comment le duc de Bourbon en ot amère douleur.*

En ensuivant la matière l'acteur parlant de Fortune, en dira encore ung petit, pour ce qu'elle se boute en tous estas. Vrai est que en l'an mil quatre cens, que la paix heureuse duroit en France, comme il sembloit, plusieurs princes, desboutés de leurs seigneuries, venoient en France au roi à reffuge, soubs l'espoir d'estre secourus et remis en leurs seigneuries, auxquels le roi, quant estoit en santé, faisoit bonne chière, et leur donnoit estat bel et grant. Et, par ce temps, y estoit venu le roi d'Arménie, des armes de Lusignan, dont est le roi de Chypre, requérant secours contre le souldan, seigneur d'Egypte et de Surie, qui l'avoit gecté de son royaume; mais en poursuivant cellui faict il mourut à Paris, et fut ensepveli en habit royal, aux frères prescheurs, très honnourablement, aux dépens du roi de France. Et, en celle saison, pour ung semblable cas, vint en France, par devers le roi, ce noble prince et bel vieillard, monseigneur Manuel Paléologue, empereur de Constantinoble, pour ce que le prince de Turquie lui avoit moult de sa terre conquise, auquel le roi fit bonne chière, et le receut grandement, et fut lougé au Louvre, emprès Bourbon. Le duc Loys lui monstroit de grans amitiés, et le traictoit amiablement, de quoi l'emperère et sa chevalerie grégeoise l'avoient moult à gré. Et, par iceulx jours que l'empereur grégeois estoit à Paris, fut faict le mariage de Jehan, conte de Clermont, fils au duc de Bourbon, et de l'excellente et vertueuse princesse, dame Marie, fille au duc de Berri, laquelle avoit esté contesse de Blois et d'Eu, où fut la feste grande et solennelle, au palais à Paris, et y estoit le roi François et le Grec empereur, ensemble la haulte baronie de France. Lesquels mariés orent Loys le premier, qui ne vesquit guières, Charles qui fut conte de Clermont, quant son père fut duc, et depuis marié à très-noble dame Agnès, seur au duc de Bourgongne, qui aujourd'hui ont belle génération. Et l'autre Loys ot la conté de Montpencier, et fut marié à la fille au conte Daulphin, héritière d'icelle seigneurie. Et y ot une belle fille leur seur, appellée Ysabel. Pour retourner au propos de Fortune, elle fut moult perverse pour les gens du royaume, ainsi comme je dirai; car le roi, qui souvent estoit malade, ne povoit mie bonnement gouverner, pour quoi couroit aucunement haine entre les seigneurs, lequel auroit du tout le gouvernement; et, durant celle discension sans estre montrée appertement, l'an que l'en disoit mil quatre cens et sept, ung maulvais ribaud normand, appellé Raoullet d'Auquetonville, qui estoit en grant puissance, et qui avoit trop gouvernement, avecques autres ses alliés proposèrent entre eulx de faire tuer le duc d'Orléans. Et disoit Raoullet à ses sequaces, que le duc d'Orléans, frère du roi, lui avoit faict perdre ung grant office de trésorier qu'il avoit, et qu'il vouldroit avoir tué le duc de sa main. Et persévéra tant cellui Raoullet dans sa mauvaistié, que lui et ses alliés espièrent le duc d'Orléans, une nuit qu'il s'en venoit de l'hostel de la reine, de soupper avecques elle, et la reconforter des choses qu'elle véoit, et n'avoit guière mené le duc de gens avecques lui, pour le courroux que la reine avoit de la maladie du roi son seigneur, qui encores duroit. Et au retour que fist le duc d'Orléans de la reine, de son hostel, une nuit de saint Clément[1], au vespre bien tard, Raoullet d'Auquetonville, cellui traistre ribault, et ses complices, lui saillirent au devant, et le meurtrirent mauvaisement, dont grant bruit fut parmi Paris et terrible rumeur, qui dura longuement. Et cellui ribault traistre avec les siens, qui avoient fait cellui homicide par détestable trahison, celle nuict mesme s'en allèrent et vuidèrent Paris. Ainsi fut mort le duc d'Orléans, dont hideuse noise et grant debbat fut dès lors, qui despuis a duré longuement, et moult grant douleur ot le noble duc de Bourbon, qui tant estoit loyal et preudhomme, de voir ainsi mort l'ainsné frère du roi, son souverain seigneur, par telles gens comme vous avez oui, et son propre neveu. Et pour ce nul ne sauroit penser ne imaginer les grans douleurs que le duc avoit après : il véoit le roi son droicturier et souverain seigneur en la maladie que chascun scet qu'il ot, car une fois estoit sain et une autre fois malade, qui estoient deux amères douleurs que le duc de Bourbon avoit en son cuer moult douloureusement.

---

1. Le 23 novembre.

LXXXVII. *Comment l'acteur commande fort la pacience du duc Loys et la belle vie qu'il menoit.*

Au duc Loys de Bourbon souvenoit bien que l'homme saige doit estre en péril asseuré, paoureux en prospérité, et ferme en adversité; et pour ce des choses qu'il véoit estre advenues ou royaume par misérable fortune, tant ou chief qui estoit le roi, comme au frère d'icellui, le duc d'Orléans, son nepveu, estant occis si villainement, paciemment portoit sa douleur, et regracioit Dieu de tout. Et en espérant que Dieu de sa grâce, envoyast au roi plénière santé, demouroit le duc à Paris, ou il faisoit faire souvent processions, et donner aulmosnes aux pouvres, et se travailloit moult d'aller et venir aux seigneurs, si que rumour ne fust entre eulx, de laquelle fort se doubtoit, que le royaulme n'empirast. Et estant en celle attente tenoit lors le duc grant tinel à Paris, en son hostel de Bourbon, ainsi que bien l'avoit acoustumé de tout temps, et estoient bien receus quelconques gens qui venoient. Et advint quant le roi estoit malade, qu'il ne tenoit point de court, et tous ceulx qui venoient à la court du roi ou rien ne trouvoient appareillé disoient : « Allons nous « disner à l'hostel du duc de Bourbon, et nous y serons « bien venus. » Ainsi les nobles hommes et officiers venoient léans, dont le duc estoit moult joyeulx, et les recepvoit on liement. Or avoit le duc de Bourbon une coustume qui est digne d'estre réputée belle : car il vouloit que les hommes, selon leurs honneurs, fussent assis et servis grandement, et bien y avoit officiers en cellui hostel qui le savoient faire, dont le duc s'esléessoit en les véant ainsi par ordre; et voulentiers mangeoit en tinel, pour veoir celle compaignie. Et pour ce que nul n'entendist se non à ce pour quoi séoit à table, c'estoit à estre bien aise, il vouloit que nul ne parlast, et affin que plus grande silence fust tenue, lui estant à table, avoit ordonné que devant lui ne fussent nulles gens, ou pou, se non ceulx qui estoient ordonnés à le servir, c'est assavoir le pannetier, l'eschançon, l'escuyer tranchant, et Baudesquin Meschin, le bon mestre d'hostel, qui de tout se prenoit garde. Et pour ce que nul ne l'occupast en son mangier, aux deux bouts de sa table estoient barres closes, si que on ne peust passer au derrière de lui pour tourber son entendement; et pour estre plus ententif aux grans affaires que il avoit au royaume, tant en conseil comme ès autres choses, dont il savoit bien venir à fin, et pour avoir plus haulte mémoire, faisoit lire à son disner continuellement les gestes des très-renommés princes, jadis rois de France, et d'aultres dignes d'honneur, et en ce se délectoit après le service divin, duquel l'office il disoit très révéremment. Et le disner estre fait, grâces dictes à Dieu, s'en partoit chascun, et après retournoient souvent. Si dura si longuement ceste dance, que le duc de Bourbon se trouva bien endebté de soixante mille frans d'or qu'il debvoit à Paris, car les marchans lui deslivroient ce qu'il demandoit, pour ce qu'ils le savoient preudhomme, et poyoit voulentiers. En iceulx jours[1] advint que Loys, l'ung des fils au duc de Bourbon, en jeune eaige, trespassa de cest siècle, lequel le duc de

---

1. Le 12 septembre 1404.

Berri, en son vivant, avoit moult chier, car l'enfant estoit bel jouvencel, advenant, plaisant, et son parent. Et pour la bonne amour qu'il avoit à lui heue, se partit le duc de Berri de Nesle, son hostel, passa la rivière de Seine et entra en Bourbon, l'hostel du duc Loys, pour le reconforter. Et quant le duc de Bourbon ot perceu le duc de Berri, se pensa bien pour quoi il venoit vers lui, car jà avoit sceu engregier la maladie de son fils; mais non obstant ce, quant il sceut le duc de Berri entrer en son hostel, il alla au devant de lui comme faire le debvoit, cuidant le duc de Bourbon ou faingnant de croire que le plus grant oncle du roi, le duc de Berri, pour sa franchise le venoit veoir et visiter. Et tantost que le duc de Berri regarda le duc de Bourbon, lui soubsleva le cueur, frémirent ses yeulx, et se print à plourer, si que il ne peust mot dire. Adonc le duc Loys de Bourbon le fit aller devant lui, et monter en hault, en une chambre ou estoient moult de gens, et commença à dire au duc de Berri :
« Monseigneur, je vous mercie de la bonne visitacion
« que vous me faites, et de la pitié que vous avez de
« beau fils Loys qui est allé à Dieu. Car je sai que
« pour ce estes ici venu à m'en dire la certaineté. Et à
« moi suffisoit assez un moindre seigneur que vous,
« mais bon sang ne oublia oncques l'amour naturelle
« que doit avoir l'ung à l'autre. Pour quoi je vous di,
« monseigneur, cette vie présente n'est fors une
« hostellerie, mais la vie advenir est la ferme et propre
« maison de l'âme immortelle, et la bonne congnois-
« sance pour voler à Dieu; car monseigneur, à mon
« advis, la fin de vivre est très-bonne, mais que
« l'homme ait saine pensée et entière raison, et natu-

« rels sentemens, certains et fermes, pour faire l'office
« appartenant à vie humaine. Et vous savez, monsei
« gneur, que nature mère de toutes choses a donné
« à nous hommes lougis pour demourer ensemble,
« mais point ne nous a donné maison pour toujours
« habiter. Pour quoi, monseigneur, se Dieu a prins
« mon fils, c'estoit son plaisir : il le m'avoit presté; il
« l'a voulu pour lui, le sien nom soit benoit. Par
« adventure il eust été le meilleur de tout son paren
« taige : mais Fortune, qui met les bas en hault et les
« haults en bas, l'a mené trop tost à fin. » Le duc de
Berri, et les oïans si saines paroles du duc de Bourbon,
ne se povoient abstenir de plours. Mais le duc de Berri
dévala les degrés, et alla en la chambre, avec plusieurs
nobles hommes, où estoit le corps de l'enfant prest de
porter en terre, auquel il fit honneur. Et quant le duc
Loys de Bourbon, qui estoit en sa gallerie, regarda les
processions partir de son hostel à tout grant luminaire,
et le corps de son fils gisant en bière, lui atendrist le
cueur, et lermoya de douleur paternelle. Et incontinent
se entra en sa chappelle ou il appella son confesseur
maistre Pierre de Chantelle, bon théologien, et autres
chapelains, qui firent l'office divin pour l'âme de
l'enfant nouvellement trespassé, lesquels, ensemble la
chevalerie et officiers de l'hostel, se miroient de la
constance et pacience du duc leur seigneur et maistre.

LXXXVIII. *Comment le duc de Bourbon print congié du roi, et s'en vint en son pays, ou il ordonna ses fais; et comment le sire de Norris, par son bon conseil, pourveut aux affaires du duc.*

Puis que l'obsèque du petit Loys fut parachevée, ne

cessa mie le duc de Bourbon, son père, de tenir l'estat et tinel qu'il avoit acoustumé, et tant que aucuns des gouverneurs des finances lui dirent à plusieurs fois : « Monseigneur, tout le monde vient à vostre hostel « mangier, vous en estes content, et il nous doit « bien plaire, mais les marchans qui baillent les den- « rées nous chargent fort d'estre payés. Si vous « supplions que sur ce vous plaise aviser. » Ausquels respondit le duc : « Mes amis, vous dites bien ; je me « tiendroie à mal content si nul se plaignoit de moi. « Mais ce que j'ai fait jusques ici, a esté à l'intention « que monseigneur le roi venist en santé, si que les « nobles hommes et serviteurs de son hostel heussent « quelque guerredon de leur service, mais puisque je « voi que à Dieu plait estre longue enfermeté en sa « personne, je l'en regracie. Si adviserai à ce que « m'avez dict, et une chose vous di que ne m'estran- « giez point les gentilshommes qui ont acoustumé « venir mangier en ma court, qu'ils n'y viengnent. » Si lui dirent que non feroient ils. Et sur ce pensa le duc de Bourbon longuement à lui mesme trois choses : la première, de prendre congé du roi en sa bonne guérison ; la seconde si estoit de soi retraire en ses païs, et penser de son âme, et regracier Dieu des biens qu'il lui avoit donnés ; la tierce si estoit de soi acquitter à tous ses debteurs, de toute la despense qu'il avoit faite en sa vie, affin qu'il ne deust riens à la fin de ses jours, qui estoit belle pensée de preudhomme seigneur. Si advint que quant le roi de France tourna à guérison, pour celle fois lui alla requérir le duc de Bourbon congié pour aller en ses païs. Si ne lui voult le roi donner, ains lui dit : « Ha, ha, dea, beaulx oncle, il

« n'est mie temps de vous en aller ! » Lors lui
respondit le duc de Bourbon : « Monseigneur, fait-il,
« si est ; car je suis vieulx maishouan[1], et est temps
« que je me retrahie avecques mes chevaliers, et mon
« pauvre pueble, qui m'a aidé à vivre, et pour crier à
« Dieu merci des maulx que je puis avoir fais, dont il
« y en a beaucoup plus que je ne deusse. Et pour moi
« acquitter à ceulx à qui je doi, et satisfaire à tous
« ceulx auxquels je pourroie avoir fait tort en mon
« temps. » Et lors le roi lui dit : « Beaulx oncle, je
« vous prie, demourez encores, car il y a moult
« d'affaires en ce nostre royaume ou vous povez
« beaucoup. » Adonc lui dit le duc de Bourbon, en
le voulant satisfaire : « Monseigneur, quant je serai en
« mes terres, je puis tous jours venir devers vous, à
« faire ce que me vouldrez commander, et moi
« employer en tous vos affaires de mon povoir. »
Ainsi obtint congié le duc de Bourbon du roi de
France son seigneur, et s'en vint en son duché de
Bourbonnois, et lui estant en son païs fit de belles
ordonnances : la première fut qu'il voult savoir toutes
ses dettes. Et oultre dit au sire de Norris qu'il vouloit
savoir combien povoient monter tous ses domaines,
c'est assavoir Bourbonnois, Forez, Beaujolois, Combraille, Chastel-Chinon, et Clermont en Beauvoisin.
« Et les raisons pour quoi je fais ceci, dit le duc, si
« sont pour reigler, et tenir l'estat de moi et de ma
« femme, et fils, et aussi pour moi acquitter de tous
« ceulx à qui je doi. » Lors lui dit le sire de Norris :
« Monseigneur, vous prenez ung bel et bon chemin

---

1. Dès cette année, *magis hoc anno ;* cf. désormais.

« pour l'âme et pour le corps ; et quant vous plaira ce
« que avez dit sera fait. » Adonc dit le duc : « Norris,
« mettez trois chevaliers qui soient besogneux par tout
« ung mois de ceci, car vous n'y povez estre bonnement,
« parce qu'il est de nécessité que continuellement vous
« soyez avecques moi pour aucunes affaires que j'ai à
« faire. » Alors le sire de Norris, par le commandement du duc, commist en la chambre des comptes, pour oyr ceci, ceulx qui y seroient, c'est assavoir l'Hermite de la Faye, Chastelmorand, et messire François d'Aubricecourt, pour trois chevaliers, et ung clerc pour escripre ce que les gens de la chambre des comptes monstreroient, et fut la chose si bien demenée que les chevaliers à ce commis et ceulx de la chambre des comptes, au bout d'ung mois, rapportèrent au duc, leur seigneur, qu'il avoit quatre vingts mille frans de domaine, qui fut tenu une belle chose à tous ceulx qui l'oïrent. Et lors dit le preudhomme sire de Norris au duc de Bourbon : « Monseigneur, vous n'estes mie prince
« désert, car, Dieu merci ! vous avez assez pour vous ac-
« quitter, et pour tenir un très grant estat. » Lors lui dit le duc : « Sire de Norris, vous m'avez bien aidié le
« croistre, et vouldroie bien adviser ce que touchera
« à ma despence, et le remanent demourast pour mon
« acquit. » Lors lui dit le sire de Norris : « Monsei-
« gneur, la despence de vostre hostel gist en vostre
« vouloir, car nul n'en peut ordonner, se non vous,
« et la faites telle comme il vous plaira. Mais advisez
« une somme pour fournir à vostre despence, telle
« comme vous vouldrez, car ces quatre vingts mille
« frans que je vous ai dit n'est pas argent comptant,
« mais est la recepte des bledz, des vins et de poul-

« lailhes, et mains autres domaines, et avez, la Dieu
« merci! en vos pays de Bourbonnois assez vivres
« de toutes garnisons pour vivre, mais nonobstant
« cela, il faut moult d'autres choses en l'hostel d'ung
« tel seigneur comme vous estes. Car il y a besoing
« foison d'argent pour achapter autres choses, comme
« charnaiges, espices, et autres affaires qui surviennent
« en l'hostel d'ung seigneur, tant en ambasseries
« comme en messaiges, et pour vestir vous, madame,
« vostre fils, et ceulx de vostre hostel. Et aussi
« convient donner dons particuliers à moult de gens,
« qui à vous viennent de par les seigneurs. » — Si
dit adonc le duc : « Sire de Norris, vous avez très bien
« advisé, et est vrai ce que vous dites. Pour ce vous
« prie que advisez quelle somme il fauldra mectre en
« espargne à fournir les choses pourparlées. » Le
sire de Norris, qui vit que c'estoit le vouloir du duc,
lui dit : « Monseigneur, les affaires de vous, grans
« princes, sont tels comme il vous plait, et aucunes
« fois les despens si grans qu'il n'y a point de mesure.
« Et me suis pensé de moi mesme, veu ce que
« vous assez avez bleds, vins, poullailhes et cire, que
« se vous aviez vingt mille frans en espargne pour les
« choses qui vous pourroient survenir, vostre estat
« seroit honnourablement ; et oultre que vos pays de
« Bourbonnois, de Forez et de Combraille fourniroient
« bien tout ceci, comme il a esté dit. » Et encores dit
au duc le sire de Norris : « J'ai advisé avecques les
« gens de vostre conseil, que le païs de Beaujolois, et
« Chasteau-Chinon, et Clermont en Beauvoisin, vous
« auront acquitté, dedans trois ans, de toutes vos
« debtes. Mais votre conseil et moi, oultre, avons

« advisé que pour paier les menus debtes, dont les
« pouvres gens sont souffreteux, nous chercherons à
« toutes mains les vingt mille frans pour payer iceulx
« debtes, et les gros debtes seront assignés, sur
« les trois païs, à certain terme, dont les debteurs
« seront bien contens, et ainsi serez quitte. Et encore
« avons advisé, se vous voulez que ceste chose s'en-
« tretiengne, que vous laissez en paix les bastiments
« de vostre hostel de Bourbon, à Paris, qui tant vous
« ont cousté et coustent, et tous autres édiffices,
« excepté le couvent de vos Célestins, fondé à Vichi,
« vostre ville; et se vous faites ceci, il nous est advis
« que, avant deux ans passés, vous serez quitte, et
« sera vostre estat tenu bien grandement. » De celles
paroles fut si aise le duc de Bourbon et si joyeulx que
merveilles, du bon conseil et advis du sire de Norris.
Et dit le duc de Bourbon : « Sire de Norris, vous
« m'avez jecté hors de une des grans pensées en quoi
« je fus oncques, qui m'a duré plus d'un an, dont j'en
« suis hors par vostre bon conseil. Mais se je vous ai
« donné, en moi servant, prou peine, il est raison que
« je le doye recongnoistre. » Si dit le sire de Norris :
« Monseigneur, je suis content de vostre bon vouloir,
« et prest de vous tousjours obéïr. »

LXXXIX. *Comment le duc de Bourbon manda de ses gens en l'éveschéde Metz, à l'aide de son parent, le cardinal de Luxembourg.*

Le duc de Bourbon estant en son païs de Bourbonnois, furent bien esbahis ses vrais serviteurs et parents,

de ce qu'ils ne le véoient plus en court, car il estoit leur reffuge à la court du roi. Et envoya devers lui ung sien parent, Walleran, conte de Saint Pol, en lui mandant : « Mon très honnouré seigneur, plaise vous
« savoir que nostre Saint'Père, le pape Clément, a fait
« mon frère Pierre de Luxembourg cardinal, et, pour
« tenir son estat, lui a baillé en commande l'éveschié
« de Metz, qui vault soixante mille florins du Rhin, et
« est une grant chose. Mais il est vrai que aucuns
« Allemans, désobéïssans au pape, tiennent les places
« de l'éveschié, et que sans vous ne les pourrions
« recouvrer, qui estes notre tuiçon et gouverneur.
« Pour ce, si vostre plaisance estoit de nous aider et
« secourre de quatre cens hommes d'armes, et quel-
« ques six cens que j'en fineroie de nos amis et
« parens, j'ai espérance en Dieu d'y faire aucun bon
« fait : car mon propre frère le cardinal y viendra,
« qui a bonne renommée de preudhommie, et sans
« vous, qui nous avez tousjours esté seigneur et ami,
« nous ne pourrions ceste chose conduire. Et vous
« supplions que, se c'est vostre plaisance y envoyer,
« ceulx qui viendront apportent vostre enseigne : si
« en serons mieulx appuyés, et par cela verra l'en
« bien que nous ne sommes point desemparentés de
« seigneur ne d'amis. » Tantost le duc de Bourbon fit partir ung hérault qui dénuncia au conte de Saint Pol le bon vouloir du duc, et qu'il ne lui fauldroit point, et que de cela se tenist pour tout asseuré. Et pour n'en faire long conte, renvoya tantost le conte de Saint Pol remercier le duc, et le supplier que ses gens fussent prests d'estre à Arc-en-Barrois dedans vingt-deux jours. Si fit le duc de Bourbon mettre ses gens en

appareil, qu'il vouloit mander pour estre à celui jour, et bailla son enseigne à messire Jehan de Chastelmorand, qui tous jours la portoit. Après le duc envoya le sire de Cordebuef, messire Regnault de Roye, Michaille, le bastart de Glareins, Bellenave et le Borgne de Veaulce, mettant ces cinq[1] chevaliers pour le gouvernement de ses gens qui estoient quatre cens hommes d'armes. Si les païa le duc pour ung mois, et ne faillirent point d'estre au jour qui estoit assigné, et y furent aussi tost, ou plus, que les gens du conte de Saint Pol, lequel y amena de cinq à six cens hommes d'armes, et beaucop de gens de trait. Et lui estant ensemble, et les gens du duc de Bourbon, dit le conte de Sainct Pol aux gens du duc : « Il y a une ville à sept lieues d'ici, « nommée Commercy, laquelle est au conte de Sale- « bruche : il est nostre ennemi mortel, et s'est déclaré « contre le roi, et se nous la povions prendre, bien « nous iroit, car elle est moult riche. » Si dirent les compaignons : « Deslougeons, et toute nuit allons « avant. » Si le firent, et fut la ville de Commerci assaillie par le conte de Sainct Pol ses gens et les Bourbonnois. Et tant y mirent leur entente qu'elle fut prise par bel assault, où furent les compaignons reffreschis grandement ; et y laissa le conte de Saint Pol garnison pour son retrait, et de là on s'en alla à l'abbaye de Gorze[2], qui est de l'eveschié, laquelle tost fut

---

1. Les mss. A et B s'accordent à donner cinq, l'imprimé et le ms. C portent six. Nous maintenons cinq, d'accord avec le texte de notre chroniqueur (pag. 288, lig. 30). Michaille et le bâtard de Glareins n'étaient qu'écuyers, et non chevaliers; il faut ajouter Chastelmorand aux quatre autres pour retrouver ce nombre de cinq.

2. A environ douze kilomètres Ouest de Metz.

prinse d'assault, et puis on s'en alla louger auprès du chastel de Champillon[1] de l'éveschié, séant à une lieue de Metz. Et ceulx qui estoient dedans Champillon pour la garde avoient de coustume que, tous les matins, venoient manger des cerises, car c'estoit à la Sainct Jehan. Le bastard de Flandres, appellé messire Rifflard, estoit ordonné, de par le conte, sur le guet de celles gens, pour ce qu'il estoit moult vaillant chevalier, et vit bien le gouvernement de ceulx du chastel. Si leur mit une embusche de nuit, à laquelle il print, par ung matin, le capitaine et les meilleurs de léans, qui venoient manger des cerises, et manda messire Rifflard que tout homme se armast pour venir assaillir la place, car il n'y avoit guières demouré de gens dedans. Si vindrent tous en ordonnance, et fut l'assault moult grant et bel, et print la place, et fit couper la teste au capitaine, qui estoit allemand désobéïssant au pape. Et de là allèrent le conte de Sainct Pol, le cardinal, et tous les compaignons devant Vic[2], ou est une saline qui vault dix mil florins. Mais oncques les Allemans qui estoient dedans ne se sceurent donner conseil d'eulx défendre, mais feurent pris, qui fut moult bel miracle pour le Cardinal. Puis s'en tira l'on à Moyenvic[3], l'autre saline, qui pareillement furent pris, et delà à Marsal[4], à une autre saline, dont les habitans oncques ne se deffendirent, mais aussi furent prins, et mis en la merci du Cardinal, et sont là trois salines, qui vallent xxx^m florins, et

---

1. Aujourd'hui en ruines, entre Antilly et Hessange, à environ onze kilomètres Nord-Est de Metz.
2. Sur la Seille, à environ cinq kil. Sud-Est de Château-Salins.
3. Sur la Seille, à environ trois kil. Est de Vic.
4. Sur la Seille, à environ cinq kil. Nord-Est de May-en-Vic.

est le meilleur de l'éveschié ; et, par ainsi, on print cinq places, par droit appartenans à l'évesque. Les citoiens de Metz qui virent l'aspre guerre que leur faisoit le conte de Sainct Pol, doubtèrent que mal leur en venist, et pour ce vindrent rendre obéïssance au cardinal de Luxembourg, qui puis fut saint, et le tindrent pour leur seigneur et prélat. Et de là partirent les gens du duc de Bourbon, et le conte de Sainct Pol, pour venir à Commerci, et en eulx venant messire Amé de Salebruche ot mis une embusche pour attraper les gens qui avoient prins sa ville ; laquelle embusche fut si lourdement descouverte, que il y ot que mors que prins, largement quatre vingts hommes d'armes. Et de là on alla devant Aspremont, un moult bel chastel de messire Amé, lequel fut prins, et se retrahirent les gens, après la prise, à Commerci pour eulx raffreschir, où tous les compaignons se reposèrent une pièce, en attendant, afin que si ceulx de Metz se rebelloient contre le cardinal, ils fussent prests à le deffendre et maintenir son droit.

XC. *Comment le duc de Bourbon manda de ses gens à son nepveu le conte de Savoie, et du terrible assault qui fut à Sion en Valeis.*

En iceulx jours que l'en comptoit l'an de grâce mil quatre cens huict, le pays de Valeis marchissant d'une part à Allemaigne, et d'autre à Savoie, s'estoit contre l'évesque, préfet et seigneur rebellé, et, par conspiration, aucuns de celle rebellion l'avoient tué. Si estoient venus aucuns preudhommes en Savoie, au conte Amé,

dénoncer celle male adventure, et que, pour Dieu, il y pourveust avant que la chose alast pis. Et, pour ceste cause, les compaignons estans encore à Commerci vint ung hérault du duc de Bourbon à ses gens et serviteurs, mandant bien acertes aux cinq chevaliers, qu'il avec le conte de Sainct Pol avoit envoyez, qu'il estoit moult joyeux, et louoit Dieu de ce que son parent le cardinal de Luxembourg avoit recouvré son éveschié, et disoit aux chevaliers : « J'ai heu nouvelles de mon
« nepveu de Savoie, qui me requiert et prie que je lui
« vueille envoyer cinq cens hommes d'armes, pour
« aucuns de ses pays qui se sont rebellés contre lui.
« C'est assavoir ceulx de Gruyères et de Valeis, ou, en
« ung chastel appellé Turbillon, les villains ont tué
« leur évesque, et fort me prie le conte, mon nep-
« veu, que gens d'armes je lui mande à Lausanne, et
« que à si grant besoing ne lui vueille faillir. Et à Lau-
« sanne seront le sire de Sainct George, et les Bour-
« guignons qui viennent en son aide, d'ici à dix jours;
« si vous mande, » dit le duc par sa lectre aux chevaliers, « que vous et vostre compaignie soiez à Lau-
« sanne à ce jour, et je vous envoyerai d'argent ce
« que j'en pourrai finer. » Si accomplirent les chevaliers le mandement de leur seigneur, et n'orent mie demouré trois jours à Lausanne, que le duc de Bourbon leur envoya le sire de Champroupin, avec tout l'argent d'ung mois, en leur deffendant qu'ils prinssent argent de son nepveu de Savoie : si n'eussent pas voulentiers passé le commandement de leur prince. Si s'en allèrent les Bourbonnois et les Bourguignons ensemble au conte de Savoie, qui les attendoit à Sainct Morice en Chablais, à toute sa puissance, ou ils trouvèrent le conte de

Savoie et le prince de Piémont, qui firent moult bonne chière aux compaignons. Et l'en de main allèrent le conte, le prince, Bourbonnois et Bourguignons devant Turbillon, là ou ils avoient tué leur évesque, lequel est ung moult bel chastel, mais toutes fois il fut tellement assailli de toutes pars qu'il fut prins par force, et taillées les testes aux traistres qui avoient occis leur prélat. Et l'autre de main, bien matin, on alla mectre le siége devant la maistresse ville du pays, appellée Sion en Valeis, ou il avoit grant commun de rebellacion, dont estoient capitaines Pietre de Rarongne, hostelier du Cheval blanc sur la montaigne de Brigue, par ou l'en entre en Lombardie, et l'autre estoit ung appellé Haulsement, du pays de Gruyère, et avoient dedans la ville bien quatre mille hommes rebelles qui les suivoient. Si furent le conte de Savoie et le prince de Piémont, chevaliers à celle venue par la main du seigneur de Granson, et mains autres, et furent ordonnés les assaulx cellui jour : les gens au duc de Bourbon sur le Rosne, ès jardins, et de l'autre part de la porte, le sire de Sainct George, et les Bourguignons, pour assaillir l'en de main après messe. A icellui matin commança l'assault qui fut moult bel, comme vous orrez. Du cousté des gens au duc de Bourbon, fut moult assaillie durement la ville, et n'y avoit autres gens, se non le seigneur de la Chambre, à tout vingt cinq hommes d'armes, qui porte assez pareilles armes comme celles de Bourbon, et fut si fort assailli, que on fist sept grans perthuis au mur : et dura l'assault, dès le matin jusques à une heure après midi. Si commanda le conte de Savoye, faire la retraicte, pour ce que les Bourguignons s'estoient retrais, qui très bien avoient esté batus par ceulx de la ville à leur assault, et aussi les Bourbonnois au leur. Si vont dire les Bourbonnois au conte de Savoie : « Monseigneur, vous « faictes retraire nostre assault au plus fort de la « besongne. Nous avons faict sept perthuis, et pour « faire encore entre deux perthuis, ung, il nous « semble que le mur cherra dedans la ville, car il y « pend. » Si fut bien lie le conte, mais il dit aux Bourbonnois : « Vous avez beaucoup de vos gens blessiés. » Si lui dirent les chevaliers : « Monseigneur, ne vous « chaille ! » Adonc fut crié l'assault plus fort que devant, et lors les Bourbonnois allèrent commancier ce qu'ils avoient dit : si fut bien assailli, et bien deffendu ; et firent leurs perthuis, comme il estoit ordonné, entre deux ung. De quoi il advint au soleil couchant, que le mur qu'on cuidoit que cheust en la ville versa sur les gens d'armes Bourbonnois, et de ceulx qui estoient sur le mur en la deffence trébuchièrent vingt-deux ès foussés, lesquels furent tués, et aussi cinq hommes d'armes de Bourbonnois du mur, et treze varlets, et mort cellui qui portoit le pennon du seigneur de la Chambre, et y ot messire Regnault de Roye le bras rompu, et messire Jehan de Chastelmorand le pié, qui portoit l'enseigne au duc de Bourbon, et aussi Michaille forment blecié. Et fut le cri si grant des gens au conte de Savoie, et Bourguignons, que tous vindrent à celle bresche pour entrer dedans, mais si tost n'y sceurent venir, que le pennon du duc de Bourbon n'y fust entré, ensemble les Bourbonnois, qui combatoient fort aux villains de la ville, par les rues, qui fièrement se défendoient, et avoient tendues leurs chaennes, et jà estoit tard ; et furent mors en celle entrée, par les Bourbonnois, Savoyens et Bourguignons bien deux mille jaques villains, et la ville gaignée, où ot conquis moult de biens. Et tirèrent le pennon du duc, et les Bourbonnois, qui n'avoient entendu à rien piller, à la Véherie, ung chastel en hault, de l'évesque, ou s'estoient retrais Piètre de Rarongne et Haussement, conduiseurs de celle villenaille, et au souleil levant les Bourguignons et Savoyens tirèrent en hault. Si assaillirent gens d'armes la place si vivement, que on l'ot d'assault, où fut mort Piètre de Rarongne et autres ; et par ainsi ot le conte de Savoie la ville de Sion, et, après cestui assault, requirent le sire de Saint George et les Bourbonnois au conte de Savoie, qu'il leur donnast congié d'aller courre à le conté de Gruyère, dont estoit saillie ceste rumour. Si y allèrent ceulx qui estoient sains, et y firent si grant dommage que on ne le pourroit nombrer, et coururent jusques au mont de Brigue, ou ils ardirent l'hostellerie qui estoit belle, et ruèrent jus les ponts ; puis le tiers jour s'en retournèrent les compaignons à la cité de Sion, devers le conte Amé, qui leur sceut grant gré de celle courrerie. Et avoit trouvé le conte grant avoir en la ville : si voulut paier les gens du duc de Bourbon pour ung mois, mais ils ne voulurent rien prendre de lui, disans qu'ils avoient assez argent, et que leur maistre, le duc, quant le sauroit le prandroit mal en gré, car il n'avoit pas acoustumé de servir ses amis à leurs despens. Et lors donna le conte de Savoie à Chastelmorand ung moult bel coursier, et vingt-quatre marcs d'argent, et aux autres quatre chevaliers, à chascun ung coursier. Et fit parler à part le conte de Savoye à Chastelmorand, pour ce qu'il portoit le pennon du duc de Bourbon, qu'il voulsist prendre pension de lui, lequel dit que de nul prince il ne prendroit pension, sans le bon congié et sceu de son bon seigneur et maistre, qui lui faisoit à foison biens. Ainsi se partit la compaignie des Bourbonnois au bon vouloir du conte de Savoye, et s'en vindrent à Molins, par devers leur prince, le duc, qui jà savoit bien le bel exploict qu'ils orent fait, et leur fit moult grant feste, et les receut à lie chière.

XCI. *Comment le duc de Bourbon avoit entencion de faire plusieurs voyaiges honnourables.*

En cellui an mesmes ne tarda pas gramment que le roi envoya querre le duc de Bourbon, lui priant si acertes que merveilles, qu'il se voulsist traire par devers lui, à Chartres, ou il avoit une journée emprise, pour la discension que le duc povoit assez savoir, pour la mort de son beau frère le duc d'Orléans, et que le duc de Bourbon ne y voulsist point faillir, « car beaulx oncles de Berry nous en prie fort. » A laquelle parole du roi s'enclina le duc de Bourbon, et alla à celle journée, ou fut proposée la paix de la mort du duc d'Orléans, et fut dit quant au duc Jehan de Bourgongne, à qui plusieurs donnoient le blasme du fait, que mie n'estoit de croire qu'il eust ceci machiné, et que nul ne l'en mescroyoit, et qu'il peust aller et venir par devers le roi, comme il avoit acoustumé, et que, si le duc de Bourgongne povoit tenir nul de ceulx qui avoient occis le duc d'Orléans, qu'il les fist pugnir. Et sur ce furent mandés

les ambassadeurs du roi au duc de Bourgogne, à deux lieues de Chartres, où il estoit, qui de ce se tint très-content, et jura la paix comme les autres. Fait ce tractié, se départirent les seigneurs en bonne paix, touchant la mort du duc d'Orléans, et lors le duc de Bourbon, qui avoit grant desir de retourner en son païs, vint prendre congié du roi, qui ne le lui vouloit donner pour rien : et mit deux jours avant qu'il peust avoir congié ; et aussi le duc de Berry mectoit à ce grant peine que le duc de Bourbon demourast, mais oncques ne se y voult accorder, et n'eust poinct obtenu congié, se ne fust que le duc dit au roi : « Monseigneur,
« j'ai promis mener la roine de Jhérusalem à Naples,
« et desjà ai envoyé de mes gens à Valence la Grant,
« ou demoure la roine Yolant, sa mère, pour savoir
« quant ils vouldront que je aille là. Et aussi est mon
« entencion, au plaisir de Dieu, de aller en pelerinaige
« en la sainte cité ou morut mon créateur, visiter
« son sépulchre, car, après les fais du monde, con-
« vient servir Dieu ; nul ne m'en porroit destourber,
« je y ai ferme mon vouloir. » Si ne valoit rien au duc de Bourbon tout son parler : car le roi ne le voloit nullement licencier ; mais, ce voyant, ung jour, le duc de Bourbon dit au roi : « Monseigneur, je m'en vois
« jusques en mon païs, et là me trouverez prest à
« vostre commandement : je ne suis mie si loing que
« tost ne soie par devers vous. » Adonc se partit le duc Loys du roi de France, et s'en vint en Bourbon-nois, ou il rieula tout son fait, et envoya messire Jehan de Chastelmorand en Aragon, à Valence la Grant, pour acompaigner la roine Yolant, femme du roi Loys, à Barcelonne, ou le dit chevalier demandoit deux

naves et quatre gallées, et que fussent prestes, si que, quant le duc de Bourbon seroit en Barcelonne, ne le convenist fors entrer en mer, pour mener la roine à Naples. Et de cela traicta Chastelmorand à messire Regnault de Cervillon, qui gouvernoit tout le royaume d'Aragon, mais il ne le povoit oncques mettre d'accord que la roine allast à Naples, mais disoit qu'on attendist que le roi Loys venroit en Provence. Ainsi se partit messire Jehan de Chastelmorand d'Aragon, et s'en vint au duc, son maistre, et lui dit les choses qu'il avoit faites, et que messire Regnault de Cervillon avoit rompue s'emprise, dont le duc fut moult doulent et courroucié, car il avoit de haultes pensées en soi. La première estoit de mener celle roine à Naples, et, en allant son chemin, de prendre la saisine du principe de Morée, que l'en claime Achaïe, qui estoit sienne. Car ceulx de la Morée n'attendoient que lui pour le recepvoir à seigneur. Et jà le duc de Bourbon y avoit envoyé deux fois Chastelmorand, qui avoit apporté le scellé de cils de l'Achaïe[1]. Et de la Morée iroit le duc à Naples, et de Naples estoit l'entencion du duc de Bourbon aller en Chipre, qui debvoit estre sien de raison, et de Chipre en Jhérusalem, au saint sépulchre : si povez veoir grant entreprinse de noble cueur de seigneur, qui, sur son eaige, ne vouloit point estre oiseux.

---

1. Les trois mss. portent : *des fils de l'archadie*, leçon évidemment fautive : nous adoptons, mais en partie seulement, la correction de Buchon.

XCII. *Comme le duc de Bourbon avoit en propos de user sa vie aux Célestins à Vichi, avec quatre chevaliers; et comme à Souvigni lui vindrent nouvelles que Amé de Viry guerroyoit son pays de Bresse, et le bon remède que le duc y mit.*

Quant le duc de Bourbon congneut que, pour cellui temps, les voyaiges qu'il voloit faire il ne povoit acomplir, fut mal content, mais nonobstant ce delaiement, les espéroit acomplir et achever briefvement. Et, lui estant en son païs de Bourbonnois, avecques ses barons et autres, ausquels il faisoit bonne chière et grant, il n'y avoit nul qui de lui ne trouvast aide et secours. Et tous les jours avoit le duc de Bourbon des nouvelles de France, qui lui desplaisoient. Car le roi despendoit argent à grant desroi, et le bailloit on à gens de petit estat, varlets de chambre, deux ou trois, qui faisoient grant palais en Paris et dehors. Et à cellui temps, tout le gouvernement du roi estoit Montagu, auquel on fit coupper la teste. Si vit le duc de Bourbon tousjours les choses du royaume estre en discencion, pour ce n'avoit voulenté de soi bouger de ses pays, et avoit voulenté de faire l'esglise des Célestins à Vichi, qu'il avoit de nouvel fondée, la plus belle que on peust regarder, et de la fournir de ornemens riches et précieulx, et de reliques plus que n'en y avoit données. Et oultre y vouloit faire maison pour son estat; car il avoit entencion, après son retour des honnourables voyaiges dessus desclairés qu'il entendoit à faire, de là tous jours demourer, et quatre viels chevaliers avecques lui, qui n'en bougeroient point, que à tout le moins, les deux ou les trois n'y fussent tousjours. Et estoient les quatre viels chevaliers qu'il avoit ordonnés pour son corps : messire Robert de Vendac, messire Guichard d'Ulphé, messire Jehan de Chastelmorand, et messire Jehan de Bonnebaud, avecques certains autres ses officiers. Et s'il eust vescu deux ans plus qu'il ne fit, sans faute, il s'y en venoit à y user le remanant de sa vie et servir Dieu. Or ne tarda pas demy an que on commença une guerre sur le duc de Bourgongne, à Arras, en Picardie, en son pays de par delà, et, pour cause de celle riote, se retrahit le duc de Berry en Poictou, et de toutes ces rumeurs et debbas, qui lors estoient en ce royaume, l'an quatre cens neuf, le duc Loys de Bourbon qui estoit lies homs et joyeulx, print une grande mélancolie en sa teste, qui lui avança bien sa mort, car oncques puis n'ot guères de joye, tant qu'il en perdoit le dormir, qui fort l'affoiblit. Mais il regracioit Dieu de ce que en ses plains jours le laissoit voir la paix de l'esglise, dont le scisme avoit duré dès la mort du pape Grégoire, qui passa de cest siècle à Rome l'an mil III^c LXXVIII, jusques à la date de cestui an IIII^c et IX que, par inspiracion divine, ung homme de bonne vie et grant théologien nommé maistre Pierre de Candie fut, en concile général à Pise, créé en souverain apostoile[1], et appellé pape Alexandre V. De laquelle paix le duc de Bourbon s'esléessoit, car à ce faire souventes fois avoit mis grant paine, et pour celle léesse que avoit le duc de Bourbon du fait de l'esglise, il alla par dévocion en sa ville de Souvi-

---

1. Le 26 juin 1409.

gni, ou prioré, faire son oracion, auquel lieu il avoit fait édiffier une belle chapelle, et sa sépulture, pour dormir, après ses jours. Et là lui vindrent nouvelles du pays de Beaujolois, bien hastives, comment Amé de Viry, qui avoit bien mil chevaulx, estoit venu courre son pays de Bresse, et avoit pris sa ville de Chalemont, et tenoit le siége devant le Chastel de l'Ain, dont il avoit prins et pillé la ville; et que à ce faire le conte de Savoie lui bailloit gens, et lui faisoit faire ceci. Si fut le duc de Bourbon moult doulent et courroucié de ces nouvelles, qui lui vindrent un jour de vendredi aouré, à dix heures. Si ordonna tantost à ses clercs de faire deux cens paires de lettres, tant en Bourbonnois comme en Forez et en Beaujolois, que tout homme tirast là. Et ordonna ce jour le duc, après le service, que le sire de Chastelmorand prestement montast à cheval, et portast son pennon, et avec ceulx de son hostel s'en allast, qui se trouvèrent quelque quatoize. Et en eulx en allant de tire recueilloient ce qu'ils povoient trouver de gens, et tant que bien se trouvèrent soixante hommes d'armes. Et quant messire Jehan de Chastelmorand et les siens furent près de Toissé [1], une ville au duc de Bourbon, leur fut dit qu'Amé de Viry vouloit l'en de main assaillir la ville. Si se mirent en chemin, passèrent la Saone au vespre, et entrèrent en la ville de Toissé, entour mie nuit, et Amé de Viry la debvoit assaillir l'en de main, au souleil levant. Si ne dormirent point les compagnons de toute nuit, mais ordonnèrent leur guect et deffence, par manière que

---

1. Aujourd'hui Thoissey, chef-lieu de canton de l'arrondissement de Trévoux (Ain).

si Amé de Viry venoit bien trouveroit qui le recepvroit ; et deffendit messire Jehan de Chastelmorand que homme ne se monstrast, jusques ils verroient les ennemis au pied du mur, et quant Amé de Viry seroit au plus fort de son assault, que le pont de Toissé baissié si istroit Chastelmorand à tout le pennon du duc, où en sa compaignie estoient bien quatre vingts hommes d'armes, et ainsi fut fait. Amé de Viry celui matin envoya soixante combatans assaillir, et lui se mit en bataille loing du traict ; et quant les soixante furent ès foussés de Toissé, et au pied du mur, s'abandonnèrent fort, et lors furent sur les murs de ceulx de la ville autres soixante qui gectoient pierres aval et traulx ; et par la porte issirent les quatre vingts hommes d'armes qui firent par telle manière que les assaillans furent pris et mors. Et se retrahit Amé de Viry et sa compagnie à Jujurieu[1], entre estangs pour faire son logis fort, ou il desmoura huit jours, et à la fin des huit jours vindrent à Toissé, ou estoit messire Jehan de Chastelmorand, tant de Bourbonnois et de Forez que de Beaujolois, trois cens hommes d'armes, et povoient estre ensemble quatre cens hommes d'armes qui estoit une belle compaignie, et depuis vint à eulx à Toissé messire Robert de Chaslus qui en avoit bien IIII^{xx} ; et quant il fut à Toissé, firent les chevaliers une emprise de aller combatre Amé de Viry qui encores estoit à Jujurieu, ou s'il ne sailloit de son logeis, l'assiéger. Si partirent les compaignons Bourbonnois de Toissé en bataille ; mais, quant Amé de Viry sceut par ses espies, que si grosses gens venoient sur lui, il ne les osa acten-

---

[1]. Comm. du cant. de Poncin, arrond. de Nantua (Ain).

dre ; mais, par ung autre lé des estangs, se deslogea, et passa à Rochetaillée¹ la rivière d'Ain, oultre tout le pays de Beaujolois, et quant ce virent les chevaliers, Robert de Chaslus et Jehan de Chastelmorand, avecques leurs gens, allèrent après pour consuivre Viry, et se lougèrent sur la rivière d'Ain, et là demourèrent quatre jours en attendant quelle chose Amé de Viry feroit ; mais lui et ses gens s'en estoient fouis de Bresse, et allés en Savoie. Si mandèrent messire Jehan de Chastelmorand et messire Robert de Chaslus, Tiercellet, nepveu de Chastelmorand, à tout deux cens hommes d'armes, prendre une place en Bresse, qui estoit à ung des mestres d'hostel du conte de Savoie, laquelle ils prindrent, et la bruslèrent, et s'en repairèrent arrière vers leurs maistres : et l'en de main rapporta on à messire Robert de Chaslus et à messire Jehan de Chastelmorand, que Amé de Viry et les enfants de Bouain devoient passer la rivière d'Ain de deçà pour les venir combattre.

XCIII. *Comment le duc de Bourbon vint à Villefranche, ou le roi de France lui manda gens d'armes pour lui aider de sa guerre contre Savoiens, et comment Ambérieu fut prins, et comment le conte de Savoie rendit Amé de Viry au duc de Bourbon.*

Quand les Bourbonnois apprindrent ceulx nouvelles, orent advis ensemble qu'il estoit de faire : si ordonnèrent messire Robert de Chaslus demeurer au Pont

---

1. Ville à deux lieues et demie de Lyon.

d'Ain avecques ses gens, et messire Jehan de Chastelmorand alla vers Rochetaillée, à tout deux cens hommes d'armes, savoir s'il trouveroit les Savoiens, ou non, et se Amé de Viry avoit fait appareil de passer deçà. Et chevaulchèrent toute la nuit Chastelmorand et les siens, et trouvèrent que Amé de Viry avoit fait faire ung pont à vouloir passer la rivière contre eulx, et jà des Savoiens oultre le pont estoient passés trente deux hommes d'armes, qui furent tous mors ou prins par les Bourbonnois, et en y ot aucuns qui se noyèrent, et fut le pont rompu et despecé, que n'y porent plus passer. Lors s'en retourna Chastelmorand o ses compaignons au Pont d'Ain, ou estoient demourés quatre cens hommes d'armes avec messire Robert de Chaslus. Si furent liés et joyeulx de la bonne adventure que leurs compaignons avoient heue, et l'en de main se sarrèrent toute la chevalerie ensemble qui estoit de Bourbonnois, de Forez et de Beaujolois, ou il avoit de vaillans gens, pour savoir ce qu'estoit de faire, car ou païs du duc de Bourbon n'estoit plus demouré que une place nommée Ambérieu[1], que toutes les autres ne fussent reconquises par les Bourbonnois, se non celle. Et estoit tout le pays que le duc de Bourbon a en Bresse d'accord, que les chevaliers et les gens allassent mettre le siége devant Ambérieu, qui leur estoit contraire. Si affermèrent Chastelmorand et Chaslus qu'ils disoient bien. « Mais, » dirent les chevaliers, « qui pourroit trouver voie et manière de passer en « Savoie, comme Amé de Viry et les Savoiens estoient « passés en Bresse, ce seroit ung bel honneur au

---

[1]. Chef-lieu de canton, arrond. de Belley (Ain).

« duc de Bourbon. » Si dit toute la chevalerie que bien estoit vrai, mais que on peust trouver passaige. Lors dirent aucuns : « Bien trouverons le chemin. » Celle nuit se reposèrent, et l'en de main du Pont d'Ain se deslougièrent les Bourbonnois bien matin, et allèrent devant ung chastel de l'abbé d'Ambrunai, ou il avoit un meschant pont. Lequel chastel et l'abbé dedans furent prins par force, et repareillèrent le pont ou ils mirent toute la journée ; et après minuit s'en allèrent, et chevauchèrent en Savoie jusques au près d'Ambrunai[1], ou cellui matin se mirent en bataille, et se trouvèrent qu'ils estoient bien six cens hommes d'armes, disans que assés estoient pour faire grant dommaige en Savoie. Lors s'advancèrent leurs coureurs, qui coururent devant icelle ville d'Ambrunai, laquelle n'estoit pas bien forte, et ne se prenoit garde. Si entrèrent dedans les premiers coureurs Bourbonnois, et les autres qui les suivoient à grant effort de chevaulx, après ; et trouvèrent bien en la ville les compaignons Bourbonnois quatre vingts chevaulx de Amé de Viry, qui séjournoient là, lesquels furent gaignés, et aucuns de ceulx qui les gardoient occis, et les autres qui virent l'effroi se retrahirent en l'abbaye, qui estoit forte. Si fut la ville courue, ou les compaignons firent grandement leur fait, et furent bien reffourbis, car le butin ensemble montoit bien quatre mil frans. Et demeurèrent deux jours Bourbonnois en ladicte ville, pour eulx raffreschir, et en ces deux jours coururent toute la terre de la Montaigne, et celle des enfants de Bouain qui estoient ennemis mortels ; et porta on par terre

---

1. Commune du canton d'Ambérieu.

leur basse court, et ardit on leurs moulins, et amena on bien deux mil chiefs de bestail. Et se vindrent retraire Bourbonnois au Pont d'Ain[1], ou ils gaignèrent le pont, qui est delà la rivière, et se logèrent en la ville de deçà, comme autres fois y avoient esté. Et lors messire Robert de Chaslus et messire Jehan de Chasteaumorand dirent aux compaignons : « Messeigneurs, « il est temps de aller maintenant devant Ambérieu, « car vous avez bien fait vos besongnes. Or allons là, « et ne nous en partons jusques à ce que l'ayons. Car « nous savons de certain que sont bien léans de nos « ennemis IIII^{xx} combatans. » Si se deslougièrent Bourbonnois de Pont d'Ain, et s'en allèrent loger devant le chastel d'Ambérieu, ou il a bel lougis et grant, et là demeurèrent quatre jours, pour faire habillemens à l'assaillir. Et durant ce siége vint le duc de Bourbon à Villefranche en Beaujolois, à quatre cens hommes d'armes, lesquels il envoya au siége d'Ambérieu, où il n'a que trois lieues, avec les autres, et il demoura au dit Villefranche. Si advint que, au bout de quatre jours furent fais les habillemens, et fut assailli Ambérieu. Et en la basse court du chastel estoient aucunes maisonnetes couvertes de paille ou l'en gecta le feu, et fut toute arse la basse court et le prioré, et tous les vivres, et se retrahirent ceulx d'Ambérieu dedans la tour, qui est moult forte et belle ; mais, pour ce qu'ils n'avoient que manger, se rendirent au duc de Bourbon, à sa voulenté, dont il y avoit treize gentilshommes de Savoie. Si prindrent Chastelmorand et Chaslus tous ceulx de la garnison, et les mandèrent en pourpoinct

---

[1]. Chef-lieu de canton, arrond. de Bourg (Ain).

tous liés en vingt-une charrettes au duc de Bourbon à
Villefranche. Et quant le duc les vit, il s'esjouit moult,
et sa compaignie, et tantost les fit boire et manger,
puis commanda qu'on les gardast en prison ; et manda
le duc à Chaslus et à Chastelmorand qu'ils avoient
bien besongné, et qu'ils ne se retrahissent point, mais
qu'ils advisassent quelque bel logis, et se tinssent tous
ensemble, jusques à ce que le duc auroit autrement
ordonné ; et leur manda le duc que le plus bel logis
qu'ils peussent prendre, c'estoit Montluel, qui estoit
moictié de ses alliés et moictié du conte de Savoie, et
ainsi le firent. Mais, pendant ceci, envoya le roi de
France à son oncle le duc de Bourbon, pour son aide,
en sa guerre qu'il faisoit en Savoie, six cens hommes
d'armes, et les gens de son hostel, et aussi fit le sire
de Couci, de tout ce que pot finer, le conte d'Eu pareillement, le conte de Sainct Pol, aussi le conte d'Harcourt et le conte d'Alençon, et tant que le duc de
Bourbon se trouva à quatre mil hommes d'armes largement, et tous le conseilloient qu'il mist peine à détruire
du tout le conte de Savoie. Mais le conte de Savoie qui
savoit tout ceci, estoit moult esbahi, et envoya devers
le duc de Bourbon, en quatre jours, trois ambassades
par lesquelles il desadvohoit Amé de Viry, et juroit
grant serement que oncques il ne lui avoit commandé
de lui mouvoir guerre, ne il ne vouldroit avoir fait, à
lui qui estoit son oncle, une si oultraigeuse vilennie.
Car le duc de Bourbon povoit bien penser que le conte
de Savoie le serviroit, s'il avoit besoing de lui. Si ot le
duc de Bourbon advis avec les chevaliers qui lui conseilloient fort de destruire le conte de Savoie. Mais le
duc Loys de Bourbon, qui estoit le plus honnourable

prince, et le plus preudhomme que on peust trouver, leur respondit : « Puisque mon nepveu de Savoie « s'escondit, et qu'il fait si grant serement, et qu'il « est mon nepveu, fils de ma seur, et n'a point de « querelle à moi, il me semble que je le doi croire. » Et lors dit le sire d'Albret : « Monseigneur, le conte « voit bien que, si vous voulez, il est en vostre pouvoir « de le destruire, et de le chasser hors de ses pays. « Et c'est ce que lui fait dire ce qu'il dit. » A laquelle parole respondit le duc de Bourbon : « Beau cousin « d'Albret, supposons qu'il eut ce fait faire, si ne le « vouldroie-je pas destruire, lui qui m'est si prochain, « nonobstant qu'il est bien en ma puissance, mais je « doi croire son escondit. Je lui ferai, dit le duc, ung « autre parti que, puisqu'il dit que mie n'a esté cette « guerre de son commandement, et qu'il desadvohe « Amé de Viry qui l'a faite, lequel est son homme, le « me baille le conte en mes mains, à en faire mon vou- « loir, de le pendre ou autrement, et je me despar- « tirai, et croirai ce qu'il m'a mandé. » Si furent bien contens les ambassadeurs savoiens, et rapportèrent ce au conte, leur seigneur, qui envoya incontinent Amé de Viry au duc de Bourbon, à Villefranche. Lequel Amé de Viry se tenoit pour mort, et dit plainement qu'il estoit l'homme du conte de Savoie, et que le conte, son seigneur, lui avoit fait faire la guerre qu'il avoit faite contre le duc en ses villes de Bresse, et de cela Amé faisoit grant serment. Celles paroles vint rapporter messire Robert de Chaslus au duc de Bourbon, laquelle chose respondit le duc à Chaslus : « Tout ce « qu'il dit, il dit pour paour de morir, et doi mieulx « croire mon nepveu, fils de ma seur, que lui, car

« j'avoie assés puissance à me venger de mon nepveu ;
« et à faire morir cestui-ci c'est petite vengeance,
« mais je le renvoyerai à mon nepveu, chargé des
« paroles qu'il a dites, pour voir quelle pugnicion il
« en fera : car c'est pour son maistre ung grant
« reproche ; » et ainsi le fit le duc de Bourbon, dont
le conte de Savoie tint Amé de Viry longtemps banni
de son pays, et ainsi demourèrent les choses, et oultre
plus renvoya le duc les treize gentilshommes en Savoie,
francs et quittes, et, par sa franchise, licencia celle
communaille qui à lui s'estoit rendue à la prise d'Ambérieu.

XCIV. *Comment le duc de Bourbon manda de ses gens au mareschal Bouciquaut, dont Chastelmorand estoit chef, et qu'ils firent, avant qu'ils fussent à Gennes.*

Estant encores le duc Loys de Bourbon en sa baronie de Beaujolois à Villefranche, son hostel, en cellui an mesme mil quatre cens et huit, envoya le mareschal Bouciquaut, gouverneur de Gennes pour le roi de France, que le duc de Bourbon avoit nourri, Jehan de Neufvis, escuyer de bon affaire, devers le duc, afin qu'il lui pleust d'envoyer au mareschal xii^c hommes d'armes, pour aucune grant rebellacion que les gens du marquis de Montferrat avoient faite au roi de France, comme de lui avoir destroussé viii^c hommes d'armes du pays d'Auvergne, dont estoit capitaine messire Guillaume de Saigne, et furent desconfis entre le mont de Vis et Sainte Clare. Et oultre, le mareschal

envoyoit trois mil ducats pour payer les compaignons jusques ou Daulphiné, et ou Dauphiné il bailleroit le paiement pour ung mois aux gens d'armes, jusques ils fussent à Gennes; et oultre, prioit le mareschal que le duc de Bourbon lui voulsist prester messire Jehan de Chastelmorand pour les conduire, qui autres fois avoit demouré en Lombardie ung an avec le mareschal. Si lui accorda le duc de Bourbon, que tous ceulx qui y vouldroient aller y allassent, et que Chastelmorand fust chief de celle conduite, et l'en de main dit le duc à Chastelmorand : « Allez vous en à Jujurieu où sont
« grans gens encores, et voyez ceux qui là vouldront
« aller, tant de mes alliés comme aultres, et ailhent
« en vostre compaignie, car j'en suis content, et je
« vous baille mes lectres comme ils vous croyent. »
A tant se partit messire Jehan de Chastelmorand, et s'en alla à Jujurieu, et parla aux souldoyers qui furent bien d'accord, mais qu'ils fussent paiés pour ung mois ou en partie, tant qu'ils viendroient à Gennes. Et furent les capitaines que messire Jehan de Chastelmorand emmena, premièrement cent hommes d'armes que le seigneur d'Albret lui bailla, dont estoit capitaine Emynion d'Albret, et Gaucourt qui avoit foison gens; le sire de Jonselle, fils du sire de Sainct George, qui tenoit bonne compaignie d'hommes d'armes, Le Barrois, Jehan de Neufvis, Jehan Grant de Bourgongne, Leveau de Bar, le sire de Mirembel, et Raulet de Tresettes. Et avec ces capitaines et Chastelmorant pouvoient bien estre douze cens hommes d'armes, et leur fit un prest Chastelmorand, et les mena en Briansonnois, à l'entrée de Piémont, et là trouva messire Jehan de Chastelmorand, Le Bourgne Caqueran, et

Loys Coste, qui lui prestèrent le surplus du mois. Et dit Le Bourgne Caqueran à Chastelmorand : « si vous « et vos gens voulez venir avec moi, sur ceux qui ont « destroussé les gens du mareschal Bouciquaut, je « vous y menrai. » Si en fut content Chastelmorand, et au partir de là s'en allèrent devant le mont de Vis, une moult grosse ville en Piémont, où le Bourgne Caqueran avoit fait l'emprise. Par quoi le mont de Vis fut pris, qui estoit du marquis de Montferrat, et baillé en garde au bon chevalier Amé de Savoie, prince de Piémont, et recouvra on beaucoup de bagues des gens au mareschal Bouciquaut, qu'ils avoient perdues l'année devant. Et du Mont de Vis, Chastelmorand et les compaignons s'en allèrent à Sainte Clare, une moult belle place du marquis de Montferrat ; mais les maisons estoient couvertes de pailhe ; si bouta on le feu dedans, et fut la place toute arse, et y mourut bien deux cens villains, et y trouva on les cottes d'armes et les estendars et les harnois de messire Guillaume de Saigne qui illec avoit esté destroussé. Puis tirèrent les compaignons à cinq lieues de là, à une ville appellée Les Autels, de laquelle les habitants avoient esté à la destrousse messire Guillaume de Saigne. [Si fut assaillie et prise et mors beaucop villains, et y eust recouvré assés bagage de messire Guillaume de Saigne[1].] De là on s'en alla à Sainte Gemme, une belle forteresse, qui fut prinse par assault, et pugnis les villains du mal qu'ils avoient fait ; et de Sainte Gemme chevauchèrent tous les gens d'armes que conduisoit messire Jehan de

---

1. Passage omis dans l'imprimé et le ms. C et restitué d'après les mss. A et B.

Chastelmorand pour le duc de Bourbon à la cité de Gennes, où le mareschal Bouciquaut les attendoit jour et nuit. Si en fut moult lies et joyeulx, et les contenta et paya pour ung autre moys.

XCV. *Comment le mareschal Bouciquaut et les gens au duc de Bourbon desconfirent le marquis de Verse, et les brigans devant Milan.*

Le gouverneur de Gennes, messire Jehan Le Maingre dit Bouciquaut, mareschal de France, dit à messire Jehan de Chastelmorand, et aux autres capitaines qu'il avoit amenés avec lui, en l'aide du mareschal, de par le duc de Bourbon : « Messeigneurs, je remercie moult
« de fois monseigneur le duc de Bourbon qui n'a mie
« oublié jà son serviteur, mais m'a mandé une si gente
« compaignie comme vous estes : vous soyez les très
« bien venus. J'ai seu, dit le mareschal, comme vous
« avez bien vengé l'injure qui fut faite l'année passée
« à messire Guillaume de Saigne, ou pays de Mont-
« ferrat, dont moult me plait. Or est ainsi que, la Dieu
« grâce, j'ai gardé cette cité de Gennes, ou nom et
« pour le roi de France, ung long temps. Si seroie
« très joyeulx que sa seigneurie fust eslargie plus
« avant. On m'a compté les debbats des deux frères le
« duc de Milan et le conte de Pavie, et qu'ils ne sont
« mie bien d'accord ensemble. Si m'est advis que,
« veue ceste division, et que ceste cité est bien à mon
« commandement, et aussi que j'ai grans gens, il
« seroit bon que je me tirasse en Lombardie, moi
« avecques vous et vous avecques moi, pour voir si

« porrions faire chose par quoi le roi eust prouffit, et
« nous honneur. » Alors dit messire Jehan de Chastelmorand au mareschal : « Monseigneur, vous savez les
« subtilités des Lombars et leurs parcialités : si vous
« laissez ceste cité desgarnie, les gens sont motifs, et
« est doubte qu'ils ne facent quelque rebellion; et se
« vous tirez en Lombardie, ou il n'y a que division, ce
« sera fort que rien ou pou y puissiez conquester. »
Adonc dit le mareschal Bouciquault : « Chastelmorand,
« par ma foi, vous dictes bien, mais sans faulte je irai
« là, et ici lairrai gens esquels je me puis fier. »
Lors se partit le mareschal Bouciquaut de Gennes, et
toute sa compaignie, et s'en alla en la terre du marquis
de Verse, ès haultes montaignes de Gennes et de Lombardie. Et le marquis de Verse, qui sentoit le mareschal venir avec ses gens, fit mettre dedans une esglise
bien deux mil villains et deux cens hommes de cheval, pour vouloir combattre la compaignie; et n'estoit
demouré homme en la ville que tout n'y fust, lesquels
se estoient mis en bataille sur une gresve, belle place
pour combatre les François venant de Gennes; et les
François qui virent que ce n'estoient que gens de pié,
laissèrent cinq cens hommes sur les chevaulx pour
arrière garde. Si se férirent parmi, et les desconfirent,
et des villains y ot bien mors trois cens, et le remanant prins; et ceulx de l'arrière garde qui virent les
deux cens chevaulx tapis, et mussiés auprès de l'esglise, tous à ung tas, allèrent férir ens, ruèrent jus les
maistres qui furent prisonniers, et gaignèrent les chevaulx. Et entra on en la chasse en la ville de Verse avec
eulx, ou il y ot gaigné cent mil frans, et se retrahit le
marquis de Verse en une tour, et fit traicter au mares-

chal Bouciquaut, qu'il deviendroit homme du roi de France par féaulté, mais que on lui rendist sa ville ; et le mareschal qui vit que la ville estoit comme gastée, et que ses gens estoient tant riches que à peine le povoient porter, la rendit au marquis, et le receut en l'hommaige du roi de France, dont les lettres sont à Paris. Et ce fait se partit le mareschal Bouciquaut. Les gens du duc de Bourbon et les autres capitaines passèrent les montaignes, et entrèrent ou bel pays placentin devant la cité de Plaisance, laquelle se rendit au roi, et le pays de Lyescot, et aussi le pays des Angoisseux, dont le mareschal Bouciquaut avoit quinze mil ducats pour chescun mois de truaige que les villes rendent en Lombardie, et de là passèrent le Pô, et allèrent à Pavie, au conte, qui guières ne se pouvoit aidier, car eulx deux frères avoient debbat le duc de Milan et lui. Si fit le conte hommaige au roi de France, en la main du mareschal, lequel il mit dedans sa ville, ensemble toute la compaignie. Et au bout de huit jours, alla le mareschal Bouciquault de Pavie à Milan, à toute sa compaignie, ausquels le duc de Milan fit ouverture, mais on n'y osa mie entrer, pour ce que c'est une grosse ville, et forte, et bien peuplée. Et lors pria le mareschal à messire Jehan de Chastelmorand, qu'il voulsist entrer dans Milan, à tout quatre cens hommes d'armes, pour descouvrir s'il y avoit nulles gens. Chastelmorand lui accorda, et à la première porte, laissa cinquante hommes d'armes des siens à la garde, et à tout trois cens cinquante entra Chastelmorand dedans Milan, et alla au duc qui lui fit grant feste, et le fit mener par toute la ville du long et du large. Et requist messire Jehan de Chastelmorand au duc de Milan qu'il le laissast entrer lui et sa compaignie pour garnison en son chastel de Porte Eusèbe. Si dit le duc que non, et que nul n'y entreroit plus fort de lui, « mais se vous, Chastelmorand, y voulez venir à « treze compaignons, pour voir dedans, je suis content. » Ainsi Chastelmorand y alla voir, et n'y trouva que la garnison, et s'en retourna au mareschal Bouciquaut, qui estoit en bataille dehors Milan, et lui fit son raport, disant qu'il n'y avoit point de garnison, et qu'il y povoit entrer seurement : « Mais il me semble, » dit-il, « que aux rues, près des portes, vous debvriez « faire loger en chascune deux cens hommes d'armes, « afin que nul n'en puisse issir ne y entrer, que ne le « sachez. » Ainsi le fit le mareschal Bouciquaut, et demoura la compaignie douze jours en la ville, à grant joie et liesse, et grant estat tenoit le duc. Or advint que le tiers jour que les François furent lougiés en Milan, saillit des faulbourgs ung capitaine de part Guibeline appelé Pierre de Subergoine, a bien douze cens hommes Guibelins, qui haient les Guelphes, lesquels destroussèrent bien trois cens hommes de fourrageurs aux François. Si vint le cri à Chastelmorand et à Bosredon, à leur porte, qui saillirent hors à tout quatre cens hommes d'armes, pour aller à l'aide de leurs gens, et rencontrèrent ces brigans, qui furent tous desconfis et prins; et y ot gaigné trois cens aulbergeons d'acier, et fut mort Pierre de Subergoine, et son frère prisonnier, qui paya deux mil ducats et dix aulbergeons d'acier; et oncques puis pour celle fois, n'y eut rebellion en Lombardie; et vous certifie que si bien se mainctint le mareschal Bouciquaut, à l'aide des gens au duc de Bourbon, et des autres capitaines et compaignons, qu'il prenoit des daces[1] acoustumées en Italie, de Ravenne, de Verse, de Plaisance, de Pavie, de Milan, et d'Iverie[2], soixante dix mil ducats d'or pour payer la compaignie, et avoit fait une belle conqueste pour le roi.

XCVI. *Comment le duc de Bourbon fit son mandement pour aider ses nepveux d'Orléans.*

Pour la guerre qui avoit estée meue au duc Jehan de Bourgongne en Picardie, il en ot tel despit que, de fait, il jura de tout son povoir destruire les enfans d'Orléans, et tous ceux qui seroient en leur aide. Car il disoit que les hoirs d'Orléans avoient conduit le roi en ses pays pour le guerroyer. Si advint que, pour maintenir la querelle du jeune duc et de ses frères, s'allièrent par serement les ducs de Berry, de Bretaigne, de Bar, et avecques eulx le conte d'Armignac, et assemblèrent grant nombre de leurs amis et alliés à Gien sur la Loire, qui jurèrent par feu et par glaive guerroyer le duc de Bourgongne : et ceste alliance mesmes jura le conte de Clermont, qui là estoit, à la tenir pour lui et pour son père, le duc de Bourbon, qui à son fils sceut très mauvais gré de l'avoir promis en son nom, soi excusant à ceulx qui lui rapportèrent le traictié, que le fils n'a point povoir de lier en nul serement le père, pour quoi disoit le duc : « J'ai fait une « fois serement à monseigneur le roi : si ne le pui ne

---

1. Impôts, voy. Ducange, *verbo dacita*.
2. Ivrée.

« doi faire à nul autre ; et se beau fils Jehan a ce fait c'est
« sans mon sceu, et fort m'en desplait. » Or ne tarda
guières que le duc Charles d'Orléans envoya ung sien
chevalier, nommé messire Guillaume de Laire, en ambassade pour le fait de sa guerre au duc de Bourbon,
et dit au duc le chevalier : « Très honoré prince et
« puissant seigneur, le duc Charles d'Orléans, mon
« seigneur et maistre, avecques ses frères, vos nep-
« veux, vous prient et requièrent, sur l'affinité de
« lignaige, que vous leur aidiez en leur guerre, qui est
« juste, et maintenez leur querelle encontre le duc de
« Bourgongne, qui à tort les veult déshériter, car les
« autres seigneurs, comme vous savez, se y veulent
« employer, et l'ont juré, présent monseigneur vostre
« fils qui à ce se accorda. » Lors print à dire le duc
de Bourbon : « Guillaume de Laire, vous n'avez mie
« bien pensé que c'est de commencer guerre : le
« commencement est brief, mais la fin en est tardive.
« Vous estes ung fol, qui conseillez mes nepveux à
« commencer la guerre à si forte partie comme ils ont
« à faire. Ils ont ung pou d'argent, si pensé-je que
« vous et autres leur voulez faire despendre, puis
« demoureront pouvres et souffreteux. Ils sont jeunes,
« et ne savent que c'est de tel mestier. Allez vous en
« à eulx, et les acertenez que, au besoing, ne leur
« fauldrai mie, qui les oppresseroit ; mais je serois
« bien d'accort qu'il fussent en eaige, et se congneus-
« sent, si que leur argent ne fust mie despendu sans
« cause. » Adonc s'en alla messire Guillaume de Laire
au duc Charles d'Orléans, lui relater ce qu'il avoit
trouvé. Et le duc de Bourbon demoura à Montbrison
une pièce, avec la duchesse sa femme, ou par [devers

lui retournèrent de Lombardie d'accompagner le mareschal Bouciquaut, c'est assavoir messire Jehan de Chastelmorand, messire Jean des Barres, ensemble leurs compaignons de Bourbonnois et de Forez ausquels le duc fit bonne chière. Mais par[1]] tant de foys escriprent et envoièrent ambassadeurs les ducs de Berry, de Bretaigne, de Bar, le conte d'Armignac, et le sire d'Albret, conestable de France, au duc Loys de Bourbon, lui remonstrant que le duc Jehan de Bourgongne faisoit grant mandement à destruire les orphelins d'Orléans, et jà cellui duc les avoit deffiés, et qu'il en eust pitié. Si pensa ung peu le Duc, et puis dit : « Puis que je vois que c'est à certes que l'en veult des-
« truire mes nepveux, j'ai veu ma chair et mon sang
« respandu inhumainement sur les carreaulx, et ceulx
« à qui il en deust doloir sont plus obstinez à méfaire,
« si voue et promects à Dieu, que, tant comme j'aurai
« vie, je mectrai corps avoir et povoir à desrainier
« la querelle de mes nepveux, et me desclare estre
« de leur partie. » Et lors commença à dire le duc Loys à la duchesse sa femme : « Dame Anne Daulphine,
« très-chère compaigne, je cuidoie prendre congié de
« vous, pour aller ou ma dévocion estoit, et est ce
« assavoir que, sur ma vieillesse, je doie laisser le
« monde servir Dieu et faire ma demourance au
« couvent des Célestins de Vichi. Mais je sai de cer-
« tain que le duc Jehan de Bourgongne entend à des-
« truire mes beaulx nepveux d'Orléans. Si ai voué de
« estre à l'encontre de tout homme qui leur vouldra

---

1. Ce passage, fourni par le ms. de Saint-Pétersbourg, manque dans les deux autres, aussi bien que dans l'imprimé.

« nuire, et, celle guerre affinée, puisque je ne puis, si
« tost comme je vouldroie, acomplir les voyaiges les-
« quels je avoie proposés à faire, au plaisir de Dieu, je
« userai le remanant de mes jours à Vichi, comme je
« l'ai ordonné. Si vous dis à Dieu, ma femme, et bien
« brief je vous reverrai. » Lors la baisa le duc, et s'en
partit de sa ville de Montbrison à belle compaignie, et
messire Loys de Cullant, qui despuis fut admiral de la
mer en France, ensemble Ponsart de Beauval, escuyer,
et autres de l'hostel du duc, prindrent congé de lui,
et s'en allèrent en Grenade, royaume sarrasin, et si à
bonne heure y vindrent qu'ils furent au siége d'Antiquière, que tenoit dom Ferrant, infant de Castille, despuis roi d'Aragon, laquelle fut prinse par les Espaignols, et conquestée sur le roi sarrasin, qui moult
belle chevalerie avoit de plusieurs contrées, l'an mil
quatre cens et neuf. Et le duc de Bourbon venu à
Molins, commanda au conte son fils aller à Poictiers,
vers le duc de Berry, pour savoir l'accertenance de
leur traictié, et où leurs gens s'assembleroient. Si se
partit le conte, alla à Poictiers, pour traictier de ces
choses, et le duc son père se advança à Bourbon-l'Ar-
chimbaud, son chastel, et appela maistre Estienne de
Bar, son secrétaire, lui commandant escripre lettres
de mandement en grant nombre, qui furent escriptes,
et mandées loing et près aux chevaliers, escuyers, et
gens d'armes, qui de bon cueur se offroient, avec la
personne de si très-preudhomme valeureux chevalier et notable prince comme il estoit, pour estre en
la deffense et aide des enfants d'Orléans ; car maints
nobles hommes désiroient fort à soubstenir leur querelle. Si fut aux mandés assigné jour à Montluçon, où

le duc estoit, qui se esbattoit à la chasse, en les actendant, pour les mener avec ses alliés à la guerre.

XCVII. *Comment le bon duc Loys de Bourbon trespassa de ceste vie.*

Puis que le mandement fut fait, s'apresta chascun en droit soi, et moult de chevaliers et d'escuyers vindrent à Montluçon, que le duc véoit voulentiers, et, en tant qu'il attendoit les autres compaignons, l'en de main d'une saint Laurent, se sentit ung pou deshaitié le duc, dont tout cellui jour ne tint compte, mais, après la solempnité de nostre Dame de mi-aoust, que le duc avoit solempnisée en grant dévocion, il se sentit agrégier, et congnoissant la fin de ses jours approcher, loua Dieu dévotement, en le regraciant de sa voulenté, qui estoit telle de l'appeller. Si print à dire le duc à plusieurs chevaliers et gens de nom, qui près de lui estoient : « Mes amis, je regracie Dieu de tout mon
« cueur, qui m'a presté vie, telle que j'ai vescu jus-
« ques ici, par son commandement. Certes, la mort
« ne me déplaist mie, mais, se au créateur eust pleu,
« j'eusse voulentiers veu la santé de monseigneur le
« roi, la union des princes des fleurs de lis, et la paix
« de cestui très désolé royaume de France. Je y ai de
« tout mon pouvoir besongné à le paciffier, et estoit
« mon vouloir en ce voyaige, où aller cuidoie, moi
« employer en manière que bon accort s'y fust mis;
« et pour ce que aller je n'y puis, j'en recommande
« l'affaire à Dieu le tout puissant. Vous, mes loyaulx
« et bons serviteurs, savez que pieça j'ai fait mon tes-

« tament, lequel je vueil qu'il soit tenu comme je
« l'ordonnai à mes exécuteurs, la duchesse ma femme,
« messire Hutin Le Baveux, messire l'Hermite de la
« Faye, et maistre Pierre de Chantelle, mon confes-
« seur. Et commande que les pompes qui se font ès
« obsèques des princes, moult couteuses, en révé-
« rence de Dieu, ne me soient point faites, mais, celle
« somme d'argent, qui pourroit estre employée, soit
« distribuée aux povres. Vous aurez m'ame pour re-
« commandée, et prierez à Dieu, si j'ai fait chose
« contre sa voulenté qu'il le me vueille pardonner;
« et je vous en prie. La duchesse, ma femme, vous
« soit pour recommandée, elle n'est mie ici, ne
« Jehan, mon fils, qui est mon héritier; il est vostre
« seigneur; après mon décès, conseillez le, honnourez
« le et amez loyaulment, comme vous avez fait moi;
« de ce je vous en supplie. Et lui direz, de par moi,
« qu'il soit deffendeur contre tous oppressans la cou-
« ronne de France, et ce je lui enjoing expressément. »
Les chevaliers oyans parler le duc de Bourbon paroles
si louables, plouroient tendrement, et lui promirent
de faire et tenir ce qu'il commandoit. Alors requit le
duc que ses cheveulx lui fussent ostés : si furent ton-
dus, et, quant il les tint, il parla en ceste manière :
« Beau sire Jésus-Christ, mon Dieu, mon père créa-
« teur, ès délicts de cette vie mortelle, où plus je me
« suis embatu a esté en mes cheveulx; si ne vueil mie
« que ceste vanité me suive; véez les là en despit
« d'orgueil! » Lors les foulla à ses piés, et chascun se
partit, et il demoura en son oratoire. Et nonobstant
que le duc ot de coustume soi souvent confesser et
communier, sa maladie durant, le fit par plusieurs

fois, et par espécial, le dimanche XVIIe jour d'aoust, soi sentant fort engregié et enferme, se reconsilia par confession très dévote, et révéraument oïes ses trois messes, dites ses heures canoniaulx, gectant plancts et souspirs de ses péchés, criant merci à Dieu, de cueur contrit et de humble pensée, receut bénignement le corps de Dieu son créateur, par les mains de son chapelain et confesseur, maistre Pierre de Chantelle, lequel à son prince et seigneur voult apporter le saulveur du monde en son siége, pour ce que fort estoit affoibli, mais l'humble seigneur disoit : « A moi indigne
« n'est mie de raison que le digne créateur viengne. »
Lors se leva, et tendrement plourant, se agenoulla devant l'autier, disant : « Mon Dieu, mon père, par
« raison, vée ci ta pouvre créature, aies merci d'elle
« par la tienne grant miséricorde, et les péchés que je
« puis avoir fais, desquels fort me desplaist les avoir
« commis, de ta digne grâce ils soient effaciés. Car je
« les ai de cueur et de bouche regehis et confessés
« véritablement, à la confusion de l'ennemi de l'hu-
« maine nature, et à la salvation de mon esprit, lequel
« en tes mains je recommande, » Lors fut communié le noble seigneur, et par ces deux jours, ne faisoit se non aourer Dieu, lui requérant que, à l'heure de son trespas, eust ferme mémoire de sa benoite passion, et receust tous ses sacremens, comme prince, vrai catholique, ferme en la foi chrestienne, et obéissant fils de sainte esglise. Despuis souvent avoit dit que la mort n'est à nul preudhomme de redoubter, et continuellement sa bouche nommoit et louoit le nom de Dieu, se recommandant à lui piteusement, et à la glorieuse vierge Marie, son advocate, ou gisoit son espérance, et

parfaite fiance; et aussi requéroit l'apostre de France, le glorieux martir saint Denis, qu'il dépriast à Dieu, pour le salut de son âme, pareillement en supplioit au dévot confesseur, patron des rois très chrestiens François, sainct Loys, jadis roi d'icelle seigneurie, duquel lignaige il estoit descendu, et à tous les sains et saintes de paradis, anges et archanges desprioit que à l'heure de son trespas l'esprit de lui ne voulsissent eslongner. Et en celle bonne mémoire, puis que la veue lui fut troublée, et la parole cessée, tenant la croix entre ses bras, et que son confesseur lui denuncioit la passion de son créateur, la croix embrassée dévotement, rendit l'esprit à Dieu, en sa ville de Montluçon, le mardi dix neufviesme jour d'aoust, l'an de son eaige soixante treziesme, et en l'an de grâce nostre seigneur mil quatre cens et dix. Et au très preudhomme prince, on trouva deux cordes ceinctes à sa chair nue, l'une de fouet, nouée de neuds, et l'autre de corde de cheron, et nul de ses serviteurs, sa vie durant, ne s'en estoit aperceu. Et celle nuit mesme, puis que les choses appartenans à prince trespassé furent faites, le mit on en une litière, et fut porté à Cosne[1] en l'esglise, ou l'en le veilla, en faisant prières à Dieu pour son âme, et, par les chemins ou l'en menoit le corps, estoient les gens à grans tourbes, regretans leur seigneur, plourans et crians si hault que les voix en résonnoient bien loing, et disoient : « Ha! ha! mort, tu nous as osté à
« ce jour nostre soubstènement, cellui qui nous gar-
« doit et deffendoit de toutes oppresseures. C'estoit
« nostre prince, nostre confort, nostre duc, le plus

---

1. Cosne-sur-l'Œil, comm. du cant. d'Hérisson (Allier).

« preudhomme, de la meilleur conscience et de la
« meilleur vie que en peust trouver, et le plus très net
« homme en son vivre que l'en sceust à nulle part. »
Et en ce ploureys apporta on le corps de ce très excellent prince à Souvigni, ou prioré conventuel, ou après les obsèques funéraulx, fut ensepveli, et tumullé en sa belle chapelle, que, en son vivant, il avoit fondée, et douhée richement de rentes, d'aournements sacerdotaulx, de calices, de livres, ou tous les jours, pour le remède de son âme, le soubs prieur de léans, accompaigné d'autres religieux, chantent à note une messe des trespassés, et autres oraisons ils dient sur la tumbe. Si ne demoura guières, que au conte de Clermont ne fut dénonciée la mort de son père; lequel se partit du duc de Berry et s'en vint en Bourbonnois, moult doulent d'icelle mort; et lui, ses besongnes en ses pays appoinctées, comme duc et seigneur fut subrogué à mener les gens d'armes que le feu duc Loys son père avoit mandés. Si y avoit de chevaliers et d'escuyers noble compaignie, que le duc Jehan de Bourbon mena devers le duc de Berry, pour aider en leur guerre les enfans d'Orléans, ses germains cousins.

XCVIII. *Comment le duc Loys fait à recommander.*

L'acteur racompte que l'homme vertueulx doit estre loué après sa mort, et magniffié pour sa bienheurée fin, et pour ce que le duc Loys de Bourbon est passé de ceste vie glorieusement, il fait moult à recommander. Car lui congnoissant, en sa plaine vie, que l'âme est céleste, et descendue de hault lieu, et le corps terrestre et bas, et que l'âme est immortelle, et le corps mortel, vesquit en telle manière, que son âme est montée en hault, dont elle estoit descendue, et elle unie à son corps, comme tout d'un vouloir, raisonnablement l'âme servoit le corps, et le corps obéïssoit à l'âme. Et soi recordant le duc en son vivant, que l'âme juste est perpétuelle devant Dieu, ordonna, en sa bonne mémoire, œuvre perpétuelle, afin que si son âme estoit en gloire, elle dépriast Dieu pour le salut des autres estans en purgatoire, et si elle alloit en lieu de purgation, par icelle œuvre eust réfrigère. Pour ce fonda il messes et obiit perpétuels, pour le remède de l'âme de lui et de ses prédécesseurs et successeurs. Et premièrement, en fonda une, à tousjours, pour l'âme de feu le duc Pierre, son père, aux frères prescheurs à Poictiers, et, pour soi et les siens, en l'abbaye de Cluny; une à note des trespassés, laquelle est au sainct couvent des petits innocens; au Mans, une pour le salut du roi de France, Charles, sixiesme de ce nom; à Chartres, une de Nostre Dame; à Chasteau-Chinon deux messes perpétuelles; une aux Augustins de Toulouse; à Tours, en l'esglise Saint Martin, une; à Nostre Dame de Paris, une, et deux obiit pour les trespassés. Et, pour la ferme dévocion qu'il avoit à la vierge Marie, fonda en sa ville de Molins ung collége de douze chanoines perpetuels, et aussi l'ospital Saint Nicolas-lès-Molins à substanter les pauvres viels officiers, [et celui de Saint Julien du dit lieu à povres malades passants;[1]] fonda aussi le dévot lieu des Célestins à Vichi, où grant désir avoit de demourer. Aussi

---

1. Passage omis dans les mss. A et B.

à Souvigni, fonda pour tous les jours, messe à note solempnelle, en sa belle chapelle qu'il fit faire, où il git ; et par tous les lieux et esglises par lui fondés, donna rentes et aournemens de ses armes, soupelis, calices, et livres à faire le service divin. Tous les jours oyoit trois messes en très grant dévocion, plourant ses péchés, requérant merci à Dieu de ses meffais, chascun vendredi de l'an lui mesmes à trèze povres [donnoit à chascun XIII deniers à l'issue de sa chambre, ou nul ne le véoit, et au jeudi saint devant Pasques à trèze povres créatures,[1]] lavoit, essuyoit, et baisoit les piés, en révérence de Dieu, les servoit à table, et leur donnoit de son argent, dont il est à présumer que, pour tels biens et maints autres qu'il faisoit secrètement, l'âme de lui soit en bon lieu. Regarda aussi le duc Loys, que l'homme saige qui se garnit d'armeures célestes contre ses ennemis invisibles, se doit garnir de forteresses contre ses ennemis visibles, et, pour ce que son peuple fust en temps de guerre plus asseuré, fit fermer et parer aucunes ses villes, comme Vichi, Varennes, et Villefranche en Bourbonnois, Feurs et Thiern. Et édiffia les chasteaulx de Molins et Verneuil, et en répara plusieurs, comme celui de Belleperche, ou il fit le donjon; à Bourbon, commença deux belles tours; le chastel de Hériçon moult amenda, celui de Montluçon, et la tour à Billy; une tour et salle leva à Murat, et en Combraille le chastel de Ausance édiffia, et celui de la Villeneuve en Hez, et fit bastir son bel hostel à Paris, qui tant cousta, ou il dressa une gente chapelle,

---

1. Passage omis dans l'imprimé et le ms. C, et tiré des mss. A et B.

en laquelle il espéroit fonder chapellains à servir Dieu. Et comme vrai soit que lui estant en ceste vie humaine toutes fois admonestoit il ses chevaliers en tout honneur, disant qu'ils ne fussent convoiteux de vilaine convoitise, par laquelle trahison est accreue et multipliée, et qu'ils se gardassent de mal faire, et de mesdire d'autrui, car ce sont les œuvres qui corrompent et mal mettent chevalerie ; et disoit que chevalier envieulx ne seroit jà aise ; chevalier ne doit avoir envie en son cueur, fors que d'une chose, c'est de bien faire, plus que nul de toute sa compaignie, à ce doit estre ententif son couraige, car c'est le commencement de courtoisie, par quoi, celle envie soit sans orgueil et sans villenie. Et disoit le duc Loys que lui et ses chevaliers debvoient forment amer leurs bons et loyaulx serviteurs, car nul greigneur trésor ne puet avoir li haults homs avec lui, que celui qui l'aime de cueur loyal et entier et d'amour certaine. Le duc Loys amoit les armes, quant mestier en estoit, et receut par armes grant honneur, et il n'en faisoit fors soi humilier envers toutes gens : honneur ne lui changea oncques ses meurs : [bien le sut recevoir, bien le sut gruppir. Il amoit moult sa mesnie, qui n'estoit corrompue ne de mauvaises meurs. De grant renommée fut le duc Loys par le monde, tant de son cler sens, comme de sa loyauté ; quant à sa preudhommie,[1]] son renom fut moult prouffitable à l'hostel de France, par ses bons conseils et haultes vertus. La division qu'il véoit entre les royaulx, lui monstroit le mal qui devoit advenir.

---

1. Tout ce passage, tiré des mss. A et B, manque dans l'imprimé ainsi que dans le ms. de Paris.

Souvent fit son debvoir de les paciffier; il estoit prou-fitable à tous communément, et moult mettoit grant cure à garder ce qui lui sembloit chose droiturière. Moult avoit en soi grant mesure; à grant peine seroit ores trouvé son pareil. Il estoit prest et d'armes et de droicture à défendre France, qui grandement a perdu en sa mort. Bien povoit dire le bon duc en son vivant, qu'il véoit la division estre creue, ces paroles : « J'ap-
« perçoi que nul n'aura honte de anéantir le royaume,
« et ceulx qui plus porront, et qui mieulx le devroient
« garder et augmenter, seront tout ung à le deffaire,
« car chascun entendra à son propre preu, non pas à
« l'advancement du peuple, mais au destruisement. »

Bienheureulx est le duc de Bourbon, qui est passé de ceste vie, et volé au ciel par ses mérites! au moins n'a il mie veu les horribles maulx advenus en France, dont il se doutoit, pour quoi peuvent dire ceulx du royaume en regrettant cellui noble prince :
« Ha! ha! bon chevalier et loyal, discret et saige,
« en conseil seur, et fier en armes, tant faites à
« plaindre! si France eust encores beaucoup de tels
« deffendeurs comme vous estiez, elle peust moult
« longuement saulver sa franchise et la garder et
« maintenir. Car vous ordonniez la chose publique
« par conseil, par raison et par meure délibera-
« cion. » Et pour ce dit l'acteur aux trois estas :
« Hé! hé! seigneurs, que tant vault ung preudhomme
« au grant besoing! Entre grant fouc[1] de gens qui
« encores sont esbahies, par ung preudhomme est

---

1. Les mss. A et C donnent *foison* dans un sens analogue. Cf. l'allemand *Volk*.

« monté ung lignaige, deffendu ung royaume, et à
« mil hommes par ung seul garanties les vies! Dieu l'a
« prins à sa part, et a laissé le royaume par le péché
« des hommes, en la balance de Fortune, jusques à
« son plaisir. Ha! noble duc, l'invasion des Anglois
« n'eust jà tant duré, si vous fussiez en vie, ne la divi-
« sion des seigneurs en France rebelles contre leur
« souverain, à tout eussiez trouvé remède. » Si conclud que travail de tous ouvriers deschiet et périt, mais que travail d'escripre fait ainsi comme l'homme vivre et estre tousjours en mémoire neis après la mort. Et il y appert, car du bon duc Loys de Bourbon dure encores la vie pour sa bonne renommée. Car on treuve le lieu de sa sépulture honnourable, et les escripts qui pour mémoire de lui sont fais, dont toutes les bonnes taches nous sont racontées et dictes ça en arrière, que vous, très noble prince, Charles de Bourbon, conte de Clermont, avez commandé à descripre et mectre au cler. Et est le livre compillé par le non saichant Cabaret, povre pélerin, riche de plaisir et de joie, de ce que Dieu et gentillesse que tant aima, ont permis l'œuvre plaisant à bonne fin estre achevée, [l'an, etc., que la pucelle, etc.

Explicit la Cronicque du Duc Loys de Bourbon.[1]]

---

1. Les mots entre crochets ne se trouvent que dans le ms. B.

ORDONNANCE

AU SUJET DES FINANCES DU DUC DE BOURBON[1]

I.

Au trésorier et receveur général de toutes les finances et revenues tant ordinaires que extraordinaires.

I. — Le trésorier et recepveur général tiendra le compte de toutes et chacunes les rentes et revenues, tant ordinaires que extraordinaires, et de toutes autres quelconques choses, de quelque qualité ou quantité qu'elles soient, et les recepvra ou fera recepvoir, par ses clers et commis, des recepveurs particuliers, baillis, chastellains, fermiers, accenseurs, clavaires, entremetteurs des receptes de mon dit Seigneur, et tout ce qu'ils doivent et devront par la fin et

---

[1]. Archives Nationales P. 1373², cote 2226. Cahier de papier non signé. M. Huillard-Bréholles, dans son *Inventaire des titres de la maison ducale de Bourbon*, tome IIe, n° 4853, a reporté ce document à l'année 1410 environ : nous croyons devoir le rattacher de préférence aux mesures d'ordre et de réforme, qui, d'après notre auteur, ont signalé les débuts de l'administration du sire de Norris. Voy. chap. LIII, pag. 163 et sqq., et les *Ordonnances de la Chambre des comptes de Molins*, novembre 1374, dans HUILLARD-BRÉHOLLES, *Inventaire*, etc., tome Ier, n° 3277, et dans le *Bulletin de la Société d'émulation de l'Allier*, tome VIII, pag. 106, la nomination par Louis II, le 20 décembre 1377, d'un commissaire chargé de dresser l'état des fiefs et bénéfices relevant du duché de Bourbonnais.

conclusion de leurs comptes, et aussi de tous autres trésoriers, recepveurs généraulx et particuliers, grenetiers, et commis aux receptes des deniers et finances du roy notre sire, et de tous autres princes et seigneurs, de quelque estat ou condicion qu'ils soient ; et de ce qu'il recepvra, il en baillera ses quictances et descharges, desquelles il fera registre ; et s'il est nécessaire que mon dit seigneur donne ou baille ses propres quictances à aucun des diz trésoriers et recepveurs généraulx et particuliers, grenettiers, ou commis à recepvoir pour le dit seigneur et autres princes, ce sera par les mains du dit trésorier ou d'autres pour luy ou de par luy, et le dit trésorier les certiffiera au dos, et en recepvra ou fera recepvoir le contenu, affin qu'il soit tenu d'en faire compte, et que de tout il se charge et face foy pour en avoir ample congnoissance en ses comptes : car de toutes choses receues et despencées en l'ostel d'un grant seigneur est expédient qu'il apparoisse par escript pour éviter la confusion du mémoire, car en grant multitude de choses il est aisié de oublier et obmettre.

II. — *Item*. Et pour ce qu'il y a plusieurs blez, vins, chars, cires, et autres choses qui sont deues, ès seigneuries de mon dit seigneur en divers lieux, lesquelles ne se pourroient despenser en son hostel ne en ceulx de madame et de messeigneurs leurs enfans, et à ce qu'ilz ne se perdent ou soient trop surannez, le dit trésorier les vendra, ou fera mettre en vente, quant et ainsi qu'il verra à l'utilité de mon dit seigneur, et à bons et convenables pris, par le conseil et advis des seneschaulx, baillis, prevosts, advocats, procureurs, gens de justice, et autres feaulx et bien vueillans de mon dit seigneur, estans ès lieux où les diz blez, grains et choses dessus dittes seront, ou des aucuns d'eulx, s'il voit qu'ilz soient en ce utilles, lesquelz il convocquera et fera convocquer et appeller à ce faire, pour en avoir leur conseil et oppinion, avant que exposer ou faire mettre ne exposer aucune des dittes choses en vente, laquelle sera faitte par le recepveur du lieu. Et les deniers qui en viendront et ystront le dit trésorier les fera recepvoir et en tenir le compte par le dit recepveur clavaire ou commis à recepvoir au dit lieu, lequel fera certiffier les ventes par les procureurs et greffiers du dit lieu, lesquelz seront tenuz en faire papier et registre de la vente, du nombre, et des pris et sommes par chacun jour, et ce sur peine de radiacion de leurs gages pour le premier deffault, pour le second d'amende, et pour le tiers de privacion de leurs offices. Et si en aucun des diz lieux ou les dites ventes seront faittes, il y a quelcun des gens des comptes, il sera préalablement convocqué et appellé pour consulter et délibérer des dittes ventes et pris.

III. — *Item*. Et à ce que le dit trésorier et général recepveur puisse veoir et cognoistre la charge et recepte de chacun recepveur particulier au prouffit de mon dit seigneur, iceluy trésorier pourra, chacun an, aler veoir et visiter tous les lieux des dittes seigneuries, et veoir les registres, papiers et escriptz de la justice des lieux, aussi des recepveurs, greffiers, et autres gens de justice, et les contraindre à les luy exhiber et monstrer, par toutes voyes de justice, et comme pour les propres affaires de mon dit seigneur, et autrement s'en enquérir, se mestier est, pour veoir au vray la valleur des dittes receptes, affin de recepvoir et faire payer ce qui en sera deu, rabattus tant seullement fiefz, aumosnes, gages d'officiers, et réparacions utilles et nécessaires, dont il prenra la vraye déclaracion par les particularitez.

IV. — *Item*. Et à ce que les deniers et valleurs des dittes receptes puissent mieulx estre receues, et que l'on les puisse mieulx faire venir ens, si aucun des diz recepveurs, clavaires, commis particuliers reffusent, délayent ou sont en demeure de payer ce qu'ilz devront aux termes deuz et acoustumez par la fin et conclusion de leurs comptes, le dit trésorier par ses lettres exécutoires les pourra contraindre en leur baillant ou faisant bailler des quictances, ou, par le premier des huissiers ou sergens de mon dit Seigneur, les fera contraindre réaulment et de fait à payer, par la prinse vendue et explectacion de leurs biens, et par arrest de leurs personnes, si mestier est, et par les voyes acoustumées de faire pour les propres dettes et affaires de mon dit seigneur, et autrement par suspension ou privacion de leurs offices, en y commettant ou faisant commettre gens seurs, solvables et bien caucionnez, jusques à ce qu'ilz ayent payé, et après les remettre en leurs diz offices, si c'est le plaisir de mon dit seigneur, en donnant bonnes et seures caucions pour la valeur de leurs receptes d'un an entier.

V. — *Item*. Pour la seureté des deniers de mon dit seigneur iceluy trésorier présent, et ceulx qui seront après luy, quant ilz entreront en l'office, sauront et cognoistront si les diz recepveurs ou entremetteurs des receptes particulières sont ou seront bien seurs et solvables, quelz pléges et quelles caucions ilz ont baillées ou bailleront, et s'il trouve que les diz pléges ou caucions ne soient souffisans et solvables pour la moictié de la valleur de la recepte, ou du moins pour le tiers, il les fera reapléger et caucionner, ou y commettra autres en leur lieu, jusques à ce qu'ilz ayent bien et souffisamment applégé.

VI. — *Item*. Et à ce que plaine foy et amplement l'on puisse monstrer des diz pléges et caucions, le dit trésorier sera tenu d'en livrer lettre testimoniale, et en forme de contract, laquelle il apportera ou fera apporter en la chambre des comptes, pour enregistrer au long de mot à mot par l'un des clers ou greffiers, par l'ordonnance du président et auditeurs lors assistens, ou de l'un d'eulx s'ilz n'y sont tous, et après, au dos de la lettre ou contract des diz pléges ou caucions, faire escripre et signer le *registrata* par le clerc ou greffier qui en aura fait le registre. Et de ce faire les diz gens des comptes seront tenus, et de rendre les dittes lettres ou contractz ainsi registrés et certiffiés au dit trésorier ou autre pour luy, à ce qu'il puisse contraindre ou faire contraindre les diz pléges et caucions, en deffault du recepveur qu'ilz auront plégé.

VII. — *Item*. Le dit trésorier gardera les deniers qu'il recepvra, et fera garder les blez et autres choses, jusques [à ce] qu'il leur soit ordonné les distribuer par vente pour les adenerer[1], et autrement, et fera distribucion manuelle et comptant des diz deniers et choses dessus dittes, ou de assignacion, par ses quictances ou descharges, aux personnes, pour les causes, et ainsi que par mon dit seigneur sera ordonné et mandé par escript, et non autrement, pour ses affaires et choses neccessaires. C'est assavoir pour les debtes et en acquit de mon dit seigneur, pour les despences ordinaires de pain, vin, viandes, cires, foing, avoine, bois, chandelles, desroiz d'ostel, hostellages, et autres despenses ordinaires et acoustumées en chambre aux deniers, tant de mon dit seigneur, que de madame la Duchesse, de mes seigneurs et damoiselles leurs enfans, soient ensemble ou en particulier, et aussi de leurs vestemens et habillemens, des livrées de robes et vestemens pour leurs gens et officiers, de leurs gages pensions et sallaires, des aumosnes, dons et bienfais, de sallères d'embaxadeurs, et oultre des deniers qui seront ordonnez au trésorier des guerres, quant mestier sera, et pour toutes autres charges qui pourront survenir chacun jour.

VIII. — *Item*. Et à ce qu'il apparoisse de la distribucion des diz deniers, en comptant ou par assignacion, et que chacun qui les recepvra en rende bon compte, s'il le doit faire, et aussi que les debtes de mon dit seigneur soient veues et cogneues acquittées, le dit trésorier ne baillera ou délivrera aucuns deniers, grains ou autres choses à quelconque personne, que premier ne luy soit ordonné par mon dit seigneur, en la manière dessus ditte, et de ce prendra quictance ou recongnoissance ; et si c'est en acquit de mon

1. Réaliser en numéraire.

dit seigneur, il recouvrera les lettres dont il apperra du deu, si c'est pour fin de paiement, et si c'est pour commencement ou partie de la somme deue, il sera tenu apporter le double de la lettre ou lettres du debte, et en la quictance de celluy à qui il paiera ou assignera, sera faicte mencion de la somme deue, des causes, et par vertu de quoy; et si c'est gens et officiers qui en doibvent rendre compte, ilz feront mencion en leur quictance des causes pour quoy les sommes qui leur seront baillées comptant ou assignées, et promettront en ce les employer.

IX. — *Item.* Et à ce que mon dit seigneur voye clèrement le fait de son revenu, et que tout ce qu'il ordonnera sur ses dittes finances soit payé, et que le dit trésorier ne puisse retenir ne mettre rière soy aucuns des deniers et autres choses qu'il recepvra, il sera tenu rendre compte chacun an, pardevant les dits présidens et gens des comptes, et de payer le *reliqua* quant il le devra. Et pour son acquit, et ordonnance qui luy sera faicte de payer, sera tenu de apporter rolle ou rolles signetz de la main de mon dit seigneur, soubzscriptz de son secrétaire, et mandement attaché aus diz rolles, scellez du seau ordonné pour les finances, esquelz rolles les personnes seront nommées, les sommes, et les causes pourquoy, et quictance de chacune personne. Et pour faire la somme toutale du rolle le contrerolleur, l'argentier, et l'un des comptes, s'il est présent, avecques mon dit seigneur, gecteront et calculeront les parties du rolle, pour avérer la somme toutalle, et en la fin d'icelle feront quelque signe pour approbacion, avant que mon dit seigneur signe le dit rolle.

X. — *Item.* Et ne sera tenu le dit trésorier, pour quelque ordonnance, mandement de bouche, ou par lettre, que mon dit seigneur luy face, ou autre de quelque auctorité qu'il soit, de payer plus qu'il n'aura receu ou recepvra, ne que l'estat qui luy sera fait, pourra porter. Et ne sera tenu de avancer aucuns deniers, fors ainsi qu'il les recepvra ; et luy est deffendu de non contraindre aucun à prendre en payement aucuns draps de layne, de soye, joyaulx, bagues, chevaulx, ou autre marchandise, si ce n'estoit du sceu et vouloir de mon dit seigneur, et ou cas que celluy à qui il devroit bailler argent, ne peust ou voulust prendre assignacion et attendre le terme à escheoir, ou quel cas le dit trésorier baillera les diz draps ou autres choses à bon et raysonnable pris, du consentement de celuy ou ceulx à qui il sera deu, et selon la commune valleur et estimacion, et sur peine de recouvrer sur luy la somme qui seroit oultre la valleur de juste pris.

XI. — *Item*. Et pourra le dit trésorier faire chacun an une tauxacion, ou deux au plus, sur l'un des diz recepveurs particuliers, jusques à la somme de cent solz et au dessoubz, à celluy ou ceulx qui auront fait négocié ou besongné pour les affaires de mon dit seigneur, et fera mencion en la ditte tauxacion des causes pour quoy il la fera, affin qu'il n'y ait abus ou décepcion.

XII. — *Item*. Et s'il convient que le dit trésorier, ou autre à qui il aura fait assignacion, envoye contraindre aucun des diz recepveurs particuliers, pour payer ce que aura esté sur luy assigné, celluy ou ceulx à qui il en aura donné la charge et commission, ne prendront autre charge, et ne feront autre besongne, mais diligentement exécuteront la ditte commission, sur peine d'amende et d'estre pugniz. Et sera tenu le dit recepveur particulier de payer le sallaire de celluy qui l'exécutera, s'il a esté reffusant de payer les termes escheuz ; et s'il paye sans contredicion, ce sera aux despens de monseigneur, ainsi qu'il luy sera tauxé, si c'est pour les affaires de mon dit seigneur ; et si c'est pour le fait de celluy qui aura esté assigné, ce sera à ses despens.

XIII. — *Item*. Et pour ce qu'il sera expédient que le dit trésorier face des dilligences et voyages en plusieurs lieux, pour les affaires de mon dit seigneur et autrement, à cause de son office, il les fera par l'ordonnance de mon dit sei-

gneur, ou sans icelle, s'il voit que le cas le requière, et après en fera le rapport à mon dit seigneur, affin qu'il sache les causes; et, pour ce faire, mon dit seigneur dès à présent pour désormais, luy a tauxé et ordonné la somme de. . .
. . . . par jour pour homme et cheval jusques au nombre de trois, que le dit trésorier prendra par ses mains, à la ditte raison, par la tauxacion que mon dit seigneur luy fera pour la vacacion de ses journées.

XIV. — *Item*. Et pour ce qu'il est souventefois très-neccessaire envoyer ambaxadeurs, et faire voyages et messageries, pour les grandes, moyennes et petites matières de mon dit seigneur, en divers lieux, près et loingtains, et qu'il est et sera expédient que les personnes notables estans au service de mon dit seigneur y voysent, le dit trésorier les payera en argent comptant, ou leur assignera, des deniers qui pour ce luy seront ordonnez, les sommes de la vacacion de leurs journées à la raison de . . . . . . pour homme et cheval pour jour, à ceulx qui auront deux hommes et deux chevaulx, et au dessus; et ne seront payez ne assignez tant qu'ilz ayent fait le voyage, et seront tenus de dire au dit trésorier, ou à son clerc ou commis, le jour qu'ilz partiront, et où ilz vont, et le jour de leur retour, dont il fera registre, ou en leur absence au contrerolleur ou son clerc, qui en feront registre ou papier ordinaire de la despence, pour leur en faire la tauxacion par mon dit seigneur, car autrement le dit trésorier ne sera tenu les payer. Et au regard des menues messageries qui seront faictes, celluy qui aura la charge de payer les deniers comptans des menues plaisances de mon dit seigneur, les payera jusques à cent solz tournois et au dessoubz, et en sera la tauxacion faicte par mon dit seigneur, ou par le dit trésorier et contrerolleur.

XV. — *Item*. Et si mon dit seigneur fait aucuns dons, fondacions, legatz, aumosnes ou euvres piteuses qui soient à perpétuité, ou qu'il donne et face dons de pensions à vie à quelcun de ses serviteurs ou autre, en argent, blé, ou autre chose, sur aucune de ses dittes receptes particulières, les lettres et mandemens seront veuz par les dittes gens des comptes, et par le dit trésorier et recepveur général, pour les vériffier, et y donner leur consentement, s'ilz voyent que faire se doive, ou les reffuser, et remonstrer à mon dit seigneur les causes du motif de leur reffus. Et ne seront tenus les recepveurs et trésoriers particuliers de payer les dittes choses, ne obtempérer aus dittes lettres, qui ainsi ne seront expédiées, ne à ce ne pourront être contrains; mais le dit trésorier général sera tenu faire mencion, chacun an, en son compte, de toutes les vériffications et consentemens qu'il fera, et sur la recepte particulière où il les fera.

XVI. — *Item*. Et pourra estre et assister le dit trésorier et recepveur général en la chambre des comptes à l'audicion et clousture des comptes des recepveurs particuliers, pour respondre de sa charge, et aussi pour besoingner ès autres affaires de mon dit seigneur, et à ce donner sa voix et oppinion, calculer et getter comme l'un des autres de la chambre des comptes. Toutes voyes il n'aura administracion ou maniement de quelconque chose de la ditte chambre, pour ce que nul de quelque estat ou condicion qu'il soit, qui est et sera comptable, et tenu de rendre compte envers mon dit seigneur, ne doit avoir ne n'aura office de président, maistre, auditeur, clerc, greffier, huissier, garde de chartres et lettres en la ditte chambre des comptes, pour ce qu'il seroit juge en son propre fait, et autrement se y pourroit commettre plusieurs faultes, et abbus irréparables et de perpétuité dommagiables.

XVII. — *Item*. Et sera et pourra estre le dit trésorier général au bail et délivrance de toutes les choses tant grandes, menues, que petites, qui seront baillées et délivrées à ferme ou à ascence annuelle et perpétuelle, s'il est assistant ès lieux ou l'on aura assigné le jour temps et heure de les bailler. Et sera la délivrance, et bail d'icelles faicte par le seneschal et bailly des lieux, le dit trésorier, juge, advocatz et procureur, et les lettres faictes par le greffier du lieu. Toutes voyes s'il advient que mon dit seigneur baille de main ferme quelques terres et revenues à temps, ou rente perpétuelle, le dit trésorier y donnera son consentement, et en prendra les pléges et cauxions qu'il fera enregistrer en la chambre des comptes, en la manière dessus ditte, et en fera mencion en son compte de l'année, affin de faire payer la ditte ferme.

II.

Aux recepveurs et trésoriers particuliers.

I. — Chacun d'eulx recepvra ce qui sera deu à mon dit seigneur ès lieux et limites de leurs receptes; et à leur payer aux termes deuz et acoustumez contraindront et feront contraindre tous ceulx qui devront, comme pour les propres debtes de mon dit seigneur, et ne laisseront aucun debteur, de quelque estat ou condicion qu'il soit, cheoir en arrérages, ainçois feront toute diligence de les faire payer sur peine de faire la somme bonne, et leur en faire faire recepte, si faulte il y avoit. Toutes voyes il est à entendre que, après les diligences faictes par toutes les voyes, façons et manières en tel cas requises et possibles, si le recepveur ne povoit recouvrer ce qui seroit deu, pour la grande et extrême pouvreté de celluy qui devroit, ou par fortune de feu, de guerre, ou par mortalité, en faisant deuement apparoir des dittes choses, le dit recepveur ne sera point contraint, ains luy sera la somme ainsi deue allouée, et passée en deniers rendus et non receuz; mais sera fait note de la recouvrer pour mon dit seigneur sur celluy qui la devra, ou sur les siens quant ilz auront de quoy payer.

II. — *Item.* Et sera tenu chacun des diz recepveurs, se fait ne l'a, de bailler chacun ung homme ou deux, seurs et solvables, pour plége et caucion, jusques à la valleur de la recepte pour ung an, de bien et loyaulment exercer son office, et de rendre bon compte et le *reliqua*, et faire bons les deniers, et des dittes pléges et caucions en faire passer lettres et instrumens en bonne forme, que le trésorier général recouvrera pour en faire à la seureté de mon dit seigneur, ainsi qu'il luy a esté ordonné, lequel trésorier général pourra savoir d'eulx quelles caucions et pléges chacun des diz recepveurs aura baillés, et à ce les contraindra, se mestier est.

III. — *Item*. Et est expressément deffendu à chacun des diz recepveurs, sur peine d'amende arbitraire, de non prendre loyer ou sallaire aucun de ceulx qui devront à leurs receptes, pour les attendre après les termes escheuz. Et s'il advient qu'il soit force aus diz recepveurs de faire contraindre à payer ce qu'ilz devront après les diz termes escheuz, les sergens n'auront que leur sallaire raisonnable, (assez est pour chacune exécucion de. . . . . .) sans ce que le recepveur y preigne ne doive avoir aucune chose. Et si ceulx qui devront blé, vin, cire, poulailles etc. n'en ayant point pour payer mais seront contents de payer en argent, le dit recepveur ne les pourra contraindre de payer, fors la valleur de ce que vauldra le blé ou autre chose au terme qu'ilz le devront, et de ce tiendra compte : toutesfois ce sera en cas de neccessité, qui sera congneu par les juges et autres de la justice du lieu, affin que en ce ne soit commis fraulde par le dit recepveur, ou celluy qui devra, ou par tous deux, lesquelz en ce cas seront amendables, et pugnis si le cas le requiert.

IV. — *Item*. Et est expressément deffendu à tous les officiers de justice de non recepvoir ou prendre aucuns deniers, blez ou autres choses des particuliers qui devront, ne des fermiers ou accenseurs du domaine muable, pour leurs gages, dons ou pensions, fors par les mains du recepveur ou de ses commis, et au recepveur est deffendu de non le souffrir, ne leur payer leurs gages avant les termes. Et si les diz officiers de justice ou autres voulloient faire le contraire, dès à présent est ordonné et commandé que leurs gages leur soient rayez, et qu'ilz soient constituez en amende, et à rendre les deniers qu'ilz auroient receuz autrement que par les mains du dit recepveur ou de son vouloir par ses quictances après le terme.

V. — *Item*. Les diz officiers de justice ne bailleront ou livreront aucune des choses appartenant à mon dit seigneur à ferme ou à cense annuelle ou perpétuelle que le recepveur ne soit présent et consentant. Ne aussi le recepveur n'en livrera ou baillera ne ne consentira qu'il se face sans les dittes gens de justice et juridiquement, à ban et cri publicque, les sollempnitez gardées, sur peine d'amende arbitraire à ceulx qui seront trouvés faisans ou avoir fait le contraire ; et s'il y a chose qui soit de grant pris, ou de grant conséquence, et non acoustumée de bailler à ferme, les diz officiers et mesmement le dit recepveur le feront savoir à mon dit seigneur, et au dit trésorier général, pour y estre pourveu, et fait ce que sera pour le mieulx.

VI. — *Item*. Pour la distribucion et délivrance des deniers, blez, vins et autres choses des dittes receptes particulières, les diz recepveurs et trésoriers particuliers les distribueront et payeront ainsi qu'il leur sera ordonné : c'est assavoir les fondacions, legatz et aumosnes anciennes que mon dit seigneur aura sceues et approuvées. Et désormais s'il en fait aucunes, seront payées par vertu des lettres pattentes qu'il en donnera, lesquelles seront vériffiées et approuvées par le dit trésorier général, qui en fera mencion en son compte de l'année qu'il vériffiera les dittes lettres, et semblablement fera mencion des pensions et autres dons à vie qui se payeront, se la recepte le peut porter, et il est employé en l'estat d'icelle.

VII. — *Item*. Et après, devant tous autres quelconques deniers, les diz recepveurs payeront tout ce qui sera par la quictance ou descharge du dit trésorier et recepveur général, et aux personnes et pour les causes dont il sera mencion en ses dittes quittances ou descharges, pour les affaires de mon dit seigneur.

VIII. — *Item*. Et après payeront les gages acoustumez des officiers ordinaires à deux termes en l'an, c'est assavoir la moictié en la fin des premiers six mois de l'année, et l'autre moictié en la fin de l'année. Et si mon dit seigneur leur fait croissance de gages, le dit recepveur les payera par vertu des lettres pattentes de mon dit seigneur, vériffiées par le dit trésorier, et ou cas dessus dit, comme les pensions et dons à vie.

IX. — *Item*. Et au regard des deniers qui seront ordonnez pour les fraiz et mises, pour les choses neccessaires à pourveoir au long de l'an, pour les procès et autres gardes de justice, le recepveur les payera ainsi que les affaires reviendront chacun jour, par l'advis et certifficacion du juge advocat et procureur; et si la chose requiert que mon dit seigneur en face ordonnance, le dit recepveur payera ce qui sera ordonné par la tauxacion du dit trésorier et recepveur général; et si la somme qui sera ordonnée par l'estat pour les dis frais et garde de justice ne peut souffire à payer ce qui surviendra au long de l'an, le dit recepveur le prendra sur les premiers deniers des exploiz de justice, amendes, forfaittures, ou confiscacions qui adviendront en la dicte année; et s'ils ne pevent à ce suffire, et il aye esté contraint de payer, il reprendra tout ce qu'il en aura payé, et qui justement sera congneu des premiers deniers tant ordinaires que extraordinaires de l'année prouchaine ensuivant.

X. — *Item*. Et pour les deniers qui seront ordonnez en chacun lieu, et sur chacun recepveur particulier, pour les réparacions des chasteaulx, places, maisons et murailles, chacun recepveur les payera aux ouvriers sur ce ordonnez, par l'ordonnance du capitaine du lieu ou de son lieutenant, s'il est à ce commis, ou par autre qui aura la charge de faire faire les dites réparacions et édiffices, selon les pris et marchez qui seront fais, ès présences et par le conseil et advis des juges et autres gens de justice, ou de l'un d'eulx, avecques celluy qui aura la charge de faire faire les diz édiffices et réparacions, duquel le dit recepveur verra le povoir et commission, avant que payer aucune chose par son ordonnance. Et par sa certifficacion, et des dittes gens de justice, ou de l'un d'eulx en l'absence des autres, et quictance de ceulx à qui luy sera ordonné payer, avecques le marché et pris fait par escript, il rendra compte, et fera foy de ce qu'il aura payé de la somme qui pour ce faire sera chacun an ordonnée, laquelle le dit recepveur ne excedera sur peine de la perdre.

XI. — *Item*. Chacun des diz recepveurs sera adverti, et par exprès luy est ordonné, commis et enjoingt de non distribuer les choses de sa recepte, fors en la manière dessus ditte, quelques lettres ou mandemens qui par mon dit Seigneur ou autre ne luy soit fait au contraire, et sur paine de le recouvrer sur luy. Et semblablement de bien et seurement recouvrer les ordonnances, acquitz, quictances des personnes et certifficacions, ainsi que cy dessus est déclaré, et en manière que en la fin de chacun an il rende compte de sa charge par devant les présidens et gens des comptes. Et à ce que mieulx et plus égaiement, pour la seureté des deniers et autres choses de sa charge, il puisse payer et faire raison à chacun, luy sera fait estat de l'année prouchaine subséquente celle dont il aura rendu compte, lequel estat sera fait par extimacion de la recepte et despence de sa charge, et ne luy servira que pour avoir regard à soy conduire en sa charge, et non pas pour acquit; lequel estat sera fait par les dittes gens des comptes, en la présence du dit trésorier général, et du recepveur particulier, ou de son procureur, ou autre qui aura rendu le dit compte de l'an précédent. Et après sera le dit estat veu par mon dit seigneur pour en ordonner à son plaisir, et le signer par luy et par l'un de ses secrétaires ; et au dessoubz le certiffier par le dit trésorier général, à ce qu'il n'y puisse prétendre aucune ignorance. Et prendra le dit recepveur ses gages, qui par ses lettres de l'institucion de son office, luy ont esté ou seront ordonnez, et du jour qu'il aura fait le serment et entré en l'office, luy seront allouez.

III.

Au compradeur et tenant le compte de la despence ordinaire de mon dit seigneur, de madame et de mes seigneurs et damoiselles leurs enfans.

I. — Le compradeur tiendra entièrement le compte et payera toutes les choses qui seront neccessaires pour le boire et manger de mes diz seigneur et dame, de messeigneurs et damoiselles leurs enfans, et de leurs gens et serviteurs, et aussi de tous les utencilles, de linge de table, de vaisseaulx de cuisine, d'eschançonnerie, de fructerie et fourrerie, qui seront de bois, de fer, de cuivre, d'arain et autres métaulx excepté d'or et d'argent, et les acheptera, quant mestier sera, par l'ordonnance et commandement des maistres d'ostelz, en quelque lieu que luy ordonneront, et aussi par leur ditte ordonnance payera tous desrois d'ostel, belles chères, ès logis des dittes personnes, de ceulx de l'escuierie, le foing, avoine et pailles pour les chevaulx, fourrures, embourrages de selles, de bastz pour les sommiers et muletz, radoubages de licolz et autres choses pour les diz chevaulx.

II. — *Item.* De tout ce qu'il acheptera de chacune des dittes choses prendra le meilleur marché qu'il luy sera possible, et fera vray rapport des pris que les choses luy auront costé chascun soir, et les fera escripre ou papier journal du clerc d'offices ou du contrerolleur, affin que tout luy soit compté et calculé au bureau par les diz maistres d'ostel, en chacun office, par manière d'escroe. Et de tout fera un papier semblable qu'il gardera par devers luy, et ne s'aidera en rien de celluy du contrerolleur ou clerc d'office, sur peine de pugnicion. Et en la fin du mois sera fait collacion au dit bureau des diz deux papiers, et la somme totalle arrestée et faicte au long en la fin du papier du dit compradeur, qui sera certiffié et signé du maistre d'ostel qui aura servy le mois, et de son compaignon, s'il y est, et aussi du dit contrerolleur, pour servir et valloir acquit au dit compradeur à la reddicion de son compte, et sera corrigé le papier du dit compradeur par le papier des escroes du dit contrerolleur, et non pas *te converso*.

III. — *Item*. Et tiendra compte et payera le boucher de tout ce qu'il livrera, et qui sera compté sur luy, pour chacun jour, au bureau, et aussi tous autres quelconques qui livreront quelconque chose que ce soit pour la ditte despence, dont sera fait escroe par le dit papier.

IV. — *Item*. Acheptera les vins et autres choses de provision, et tant du principal comme des charrois et voictures, tiendra le compte et les payera, et aura certifficacion des achaptz qu'il fera sur les lieux, des personnes et des pris, et aussi des dittes voictures et charrois, s'il est possible, et fera conduire les diz vins et autres provisions ès lieux qui luy seront ordonnez, et les livrera à ceulx qui auront charge de les distribuer et despencer, desquelz il prendra recognoissance, dont il fera foy aus diz maistres d'ostel, pour luy faire compte ès diz papiers et escroes, esquelles sera fait mencion de ceulx à qui il aura livré les diz vins et autres provisions, et rendra les diz certificats et recognoissances sur ses comptes où il en fera mencion, ès mois qu'il aura livré les diz vins et provisions.

V. — *Item*. Et pour ce faire aura argent par les mains du dit trésorier général, que luy baillera comptant ou en assignacion ainsi que par mon dit seigneur luy sera ordonné. Et s'il luy baille assignacion, le dit compradeur en recouvrera les deniers, et en fera les diligences devers les recepveurs, et luy seront comptées les vaccacions des journées que luy, ou autres pour luy, feront et auront faictes à la poursuite du recouvrement des diz deniers, par les maistres d'ostel au bureau, et sera tenu, sur peine de radiacion, de dire le jour qu'il ou autres pour luy partiront, lequel jour les diz maistres d'ostel feront escripre et enregistrer ou dit papier du contrerolle, et après qu'il sera retourné luy compteront les dittes journées à la raison de . . . . . pour ung homme et ung cheval par jour ; et auront regard à la distance du lieu dont il sera parti pour aller, du séjour qu'il pourra faire, et de son retour, affin de raysonnablement compter les dittes journées ; et si, pour ce faire, il fait autre despence en perte ou change de monnoies, guides pour le conduire en apportant les deniers, les diz maistres d'ostel y auront regard, et luy en feront compte par le dit papier, affin que de tout il se paye par ses mains.

VI. — *Item*. Pour les dittes choses mieulx payer, sera fait avis au commencement de l'année, et avant le premier jour d'octobre par extimacion, combien pourra monter la ditte despence pour ung an, et au plus près de la vérité, veue par les diz maistres d'ostel et contrerolleur sera par eulx et le dit compradeur fait estat, et selon iceluy par mon dit seigneur, et ceulx qu'il luy plaira, et le dit trésorier général, sera advisé de bailler les sommes que la ditte despence pourra monter en argent comptant ou assignacions, comme dit est.

VII. — *Item*. Et au regard des foings, pailles, bois et fagotz qui sont prins de provision par les fourriers, en quelque lieu que soient mes diz seigneur et dame, ou leurs enfans, leurs gens et tinel, iceulx fourriers seront tenus de faire vray rapport des pris, et selon la vérité, sur peine de pugnicion et privacion de leurs gages et service, le dire aus diz gens et personnes de qui les diz fourriers auront achepté et fait pris des dittes pailles, bois et fagotz ; et ce fait, le dit compradeur sera tenu payer ce que en sera compté.

VIII. — *Item*. Et des avoines, s'il convient en achepter, sera ainsi fait et payé.

IX. — *Item*. Et si madame est à part absente de la compaignie de monseigneur, le compradeur et tenant le compte de sa despence ordinaire fera semblablement par l'ordonnance des maistres d'ostel et officiers qui seront avecques elle, et y aura pour contrerolle ung clerc ou commis du dit contrerolleur à ses périlz et fortunes.

X. — *Item*. Et si messeigneurs les enfans sont absens, et à part de noz diz seigneur et dame, le compradeur et tenant le compte de leur despence ordinaire, fera comme le dessus dit, et par l'ordonnance de ceulx qui seront ordonnez maistres d'ostel, et y aura pour contrerolleur ung clerc et commis de par le dit contrerolleur comme dessus [est] dit.

XI. — *Item*. Et sur tout ce que dit est le dit compradeur fera serment au bureau, par devant les diz maistres d'ostel, et semblablement ceulx de ma ditte dame, et de mes dits seigneurs et damoiselles leurs enfans, qui sera escript au dos de leurs lettres par le dit contrerolleur, lesquelles lettres ilz seront tenus prendre quant monseigneur les instituera officiers, combien que par ung compradeur tout se pourroit faire, et pourroit avoir gages par vertu de ses lettres de l'institucion de l'office, car les autres ne sont que ses commis. Touteffois de tout soit ordonné : car, nul, de quelque estat qu'il soit, ayant office, charge ou administracion en l'ostel du prince, ne doit faire exercice, que premier ne face serment de fidélité au seigneur ès mains de ceulx qui à ce seront commis par les lettres sur ce ordonnées par luy, par lesquelles lettres les gages, livraisons, et hostellages doivent être alloués par ceulx des comptes, et non autrement, et leur est deffendu sur peine d'amende et radiacion de leurs gages.

IV.

A l'argentier et autres qui auront charge de la despence extraordinaire de mes diz seigneur et dame, et leurs diz enfans.

I. — L'argentier tiendra entièrement le compte de tous les draps de laine, soye, linge de chamvre [1], pannes, fourrures, bonnetz et autres choses neccessaires pour la personne de mon dit seigneur, de ma ditte dame, et leurs diz enfans, et aussi des robes et habillemens de ceulx de l'escuierie, du harnois de guerre pour la personne de mon dit seigneur, des choses neufves pour les selles, harnois de chevaulx, chariotz en quelque façon qu'ilz soient; des chevaulz et muletz de la ditte escuierie, quant il sera expédient d'en avoir et achepter, des deniers comptans pour les menues plaisances des diz seigneur et dame, et de tout ce qu'il baillera et livrera, sera par l'ordonnance et exprès commandement d'eulx ou de l'un d'eulx, en sa qualité [fait registre] par escript.

II. — *Item*. Et ne fera les achaptz et pris des dittes choses, ne d'aucunes d'icelles, que ce ne soit en la présence du contrerolleur, et de son sceu et oppinion, ou de son clerc, s'il est en lieu où ilz puissent estre présens. Et s'il n'y est, le dit argentier sera tenu, sur peine de luy faire payer à sa despens les choses acheptées, avant que les livrer à mon dit seigneur, ou ceulx qu'il luy plaira, de monstrer au dit contrerolleur ce qu'il aura achepté, et luy dire les personnes et les pris à quoy il aura convenu avecques eulx, et les causes pourquoy il les aura acheptées, et ce que en sera fait, affin que de tout le dit contrerolleur face registre du jour qu'il les aura veues. Et, en la fin de chacun mois, le dit argentier

---

1. On peut lire aussi : de chambre.

fera escripre les parties qu'il aura livrées chacun mois en ung rolle, pour estre veu et signé par mon dit seigneur, et de toutes les dittes parties sera fait collation avecques le dit contrerolleur, pour en faire la somme toutalle au long, en la fin du dit rolle. Laquelle somme sera par le dit contrerolleur calculée et gectée par les parties pour l'avérer, et en la fin de la ditte somme totale sera fait quelque signe pour approbacion d'icelle. Et si le dit trésorier général et aucun des gens des comptes, sont assistens en l'hostel de mon dit seigneur, ilz seront présens pour veoir faire les dittes collacions au contrerolleur, et la ditte somme toutalle et le tout calculeront, et vériffieront en la fin de la ditte somme toutalle, par quelque signe d'eulx affin de certifficacion.

III. — *Item*. Et sera tenu le dit argentier, ou celui qui livrera et baillera les deniers comptans pour les menues plaisances de mon dit seigneur, de mettre par escript, chacun jour, ce qu'il baillera, à qui, et les causes pour quoy, et, en la fin de chacune sepmaine, le monstrer par escript aus diz trésorier général et maistre des comptes s'ilz sont présens, et, quoy que ce soit, au dit contrerolleur, pour en faire la somme totale, et après la monstrer à mon dit seigneur, pour allouer et approuver les singulières parties, par la déclaracion qu'il en fera, et après les signer, et les bailler ès mains du dit contrerolleur, qui fera registre de la ditte déclaracion, laquelle le dit argentier sera tenu apporter en la fin de chacun mois, et l'emploiera en son rolle, en une somme toute, ou premier article de tous les diz deniers, et fera mencion « *à mon dit seigneur baillé et livré en* « *deniers comptans la somme, etc...*, *comme appert* « *par les parties déclarées et signées de mon dit sei-* « *gneur.* » Laquelle déclaracion, non obstans que la ditte somme toute d'icelle soit emploiée ou rolle, ou premier article il sera tenu apporter sur ses comptes, et quittances de chacune personne pour la partie qu'il aura eue, jusques à cent solz tournois et au dessus. Et semblablement sera tenu apporter sur ses diz comptes quittances de toutes autres quelxconques personnes et parties dont il fera achaptz, et recongnoissance des officiers, et de ceulx à qui il livrera et baillera les choses qui devront demeurer entre leurs mains, et dont ilz devront avoir administracion et faire garde; et tout ce, sur peine de radiacion des sommes, ou de le tenir en suspens jusques il les ait apportées, dedens tel temps qu'il sera ordonné par les diz gens des comptes.

IV. — *Item*. Et au dit article des diz deniers bailliez comptans pour les affaires du seigneur, le dit argentier employera les menus voyages et messageries, qui seront jusques à cent solz tournois, et au dessoubz, en chacun mois qu'elles luy seront ordonnées payer, à qui, pour quoy, et quelle somme, jusques à la ditte somme, et au dessoubz. Les autres de plus grant somme seront à la charge du dit trésorier général, comme dit est cy devant, en l'ordonnance du dit trésorier.

V. — *Item*. Et au regard des sommes que le dit argentier baillera par l'ordonnance de mon dit seigneur à celluy qui fera distribucion des aumosnes, il sera tenu d'en prendre quictance à chacune fois, et de emploier la somme qu'il baillera ou deuxième article de son dit rolle par chacun mois.

VI. — *Item*. Et pour faire et acomplir le fait de son office, aura et prendra deniers, par les mains du dit trésorier et recepveur général, en argent comptant ou assignacions sur les parties où il luy sera ordonné par mon dit seigneur, et les recouvrera, et fera les diligences; et quant il yra ou envoyera quérir argent ès lieux où il luy sera assigné, il dira au dit contrerolleur, ou à son clerc, le jour qu'il partira, et après son retour aussi; et pour luy ordonner et tauxer la vacacion des journées, il acertenera mon dit seigneur des lieux où il aura esté ou envoyé, et ce qu'il aura fait, en la présence de ceulx qu'il plaira à mon dit seigneur, pour luy ordonner, à raison de. . . . . . . pour homme et cheval pour jour, pour le voyage qu'il aura fait, lequel il employera ou rolle du mois, et s'en payera par ses mains, et ainsi continuera, sur peine de faire le voyage à ses despens.

VII. — *Item*. Et ne prendra aucuns dons ou guerdons de personne qui soit, à qui mon dit seigneur luy ordonnera bailler et délivrer quelxconques choses, des faits de la ditte argenterie, sur peine d'en estre puny et de grant amende.

VIII. — *Item*. Et fera serement entre les mains de mon dit seigneur ou de son chancellier, et prendra ses gaiges depuis le jour de son institucion en l'office, et du dit jour luy seront allouez en la despence de ses comptes.

IX. — *Item*. Si le dit argentier ou autre font l'achapt des draps pour faire les livrées des gens de l'ostel, ilz seront tenus de apporter certifficacion de la quantité des draps, des pris, et de qui ilz les achepteront, et pour la distribucion, recongnoissance de chacun à qui il sera ordonné par mon dit seigneur, ma ditte dame, et autres à ce commis, en laquelle recongnoissance sera faicte mention de la quantité du drap, et de quel pris, et n'en bailleront à quelque personne que ce soit qu'il ne leur soit ordonné par rolle expedié, sur peine de perdre ce qu'ilz en livreront; et de tout rendront compte, comme raison est, en la ditte chambre des comptes.

X. — *Item*. Si madame est à part, celluy qui aura la charge du dit extraordinaire et argenterie, le fera ainsi, et semblablement devers messeigneurs ses enfans.

V.

Au Contrerolleur.

I.—Le contrerolleur qui sera dit des finances de la despence ordinaire, ou chambre aux deniers, de l'argenterie, ou escuierie, gettera et calculera les rolles qui seront fais au trésorier ou recepveur général, en la présence de l'un de ceulx des comptes, s'il y est, et de l'argentier, et par eulx sera vériffiée la somme toute, et fait quelque signe, avant que mon dit seigneur expédie le rolle, et après en prendra le double pour en faire foy, s'il en est mestier, et semblablement de tous les rolles de l'argentier, et aussi de la déclaracion des deniers qui seront baillez comptant pour les menues plaisances du seigneur, lesquelles il tiendra secrètes, et ne les révellera à personne, fors par le commandement de mon dit seigneur, non osbtant qu'il en fera foy, s'il en est mestier, en une somme toute pour le mois, sans spéciffier les parties.

II. — *Item*. Et fera et escripra, ou par ses clers fera escripre les papiers et escroes de la despence ordinaire, et fera l'arrest des sommes tant particulières que généralles de toutes choses qui seront comptées chascun jour par les maistres d'ostel au bureau, et en la fin du mois, et après, en retiendra le double en ung autre semblable papier et escroes, et jamais ne baillera au compradeur, ou celluy qui tiendra le compte de la despense ordinaire, le dit papier et escroes comptées par les diz maistres d'ostel, qu'il n'en aye retenu le double, sur peine d'estre reprins de faulx, et escripra leaulment les parties sur chacune personne qui aura baillé ou livré pour la ditte despence. Et de toutes choses fera vray registre ès diz papiers et escroes, pour ce qu'il est et doit estre l'œil des maistres d'ostel, et les advertira de toutes choses qui seront pour l'onneur et prouffit de mon dit seigneur, et de sa despence ordinaire, et aussi du dommage quant il le recongnoistra.

III. — *Item*. Et sera présent et fera registre de toutes les choses qui par les diz maistres d'ostel seront faictes, ordonnées et déterminées ; et tous les marchez et pris fais qui seront conclus avecq les bouchers et autres marchans, il les escripra ès diz papiers, ainsi et selon les jours qu'ilz seront fais. Et sera présent, ou son clerc pour luy, aux achaptz des blez, vins, et autres provisions, qui seront fais par le dit compradeur et autres à ce ordonnez, et en fera vray registre et certifficacion, quant mestier sera.

IV. — *Item*. Et sera présent, ou homme pour luy, aux achaptz des draps de laine, de soye, et de toutes autres [choses] que l'argentier acheptera ou fera achepter, et en fera les pris comme le dit argentier, et de tout fera registre, foy et certifficacions par tout ou mestier sera, et ne souffrira pour quelzconques choses faire monopoles, ou faulses prisées, ès diz achaptz, marchez et pris fais. Et s'il les congnoist, ou apparçoit, les corrigera ou fera corriger.

V. — *Item*. Et toutes les sepmaines deux fois, pour le moins, verra si le pain est de bon poix, et semblablement les torches, chandelles, et toutes autres choses pour la ditte despence ordinaire, et par les diz maistres d'ostel fera amender et corriger ce qu'il congnoistra estre mal fait.

VI. — *Item*. Et n'aura part, intelligence ne faveur aucune avecques nulz quelzconques marchans, ne avecques les officiers, et ne prendra dons ne sallères de quelzconques personnes, sur peine d'estre réputé faulsaire, et d'estre puny par privacion de ses gages et de son office, s'il persistoit ainsi.

VII. — *Item*. Et fera serement solempnel devant les diz maistres d'ostel, par les lettres du don de son office, au moyen desquelles il aura et prendra gages, et non autrement, du jour de son institucion, et semblablement tous autres officiers, car il est expressément deffendu aux gens des comptes de non allouer gages à aucun, sans avoir fait le serement, et qu'il monstre de ses lettres et institucions.

I.

Durée de la captivité de Louis II en Angleterre, et date réelle de son retour définitif en Bourbonnais.

Louis II fut un des quatre princes des fleurs de lys que le roi Jean donna pour otages à Édouard III après le traité de Brétigny, et qui furent emmenés par lui en Angleterre, le 31 octobre 1360. Quelle fut au vrai la durée de cette captivité, qui ne paraît pas avoir jamais été ni bien stricte, ni bien rigoureuse? Notre auteur nous dit sept ans : commencée selon lui en 1356, aussitôt après la bataille de Poitiers, elle n'aurait pris fin qu'en 1363 au mois d'octobre. C'est là une erreur qu'a péremptoirement réfutée M. A. Steyert (*Hist. des ducs de Bourbon, etc., par* DE LA MURE, *t.* II, *p.* 45, *note* 1). Les otages du roi Jean obtinrent, à deux reprises différentes avant la mort de ce prince, la permission de se rendre en France, la première fois pour un mois, le 9 novembre 1362 (RYMER, *tom.* III, 2° *partie, pag.* 71), et la seconde fois le 13 mai 1363 : ils furent alors autorisés à se rendre à Calais pour hâter la conclusion d'un traité, à condition de s'engager par serment à être de retour en Angleterre pour le jour de la Toussaint (*ibid.*, *p.* 71 *et* 76). Louis II paraît avoir eu pour séjourner en France des facilités toutes particulières. Nous le voyons par exemple à Moulins, en août 1361, tenir un grand conseil (*Arch. nationales P.* 1376², *cote* 2705; Voy. *Bulletin de la Soc. d'Émulation de l'Allier, tome* XIII, *pag.* 424). En août 1365, à Moulins également, il règle avec ses conseillers ce qui reste dû à Bertrand, bâtard d'Albret, sire de

Malemort et de Brives, pour le rachat de diverses forteresses occupées par les Anglais, tant en Bourbonnais que dans le Berri et la Marche (HUILLARD-BRÉHOLLES, *Invent.*, etc., n° 2924, *Arch. nationales, P.* 1358², *cote* 585). Il était cependant encore prisonnier du roi d'Angleterre, comme le prouve un acte du 22 janvier 1366 (RYMER, *t.* III, 2° *part.*, *pag.* 166), par lequel, pour obtenir une nouvelle autorisation de se rendre en France, il s'engage « en la Chambre blanche, au palais royal de Westmoustier, lès la cité de Londres, » à revenir avant la Purification. Que conclure de tout cela, sinon que les otages n'étaient pas tout à fait traités en véritables prisonniers, et qu'on ne leur refusait guère, une fois le chiffre de la rançon fixé, une liberté provisoire et temporaire sur parole, surtout quand ils la demandaient pour s'occuper de réunir la somme qu'ils s'étaient engagés à payer. Reste maintenant à fixer la date du retour définitif du duc Louis en Bourbonnais. Elle ne peut être évidemment que postérieure au mois de janvier 1366. M. Steyert voudrait la reculer d'une année au moins, pour cette raison que le premier paiement de 10,000 écus sur les 40,000 qui étaient convenus pour la rançon du duc Louis ne fut effectué que le 6 décembre 1367, et que le 31 mars suivant 1367 (vieux style), Hugues de Digoine obtenait un sauf-conduit du roi d'Angleterre pour lui aller porter un nouvel à-compte. Et de fait, Dom Turpin nous apprend, d'après les archives de la Voûte à Moulins[1], que la rançon du duc Louis II n'a été complètement payée qu'en 1368. Il paraît cependant bien avéré qu'il était dès 1366 définitivement de retour en France. Nombre de pièces nous le montrent dès cette année même, le 14 juin à Moulins, où il reçoit l'hommage de Philibert de la Palice, sire de Chaseuil (*Arch. nationales P.* 460, *cote* 1938-74), à Souvigni le 18 juin,

---

[1]. Collection MOREAU à la Bibl. Nat., vol. 340, fol. 107 à 109.

où il prête comme nouveau duc de Bourbon le même serment que ses prédécesseurs, de respecter les franchises et privilèges du prieuré (*Thesaurus Silviniacensis, pag.* 250), peut-être à Avignon le 4 août (P. 1356[1], cote 220 bis), puis à Souvigni encore le 10 septembre (P. 1376[2], cot. 2752), et enfin à Moulins en novembre suivant (P. 1374[1], cot. 2383). Arrêtons-nous un moment sur cette dernière pièce : Par acte, daté de « *Londres en Engleterre, l'an de grâce mil CCC LXIII, ou mois de febvrier,* » et motivé sur « *les bons et agréables services qu'il nous a fais et encore les continue sans cesser, tant en France comme en Engleterre,* » le duc Louis II avait cédé à son amé et féal chambellan Philippe de Chauvigni dit Bichat de Nades la terre et seigneurie de Saint-Geran de Vaux, en échange de quarante-neuf livres de rente annuelle et perpétuelle. Bichat de Nades demanda sans doute et obtint alors la ratification de l'échange conclu en 1364. « *Et,* dit le duc, « *pour ce que les dictes lettres et les choses contenues* « *en icelles, furent faictes nous estant hostaige en* « *Angleterre, après ce que nous fusmes retournés* « *dudit hostage en nostre païs de Bourbonnois, nous* « *avons voulu savoir comme la dicte assiete avoit esté* « *faicte, etc.* » Voilà donc un premier fait acquis : la captivité du duc Louis, d'après son propre témoignage, avait pris fin avant le mois de novembre 1366.

On peut voir dans Froissart (Ed[on] BUCHON, *livre* Ier, *partie* 2e, *chap.* CCLVIII, *tome* Ier, *pag.* 562), comment le duc Louis obtint successivement du roi d'Angleterre, d'abord la permission de rentrer en France pour s'y procurer l'argent de sa rançon, puis sa libération définitive à prix raisonnable. Édouard III avait pour chapelain et favori Guillaume de Wykeham : l'évêque de Winchester, qui était en même temps chancelier du roi, étant mort, le favori demanda à lui succéder, et Édouard, qui ne savait rien lui refuser, écrivit au duc de Bourbon pour lui promettre, s'il obtenait du Saint Père l'évêché de Winchester pour son chapelain, « qu'il lui seroit courtois à sa prison. » Le duc Louis, sur le conseil de Charles V son beau-frère, auquel il avait montré toute l'affaire, se rendit à Avignon auprès d'Urbain V, qui non-seulement lui accorda sa demande, mais encore écrivit au roi d'Angleterre en sa faveur (13 août 1366). Une nouvelle prolongation de séjour en France jusqu'au 20 décembre 1366 lui fut accordée (RYMER, *tom. III*, 2e *partie, pag.* 114 et 126). C'est alors que « le duc de Bourbon retourna en France, d'abord, puis « en Angleterre, et traita de sa délivrance devers le roi et « son conseil aincois qu'il voulut montrer ses bulles. » « Le « roi, qui moult aimoit ce Wikans, fit tout ce qu'il voult, et « fut ledit duc de Bourbon quitte de sa prison, mais encore il « paya 20,000 francs, et messire Guillaume Wikans « demeura évêque de Wincestre et chancelier d'Angle- « terre. » (FROISSART, *ubi supra*.) Tout ce récit de Froissart est confirmé par Christine de Pisan qui nous atteste, dans le chapitre consacré par elle au duc de Bourbon (*le Livre des fais et bonnes meurs du sage roy Charles*, 2e *partie, chap. XIII*) : « *Que grant part de sa rençon,* « *qui montoit moult grant finance luy fut quictée,* « *pour cause qu'il vint en Avignon devers le pape, à* « *la requeste du roy d'Angleterre pour l'éveschié de* « *Glocester* (sic) *empetrer à un de ses officiers, laquelle* « *lui fut octroyée.* » La libération définitive du duc Louis est donc de la même date à peu près que l'intronisation de Guillaume de Wykeham comme évêque de Winchester, laquelle eut lieu au mois d'octobre 1366, ce qui s'accorde parfaitement avec le témoignage du duc lui-même, nous parlant, au mois de novembre 1366, de son récent retour d'Angleterre, où il avait cessé d'être retenu comme otage.

II.

Sur la prise de la duchesse de Bourbon à Belleperche, et sur sa délivrance.

Le hardi coup de main qui fit tomber au pouvoir de quelques aventuriers anglo-gascons une princesse du sang, belle-mère du roi, et mère du duc de Bourbon, dans un de ses châteaux, à quelques kilomètres de Moulins, sa capitale, est un de ces faits extraordinaires dont on ne peut lire le récit sans un étonnement après tout bien naturel. Celui-ci est pourtant d'une incontestable authenticité. Froissart[1] et Cabaret[2], qui nous le racontent chacun à sa manière, sont à peu près d'accord sur le fond, bien qu'il y ait dans les deux récits des différences de détail assez fortement accentuées. Par exemple Cabaret ne nous parle que de deux hommes d'armes, Ortingo d'Ortenye et Ciquot de la Saigne; Froissart, au contraire, nomme « trois escuyers grans capitaines de compagnie...... Ortinge, Bernard de Wiske (appelé de Vas dans la *Chronique de Duguesclin, chap.* CLVII, *pag.* 88 *de l'édition* BUCHON, *du Panthéon littéraire*), et Bernard de la Salle. Froissart comme contemporain, et aussi à cause de ses relations avec les Anglais, mérite sans doute ici plus de confiance sur ce point spécial. Quant à la date même de cet événement, elle n'est pas expressément indiquée par Cabaret, qui semble vouloir la rapprocher des derniers mois de 1372, et Froissart, sans la désigner non plus très-précisément, paraît s'accorder avec la *Chronique des IV Valois* (*éd. de M.* S. LUCE, pag. 205) pour la

---

[1]. Liv. 1er, part. II, chap. 278, tome Ier, p. 583, éd. Buchon du Panthéon littéraire.
[2]. Chap. XXVII, p. 74.

fixer à l'année 1369; il n'est peut-être pas impossible de préciser davantage. Trois pièces des *Archives nationales* (P. 1378², cote 3098¹ ² ᵉᵗ ³) nous apprennent que la duchesse adressa de Belleperche, le 18 août 1369, sans dire, il est vrai, qu'elle y fût retenue prisonnière, à ses receveurs de Murat, Chantelle et Chaveroche, l'ordre de délivrer à son conseiller Jehan Saulnier diverses quantités de seigle et d'avoine jusqu'à concurrence de 530 francs d'or qu'elle lui avait empruntés. Les deux autres pièces sont des quittances, par lesquelles J. Saulnier reconnaît avoir reçu, le 10 novembre 1369 et le 15 janvier suivant, diverses sommes tant en argent qu'en nature, « *despuis que ma dicte dame* « *fu prinse, pour fère les necessitez de ly et de ses* « *gens, ly estant prisonnière à Belleperche.* » La captivité, antérieure certainement au 10 novembre, avait peut-être commencé dès le 18 août précédent. Que faisait cependant alors le duc Louis, que Cabaret nous montre à la tête de 800 hommes d'armes, sous les ordres de son cousin le duc de Bourgogne, chef de l'expédition projetée par Charles V contre l'Angleterre? Placé en effet avec 400 hommes d'armes sous les ordres du duc de Bourgogne le 16 août 1369 (L. Delisle, *Mandements de Charles V*, n° 567), il se hâtait d'obtenir, dès le 26 septembre suivant (*ibid.*, n° 587), du roi son beau-frère, de nouvelles lettres par lesquelles celui-ci le retenait « *pour nous servir en* « *nos présentes guerres, ou pays de Bourbonnois et* « *ailleurs, sous le gouvernement du duc de Berry, à* « *CCC hommes d'armes en sa compaignie, savoir lui* « *cinquième de bannerés, LX chevaliers, et les autres* « *escuiers...* » et le 3 octobre suivant, c'est-à-dire juste huit jours après, Jehan de Bonnes, échevin de Paris, recevait du roi l'ordre d'aller à Decise (Nièvre, à environ 30 kilomètres N. E. de Belleperche), recevoir la montre des gens d'armes du duc de Bourbon, dont la solde avait été fixée le 28 septembre précédent à 500 fr. d'or par mois (*ibid.*, nos 588 et 591). Parmi eux, se trouvait le lieutenant général du duc Louis, son oncle naturel, Jehan bâtard de Bourbon, si connu alors sous le nom de Sire de Rochefort, qui servait à quatre chevaliers et deux écuyers (P. ANSELME, *tome Ier, page* 700). Si l'on veut maintenant tenir, comme il convient, un compte sérieux du temps absolument nécessaire en 1369, 1° pour que la nouvelle de la prise de sa mère à Belleperche ait pu être portée au duc Louis, à Rouen ou dans les environs; 2° pour que ce prince, une fois au courant de ce qui était arrivé, ait pu rejoindre le roi à Paris, et obtenir de lui de nouveaux ordres, peut-être ne sera-t-on pas éloigné de conclure avec nous que la prise de Belleperche doit être placée, sinon au 18 août même, du moins à une date fort peu éloignée de celle-là. C'est donc bien à l'hiver de 1369 à 1370 que doit être rapportée, malgré tous les arguments de M. A. Steyert (dans l'*Hist. des ducs de Bourbon, etc., par* DE LA MURE, *édit.* DE CHANTELAUZE, *tome* II, *p.* 46-47, *note*), l'expédition du duc Louis qui se termina par la reprise de Belleperche, en dépit des secours venus de Guyenne aux aventuriers anglo-gascons. Sans doute ici, comme en bien d'autres occasions, notre auteur est tombé dans une erreur manifeste en donnant pour chef à l'armée de secours, non pas les comtes de Pembroke et de Cambridge comme Froissart (ch. CCXCIX à CCCII), mais Buckingham, dont l'expédition en France est postérieure de dix ans au moins. Peut-être est-ce par une autre erreur de nom qu'il fait tuer auprès de Montluçon, dans la retraite des Anglais fuyant de Belleperche, ce David Holegrave, que la chronique de Duguesclin (ch. CLVI, pag. 87) nous montre deux ans plus tard (1372) défendant contre Duguesclin la tour de Benon, et provoquant par sa cruauté envers les Rochellais, après que cette ville eut chassé sa garnison anglaise, les atroces représailles qui méritèrent à Clisson le surnom de *Boucher des Anglais*. Ces erreurs de noms qui sont indéniables, et qu'il est peut-être plus facile de reconnaître que d'expliquer, sont-elles un motif suffisant pour rejeter en bloc et de parti pris le témoignage, quel qu'il soit, de notre auteur : c'est ce que nous ne pouvons accorder. Ici comme ailleurs, Cabaret a suivi une tradition différente de celle que nous fait connaître Froissart : il a puisé à d'autres sources, à la tradition sinon toujours et purement Bourbonnaise, du moins sympathique au duc de Bourbon, et exclusivement propre à la France. Veut-on une preuve entre mille de cette véracité que nous nous plaisons à reconnaître à notre auteur, en dépit des erreurs, parfois bien fortes pourtant, où il se laisse trop souvent entraîner? Dans le récit du siége soutenu par le duc Louis contre les Anglais venus au secours de Belleperche, Cabaret mentionne comme ayant la charge et le maniement de la grosse arbaleste de Chantelle, Thomas et Dominge, l'un et l'autre génois, dont nous n'avons retrouvé les noms dans aucun autre chroniqueur. La réalité de ces deux personnages n'en est pas moins sûrement établie pour cela : on peut voir aux Archives nationales, 1º dans le registre P 463 cote 3312/217, une lettre du lundi après la Pentecôte, 29 mai 1357, par laquelle Agnès, veuve de Simon de Beçai, avec l'autorisation de son second mari Thomas le Genevoes, pour elle et sa fille, fait hommage au duc de Bourbon de son hôtel de Bouan avec ses dépendances, dans la paroise de Buxières-la-Grue, d'un revenu évalué à 10 livres par an ; 2º dans le registre P 464 cote 3750/343, une autre lettre portant vidimus du 19 novembre 1399 d'un autre vidimus du 5 décembre 1358 du don fait à Moulins le 22 juin 1352 par le duc Pierre, père de Louis II, « à Domingue le genevois son amé varlet, et à ses hoirs descendant de son corps d'hoir en hoir par lignée de mariage, d'une rente annuelle d'un muy de froment, un muy de seilhe et trois tonneaux de vin à la mesure de Bourbon, avec ordre au trésorier de faire payer ladite rente audit Domingue et à ses hoirs par les receveurs *là ou bon li semblera.* » « Et pour les bons et agréables services que ledit

Domingue nous a fais et fait encore bien et loyaument de jour en jour, ajoute le duc Pierre, nous lui donnons et à ses ayant cause notre maison de Bourbon avec ses appartenances estant devant la hale, desquelles rente et maison nous avons ledit Domingue reçu en notre foi et hommage. » On voit qu'il n'y a pas trop lieu de se défier des indications que fournit notre auteur sur les Français ou les étrangers attachés au service des princes français, sauf à contrôler ses assertions quand il s'agit des étrangers, et en particulier des Anglais.

Un autre point encore sur lequel le témoignage de Cabaret peut être, avec bien des chances de succès, opposé à celui de Froissart, c'est en ce qui touche la date et les détails de la délivrance de la duchesse de Bourbon. La plupart de nos historiens, tant au XVIIIe qu'au XIXe siècle, ont admis sans difficulté, sur la foi du brillant chroniqueur (chap. CCCIV), que la duchesse de Bourbon avait été échangée contre Simon de Burleigh, chevalier, l'un des favoris du prince; de plus, M. Huillard-Bréholles a publié dans le premier volume de son *Inventaire des titres de la maison de Bourbon*, n° 3222, un traité du 23 juillet 1372, entre le duc Louis d'une part et deux chevaliers anglais de l'autre, Simon Burleigh et Nicolas Dagworth, qui s'engagent à ramener en pleine liberté la duchesse et ses gens à Tours ou à Chinon à la Toussaint prochaine. Mais il faut remarquer que le cas est prévu où « *par force d'armes de la part des Français*
« *ou autrement, il avendroit que ma dicte dame seroit*
« *délivrée des mains de ceulx par qui elle est détenue.* »
De plus dès que S. Burleigh aurait pu donner au duc l'assurance de lui rendre dans un délai de trois semaines sa mère en pleine liberté, avec ses gens, celui-ci s'engageait
« *à fere donner et avoir du roy et du conestable bonne seurté pour le fort de la tour de Broc, ou ma dicte dame sera gardée, et pour certain nombre de gens pour la garder audit fort, parmi ce que ceux qui*

seront dedens, ledit fort ne feront point de guerre contre le roy et ses gens, le temps de la dicte seurté durant. » Or, la chronique de Duguesclin et celle des quatre Valois s'accordent avec notre auteur pour attribuer la délivrance de la vieille duchesse à son fils et au connétable, auxquels la chronique des Valois adjoint, il est vrai, le duc d'Anjou. De plus on sait que la prise de la tour de Broc n'est postérieure que de quelques jours seulement à la reddition de la Rochelle, que les témoignages les plus précis fixent au 15 août 1372; la duchesse de Bourbon aurait donc été délivrée par force d'armes, comme le prévoyait le traité, et par suite Simon de Burleigh n'aurait eu aucun droit à la somme que le duc était convenu de payer tant à lui qu'à son associé Nicolas Dagworth. Eustache d'Aubrecicourt, auquel Froissart (chap. CCCIV) attribue la mise en liberté de la duchesse de Bourbon, n'est pas même nommé ni dans Cabaret, ni dans les deux autres chroniques, qui sont, à notre connaissance, les seules sources françaises d'information à qui l'on puisse avoir recours. La captivité d'Isabeau de Valois, commencée dès la fin d'août ou dans les premiers jours de septembre 1369, aurait donc pris fin à la même date à peu près en 1372, et duré par conséquent juste trois ans.

TABLE

DES NOMS DE LIEUX.

Achaïe, province grecque, 291.
Aigueperse, chef-lieu de canton, arrond. de Riom (Puy-de-Dôme), 94.
Aiguillon, com. du canton de Port-Sainte-Marie, arrondis. d'Agen (Lot-et-Garonne), 59.
Ain (l'), rivière, 296.
Aiz en Allemagne (Aix-la-Chapelle), 206.
Allemagne (empire d'), 63, 203, 206, 208, 264.
Allier (l'), rivière, 17.
Ambérieu, ch.-l. de canton, arr. de Bellai (Ain), 297.
Ambrunai, ch.-l. de cant., arr. de Bellai (Ain), 298.
Ambur, chât. en ruines, com. de Saint-Jacques d'Ambur, cant. de Pontgibaud, arr. de Riom (Puy-de-Dôme), 94, 95.
Angiers, ch.-l. du dép. de Maine-et-Loire, 42, 120, 213, 214, 215, 263, 264.
Angleterre (roy. d'), 4, 5, 6, 45, 47, 49, 72, 181, 183, 184, 186, 189, 195, 197, 200.
Angoillo (les garennes d'), 212, 213.
Antiquière, roy. de Grenade (Espagne), 312.
Ardenne (forêt d'), 207.
Ardes, au dauphiné d'Auvergne, ch.-l. de cant., arr. d'Issoire (Puy-de-Dôme), 22, 104.

Ardres, ch.-l. de cant., arr. de St-Omer (Pas-de-Calais), 73.
Arras, en Picardie (Pas-de-Calais), 293.
Artois (pays d'), 166.
Aspremont (château d'), à deux lieues S.-E. de Commerci, 284.
Auffrique en Barbarie, 219, 220, 229, 257, 261.
— (Expédition contre), 218 à 252, 262.
Ausance, château en Combraille, auj. ch.-l. de canton, arrond. d'Aubusson (Creuse), 319.
Autels (les), près le mont Viso, 304.
Auvergne (pays d'), 93, 94, 95, 96, 97, 104, 105, 117, 302.
Avignon, ch.-l. du dép. de Vaucluse, 107, 108, 192, 223.
Ayenmal en Bourdelois, 201, 202.
Baignolz, auj. Bagneux, com. du cant. O. et arr. de Moulins (Allier), 15, 19.
Barbarie, partie de l'Afrique, Algérie et Tunisie actuelles, 219, 226.
Barcelone (Espagne), 108, 109, 190.
Barres (le bourg des), Cours les Barres (?), canton de la Guerche, arr. de St-Amand (Cher), 14, ou les Barres, comm. de Beçai (Cher).

Bastille-Saint-Antoine (la), à Paris, 177.
Beaucaire, ch.-l. de cant., arr. de Nîmes (Gard), 225.
Beaujolois (le pays de), 78, 277, 279, 294 à 297, 299, 302.
Beauvoir, château, près Belleperche, 16, 19, 20.
Beauvoisin (pays de), 5, 165, 192.
Belabre, château, ch.-l. de cant., arr. du Blanc (Indre), 35.
Belleperche, chât. ruiné, près Bagneux, com. du cant. O. de Moulins (Allier), 19, 74-80, 83, 85, 86, 92, 319.
Benon, com. du cant. de Courçon, arr. de La Rochelle (Charente-Inférieure), 91.
Berry (duché de), 29, 32.
Billy (chasteau de), canton de Varennes, arrond. de La Palice (Allier), 319.
Blet, com. du cant. de Nécondes, arr. de Saint-Amand (Cher), 15.
Bomiers, com. du cant. et arr. d'Issoudun (Indre), 23.
Borbes (les), auj. la Bourbe, com. de Lenax, cant. du Donjon, arr. de La Palice (Allier), 15.
Bor-le-Conte, com. du cant. de Marcigni, arr. de Charolles, (Saône-et-Loire), 15.
Bourbon-l'Archembault, ch.-l. de cant., arr. de Moulins (Allier), 312, 319.
Bourbonnois (duché de), 3, 5, 6, 78, 106, 115, 116, 154, 162, 163, 179, 192, 224, 258, 261, 277, 279, 280, 286 à 290, 292, 294, 295 à 317.
Bourbourg, ch.-l. de cant., arr. de Dunkerque (Nord), 184, 186 à 188.
Bourdeaulx, auj. Bordeaux, 56, 60, 143, 144, 197, 201, 202.
Bourdelois (pays de), 74, 199, 200, 203, 216.
Bourgogne (comté de), 322.
Bourg-Charente, com. du cant. de Segonzac, arr. de Cognac (Charente), 136, 140, 141.
Brassempouig, cant. d'Amou, arr. de Saint-Sever (Landes), 200, 201.
Breschesac en Bretagne, 38.
Bresse (la), 294 à 297, 301.
Bressuire, ch.-l. d'arr. (Deux-Sèvres), 27.
Brest, 44 à 46, 74.
Bretagne (pays de), 40 à 42, 45, 56, 115, 119, 188, 207 à 215, 261, 262.
Brethenoue (la), com. de Saint-Christophle, cant. de Château-Meillant, arr. de St-Amand (Cher), 24.
Brianssonnois (le pays de), 303.
Brigue (le mont de), 286.
Brioude, ch.-l. d'arr. (Haute-Loire), 107.
Brive-la-Gaillarde, ch.-l. d'arr. (Corrèze), 55 à 58.
— (les Cordeliers de), 56.
Broceliande (la forêt de), 213.
Broon, ch.-l. de cant. de l'arr. de Dinan (Côtes-du-Nord), 42.
Brou (la Tour de), com. de St-Sornin, cant. et arr. de Marennes (Charente-Inférieure), 92.
Bruyère-l'Aubespin (la), château ruiné, près Cérilli (Allier), 75, 76.
Burgues, Burgos (Espagne), 109 à 111, 192.
Caillé (chastel de), Cagliari (Sardaigne), 22.
Cagen (l'île de), auj. Cadsand (Flandres), 158 à 160.
Calais, 229, 252, 253, 255.
Carcassone (Aude), 216.
Cassel, ch.-l. de cant., arrond. d'Hazebrouck (Nord), 186.
Caussade (Saint-Domingo de la), Espagne, 109, 192.
Cé (les Ponts-de-), ch.-l. de cant., arr. d'Angers (Maine-et-Loire), 15.
Cécile (l'île de), Sicile, 252 à 254.

Chalemont, ch.-l. de cant., arr. de Trévoux (Ain), 94.

Chalusset, château fort auj. en ruines, com. de Boisseuil, canton de Pierre-Buffière, arr. de Limoges (Hte-Vienne), 200.

Chambéry (Savoie), 66.

Chantemerle, château fort entre Monétai et Saligni (Allier), auj. détruit, 15.

Charlieu-Champmagois, ancien château, auj. détruit, proche Herment (Puy-de-Dôme), 94, 104.

Charlieu-le-Pailloux, id., 94, 104.

Chastel-Cervis, com. du canton de Saint-Germain-les-Belles-Filles, arr. de Saint-Yriex (Haute-Vienne), 58.

Chastel-Chinon, ch.-l. d'arr. (Nièvre), 164, 277, 279, 318.

Chastelet à Paris (le), 177.

Chastel-Josselin, ch. l. de canton, arr. de Ploermel, 129, 135.

Chastel-Nerbonnois à Toulouse (le), 217.

Chastelneuf de Randon, ch.-l. de canton, arr. de Mende (Lozère), 115, 116, 117.

Chastel-Rodrigue (Portugal), 194.

Chauveigné en Poitou, ch.-l. de canton, arr. Montmorillon (Vienne), 35, 36.

Chizech, auj. Chizé, commune du canton de Brioux, arr. de Melle (Deux-Sèvres), 37, 40, 41.

Citré (la tour de), auj. Chitré, commune de Vouneuil-sous-Biard, canton et arr. de Poitiers (Vienne), 31.

Clermont en Beauvoisis (Oise), 6, 165, 179, 184, 277, 279.

Clermont-Ferrand (Puy-de-Dôme), 93, 95, 104.

Clermont en Sicile, 253, 254.

Cluny (abbaye de), 48.

Colongne, 206.

Combraille, ancien *pagus* auj. compris dans les départements de la Creuse et du Puy-de-Dôme, 164, 277, 279.

Commerci (Meuse), 282, 284, 285.

Commines en Flandres, 167, 168, 169.

Compostelle (Saint-Jacques en), Espagne, 112.

Conc, bel chastel, auj. le Conquet, comm. du cant. de Saint-Renan, arr. de Brest (Finistère), 44.

Condom (Gers), 60.

Connillère (la)(*Conigliera*), petite île voisine du continent entre Monastir et Affrica, 229, 251.

Constantinoble (Constantinople), 269.

Courbies (fort de) auj. Courbiac, comm. de Villeneuve-sur-Lot, (Lot-et-Garonne), 153, 154, 155.

Coursillon, village et château ruiné, non loin du confluent des deux petites rivières de Gravot et de Lon, comm. de Dissay-sous-Coursillon, cant. de Château-du-Loir, arr. de Saint-Calais (Sarthe), 27.

Courtrai (Flandre occidentale), Belgique, 174, 175.

Creil (Oise), 164.

Croix-dessus-Bressuire (la), 26, 27, 28.

Damiette (Égypte), 3.

Dauphiné (le pays de), 303.

Derval, ch.-l. de cant., arr. de Châteaubriant (Loire-Inférieure), 25, 56.

Dinan, ch.-l. d'arr. (Côtes-du-Nord), 43.

Dordonne (la), rivière de Dordogne, 153.

Dul (château de) Huls (Prusse), entre Kempen et Crevelt, 203, 204, 205.

Dunoe (la), le Danube, fleuve, 268.

Égypte, 269.

Endrach, chât. (Prusse), 64.
Ermyne (le chastel de l'), à Vannes, 135.
Escluse en Flandres (l'), 146, 149, 154, 157, 158, 159, 160, 181, 182, 183, 184, 185, 186.
Espagne, 30, 105, 108, 114, 115, 116, 189, 192, 194, 196, 197, 199, 202, 232.
Évreux (le comté d'), 66, 67.
Évreux (Eure), 67.

Faon (le), chât. 136, 141. (Montpont-sur-l'Isle, ch.-l. de cant., arr. de Ribérac (Dordogne).
Ferté-Sainte-Fosse (la), auj. la Ferté-Beauharnais, cant. de Meung-sur-Beuvron, arr. de Romorantin (Loir-et-Cher), 28.
Feurs, ch.-l. de cant., arr. de Montbrison (Loire), 163.
Flandres (le comté de), 72, 164 à 175, 178, 179, 181, 183, 186, 188.
Flesche (la), ch.-l. d'arr. (Sarthe), 204.
Fontenai-l'Abattu, ch.-l. de cant., arr. de Niort (Deux-Sèvres), 36.
Fontenai-le-Comte, ch.-l. d'arr. (Vendée), 37.
Forez (comté de), 22, 61, 118, 163, 258, 277, 279, 295.
Fosse où l'on met le sel (la), à Nantes, 121.
Fougières-la-Rons, ch.-l. d'arr. (Ille-et-Vilaine), 43.

Gallée (la), à Paris, 177.
Gannat, ch.-l. d'arr. (Allier) 216.
Gascogne, prov., 49, 61, 199.
Gavré, auj. Gavray, ch.-l. de cant., arr. de Coutances (Manche), 67, 68.
Genève (le comté de), 62.
Gennes (la cité de), 218 à 257, 302 à 306.
Gorze (l'abbaye de) à 12 kilom. ouest de Metz, 282.

Gouvieux (l'étang de), près Chantilli (Oise), 179.
Granges (les), cant. de Prayssas, arr. d'Agen (Lot-et-Garonne).
Grénesie (l'île de), Guernesey, 45, 46.
Grenoble, 258, 260, 261.
Gruyère (le comté de), 286, 288.
Guyenne (pays de), 30, 41, 59, 60, 61, 74, 83, 85, 91, 93, 198, 216.

Hennebont, ch.-l. de cant., arr. de Lorient (Morbihan), 46.
Hérelle (la), cant. de Breteuil, arr. de Clermont (Oise), 179.
Hesdin, ch.-l. de cant., arr. de Montreuil (Pas-de-Calais), 166.
Hollande (la), 188, 268.
Hôpital-la-Reine (l'), près Burgos, 109.
Hungarie (la), la Hongrie, 268.

Italie (l'), 309.
Iverie, auj. Ivrée (Italie), 309.

Jarsée (île de), Jersey, 45, 46.
Jujurieu, cant. de Poncin, arr. de Nantua (Ain), 295, 303.

Langon, ch.-l. de cant., arr. de Bazas (Gironde), 60.
Languedoc, 215, 216, 221, 222.
Lanion, auj. Lannion, ch.-l. d'arr. (Côtes-du-Nord), 211, 212, 213.
Lausanne (Suisse), 285.
Leaux, Lewes, comté de Sussex (Angleterre), 69, 71.
Lerida (Espagne), 109.
Lescar, ch.-l. de cant., arr. de Pau (Basses-Pyrénées), 201.
Letho (Lithuanie), 64, 65.
Limoise, comm. du cant. de Lurci-Lévi, arr. de Moulins (Allier), 83.
Limosin (pays de), 31, 54, 55, 56.
Liques, comm. du cant. de Guines, arr. de Boulogne-sur-Mer (Pas-de-Calais), 73.

Lohéach, chât. et comm. du cant. de Pipriac, arr. de Redon (Ille-et-Vilaine), 14.
Lombardie, 286, 303, 305, 306, 308, 311.
Lorraine (pays de), 63.
Lodun, auj. Loudun, ch.-l. d'arr. (Vienne), 30.
Lourde (chastel de), ch.-l. de cant., arr. d'Argelès (Hautes-Pyrénées), 61.
Lyescot ? (pays de), 307.

Madoc (l'île de), le Médoc, 197.
Malchalt (la Croix de), près Saint-Brieuc, 213.
Mans (le) (Sarthe), 263 à 265, 318.
Mariembourg (le chastel de) (Prusse), 65.
Marsault, auj. Marsal, près Château-Salins, 283.
Marseille, 225 à 228, 257, 258.
Martel, ch.-l. de cant., arr. de Gourdon (Lot), 58.
Mascon, 261.
Mauléon (terre de), ch.-l. d'arr. (Basses-Pyrénées), 198, 199.
Medine de Campe, Medina del Campo (Espagne), 194.
Mehun-sur-Yèvre, ch.-l. de cant., arr. de Bourges (Cher), 216.
Messine (Sicile), 253, 254.
Metz en Lorraine, 281, 283, 284.
Molins, Moulins (Allier), 7, 8, 17, 20, 21, 76, 85, 118, 163, 261, 289, 312.
— (chastel de), 319.
— (chapelle et chapitre Notre-Dame de), 8, 118, 318.
— (Hôpital Saint-Julien de), 318.
— (Hôpital Saint-Nicolas de), 318.
Moncuc, ch.-l. de cant., arr. de Cahors (Lot), 202.
Montagne (terre de la), en Savoie, 298.
Montbrison, ch.-l. d'arr. (Loire), 258, 310, 312.
Montcontour, ch.-l. de cant., arr. de Saint-Brieuc (Côtes-du-Nord), 210, 211.
Montcontour, ch.-l. de cant., arr. de Loudun (Vienne), 86, 88, 89.
— (l'église Notre-Dame de), 88.
Monteillis, auj. Montilli, comm. du cant. ouest et arr. de Moulins (Allier), 76.
Montescoth, Montesches, comm. de Neuilli-le-Réal, arr. de Moulins (Allier). Il y a eu au XII° siècle une famille *de Monteschiis* dont les possessions étaient voisines de Belleperche, 16, 19.
Montluçon, ch.-l. d'arr. (Allier), 32, 84, 85, 163, 312, 313, 316.
— (le château de), 319.
Montléun, auj. Montlieu, ch.-l. de cant., arr. de Jonzac (Charente-Inférieure), 136, 142, 144.
Monnoye (la tour de la), à Clermont-Ferrand, 103.
Montpellier (Hérault), 61.
Montrond, château en ruines, près Saint-Amand (Cher), 18.
Montserrat (Notre-Dame de), abbaye près Barcelone, 109.
Montvalent, auj. Monbalen, comm. du cant. de Laroque-Timbaut, arr. d'Agen (Lot-et-Garonne), 153, 156.
Moravie, 206.
Morée, 291.
Mortaigne, ch.-l. d'arr. (Orne), 67, 68.
Mortemar, comm. de Lhommaizé, cant. de Lussac, arr. de Montmorillon (Vienne), 36.
Mousière (la) (Sardaigne), 229.
Moyenvic, sur la Seille, à environ 3 kil. est de Vic (Lorraine), 283.
Mousson, château des Hospitaliers (Espagne), 108.
Murat (château de), comm. du

cant. de Montmarault, arr. de Montluçon (Allier), 319.

Nadres en Biscaye (Najara, Navarette), 89, 196.
Nantes, 119 à 130.
Naples, 252, 290, 291.
Navarre (royaume de), 192, 197, 198.
Nerbonnois (le castel), à Toulouse, 217.
Nesle (l'hostel de), à Paris, 274.
Niffelant (Livonie), 64, 65.
Niort (Deux-Sèvres), 36, 41, 74, 75, 88.
Nissy, au comté de Genève, auj. Annecy (Haute-Savoie), 62.
Nivernois, 161.
Normandie, 66, 67, 68.

Orcival (Notre-Dame d'), comm. du cant. de Rochefort, arr. de Clermont (Puy-de-Dôme), 105.
Orlénois (le pays d'), 29.
Orreville (Jehan Cabaret d'), 1.
Ortelz, auj. Orthez, ch.-l. d'arr. des Basses-Pyrénées, 194, 197, 198.
Ostrevant, fief du comté de Hainaut, 188.
Orsan, ancien prieuré de l'ordre de Fontevrault, hameau de la comm. de Maisonnais, cant. du Châtelet, arr. de Saint-Amand (Cher), 23.

Palais (le), à Paris, 179, 181.
Palerme (Sicile), 254.
Pampelune (Espagne), 196, 202.
Paris, 21, 23, 31, 41, 49, 68, 71, 75, 93, 160, 161, 162, 164, 175 à 179, 181, 183, 192, 202, 207 à 209, 215, 216, 261, 262, 264, 265, 267, 269, 271, 292, 307, 318.
Pavie, en Lombardie, 307, 309.
Penne-d'Agenais, ch.-l. de cant. de l'arr. de Villeneuve (Lot-et-Garonne), 60.
Penne-d'Albigeois, comm. de Vaour, arr. de Gaillac (Tarn), 60.

Picardie, 72, 73, 222.
Piédreuch, à 1 kilom. environ de Saint-Brieuc, 209, 210, 211.
Piémont (le pays de), 303, 304.
Plaisance (Italie), 307, 309.
Plancy, comm. de Méry-sur-Seine, arr. d'Arcis-sur-Aube (Aube), 50, 51, 52.
Poirier (Le), comm. de Saint-Alban, cant. de Pléneuf, arr. de Saint-Brieuc (Côtes-du-Nord), 213.
Poitiers, 4, 31, 32, 35, 88, 89, 90, 145, 153, 312, 318.
Poitou, 31, 35, 37, 38, 40, 41, 42, 54, 55, 86, 87, 93, 136 à 145, 153, 154, 157, 158.
Pont-d'Ain, chât., cant. de l'arr. de Bourg (Ain), 297 à 299.
Pontheau-de-Mer, Pont-Audemer, ch.-l. d'arr. (Eure), 69, 78.
Pont-l'Abbé, comm. du cant. de Saint-Porcaire, arr. de Saintes (Charente-Inférieure), 90.
Pont-de-l'Arche, ch.-l. d'arr. (Eure), 69, 70.
Ponts-de-Sez (Les), auj. Les Ponts-de-Cé, ch.-l. de cant., arr. d'Angers (Maine-et-Loire), 42.
Pontorson, ch.-l. de cant., arr. d'Avranches (Manche), 113.
Pontvalain, ch.-l. de cant., arr. de La Flèche (Sarthe), 25, 26, 27, 264, 265.
Popellet (Pobledo), abbaye de l'ordre de Cîteaux, voisine de Lerida (Espagne), 109.
Poperingues (Flandre), 170.
Port-Sainte-Marie (Le), ch.-l. de cant., arr. d'Agen (Lot-et-Garonne), 59, 60.
Porte-Eusèbe (le château de), à Milan, 308.
Portugal (le), 193, 194.
Pouencé, auj. Pouancé, ch.-l. de cant., arr. de Segré (Maine-et-Loire), 120.
Pouzi, comm. du cant. de Lurci-Lévi, arr. de Moulins (Allier), 83.

Prague, 63.
Provence, 291.
Pruniers, comm. des cant. et arr. d'Issoudun (Indre), 24.
Prusse, 62 à 66, 112.
Puyagu, château détruit, autrefois fief de la famille Pot, en Berri, non loin d'Orsan, 24.
Puyfol, chât., comm. de Cindré, cant. de Jaligny, arr. de La Palice (Allier), 14.
Puy-Nostre-Dame (Le) (Haute-Loire, 105, 106, 117, 216, 258.

Quimper-Corentin, ch.-l. du Finistère, 44, 45, 46.
Quimperlai, auj. Quimperlé, ch.-l. d'arr. du Finistère, 44.
Quintin, ch.-l. de cant., arr. de Saint-Brieuc (Côtes-du-Nord), 213.

Ravenne, 309.
Redon, ch.-l. d'arr. (Ille-et-Vilaine, 39.
Regneville, comm. du cant. de Montmartin-sur-Mer, arr. de Coutances (Manche), 68.
Rennes, ch.-l. du dép. d'Ille-et-Vilaine, 38, 48.
Réolle (La), ch.-l. d'arr. (Gironde), 60.
Richebourg, chât., comm. de Remouillé, cant. d'Agrefeuille, arr. de Nantes (Loire-Inférre), 121, 126.
Rin (le), fleuve, auj. Le Rhin, 206.
Riom, ch.-l. d'arr. (Puy-de-Dôme), 104.
Roche-sur-Aigueperse (La), chât. en ruines, comm. de Chaptuzat, cant. d'Aigueperse (Puy-de-Dôme), 94.
Roche-sur-Allier (La), chât. ruiné près Villeneuve-sur-Allier, cant. O. et arr. de Moulins (Allier), 16 à 20.
Rochelle (La), ch.-l. de départ. (Charente-Inférieure), 91.
Roche-Senadoire (La), comm. et cant. de Rochefort, arr. de

Clermont (Puy-de-Dôme), 94, 96, 97, 100, 102, 103, 105.
Rochetaillée, comm., cant. de Neuville-sur-Saône, arr. de Lyon (Rhône), 296, 297.
Rome, 108.
Roncevaulx (les monts de), 196, 199.
Rosebecque, à 14 kil. d'Ypres (Flandre occidentale), 170 à 173.
Rye (La), comté de Sussex (Angleterre), 69 à 71.

Saône (la), rivière, 294.
Sardaigne (l'île de), 252, 255.
Sarragouce, Sarragosse (Espagne), 109.
Saulsaye (La), près Nantes, 121.
Savoie (la), 62, 66, 229, 284 à 288, 296, 298, 300.
Sebise (chastel de), auj. Soubise, cant. de Saint-Aignan, arr. de Marennes (Charente-Inférre), 92, 93.
Ségovie (le chastel de), Espagne, 110, 111.
Sens (Yonne), 53, 54.
Sains-Innocens (les), église à Paris, 177.
Saint-Angel, comm. du cant. de Manzat, arr. de Riom (Puy-de-Dôme), 94, 103.
Saint-Brio-des-Vaulx, auj. St-Brieuc (Côtes-du-Nord), 209, 212, 213.
Saint-Denis en France, abbaye près Paris, 180.
Saint-Denis (la Grant-Rue) à Paris, 177.
Saint-Geran-le-Pui, comm. du cant. de Varennes, arr. de La Palice (Allier), 14.
Saint-Lormech, auj. Saint-Lormel, comm. du cant. de Plancoet, arr. de Dinan (Côtes-du-Nord), 212.
Saint-Macaire, ch.-l, de cant., arr. de La Réole (Gironde), 60.
Saint-Mathieu-de-Fineterre, comm. de Plougonvelin, cant.

de Saint-Renan, arr. de Brest (Finistère), 44.
Saint-Maur-sur-Loire (abbaye de), comm. de Saint-Georges-le-Thoureil, cant. de Gennes, arr. de Saumur (Maine-et-Loire), 25.
Saint-More, en Espagne, 194, 197.
Saint-Morice, en Chablais, 285.
Saint-Paul (église), à Paris, 177.
Sainte-Clare, au marquis de Montferrat, 302, 304.
Sainte-Florence, cant. de Poujols, arr. de Libourne (Gironde), 60.
Sainte-Gemme, au marquis de Montferrat, 304.
Sainte-Sévère, ch.-l. de cant., arr. de La Châtre (Indre), 23, 24, 31 à 35, 88.
Sion, en Valais, 286, 288.
Solle (terre de), auj. Soule, partie de l'arr. de Mauléon (Basses-Pyrénées, 198, 199.
Souvigni, ch.-l. de cant., ar. de Moulins (Allier), 6, 7, 24, 293, 294, 318.
Surgières, ch.-l. de cant., arr. de Rochefort (Charente-Inférieure), 91.
Surie, Syrie, 269.

Taillebourg, comm. du cant. de Saint-Savinien, arr. de Saint-Jean-d'Angély (Charente-Inférieure), 136, 138, 139, 140.
Temple (le), à Paris, 177.
Terrassine, Terracine, 255.
Thiern, auj. Thiers, ch.-l. d'arr. (Puy-de-Dôme), 319.
Tholose, Tholouse, Toulouse, 61, 202, 216 à 219, 221, 318.
Thunes, Tunis, 252.
Tinténiac, ch.-l. de cant., arr. de Saint-Malo (Ille-et-Vilaine), 43.
Toissé, auj. Thoissey, ch.-l. de cant., arr. de Trévoux (Ain), 294, 295.
Tours, 318.
Tournehem, comm. du cant. d'Ardres, arr. de Saint-Omer (Pas-de-Calais), 73.
Tour neufve (la), à Nantes, 120.
Tracros, chât. et village, comm. de Gelles, cant. de Rochefort, arr. de Clermont, 94, 95, 96.
Trappène, Trapani (Sicile), 253, 254.
Tremessent, Tlemcen (Algérie), 219, 232, 234, 235.
Tronçaie (la forêt de), en Bourbonnais, 184.
Troyes, en Champagne, 50, 51, 53, 54.
Turbillon, chât., en Valais, 285, 286.
[Turon], rivière qui sépare l'Espagne du Portugal, 194.

Valence-la-Grant, en Aragon, 290.
Valleys (le pays de), auj. Valais, 284, 285.
Varennes, ch.-l. de cant., arr. de La Palice (Allier), 319.
Vas (abbaye de), auj. Vaas, cant. du Mayet, arr. de La Flèche (Sarthe), 25.
Velai (le), 117.
Véherie (La), 23. Il s'agit du château de *Valère* à Sion.
Vendosme, ch.-l. d'arr. (Loir-et-Cher), 25.
Vennes, auj. Vannes (Morbihan), 38, 128 à 130, 135.
Verneuil (château de), comm. du cant. de Saint-Pourçain, arr. de Gannat (Allier), 319.
Verse (le mont de), 306, 307.
Verse (la ville de), 306, 307.
Véros, auj. Veraux, comm. du canton de Sancoins, arr. de Saint-Amand (Cher), 14.
Verrières, château, cant. de Nérondes, arr. de Saint-Amand (Cher), 14.
Vertueil, auj. Verteuil, cant. et arr. de Ruffec (Charente), 136, 147 à 149, 152, 157, 158.
Vesvre (la tour de la), 35.
Vic, sur la Seille, près Château-Salins, 283.

Vichi, cant. de Cusset, arr. de La Palice (Allier), 280, 312, 319.

Viennois (Saint-Antoine-de-), 258.

Villefranche, en Beaujolois, ch.-l. d'arr. (Rhône), 296, 299 à 304.

Villefranche, en Bourbonnois, cant. de Montmarault, arr. de Montluçon (Allier), 163, 318.

Villeneuve-ès-Breschars (La), arr. et cant. O. de Moulins (Allier), 18, 19.

Villeneuve-en-Hez (La), cant. et arr. de Clermont (Oise), 319.

Vis (le mont de), Mont-Viso, 302, 304.

Vivonne, ch.-l. de cant., arr. Poitiers (Vienne), 36.

Ypres (Flandre occidentale), 169, 170.

Zélande (duché de), 188.

TABLE

DES NOMS DE PERSONNES.

Adourne (Anthonio), 219, 224.
Agnès de Bourgogne, femme de Charles Ier de Bourbon, 270.
Aicellin (Gille), 9.
Albret (Eminion d'), 301, 303, 311.
Alençon (le duc d'), 300.
Alexandre V, pape (Pierre de Candie), 293.
Allemagne (l'empereur d'), 206.
Allemands (les), 50, 281, 283.
Andelée (Jacques d'), chevalier anglais, 146, 158, 160.
Angle (Guichard d'), chevalier, prisonnier en Espagne, 111.
Angleterre (Isabeau, reine d'), 268.
Angleterre (Phelippe, reine d'), 4.
Angleterre (Edouard III, roi d'), 4 à 6, 39, 74, 91, 146, 200, 202.
Angleterre (Richard, roi d'), 268.
Angleterre (la sœur du roi d'), 45.
Anglois (les), 32 à 34, 36 à 40, 49 à 58, 66, 71, 73 à 75, 77, 80, 81, 84 à 86, 88 à 90, 93 à 95, 97, 100 à 104, 116, 118 à 124, 126 à 128, 130 à 132, 144, 146, 149, 157 à 160, 180, 181, 183 à 187, 192 à 195, 197, 200, 230, 248, 249, 257, 267, 322.
Anjou (le duc d'), 4, 49, 54, 56, 58 à 62, 112 à 115, 215.
Aragon (Ferrant, roi d'), 312.
Aragon (Jehan, roi d'), 108.

Araines (Lionel d'), chevalier, 107.
Arbalestiers (le grand maistre des), 72.
Archidiacre de Cordoue (l'), 188.
Arménie (le roi d'), 269.
Armignac (le comte d'), 217, 309, 311.
Artevelle (Philippe d'), 166 à 170, 172, 173.
Asses (Vachon d'), 259.
Aubricecourt (messire François d'), 278.
Audeneham (le maréchal d'), 41.
Aunay (le vicomte d'), chevalier, 130, 132.
Aunay (Le Gallois d'), chevalier, 176 à 178.
Auquetonville (Raoulet d'), 270.
Auvergnats (les), 97, 103, 104.
Aussy (le bastard d'), 63.
Aussy (le sire d'), chevalier, 168.
Aye (Jehan de l'), maréchal du duc Louis II, 18, 19, 120, 139, 144, 145, 151, 152.
Azay (messire Jehan d'), sénéchal de Toulouse, 25, 26, 202.

Bar (le duc de), 188, 309, 311.
Bar (Etienne de), secrétaire de Louis II, 312.
Barberié, écuyer tranchant de Louis II, 18.
Bardenay (Jacques), chevalier anglais, 102.

TABLE DES NOMS DE PERSONNES.

Barres (Jehan des), 311.
Barrois (le), chevalier, cousin de Châteaumorand, 58, 102, 120 à 123, 126, 128, 130, 131, 133, 134, 172, 176 à 178, 185, 198, 199, 201, 208, 210, 231, 303.
Basac, Bajazet, 268.
Baserne (Regnault de), sire de Champroux, 7, 9.
Baveux (Gui le), chevalier, 58, 120.
— (Hutin le), 314.
Beauchamp (Edouard de), chevalier anglais, 131.
Beauffort (Jehan de), chancelier de, 259.
— (famille de), 108.
Beaujeu (le seigneur de), 61, 62.
Beaumanoir (le sire de), 210, 211.
Beauval (Ponsard de), 312.
Behaigne (le roi de), 5.
Bellechassaigne (le commandeur de), 104.
Bellenave (le sire de), 282.
Berri (le duc de), 4, 35, 49, 54, 55, 93, 94, 104, 119, 136, 137, 140, 144, 151, 161, 171, 180, 183, 185, 188 à 190, 192, 203, 205 à 208, 215 à 218, 221, 223, 264, 265, 274, 289, 290, 293, 309, 311, 312, 317.
Billy (le sire de), chevalier, 102.
Blanche (la reine), Jehanne de Bourbon, femme de Charles V, 5, 21, 164.
Blot (le sire de), 9, 15, 19, 191.
Boccace, 266.
Bois (Jehan du), 260.
Boisvert (le bastard de), 33.
Bonnebault (Jehan de), chevalier, 64, 102, 185, 293.
Bos (Piètre du), capitaine flamand, 168, 169, 173, 174.
Bosredon, capitaine français, 308.
Bouciquaut (Jehan Le Maingre, dit), chevalier, maréchal de France, 64, 145, 151, 153, 155, 169, 174, 264, 302 à 308, 311.
Bouciquaut le jeune, frère du maréchal, 242 à 244.

Bougie (le roi de), 219, 232, 234, 235.
Bouquinquam (le comte de), 77 à 85, 92, 126 à 135.
Bourbon (Béatrix, baronnesse de), 3.
— (Charles Ier, duc de), 1, 270.
— (Isabel de), 270.
— (Jehan Ier, duc de), 1, 258, 317.
— (Pierre Ier, duc de), 4, 318.
— (Loys Ier, duc de), 4.
— (Loys II, duc de), *passim*.
— (Loys de), son fils, 273 à 275.
— (Girard de), chevalier, 107.
Bourg Camus (le), capitaine de grande compagnie, 16, 19, 20.
Bourgogne (Philippe Ier, duc de), 49, 54, 55, 66, 72, 146, 157 à 161, 166 à 169, 171, 175, 176, 179 à 189, 208, 213 à 216, 221, 223, 262, 263, 265, 266.
Bovain (les enfants de), 296, 298.
Brabant (le duc de), 188.
Bressolles (Regnaud de), chevalier, 145, 153, 172, 231.
Bretons (les), 32, 50, 53, 211.
Brisselay, chevalier, 131.
Buch (le captal de), 92.
Bueil (Pierre de), chevalier d'Anjou, 122 à 124, 126, 128.
Bullé, voyez Burlé.
Buret (Gomin), 19.
Burlé (Jean), chevalier anglais, 53, 127.
Bussière (messire Pierre de la), chevalier, 63.

Cabaret d'Orville (Jean), 2, 322.
Candie (maistre Pierre de), pape, sous le nom d'Alexandre V, 293.
Canolle (Robert), chef de compagnie, Anglais, 24, 45, 47, 74, 264.
Caqueran (le Bourgne), 303, 304.
Carssélio (Raoul de), 48, 209.

Caselis (Bertrand de), capitaine anglais de Pont-l'Abbé, 91.
Castille (Ferrant, infant de), 312.
Castillon (le sire de), 222, 230, 238, 250, 257.
Cavrelay (Hue de), 65.
Celle-Guenon (Geoffroi de la), 245.
Cervillon (Regnault de), 291.
Chailleu (Pépin), 21.
Challant (Boniface de), maréchal de Savoie, 126, 128, 259.
Chalencon (le sire de), 57.
Chambre (le sire de la), 286, 287.
Champropin (le sire de), 18, 116, 285.
Chantelle (maistre Pierre de), confesseur de Louis II, 275, 314, 315.
Chantemerle (messire Pierre de), 9.
Chappelle, neveu de Châteaumorand, 213.
Charles V, roi de France, 5, 21 à 23, 29 à 31, 40, 49, 51, 53, 55, 66, 86, 106, 109, 111 à 115, 118, 119.
Charles VI, son fils, 119, 120, 122, 124, 158, 159 à 161, 164 à 190, 192, 196, 202, 203, 205 à 209, 215, 218 à 226, 261 à 266, 276, 277, 289, 290, 302, 305, 307, 318.
Chaseul (le sire de), 7, 191.
Chaslus (Robert de), chevalier, 64, 76, 144, 151, 169, 170, 172, 295 à 297, 299 à 301.
Chassaigne (Robinet de la), 259.
Chastel (le sire du), 211.
Chastel-Montagne (le sire de), 7, 9, 15, 231.
Chastelmorant (Guichard de), frère aîné de Jehan, 24, 51, 52, 90, 170, 172, 231, 257.
Chastelmorant (Jehan de), chevalier, 2, 24, 33, 34, 51, 57, 95, 101, 110, 116, 120 à 123, 126, 128, 130 à 135, 137, 139, 145, 148, 151, 153, 154, 169, 170, 172 à 174, 176 à 178, 185, 191, 197 à 199, 201, 208, 231, 234, 278, 282, 287, 288, 290,
291, 293 à 297, 299, 300, 302 à 308.
Chastelmorant (Jehan, bastard de), chevalier, 94.
Chastellus (Ploton de), chevalier, 33.
Chastellus (messire Hugues de), sire de Chastelmorand, 7, 9, 15, 19, 20, 107, 172, 185, 231, 253.
Chaugy (Jehan, sire de), chambellan de Louis XI, 51, 52, 102, 172, 199.
Chauveau (Huguenin), procureur général du Bourbonnais, 8 à 12.
Chazeul (le sire de), 191. Voy. Chaseul.
Chennel (Robert), capitaine anglais de la Roche-Senadoire, 94, 97, 98, 102.
Chenillac (Lancelot de), 24.
Chirat (Bérangon de), chevalier anglais, 104.
Chitain (le sire de), 191.
Choppart (Philippe), 102.
Chypre (le roi de), 269, 291.
Chrestiens (les), 234 à 253, 256.
Clément VII, pape (Robert de Genève), 223, 224, 281.
Clermont (Aimard de), 259.
Clermont (le comte de). Voy. Jehan de Bourbon, 1, 309, 314, 316, 317.
Cléaux (Chotard de), Anglais, 89.
Cliffort (le sire de), 222, 238, 248.
Climbo (le sire de), 222.
Clinton (Guillaume), 127.
Clisson (le sire de), plus tard connétable de France, 53 à 55, 86, 88, 112, 122, 123, 129, 136, 168, 207 à 215, 262, 263.
Cloppeton (Waultier), chevalier, 131, 134.
Colombier (Henry de), 259.
Confès (Jehan de), 18.
Coppène (Héliot de), 199.
Cordebœuf (le sire de), 102, 284.
Cordelier de Gironne, écuyer de Charles VI, 129, 133, 134.

Cordelier (le), arbalestier de Poitou, 141.
Cordoue (l'archidiacre de), 188.
Cornuaille (le sire de), 222, 238.
Couci (le sire de), 171 à 175, 222, 227, 228, 230, 232, 233, 237, 239, 243, 249, 250, 254, 256, 301.
Couhé (le sire de), chevalier, 136, 145.
Couppier (Gilles), 259.
Cousant (Gui de), chevalier, 144, 151, 172.
Couture (Imbert de), 44, 51, 52.
Coymen (le vicomte de) et sa femme, 213.
Credo (Richard), chevalier anglais, 102.
Culan (Loys de), 312.
Cusenton (Estienne de), chevalier anglais, 123, 124.

Damas (Robert de), chevalier, 145, 154, 169 à 172, 185, 201, 231, 244.
Dames (Guillaume), sire de Vichi, dit aussi de Hames, 10, 20.
Dauphin de Viennois (le), 164.
Dauphin (le comte), 96, 104, 227, 230, 232, 233, 237, 249, 254, 256.
Daulphin (Guichard), chevalier, 7, 9, 15, 20, 76, 107, 119, 185.
Daulphine (Anne), femme du duc Louis II, 22, 311, 312, 314.
Daulphiné (le), 259, 303.
Demoret (Jehan de), chevalier, 18.
Derby (le comte), 269.
Digoine (Jehan de), chevalier, 89, 104.
Dommiges, arbalestier génois, 81.
Duguesclin (Bertrand), 23, 24, 28, 30 à 34, 36, 38 à 42, 45 à 50, 87 à 89, 92, 112 à 118, 264.

Edouard, roi d'Angleterre, 5.
Erbo (le sire d'), 25.
Ernaud (Bertrandon), 51, 52.

Espagne (roi d'), voy. Johan, Henri, Pietre.
— (reine d'), voy. Blanche.
Espagnols (les), 194, 195.
Espérance (la ceinture de l'ordre d'), 8 à 10, 12 à 14, 116.
Espinace (Damès de l'), 45, 49.
— (Erard de l'), 15, 19, 20.
— (Philibert de l'), 21, 51, 52, 231.
Eu (le comte d'), 222, 228, 230, 232, 237, 239, 243 à 245, 249, 254, 300.

Farintonne (Guillaume), chevalier anglais, 132 à 134.
Fayette (le sire de la), chevalier, 103, 172.
Ferrandon, chevalier, capitaine d'Evreux, 67.
Ferrant, infant de Castille, roi d'Aragon, 312.
Ferrières (Isabel de), 197.
Fitz Watier, maréchal d'Angleterre, 25, 127.
Flament (le), trésorier des guerres, 30.
Flamens (les), 146, 164 à 175, 179.
Flandres (le comte de), 72, 146, 165, 166, 175.
— (la fille du comte de), 49.
Flandres (les), pays, 72, 164 à 175, 178, 179, 181, 183, 186, 188.
Foix (Phébus, comte de), 196 à 200, 247.
Fontenai (messire Pierre de), chevalier, 9, 145, 153, 170.
Forest (messire Ouldrai de), chevalier, 63, 139, 153, 170, 172.
Forez (Regnaud, comte de), 22.
Fosseux (le sire de), chevalier, 168.
Foucault (Jehan), 52.
— (le Borgne), 85.
Foudrigay (Hennequin), 34, 35.
Fourest (messire Guillaume de la), chevalier, 151, 191.
France, 91, 115, 146, 180, 183,

218, 257, 268, 269, 292, 313, 314, 321, 322.
François (les), 32, 37, 53, 71, 73, 85, 123 à 125, 132, 144, 164, 168, 172, 183, 204, 205, 218, 306, 308.
Frise (roi de), 268.
Froissart (les Chroniques de), 171.

Gabillon, capitaine anglais, 153, 155, 156.
Gaiget (Me Jehan), conseiller à la cour des Comptes, 163.
Gallée (la), à Paris, 177.
Galles (le prince de), 4, 16.
Garet (Guillaume de), chevalier, 185, 201, 231.
Gascons (les), 144.
Gaucourt (le capitaine de), 303.
Genève (le cardinal de), 62.
Gennes (ambassade de), 218, 221.
Gennois (les), 219 à 257.
Gennois (les arbalestiers), 70, 81, 230.
Giac (Pierre de), chancelier de France, 164.
Gibelins (les), 308.
Giers (le sire de), 259.
Glareins (le bâtard de), chevalier, 98, 99, 100, 102, 116, 130, 131, 172, 282.
Glené (Tachon de), bailli de Bourbonnais, 139, 145, 151, 170, 172, 231.
Goudelin (Jehan), chevalier, 63.
Gouffier (Guyon), chevalier, 63, 154, 170, 172, 185.
Gouge (Martin), conseiller du duc de Berri, plus tard évêque de Clermont, 137.
Gourdinot, capitaine anglais de Tracros, 94, 95.
Gournay (Mathieu de), chevalier anglais, 79, 80.
Goussaut de Thory, chevalier, 18, 21.
Goyon (Bertrand), 213.
Granson (le seigneur de), 286.
Grant (Jehan), 303.
Grantvau (Girart de), chevalier, 94.
Grantval (Ponssart de), 260.

Graville (le sire de), 222, 232, 238, 250.
Grégoire XI, pape, 108, 293.
Griffé (Jehan, sire de), 15.
Grimaud (Renier de), 69 à 72.
Gruyère (ceux de), 285.
Gueldres (le duc de).
Guelfes (les), 308.
Guillaume, comte de Flandres.
Guillaume, comte de Hainaut, 3.
Guitry (Robert de), chevalier, 42.
Guy de Riom (Robert), chevalier, 125, 127.

Hainaut (Guillaume, comte de).
— (Jehan, comte de), 181, 182, 188, 268.
— (Marie de), 4.
Hangest (Charles de), 225.
— (Jehan de), 46, 213.
— (Thibault de), 46.
Hantonne (Thomas de), capitaine anglais de Niort, 74.
Harcourt (Louis, comte de), 5, 300.
Haulsement, 286, 288.
Hennefort (Thomas de), chevalier anglais, 131.
Hennuyers (les), 50, 124, 125.
Henri. Voir Espagne (le roi Henri d').
Hermite de la Faye (l'), chevalier, 64, 145, 148, 151, 172, 185, 278, 314.
Heuse (le borgne, Lebauldrain de la), maréchal de France, 63, 72, 73, 114.
Hunaudoie (le sire de la), chevalier, 40.
Hungarie (La), Hongrie, 268.

Isabel de Bourbon, fille de Jean Ier, 270.
Isabel de Valois, mère du duc Louis II, 4, 74, 75, 77 à 79, 82, 89, 92, 93.

Jacques (les), 5.
Jaille (Tristan de la), chevalier, 125, 130, 132, 151.
Jehan, roi d'Aragon, 108.
Jehan sans peur, duc de Bour-

gogne, 270, 289, 290, 293, 309, 311.
Jehan, comte de Clermont, fils du duc Louis II, 1, 270, 309, 310, 312, 314, 317.
Jehan Ier, roi de France, 4, 5, 6.
Jennete (le seneschal de la), 303.
Jouel (messire Jehan), capitaine anglais, 102.
Jouel (le fils de messire Jehan), 102.

La Guide (Michelet), partisan anglais, 24.
Laire (Guillaume de), chevalier, 208, 210, 310.
Langres (l'évêque de), de Rougemont, 168, 169.
Lancastre (le duc de), 50 à 53, 55, 56, 192 à 195, 197.
La Palice (le sire de), 7.
La Queille (Giraud, sire de), chevalier, 96, 103.
Léaux (le prieur de), 69, 71.
Lebret (le seigneur de), 5. Voy. Albret.
Lebrun (Guichard), chevalier, 139, 145, 151, 172, 185, 201, 231.
Leet (Guillaume), capitaine de la Tour-Neuve à Nantes, 120, 121.
Le Roy (messire Jehan), trésorier de Clisson, 209.
Lescar (le sire de), 200, 201, 202.
Letho (le roi de), 64, 65.
Leveau de Bar, 303.
Lignaige (Perrot de), chevalier anglo-gascon, 98, 99.
Limoges (le cardinal de), 155.
Lirisson (Bertrannet de), connétable de Taillebourg, 139.
Lohéach (le sire de), 48.
Lombars (les), 305.
Longueval (le sire de), 168.
Lorraine (le duc de), 63.
Louet (Jehannequin), capitaine anglais de Montcontour, 89.
Loup (Blain), sire de Beauvoir, maréchal de Bourbonnois, 138, 139, 145, 146, 151, 154, 170, 172, 185, 201, 231.
Loup (Bliomberis), son frère, 139, 151, 154, 172, 185, 201.
Loys (saint), roi de France, 3, 316.
Loys Ier, duc de Bourbon, 3, 4.
Loys II, duc de Bourbon, *passim*.
Loys, son fils, 273, 274, 275.
Loys, comte de Monpencier, fils du duc Jean Ier, 270.
Loys d'Anjou, roi de Naples, 290, 291.
Lune (comtesse de), 108.
Lusignan (famille de), 269.
Luxembourg (Pierre, cardinal de), 281, 283, 284.

Macé (Piètre), grand d'Espagne, 109.
Mailletz (sédition des), 5.
Mailli (le sire de), 26.
Mainfroy, seigneur de Clermont en Sicile, 253, 254.
Magneliers (Tristan de), chevalier, 65.
Marche (le commandeur de la), 76.
Marche (le comte de la), 29, 105.
Marcilly (Aimard de), 63.
Margot (la grant), 173.
Marmay (le sire de), 259.
Marie de Berry, femme de Jean Ier de Bourbon, 270.
Marie de Hainaut, femme de Louis Ier de Bourbon, 4.
Marle (Arnoul de), 58.
Marrago, écuyer, 89.
Martin (Damp), fils de Jean, roi d'Aragon, 108.
Marueil (le sire de), 149.
Maubeuge (les enfants de), 124.
Maulévrier (Thomelin), chevalier anglais, 102.
Mauny (Hervé de), chevalier, 149.
Mauny (Olivier de), 43, 49.
Mauverdin (Richard), capitaine de la Bruyère, 77.
Meschin (Baudesquin), mestre d'hostel du duc Loys de Bourbon, 185, 201, 273.
Mesonconte (le sire de), 161.

Michaille (Gauvain), écuyer, puis chevalier, 102, 116, 145, 151, 154, 170, 172 à 174, 185, 231, 284, 287.
Milan (le duc de), 305, 307, 308.
Mirembel (le sire de), 303.
Moniquot, héraut du roi d'Espagne, 106.
Montagu (Griffon de), chevalier, 7, 9, 15, 19, 20, 76, 107.
— (Gui de), frère de Griffon, 7.
— (Henri de), leur frère, 9, 20.
— (Jehan de), 292.
Montaigut (le sire de), 51, 52.
Montcavrel (le sire de), 208, 210.
Montchanu (le sire de), 259.
Montferrand (Regnaud de), 150 à 152, 157.
Montferrat (le marquis de), 302, 304.
Montfort (Jehan de), duc de Bretagne, 37 à 39, 44, 45, 49, 53, 55, 56, 74, 113, 114, 129, 132 à 134, 136, 182, 187, 207 à 215, 262, 263, 309, 311.
Montmajour (Gaspard de), 259.
Montmorin (le sire de), chevalier, 103.
Montmort (le seigneur de), chevalier, 161.
Montprivat (Bartholomieu de), capitaine de Vertueil, 144, 152.
Montravel (le sire de), chevalier, 96, 98.
Montrigault (le sire de), 259.
Mores (les), 232.
Mores (les trois rois), 248 à 251.
Morisques (les), 245.
Mothe (messire Guillaume de la), 9, 15, 19.

Nades (Bichat de), chevalier, 6.
— (les enfants de), 59.
Nasselles (Bertier de), chevalier, 145, 185.
Navarre (Charles, roi de), 5, 67 à 69, 109 à 111, 196, 202, 203.
Nédonchel (Jehan de), chevalier, 51, 52.

Négrepelisse (le sire de), 231.
Nerbonne (le vicomte de), 252.
Neufvis (Jehan de), 302 à 303.
Neullac (Guillaume de), maréchal du duc de Bourbon, 139, 141, 170, 172, 189 à 196, 199, 201.
Nieutons (Robin de), 34.
Nolimbarbe, capitaine anglais, 100, 102, 103.
Norris (Pierre de), 160 à 164, 178, 179, 183, 184, 192, 224, 258, 261, 275, 277 à 280.

Olegrève (le grand David), 85.
Orléans (Charles, duc d'), 164, 179, 216, 217, 264, 265, 270 à 272, 289, 290, 310.
— (les enfants d'), 309 à 312, 317.
Ortenye (Ortingo d'), homme d'armes anglo-gascon, 75 à 77.
Oultremarine (messire Jehan d'), capitaine de la flotte génoise, 251.

Paléologue (l'empereur Manuel), 269.
Palice (le sire de la), 7, 9.
Parthenai (le sire de), chevalier, 136, 144, 151.
Passat (Gauthier de), chevalier, 58, 63, 102, 145, 169, 170, 172, 185, 189 à 196, 199, 201.
Pavie (le comte de), 305, 307.
Penthièvre (le comte de), 39, 40, 136, 207, 208, 212 à 214, 262, 263.
Perilleux (Pons), chevalier, 211.
Perrot le Biarnois, chef de bande, 200.
Philippe, roi de France, 4.
Piédreuch (Le Roux de), 40, 48.
Piémont (le prince de), 286, 304.
Pietre (le roi), Pierre le cruel, 5, 30.
— (les enfants du roi), 110.
Pierre Ier, duc de Bourbon, 4.
Pierrepont (Lorin de), 6, 163.
Piombin (le sire de), Piombino, 256, 257.

DES NOMS DE PERSONNES. 373

Pocqueron, capitaine de grande compagnie, 35, 85.
Poissy (Marie de Bourbon, priouresse de), 5.
Poitevins (les), 137 à 143, 145, 148, 153 à 156.
Portugal (le roi de), 111, 186, 194 à 196.
Portugalois (les), 192, 194.
Pot (Guillaume), 16.
Poulsauges (le sire de), chevalier, 136, 144.
Prustallet (le sire de), chevalier, 43, 49, 58.
Prustallés (les), 43.
Prusse (l'ordre de), 64, 65.
— (le haut maistre de), 64 à 66.

Rarogne (Pi)tre de), 286, 288.
Renty (Patroulhart de), chevalier, 64, 168.
Riaige (le sire du), probablement d'*Uriage*, 259.
Rieux (le sire de), 39, 48.
Rifflard (messire), bastard de Flandres, 283.
Rivière (le sire de la), 68, 112, 208, 242.
Robert, comte de Clermont, sixième fils de saint Loys, roi de France, 3, 4.
Robessart (le chanoine de), 124.
Rochechouart (Aimery de), 36.
Rochefort (messire Jean de), bastard de Bourbon, 21, 107.
Rochefoucault (le sire de la), 140, 141.
Roche Guyon (le sire de la), 201.
Rodes en Aragon (le vicomte de), 211, 237.
Rollat (Odin de), chevalier, 24, 63, 102, 116.
Roye (Jehan de), chevalier, 64, 141.
Roye (Regnault de), chevalier, 144, 151, 153, 154, 197, 282, 287.

Sadellier (Jacques), capitaine anglais de la Bruyère l'Aubespin, 77.

Sadellier (Jacques), prisonnier en Espagne avec Guichard d'Angle, 111.
Saigne (Ciquot de la), homme d'armes anglo-gascon, 75, 77, 78, 92.
Saigne (Guillaume de), 302, 304, 305.
Saint-Georges (le sire de), 222, 238, 250, 257, 285, 286, 288.
Saint-Geran-le-Pui (le sire de), 191.
Saint-Pol (Walleran, comte de), 280, 285, 300.
Saint-Porgue (le sire de), 63, 231.
Saint-Priest (le sire de), chevalier, 169, 170, 172, 231.
Saint-Priest (messire Jehan de) dit le petit mareschal, 63, 151, 169, 170, 185, 201.
Sainte-Sevère (le sire de), 257.
Saligni (messire Lourdin de), 7, 9, 15, 19, 20, 21.
Sallebruche (Amé, comte de), 282, 284.
Sancerre (Loys de), 23, 24, 26 à 29, 31 à 34, 36, 39, 41, 46 à 49, 76 à 78, 85, 168 à 170.
Santeuil (Phelippot de), 22.
Sarrasins (les), 222, 230 à 253.
Saveuse (le sire de), chevalier, 168.
Savoie (le comte Verd de), 62, 63, 182, 185.
Savoie (le duc Amé de), 182, 259, 284 à 289, 294, 296, 298, 300 à 302.
Savoie (Bonne de Berry, comtesse de), 260.
Savoie (Bonne de Bourbon, comtesse de), 62, 63, 257 à 261.
Savoiens (les), 258, 296 à 299.
Séguin, trésorier du duc de Bourbon, 137.
Sempy (le petit), 208, 210.
Sempy (le sire de), 30, 168.
Serpens (messire Phelippes des), chevalier, 9, 14, 20, 201.
Sophocles, poète tragique grec, 267.
Souldan (le), 269.

Souldich de l'Estrau (le), chevalier bordelais, 222, 229, 230, 232, 237, 238, 243, 248, 249, 254, 257.
Souvigni (le frère du prieur de), 24.
Spurton (Vaultier), 36, 88, 89.
Subergoine (Pierre de), 308.
Sury (Pierre de), chevalier, 125.
Suverin (Henri), chevalier anglais, 127.
Suze (le sire de la), 49.

Tancarville (le comte de), 182.
Terrasse (Huguenin de la), 36.
Terriguedis (Morice de), 43, 49, 58.
Tholouse (le sénéchal et le viguier de), 217.
Thomas le génevois, arbalestier, 81.
Thory (Goussaut de), 18, 21.
Thunes (le roi de), 219, 232, 234, 235, 246, 247.
Tiercellet, neveu de Châteaumorand, 296.
Tilly (Jean de), chevalier, 145.
Torsay (le sire de), chevalier, 136, 144, 146, 149, 151, 152.
Tour (le sire de la), chevalier, 96, 184.
Traro (messire Jehan de), chevalier anglais, 131.
Tramessent (le roi de), 219, 232.
Tresetes (Raulet de), 303.
Trevet (Thomas), chevalier anglais, 127.
Trimoille (le sire de la), 187.
Troux (Jehan de), 26.

Turquie (le prince d)), 268, 269.

Ulphé (Guichard d'), 293.
Ussel (Jehan d'), 104.
Ussel (Perrin d'), 24, 63, 116, 151, 172, 201.
Uzès (le vicomte d'), 227, 232, 237.

Vailli (le sire de), frère du comte de Sancerre, 245.
Valasque (Pietre Ferrandon de), grand d'Espagne, 109.
Vallins (messire Henry de), 259.
Valois (le comte de), 175.
Veaulce (le borgne de), chevalier, 9, 51, 52, 102, 116, 145, 146, 149, 150, 151, 153, 191, 282.
Vendat (Robert ou Robin de), chevalier, 139, 170, 172, 293.
Vermeilles (Hutin de), chevalier, 63, 65.
Vernay (Berthomier du), 231.
Verse (marquis de), 306.
Vertains (le bastard de), 124, 125.
Vichi (Guillaume, sire de), 20.
Vichi, sire de Busset (messire Guillaume de), 7, 9, 20, 33, 76, 107.
Vienne (messire Jehan de), 46, 69 à 72.
Villemur (Jehan de), 23.
Viry (Amé de), 294 à 298, 300 à 302.

Ymaiges (Macé des), 125.
Yolant, mère de la reine de Jérusalem, femme de Louis d'Anjou, 290.

Imprimerie Gouverneur, G. Daupeley à Nogent-le-Rotrou.

www.ingramcontent.com/pod-product-compliance
Lightning Source LLC
Chambersburg PA
CBHW071901230426
43671CB00010B/1436